LES
ORIGINAUX
DU SIÈCLE DERNIER

CHEZ LES MÊMES ÉDITEURS.

OUVRAGES

DE

CHARLES MONSELET

Format grand in-18

L'ARGENT MAUDIT . . . . 1 vol.
LES FEMMES QUI FONT DES SCÈNES . . . . 1 —
LA FRANC-MAÇONNERIE DES FEMMES . . . . 1 —
LES GALANTERIES DU XVIIIe SIÈCLE . . . . 1 —
M. DE CUPIDON . . . . 1 —

CLICHY. — Impr. de Maurice Loignon et Cie, rue du Bac-d'Asnières, 12.

LES
ORIGINAUX
DU SIÈCLE DERNIER

— LES OUBLIÉS ET LES DÉDAIGNÉS —

PAR

CHARLES MONSELET

PARIS

MICHEL LÉVY FRÈRES, LIBRAIRES ÉDITEURS

RUE VIVIENNE, 2 BIS, ET BOULEVARD DES ITALIENS, 15

A LA LIBRAIRIE NOUVELLE

—

1864

Tous droits réservés

PRÉFACE

On est généralement fixé et d'accord aujourd'hui sur le rôle philosophique du xviiie siècle. Nous n'avons donc pas pu songer à en éclairer des côtés nouveaux. Notre intention unique a été de chercher, en dehors de l'Académie et de l'Encyclopédie, le trait d'union qui rattache la littérature d'autrefois à celle de maintenant. Nous n'avions pas à suivre la filiation des talents supérieurs; mais, dans un ordre modeste et comme complément à la grande histoire, l'étude de certaines intelligences effacées, égarées ou isolées, nous a paru assez intéressante pour que nous ayons cru devoir y consacrer ce volume.

On reconnaîtra que nous avons évité l'enthousiasme et le parti pris, deux dangers dans ce genre d'études, et que nous n'avons fait plier devant aucun système ces personnalités diverses. De l'enthousiasme, il ne nous était guère possible d'en éprouver pour ces natures, la plupart sans élévation, et, quant à un système, tout au plus pouvions-nous les rallier à la désorganisation du principe classique.

Un ouvrage par lequel nous avons préludé à ces exhumations, et qui est consacré tout entier à l'examen des deux cents volumes de *Rétif de la Bretonne*, nous a prouvé qu'il n'était pas impossible de vaincre certaines préventions du public et de défaire en partie ses opinions (1). Les œuvres, jadis tant conspuées, du romancier des halles, sont aujourd'hui en haute valeur dans les ventes publiques. Il y a évidemment, sinon réaction, du moins curiosité. Nous n'avons pu nous empêcher de tirer de ces symptômes un encouragement.

Il nous a semblé, en outre, que le mouvement d'attention que nous voulions essayer de diriger sur ces écrivains, tombés en disgrâce, avait son équivalent dans le mouvement de vogue qui s'est déterminé, depuis huit ou dix ans, en faveur d'un assez grand nombre d'artistes français du XVIIIe siècle, longtemps négligés, tels que Jeaurat, Chardin, Lépicié, Moreau le Jeune, Debucourt. Les analogies de manière et de tempérament nous ont paru nombreuses. Excès de naïveté ou de préciosité, tout, dans l'une et l'autre œuvre, est empreint du même cachet national. Pastellistes de cuisinières, romanciers d'alcôve, graveurs de courtilles, ils disent bien les mœurs

---

(1) *Rétif de la Bretonne*, un vol. in-12, avec portrait et fac-similé; tiré à 500 exemplaires sur vergé, vélin et papier de Hollande. — Paris, 1854; Alvarès, éditeur, rue de la Lune.

de leur époque, surtout les mœurs d'exception, et ils ont cette qualité énorme, la vie, qui fait parfois défaut aux grands maîtres.

Ces auteurs sont surtout des hommes avant d'être des auteurs; la préoccupation du public n'est que secondaire chez eux, et tout est bien dès qu'ils sont satisfaits. Ils maltraitent le style pour arriver à l'effet plus rapidement. Déjà déconsidérés dans leur temps, on ne s'étonne pas s'ils disparaissent complétement sous l'Empire, refoulés par les pâles restaurateurs du bon goût. Il fallait une époque comme la nôtre, dégagée de toute rhétorique, idolâtre d'individualisme, interrogeant l'art avec des yeux avides et agrandis, pour venir réveiller leur mémoire, remettre leur talent en question, et leur restituer une part d'influence dans le passé aussi bien que dans le présent.

Peut-être nous reprochera-t-on, malgré cela, de n'avoir pas repoussé à coup d'aviron quelques-unes des ombres informes qui se cramponnaient à notre barque. Si Linguet, si Grimod de la Reynière, si Mercier rencontrent une certaine indulgence, les autres courent le risque d'être rejetés une seconde fois par l'opinion. Cela ne nous regarde plus. Nous avons cru nécessaire de distribuer sur les derniers plans de notre composition plusieurs figures à demi confuses, autant pour renforcer les figures principales que pour indiquer les limites où doit, selon nous, s'arrêter l'investigation littéraire. Nous avons fait l'ordre dans l'ombre, comme d'autres font l'ordre dans la lumière.

En tout cas, la sympathie relative et la préoccupation

des procédés ne nous ont jamais fait perdre de vue le sens moral. Si parfois nous avons montré peu de vigueur dans le blâme, c'est que le scandale, partant de bas et n'ayant plus aucune portée, ne nécessitait pas une grande déperdition d'indignation. Nous avons mieux aimé plaindre que flétrir. A quoi bon un masque de verre pour étudier les frivolités érotiques de Dorat-Cubières et de la Morency?

Chemin faisant, nous avons redressé les erreurs des biographies officielles. Aux documents que les faiseurs de dictionnaires se passent de main en main avec une sérénité imperturbable, nous avons préféré les notes de famille, les souvenirs des contemporains, les correspondances. A défaut de ces témoignages, nous avons demandé la physionomie d'un homme à son œuvre, et l'œuvre nous a souvent donné plus que la biographie.

LES
ORIGINAUX
DU SIÈCLE DERNIER

I

LINGUET

I

Il y a visiblement, dans la seconde moitié du XVIIIe siècle, une bande d'hommes auxquels Voltaire semble avoir ouvert le chemin de l'universalité ; hommes bons *à tout faire et à tout dire,* aventuriers des lettres, des sciences, de la politique et de l'industrie, gens à qui le hasard ou les circonstances improvisent des vocations. Signaler cette bande active et extraordinairement intelligente, c'est nommer Linguet, Beaumarchais, Mercier, Brissot, — quelques autres encore, mais beaucoup plus bas placés. Le bruit que font ces hommes aux approches de la Révolution s'entend de toutes parts, et leur influence sur les événements est d'autant plus considérable qu'elle s'exerce sous la pression des censeurs, du fond de l'exil, ou même derrière les portes des prisons d'État. Ils s'attaquent à l'attention publique non-seulement par le livre, par la comédie et par le journal, mais encore par le barreau; ils ne se contentent pas d'être écrivains, ils sont avocats, ils sont imprimeurs, ils sont négociants. Beaumarchais édite *Mahomet* et invente Figaro. Mercier fait des plaidoyers dans les entr'actes de ses drames. Linguet, tour à tour historien, poëte, manufacturier, astronome, pamphlétaire, corrige les vers de Dorat et s'occupe des savons de suifs, compose une tragédie sur Socrate et relève les erreurs de d'Alembert en mathématiques.

Ces hommes ont certains côtés supérieurs qu'on ne peut nier sans injustice : courage, vigueur de forme, et cette persévérance fougueuse qui est au talent ce que l'éperon est au cheval. Ils reflètent avec une fidélité cruelle leur époque embrasée. Ils ont surtout ce front d'airain qui leur sert successivement de bélier et de rempart. Loin de redouter le scandale, ils sont les premiers à le provoquer, à le guetter, à l'attirer; ils l'exploitent au grand jour, avec ce cynisme qui voudrait passer pour de la franchise (1) :

---

(1) Un livre anonyme, sorte de roman satirique, publié à Paris en 1790 (rue des Poitevins, hôtel Bouthillier) sous le titre très-heureux des *Bohémiens*, réunit la plupart de ces individus dans une action vagabonde, au milieu de la Champagne pouilleuse. Linguet y est représenté comme un personnage assez laid, qui ne rit que de malices, et désigné comme chef de la secte des *despotico-contradictorio-paradoxico-clabaudeuristes*. Ce livre, qui renferme des détails beaucoup trop libres pour être rapportés ici, est écrit dans le mauvais goût étrange des pamphlets poétiques des savetiers allemands. Voici, par exemple, un *Coucher de soleil* : « La nuit déjà noire s'avançait dans ses lugubres atours; son char, traîné par des hiboux, avait pour roues des âmes du purgatoire pliées en cycloïdes; de grandes chauves-souris au nez en fer à cheval l'éventaient par le mouvement de leurs ailes. Deux vampires montés sur des loups-garous escortaient la voiture, et trois ogres, à cheval sur des orfraies, couraient devant en criant : *hou, hou !* pour faire ranger l'équipage de la lumière. »

la moitié de leur réputation est assise sur le scandale. Mais ce qui les grandit dans le passé c'est justement ce qui les rabaisse dans l'avenir. Fondateurs d'une publicité éhontée et criarde, il ne reste plus d'eux que leur œuvre, mais débarrassée du prestige des circonstances, mais isolée, mais muette, sans prôneurs comme sans détracteurs, rendue à sa juste taille enfin. On s'aperçoit dès lors que l'homme tenait autant de place que le livre, et que ce qui nuit le plus au second c'est le premier.

De tels écrivains ne peuvent manquer d'être fatalement révolutionnaires; quelques-uns le sont sans le savoir et sans le vouloir, mais ils le sont dans l'essence. Ils le sont par les luttes qu'ils se trouvent portés à soutenir contre les ministres, contre les grands, contre les rois. Ils le sont par le prestige des persécutions, par les excès d'autorité qu'appelle leur intempérance de langage.

« Il brûle, mais il éclaire! » disait Voltaire en parlant de Linguet; et personne n'a mieux défini le genre de talent de cet avocat-littérateur. Pendant plus de vingt ans, Linguet a tenu la France occupée de ses moindres actions; ses écrits ont eu le privilége de bouleverser le gouvernement, même après Rousseau et les encyclopédistes, — honneur funeste qui le fit embastiller sous la monarchie et guillotiner sous la République.

II

Linguet a souvent fait montre de son origine plébéienne, à une époque où il était de bon goût chez les auteurs de se débaptiser, ou du moins de s'anoblir. Que Linguet ait gardé son nom, rien de mieux; mais qu'Arouet ait pris celui de M. de Voltaire, Lerond celui de M. d'Alembert, Nicolas celui de M. de Chamfort, je ne vois aucun mal à cela. Tout homme qui entre dans la vie publique et qui, par conséquent, se préoccupe de l'influence qu'il veut exercer, me semble parfaitement libre de choisir son nom, d'autant plus que ce nom est appelé à retentir, et que le déterminer par les lois de l'euphonie, c'est à mon sens faire acte de prévenance vis-à-vis du public. Le même sentiment guide les comédiens dans l'adoption de leurs pseudonymes redondants : Floridor, Bellerose, Montfleury, Saint-Phar. Il est d'ailleurs entre les noms et les individus des relations secrètes, mystérieuses (Sterne les avait signalées avant moi), qui équivalent parfois à une sorte de fatalité. Scarron fait la grimace comme son nom ; Dorat offre le petit-maître doré et langoureux ; Chateaubriand exprime la pompe et la hauteur.

Chez les contemporains, ces mêmes rapports, que j'appellerai cabalistiques, si vous voulez, se reproduisent avec une égale évidence. Hugo et Balzac disent les tourments de la pensée et de la forme, tandis que le nom de Lamartine résonne comme un bruit de ruisseau sur un lit de cailloux blancs et polis.

D'après ces motifs, que beaucoup trouveront puérils, je ne vois pas pourquoi Linguet aurait changé son nom si fin, si expressif, si approprié. Je vais même plus loin, je dis qu'il ne pouvait pas le changer sans mentir en quelque sorte à sa destinée. Une charade-épigramme lui prédisait un sort funeste, en jouant sur les deux syllabes *lin* et *guet* (1) :

> Mon premier sert à pendre,
> Mon second mène à pendre,
> Mon tout est à pendre.

Une femme de beaucoup d'esprit, amenée à tirer l'horoscope de Beaumarchais, répondit : Il sera pendu, mais la corde cassera. Linguet, à qui la moitié seulement de cette

---

(1) On a composé une charade analogue sur Collot d'Herbois ; l'auteur voyait dans *col* et *lot* les pronostics d'une mort violente.

prédiction avait été faite, eut la douleur de la voir s'accomplir, non pas à la lettre cependant.

Simon-Nicolas-Henri Linguet naquit à Reims, en juillet 1736, d'un greffier et d'une fille de procureur. Dans plusieurs occasions il s'est honoré de n'avoir jamais fait précéder son nom d'un *de* vaniteux et mensonger, contrairement à l'usage introduit chez les littérateurs ses confrères. En cela encore j'approuve Linguet, mais je ne saurais déprécier ceux qui, venus à une époque d'orgueil et de priviléges, ont cru devoir réparer l'injustice du hasard ; je ne reproche à aucun des poëtes, philosophes, musiciens du XVIIIe siècle, cette particule d'emprunt : elle était pour eux presque une nécessité, elle les mettait en cour, elle leur épargnait les humiliations des gentilshommes imbéciles. Aujourd'hui, il y aurait faiblesse pour les hommes de lettres à perpétuer cette usurpation que n'autorise plus la composition actuelle de notre société.

Linguet fit à Paris des études excessivement brillantes, et, par son aptitude autant que par le sérieux de son esprit, il parut promettre de continuer cette race de studieux Rémois qui a donné à la France Robert de Sorbonne, Gerson, Mabillon, un contingent énorme de bénédictins. Sa jeunesse fut remplie de hasards heureux propres à développer sa pensée ; je ne parle pas de son cœur (rien n'indique que Linguet ait beaucoup vécu par là). A la suite d'un grand seigneur, le duc de Deux-Ponts, qui l'avait emmené en qualité de secrétaire, il parcourut la moitié de l'Europe et augmenta de la sorte, dans les conditions les plus agréables, ses connaissances déjà nombreuses et vastes. Maintenant, nous retrouverions peu, chez les gens de lettres et chez les avocats, de ces éducations *ferrées* presque obligatoires pour ceux du siècle précédent. Les gens du monde eux-mêmes perdent de jour en jour l'excellente coutume d'envoyer leurs enfants, au sortir du collége, faire leur tour d'Italie, d'Allemagne et d'Angleterre, — voyage indispensable autrefois, et sans lequel il n'y avait que des éducations incomplètes.

On a dit que les voyages entrepris de trop bonne heure par les Français détruisaient ou du moins diminuaient en eux le caractère, l'esprit national ; cela est généralement faux. S'ils ont à un degré moindre que les autres peuples ce qu'on nomme *mal du pays*, c'est parce que, dans leur entrain perpétuel, ils s'attachent à *franciser* tout ce qui les entoure. Ils emportent véritablement la patrie à la semelle de leurs souliers, et ils la rapportent non moins fidèlement.

Secrétaire du duc de Deux-Ponts ou aide de camp du prince de Beauvau, Linguet visita successivement la Pologne, l'Espagne, le Portugal, la Hollande. Il prit de bonne heure le goût du déplacement, et tourna longtemps autour de diverses carrières sans en adopter aucune. Une parodie représentée à la Comédie italienne, quelques petits vers sans amours, des fragments de tragédie trahissent, çà et là, des velléités poétiques, réprimées presque aussitôt. On verra cependant Linguet parler plusieurs fois avec complaisance de ses aspirations vers la littérature, et du regret qu'il ressent d'avoir abandonné le culte des Muses. Mais il ne faut pas trop l'écouter : c'est une manie chez lui. Ce qui tend à prouver que sa vocation poétique n'était que vision, c'est que, dans le moment où il feuilletait d'une main le dictionnaire des rimes, de l'autre il écrivait le *Traité des canaux navigables*.

De retour de ses pérégrinations, qui lui avaient pris les plus belles et les plus longues années de sa jeunesse, il se fixa à Paris, où bientôt il entra dans la ligue contre les philosophes ; ses premières brochures furent peu remarquées : elles n'étaient pas, il est vrai, saupoudrées de ce sel gris qu'il versa depuis à pleines poignées sur tous ses ouvrages. Linguet se contentait alors d'avoir des vues judicieuses, un style facile ; il comprit plus tard que ce n'était pas assez. Il éclairait seulement, il ne brûlait pas encore.

A ce moment, il fut atteint d'une noire mélancolie et d'un dégoût profond des choses de la gloire, motivé, cela va sans dire, par son peu de succès. Il avait vingt-huit ans, il était inconnu. Que faire pour percer la foule? Linguet se décida à descendre lentement les degrés gazonnés du Parnasse, et à choisir une profession dans la société : il prit celle d'avocat, non sans une répugnance bien marquée et qu'il exprimait de la sorte à un ami, quelques jours avant la consommation du sacrifice :

« J'étais né dans l'état médiocre où un homme sage doit se renfermer, s'il veut être heureux ; une fortune bornée me liait à cet état obscur qui, seul, cache et défend la vertu. Une famille sans reproche, le nom d'un père estimé, quelque lueur de talent m'y assuraient un rang honnête. Il ne tenait qu'à moi d'y vivre ; je n'avais à y craindre ni les regrets de l'ambition trompée, ni les chaînes brillantes de l'ambition satisfaite. J'ai fait la folie de le dédaigner et de le fuir. J'ai osé aller chercher la fortune à la suite des grands. J'ai cru trouver la gloire et la considération dans la carrière littéraire ; je me suis promis de la douceur dans le commerce de ceux qui s'appliquent à cultiver leur esprit.

» Ces idées étaient flatteuses, et il a fallu du temps pour m'en désabuser. J'ai donné les dix plus belles années de ma vie à la poursuite de ces chimères, et j'ai vu qu'après bien des travaux, tout ce que je pouvais en attendre, c'étaient des sujets de chagrin et de repentir pour le reste de mes jours. Je me suis donc éloigné du théâtre des lettres, où j'ai eu l'imprudence de faire quelques pas, et où le rôle d'acteur produit toujours bien plus d'humiliations que d'applaudissements. Hélas! depuis mon enfance, je n'avais point eu d'autre affaire *ni de passion plus vive que la littérature ;* et aujourd'hui que la raison m'éclaire sur ses dangers, dans ce moment où elle s'apprête à briser des nœuds qui n'ont encore que trop de force, mon cœur s'effraye du coup qu'elle va lui porter.

» JE N'AI JAMAIS ESTIMÉ LE MÉTIER D'AVOCAT, ET JE VAIS LE FAIRE. C'EST QU'IL FAUT ÊTRE QUELQUE CHOSE DANS LA VIE ; C'EST QU'IL Y FAUT GAGNER DE L'ARGENT, ET QU'IL VAUDRAIT

MIEUX ÊTRE CUISINIER RICHE QUE SAVANT PAUVRE ET INCONNU. »

Voilà Linguet.

III

Le barreau était alors, comme aujourd'hui, cette profession qui mène à tout, — la première étape de l'ambitieux. Au XVIIIe siècle, quiconque n'était ni poëte, ni philosophe, ni comédien, ni grand seigneur, ni financier, se devait d'être au moins *avocat au parlement,* sinon il n'existait pas. Le parlement comptait dans son sein plusieurs illustrations, Target, Legouvé, et principalement Gerbier, avocat modèle, type parfait de l'éloquence onctueuse, ce qu'on appelait *un des flambeaux de l'art oratoire.* Linguet se promit de souffler sur ce flambeau; mais souffler n'est pas éteindre, et, dans cette lutte qui va être racontée tout à l'heure, le flambeau Gerbier, après des intermittences d'éclat et d'ombre, finit par éclipser totalement le flambeau Linguet.

On voit que l'auteur du *Fanatisme des Philosophes* voulait être un avocat réel, c'est-à-dire un avocat plaidant, fût-ce pour le diable. Ce souhait fut en partie réalisé, car il se chargea, peu de temps après, de la cause du jeune chevalier de La Barre, accusé d'athéisme, comme on sait, pour avoir gardé son chapeau sur la tête lors du passage d'une procession de capucins, et condamné, à propos d'une chanson de table, à la torture, au supplice de la langue arrachée, à la décapitation et au bûcher. Dans cette épouvantable affaire qui fit frémir la France, et qui ne fut autre chose qu'une arme odieuse de politique entre les mains du parlement, Linguet se vit fermer la bouche; de plus, on lui défendit de publier le moindre écrit; il fut réduit aux démarches, aux sollicitations, aux remontrances manuscrites, qui ne produisirent aucun effet. Il se montra d'autant plus affecté de ces déboires, que l'infortuné chevalier de La Barre était le fils d'un de ses meilleurs amis, lieutenant général des armées, mort au service du roi.

« Je croyais, écrit-il avec amertume, je croyais, en m'attachant au Palais, avoir donné le change à mon étoile. Je m'étais bien trompé. Mon travail, mon désintéressement, le peu de talent dont on veut bien me gratifier, tout cela ne me sert de rien, et mes mémoires ne sont pas plus heureux que mes livres. La jalousie, la calomnie, la bassesse, tout ce qu'il y a d'avilissant se retrouve chez les *écrivailleurs de rôles*. Je l'éprouve dès à présent que je n'ai pas encore seulement jeté un petit rayon dans le Palais. Que sera-ce si jamais j'ai le bonheur ou le malheur de me voir placé parmi les vers luisants qui rampent dans ce pays-là? Je ne sais ce qu'il en adviendra, mais il est sûr que ma robe ne tient à rien, et qu'un degré de plus dans ma mauvaise humeur me rendrait mon ancien état de *cosmopolite*... »

En attendant une chance plus favorable, Linguet se reprit à publier quelques compositions littéraires, entre autres les *Révolutions de l'Empire romain*, où il dit, avec une feinte résolution : « L'ouvrage que je *laisse imprimer* aujourd'hui n'est pas un retour vers une maîtresse avec qui j'ai rompu; c'est plutôt le gage de la rupture, et la preuve que je ne veux rien conserver qui me la rappelle. » Mais ses rigueurs ne tinrent pas contre le demi-succès qui accueillit cette production, et aux *Révolutions de l'Empire romain* succéda bientôt l'*Histoire impartiale des jésuites*, que le bourreau brûla solennellement, — triomphe très-recherché par les écrivains d'alors, en ce qu'il entraînait d'habitude, pour un ouvrage condamné, le sort glorieux du phénix ressuscitant de ses cendres (1).

Le bonheur attire le bonheur. Dès que les liens qui l'at-

---

(1) En effet, le nombre des éditions de l'*Histoire impartiale des jésuites* a été grand et s'est continué jusqu'à nos jours.

tachaient à la médiocrité furent rompus, l'avocat champenois eut son cabinet encombré de clients. Plusieurs affaires brillantes, telles que celle du duc d'Aiguillon, celle de la duchesse d'Olonne, celle du prince de Ligne, et particulièrement celle du comte de Morangiès, qui eut un retentissement incroyable, portèrent à un très-haut degré son talent et sa réputation d'avocat. Il put alors s'étonner de cette seconde vocation qu'il avait ignorée si longtemps, et à laquelle il ne s'était livré qu'à son corps défendant. Aux audiences, on se portait en foule pour l'entendre, et il fallait des gardes pour contenir la multitude, ce qui ne s'était jamais vu. *Les murs en suaient au cœur de l'hiver,* dit un chroniqueur. Chez lui, il était assiégé par des curieux qui venaient acheter ses mémoires. Il fut forcé de proportionner son train à sa renommée; il eut un carrosse, des valets; il tint maison à la ville et maison à la campagne. Ce fut le pinacle. On le présenta à la cour, et l'on grava son portrait, orné de tous les attributs qui caractérisent le mérite triomphant des obstacles.

Il paraît qu'en ces circonstances la fumée lui monta à la tête, — cela est concevable et excusable, — car il ambitionna, dit-on, de se faire recevoir à l'Académie française. Soit que la fierté ou la méfiance ne lui permit pas de solliciter directement le fauteuil, soit que ce fût réellement à son insu que se firent les démarches, toujours est-il que son jeune frère se rendit un matin chez d'Alembert, le dispensateur suprême des brevets d'immortalité. D'Alembert répondit au petit frère que sa visite était infructueuse, « parce que M. Linguet s'était fait une infinité d'ennemis, et qu'il avait, même au sein de l'Académie française, *un parti furieux contre lui.* »

Linguet bondit en apprenant cette réponse. Il commença par désavouer son frère, et il adressa à l'imprudent géomètre une apostrophe, dont je détache quelques passages très-saillants :

« Si la différence des systèmes engendre des haines; si

des hommes qui réclament à grands cris la tolérance en faveur de leurs apophthegmes, éclatent avec fureur au moment où l'on ose faire mine de les discuter ; s'ils regardent comme un ennemi dangereux, s'ils tâchent de livrer à une excommunication flétrissante l'homme qui vit seul, qui met au jour ce qu'il croit vrai, sans entêtement, sans intérêt, sans politique d'aucune espèce, et qui n'a d'autre crime que de ne vouloir entrer pour rien dans leurs conventicules fanatiques, ma foi, monsieur, tant pis pour eux, je vous le déclare nettement. Et si c'est moi qui suis l'objet de ces cabales déshonorantes pour leurs auteurs, loin d'en être affligé, je m'en ferai gloire ; loin d'abandonner la conduite et les principes qui m'y ont exposé, je m'y attacherai plus que jamais.

» Je dirai à vous, monsieur, et à tous ceux qui feront semblant de penser que j'ai beaucoup d'ennemis, et qui, par cette ruse, se proposent d'en augmenter le nombre : Que vous ai-je fait? Il n'y a pas dix gens de lettres qui connaissent ma figure. Plusieurs m'ont des obligations, pas un, je dis pas un seul n'a à se plaindre de moi. Aucun ne m'a trouvé sur son chemin dans la carrière de la gloire ou de la fortune. Je ne veux ni pensions, ni places, ni accueil dans les cercles. Je n'ai jamais fait de critiques. N'ayant donc jamais manqué à aucun des auteurs vivants et ayant bien mérité de plusieurs, quelles raisons auraient-ils de me haïr?

» Seraient-ce mes opinions? Mais outre qu'elles ne sont pas aussi révoltantes qu'on affecte de le dire, il serait bien étonnant que je n'eusse pas la liberté *d'extravaguer à ma mode*, lorsque toute la *philosophaille* du siècle s'abandonne sans danger au délire le plus absurde! Il est vrai que je n'ai point donné à mes nouveautés le vernis encyclopédique, ce passe-port de toutes les ferrailles reblanchies, avec lesquelles tant de *crieurs de vieux chapeaux philosophiques* nous étourdissent. Mais, monsieur, ce n'est pas là un grand forfait.

» ..... J'ai été étonné des préjugés, de l'absurdité qui règnent dans les principes de nos administrations européennes. J'ai été révolté et effrayé des conséquences que pouvaient avoir les découvertes prétendues de M. de Montesquieu dans ce pays, découvertes empoisonnées qui produiront au moral le même effet que celles de Christophe Colomb au physique, qui augmenteront nos richesses et nos malheurs, et dont nos tristes contrées sentiront longtemps la pernicieuse influence. J'ai vu cela et je l'ai dit.

» Que j'aie eu raison ou non, on pouvait, on devait me répondre, me critiquer, tâcher de prouver que j'avais tort; mais me haïr, mais publier que *j'ai beaucoup d'ennemis*, mais travailler à vérifier cet oracle après l'avoir rendu, c'est en vérité, monsieur, la preuve d'une grande inconséquence dans votre parti.

» ..... A l'égard de l'Académie, je n'ignore pas que vous et M. Duclos disposez en despotes des places de ce sénat littéraire; je sais à merveille que vous êtes les saints Pierre de ce petit paradis : vous n'en ouvrez la porte qu'à ceux qui sont marqués du *signe de la bête*. Je n'en suis ni fâché, ni jaloux. J'ignore si l'envie me prendra jamais d'essayer d'y être admis; mais je sais bien que j'y renonce de bon cœur, s'il faut absolument se charger d'un sceau particulier de probation, s'il faut faire autre chose qu'être ferme, droit et naïf, respecter ce qui est respectable, mépriser ce qui est méprisable, dédaigner les sectes et leur fanatisme, et enfin montrer sans cesse ce que l'on a dans le cœur, mais aussi n'y avoir que ce que l'on montre.

» Voilà, monsieur, ce que je pense; voilà ce que je dirai toujours, voilà même ce que j'imprimerai au premier moment, parce qu'ayant affaire à des *insectes rusés* qui cherchent par leurs bourdonnements à induire le public en erreur sur mon compte, je ne puis me dispenser de me justifier à ses yeux. »

Tout cela est vivement conçu, fermement écrit, et peut donner une idée assez exacte du style de Linguet dans ses bons moments, qui sont ses moments emportés.

De cette lettre datent ses luttes constantes, d'abord contre la littérature, ensuite contre le barreau, et enfin contre le gouvernement, — gradation rapide à laquelle va assister le lecteur.

IV

La prospérité de Linguet lui avait suscité des inimitiés avouées. A la tête de ses adversaires se faisait remarquer l'avocat Gerbier, qui, dépossédé de sa supériorité d'éloquence, avait refusé, dans deux affaires, de se mesurer avec son heureux rival. Il y avait même eu une plainte au criminel de la part de Linguet, au sujet des propos tenus par Gerbier contre lui; — mais Gerbier avait tout l'ordre des avocats de son côté : aussi, désespérant d'en avoir jamais raison par la légalité, Linguet l'attaqua-t-il hardiment dans un mémoire, où il se disait le seul qui eût encore concilié d'une manière éclatante les lettres avec l'exercice du barreau, et où il avançait (avec orgueil, mais avec justesse) que, de cent causes dont il avait été chargé, il n'en avait pas perdu dix. Cet écrit exaspéra la masse entière des *gens du roi;* on médita un grand coup, et, le 11 février 1774, sur le réquisitoire de M. Jacques Vergès, avocat général, le parlement rendit un arrêt qui rayait Linguet du tableau.

Il resta onze mois sous le coup de cette radiation ; au bout de ce temps il fut rétabli. Il pouvait croire les rancunes satisfaites, les haines endormies, tout ce délire *robinesque* (c'était son mot) apaisé, sinon éteint; mais combien il était loin de la vérité! — Un second mémoire le fit rayer de nouveau, et cette fois définitivement. Il sollicita plusieurs assemblées générales des avocats; dans la première, il comparut au milieu d'une foule de militaires et de gens de qualité recrutés parmi ses partisans : cette cohorte, par parenthèse, se comporta assez légèrement; elle enfonça la porte et pénétra, l'épée nue, jusque dans la salle des délibérations (1).

En une autre circonstance, ce fut l'assemblée des avocats qui s'écoula doucement par une porte dérobée, laissant Linguet, dans une chambre voisine, attendre ses résultats toute une demi-journée.

N'ayant plus rien à espérer des formes et du parlement, il ne restait à Linguet d'autre ressource que d'en appeler au Conseil. Il alla lui-même à Choisy présenter directement sa requête au roi. Sa Majesté la remit à M. de Malesherbes, pour qu'il en fît son rapport; mais le Conseil ne jugea pas à propos de statuer sur cette demande. — Ainsi se termina, ou plutôt ne se termina pas, cette fameuse affaire, dans laquelle Lin-

(1) Parmi ces gens de qualité, il y avait le comte de Lauraguais, le comte de La Tour d'Auvergne, le prince d'Hénin, etc. Le récit de cette journée, unique dans les annales du parlement, a été écrit par un avocat, M. F.-M. G., avec un sentiment beaucoup trop partial, et avec des traits évidemment chargés : « On fit entendre à Linguet qu'il ne pouvait rester dans la salle avec cette foule immense de personnes : il se retira en proférant des menaces. Les opérations de l'assemblée finies, on fit appeler, par un des avocats, Linguet, qui se promenait dans le Palais avec sa nombreuse suite; il refusa de se rendre à l'assemblée pour subir les questions qu'on devait lui faire. On députa de nouveau deux avocats qui étaient familiers avec lui ; réponse insolente, sourire amer, propos ironique de sa part. Enfin, pour la troisième fois, on arrête de lui envoyer quatre des plus anciens membres de l'ordre; il résistait encore, lorsque le public, indigné, lui cria qu'il fallait obéir. Il part comme un furieux et entre dans l'assemblée ; on ferme les portes; il se trouble, il perd contenance, et proteste contre tout ce qui va se passer; il s'exprime d'une voix si douloureuse et en même temps si forte, que ses accents, entendus au dehors, ébranlent tout son parti. La comtesse de Béthune crie qu'on égorge son avocat ; toute la jeunesse indisciplinée qui l'accompagne enfonce les portes, et vient, par sa présence tumultueuse, troubler la délibération. On est obligé d'interrompre. Linguet se désespère, et cherche, pour dernière ressource, à former une émeute; quelques-uns de ses partisans tirent leur épée. Cependant la vaporeuse comtesse de Béthune se trouve mal ; on l'emporte, on la suit. Pendant ce temps-là, on va aux voix, et la radiation de Linguet est prononcée par cent quatre-vingt-huit voix contre dix. »

guet avait tant écrit et où il s'était donné tant de mouvement.

Privé de son état, mais ne voulant pas en finir si tôt avec la célébrité, il se découvrit une troisième vocation, celle de journaliste. Moyennant dix mille livres par an, il accepta du libraire Panckoucke la rédaction du *Journal de politique et de littérature* qui se publiait à Paris sous la rubrique de Bruxelles. Pendant une année et demie, Linguet ne sortit pas des bornes d'une discussion impartiale et modérée ; mais il se déchaîna bientôt à l'occasion de la réception de La Harpe à l'Académie française, et imprima un article où le récipiendaire était traité avec le plus cordial acharnement. Les académiciens, à qui les avocats avaient tracé l'exemple, demandèrent vengeance et l'obtinrent également. Quelques jours après l'apparition de l'article, le libraire Panckoucke reçut la lettre suivante de M. Le Camus de Néville, chargé de la police de la librairie :

« Monsieur,

» M. le garde des sceaux, en me parlant, dans sa lettre en date d'hier, 31 juillet 1776, du *Journal de politique et de littérature*, me marque : « Je vous prie de vouloir bien » dire au sieur Panckoucke de ne plus faire rédiger par le » sieur Linguet la portion littéraire de ce journal, etc. »

» Vous voudrez bien me certifier la réception de l'ordre du ministre. — Je suis, monsieur, etc. »

L'injonction était impérieuse. Supprimé deux fois comme avocat et comme journaliste, Linguet adressa à Louis XVI une lettre plus irritée que suppliante, dans laquelle, défendant son article incriminé, il redouble d'invectives envers La Harpe, qu'il appelle *petit homme orgueilleux, insolent et bas,* — et envers l'Académie elle-même, qu'il regarde comme une institution *inutile et dangereuse,* « au point, dit-il, qu'un style ridicule, ampoulé, hors de la nature, on l'appelle un STYLE ACADÉMIQUE ! »

Après avoir discuté le délit qu'on lui impute, il ajoute :

« Tout homme qui a donné un soufflet est répréhensible sans contredit; on le met à l'amende, on lui enjoint d'être plus modéré; mais on ne lui défend pas de remuer son bras à l'avenir. Il serait absurde de condamner quelqu'un, pour l'oubli d'un moment, à une inaction de toute la vie. De même, sire, je suppose que j'aie en effet manqué à l'Académie et à son favori; il leur fallait des réparations, je le veux croire; mais mon journal entier n'était pas composé d'outrages académiques; il y avait des parties utiles ou du moins irrépréhensibles. Pourquoi les retrancher, sous prétexte que deux pages auront déplu à un corps à qui l'on croit devoir des ménagements? Pourquoi mettre ma plume en écharpe, parce qu'en la secouant j'aurai fait une tache à l'habit de quelque voisin?

» Sous quel malheureux, sous quel inconcevable ascendant ai-je donc reçu la naissance? Quoi! sire, dans les classes les plus viles, les plus immédiatement soumises à l'autorité de la police, les plus accoutumées à se voir sacrifiées à l'ordre général, on observe des ménagements quand il s'agit d'enchaîner les bras d'un homme; on ne renverserait pas la boutique ambulante du dernier des artisans, sans avoir constaté et pesé le délit qui paraîtrait mériter ce châtiment; et moi, dans deux carrières, un despotisme révoltant, des cabales honteuses ont réussi deux fois, sans forme de procès, à m'enlever mon état! »

Ces récriminations, on le voit, sont écrites dans un style très-énergique, très-coloré. Linguet terminait, comme toujours, en demandant *des juges :* « Si le crédit de mes ennemis prévaut encore même à cet égard, dit-il, si leur influence réussit à m'empêcher d'obtenir un examen, je me bornerai à gémir de la fatalité de ma destinée, qui rend inutiles pour moi seul les vertus de mon roi! »

Le roi fit la sourde oreille.

Alors Linguet — dont la position n'était plus tenable en France — prit un parti héroïque : il s'expatria et passa en

Angleterre. C'était sans doute tout ce que voulaient ses ennemis, mais, par son habileté brûlante, il devait les dérouter encore plus d'une fois.

La création des célèbres *Annales politiques et littéraires* le replaça en effet sur son piédestal. Le succès de cette entreprise, qui eut plusieurs contrefaçons à la fois, dépassa ses espérances et ses désirs. Loin de Paris, il put foudroyer à son aise ceux qui avaient tenté de l'anéantir; il eut, lui aussi, ses vengeances et ses représailles; elles furent poussées si loin, que le gouvernement anglais commença à s'en inquiéter. Quelques observations sur la législation britannique et sur les mœurs de Londres lui attirèrent des remontrances sévères. N'étant point porté de nature aux concessions et ne voulant point céder un pouce de terrain, surtout à l'étranger, il se détermina à repasser la mer pour aller établir en Suisse le siège de ses *Annales*.

A cette époque, il faut chercher dans les *Mémoires* de Bachaumont le bulletin des allées et venues de cet infatigable touriste, qu'on est souvent exposé à perdre de vue.

« 12 *juin* 1778. On commence à s'impatienter du silence de M⁶ Linguet. Depuis son n° 24 de la première année, rien ne paraît. Ses partisans même ne savent pas trop où il réside: on assure qu'on a délibéré à Genève si l'on y recevrait ce fugitif turbulent, et il a été arrêté que non. On le croit occupé à chercher encore un lieu où il puisse prendre pied, lui et son journal, que les puissances regardent avec raison comme un libelle périodique.

» 24 *juillet*. M⁶ Linguet, n'ayant pu se fixer en Suisse, est venu à Paris pour l'arrangement de ses affaires domestiques; il y est resté quelques jours et a obtenu la permission d'emporter ses meubles et effets, même avec quelques immunités. On ajoute enfin qu'il a eu audience des ministres contre lesquels il a crié si amèrement. »

Le thermomètre de sa faveur continue à monter. Voici ce qu'on lit trois jours ensuite :

« 27 *juillet*. Les ministres accueillent librement M⁶ Linguet. Il est même question *de le mettre dans le corps diplomatique*, pour lequel on veut bien lui reconnaître d'étonnantes dispositions.

» 7 *août*. Par une lettre datée de Bruxelles, Mᵉ Linguet annonce aux journaliste de Paris que ses *Annales* vont recommencer le 15, et qu'il rendra compte de tout. Ses partisans sont comblés de joie et ses ennemis tremblent.

» 29 *août*. Le premier numéro de la suite des *Annales* de Mᵉ Linguet a enfin paru, à la grande satisfaction de ses amateurs et au grand regret de ses ennemis. Par une bizarrerie qui accompagne partout la destinée de ce célèbre fugitif, on juge, à sa façon de s'expliquer sur le lieu où il commence son ouvrage, qu'il n'est pas encore bien sûr d'y rester. Il n'a point pu prendre pied ni à Lausanne, ni à Neufchâtel, ni à Genève, parce que partout on a voulu lui donner un censeur dont il n'a pas voulu. A Bruxelles, il a été très-bien accueilli du prince Charles, mais il a encore trouvé des contrariétés pour se fixer ouvertement dans cette ville : il a été réduit à s'établir dans un petit village auprès d'Ostende, où il a monté son imprimerie. »

Cette existence nomade, et qui nous étonne si fort, était pour l'auteur des *Annales* un moyen puissant de popularité et de propagande. Il l'avait bien compris. Nous n'avons plus, à l'heure qu'il est, de ces journalistes habiles à se déplacer sans déplacer leur renommée ni leur influence; de ces hommes redoutables qui transformaient la presse en camp volant ; aujourd'hui plantant leur tente à Londres, demain devant Bruxelles, après-demain en vue de Vienne ou de Paris; de ces séditieux à qui le moindre coin de terre obscur suffisait pour, de là, se faire entendre de toutes les capitales et de tous les ministres! Le journalisme, né pour ainsi dire avec Linguet, avait pris avec lui un essor prodigieux et qu'il n'a plus retrouvé depuis; le journalisme avait conquis une autorité universelle : dès sa naissance, il était arrivé à son apogée.

Ouvrons encore Bachaumont, quelques volumes plus loin:

« 31 *août*. M⁰ Linguet a d'autant plus de peine à se départir de son rôle d'*Arétin moderne,* qu'il l'a trouvé très-lucratif l'année dernière, et qu'une année de son journal, tous frais faits, lui a rendu cinquante mille livres net. Son projet était de profiter de l'engouement général pour se faire ainsi rapidement une fortune qu'il bornait à trois cent mille livres; alors il serait venu, disait-il, les manger paisiblement à Paris. Mais son inaction de quatre mois et les voyages qu'il a été obligé de faire lui ont écorné considérablement son petit trésor, en sorte qu'il faut recommencer sur nouveaux frais. Au reste, il aurait les trois cent mille livres qu'il désire, et un million, qu'on ne croit pas que son caractère turbulent lui permît de goûter la vie qu'il a en perspective; il sera toujours le premier à troubler son propre repos ; et, comme lui a dit un de ses confrères, *le plus cruel ennemi qu'il ait, c'est lui-même.* »

Ce mot d'*Arétin moderne* part de Voltaire, qui avait pour ses ennemis, et même pour ses amis, des sobriquets terribles. Voltaire n'aimait pas Linguet : il se garait, comme de la peste, des traits acerbes de l'avocat; néanmoins, il lui faisait bon accueil. Voltaire en agissait ainsi également avec Palissot, cet autre adversaire (mais adversaire indigne) du parti philosophique.

Arétin moderne! L'expression est cruelle, mais elle est juste en de certaines applications. Oui, il y a quelque chose du *Fléau des rois* dans l'exigence de Linguet, dans son âpreté à la polémique, dans sa versatilité impudente. Comme Arétin, il se jette à travers tous les événements, il s'impose dans les grandes questions. Lui-même a défini son caractère par ces trois mots : opiniâtre, inflammable, inflexible. Le succès prodigieux de ses *Annales* est dû beaucoup aux sarcasmes dont elles sont remplies, aux hardiesses de tout genre qu'il s'y est permises (1).

(1) Sur un exemplaire annoté par M. Félix Bodin, en 1826 ou 1827, nous lisons les remarques suivantes : « Je ne suis pas sur-

Le maréchal duc de Duras y ayant été tourné en ridicule, voici l'épigramme à deux tranchants qui fut composée à cette occasion :

> Monsieur le maréchal, pourquoi cette réserve,
> Lorsque Linguet hausse le ton ?
> N'avez-vous pas votre bâton ?
> Au moins qu'une fois il vous serve.

Bien que les feuilles de Linguet se publiassent par des presses étrangères, une dénonciation solennelle n'en fut pas moins faite par M. d'Éprémesnil, en parlement, toutes les chambres assemblées, les mardi 11, vendredi 14 et mardi 18 juillet 1780. Dans cette dénonciation, qui ne fut imprimée qu'un an après, Linguet est convaincu d'avoir :

« Érigé la force en véritable droit ;

» Fondé toutes les couronnes sur du sang ;

» Soutenu qu'entre les rois et les sujets, le ciel s'explique par des victoires ;

» Traité la magistrature française de corps séditieux, et ses remontrances de *déclamations monotones, pédantesques* et incendiaires ;

» Insulté tous les tribunaux français par des accusations continuelles d'inconséquence, d'oppression, de meurtre ;

» Fait de la banqueroute publique un droit de la couronne, un devoir de chaque nouveau roi ;

» *Outragé le barreau ;*

» Et tout cela, non dans un passage, dans un article, dans une feuille, mais dans les volumes de ses *Annales*, « qui » forment un corps de doctrine médité, suivi, combiné,

---

pris du bruit que fit cet ouvrage dans le temps ; Linguet a un style plein de chaleur et d'originalité ; on trouve par-ci par-là des vues hardies, des *poussées* dans l'avenir, des pages vraiment remarquables. Du reste, ce Linguet est toujours de mauvaise humeur et mécontent de tout ; on ne sait guère ce qu'il veut.

» Cela ne se lit plus, et il fut un temps où les écrits de cet homme faisaient fureur, comme aujourd'hui ceux de l'abbé de Pradt, de M. de Montlosier, etc. »

» développé dans la vue de prêcher aux souverains le des-
» potisme, aux peuples la révolte, au genre humain la
» servitude! »

Ici l'exagération atteint des proportions telles, qu'elle dispose presque à l'indulgence pour Linguet. C'est, en vérité, accorder trop d'importance à des paradoxes écrits au courant de la plume, lancés au hasard par un étourdi, dont la bonne foi d'aujourd'hui ne ressemble plus à la bonne foi d'hier. Voir un corps de doctrine *médité et suivi* dans les *Annales,* c'est voir avec les yeux de la rancune. Linguet, soit qu'on l'envisage comme légiste ou comme économiste, est l'homme des contradictions. Aujourd'hui il vante les douceurs du régime asiatique, il atténue les cruautés des Césars, démontrant que « la fermeté, poussée par un souverain jusqu'à la rigueur, n'est jamais à charge aux peuples, et qu'il y a tout bénéfice à *rouvrir les sources de l'esclavage;* » il fait voir Néron sacrifiant ses maisons et ses jardins pour loger les particuliers qui n'avaient point d'asile, faisant vendre du blé au plus bas prix; il rappelle ce mot de Tibère à un intendant de ses finances : « Je veux bien qu'on tonde mes brebis, mais non qu'on les écorche. » Demain, changeant de langage, il écrit, à propos de Joseph II : « Sans vouer à ces malheureux qu'on appelle rois une haine aveugle et indistincte, j'ai conçu pour la royauté une horreur qui ne finira qu'avec ma vie (1). »

Comme on le pense bien, la dénonciation de M. d'Épré-

---

(1) Voici encore une suite de paradoxes de Linguet qui n'ont pas été dépassés, même dans ces derniers temps :

« La société, en général, est contraire à la population; les lois aident la population comme les liqueurs fortes aident l'estomac, en altérant les organes de la digestion.

» Les lois font pendre les voleurs; et il n'y aurait pas de voleurs s'il n'y avait pas de société.

» Les lois produisent les guerres, et les guerres enlèvent une partie des habitants du monde.

» Les lois pressent les hommes sur un petit espace et les entas-

mesnil n'eut d'autre effet que de redoubler la verve de Linguet. L'ex-avocat ne se doutait guère alors qu'il allait bientôt jouir tout à son aise des avantages d'un despotisme qu'il avait imprudemment préconisé.

V

Il n'y avait pas moyen de venir à bout de Linguet autrement que par la violence ; le gouvernement français résolut de l'employer encore une fois à son égard. On l'attira à Paris sous un prétexte quelconque, et, un jour de septembre qu'il allait dîner avec un de ses amis aux environs du bois de Vincennes, il fut tout surpris de voir s'arrêter son carrosse précisément en face de la Bastille, d'entendre s'abaisser le marchepied, et de se trouver entouré d'agents qui lui intimèrent, au nom du roi, l'ordre de mettre pied à terre. En pareil cas, les plus pétulants personnages ne savent qu'obéir. Au nom du roi, Linguet se laissa conduire et enfermer, — et le dîner qu'il rêvait sous la tonnelle s'accomplit tristement à l'ombre des barreaux.

Il demeura prisonnier pendant près de deux ans. On connaît cette boutade dont tous les recueils de facéties se sont emparés : « Qui êtes-vous ? demanda-t-il un matin à une personne qui entrait dans sa chambre. — Monsieur, je suis le barbier de la Bastille. — Parbleu ! vous auriez bien dû la raser ! »

Quelques personnes influentes s'employèrent immédiatement pour lui ; mais il avait insulté de très-hauts person-

---

sent dans les villes et dans les maisons, ce qui fait que les épidémies se répandent avec plus de promptitude.

» Les lois entraînent la famine, c'est-à-dire l'habitude de l'abondance, qui rend la disette insupportable, et l'usage de l'agriculture qui nous tue bien plus que la stérilité. »

nages, il fallait une correction. Pendant ce temps, son journal était continué à l'étranger par des amis beaucoup trop dévoués. « Il y a toujours, dit une correspondance suisse, des gens habiles à succéder, non-seulement aux morts, mais même aux vivants, lorsqu'ils peuvent le faire avec impunité. C'est ainsi qu'on voit à Genève (à Genève maintenant!) MM. Mallet du Pan et Durey de Morsan continuer les *Annales* de Me Linguet. Ils se sont flattés sans doute que ce prisonnier ne reparaîtrait pas de si tôt, car, malgré les éloges qu'ils lui prodiguent, on ne croit pas qu'il se vit de bon œil remplacé par ces messieurs. Malheureusement, les efforts inutiles qu'a dernièrement faits le sieur Le Quesne en sa faveur, en se jetant aux pieds de l'empereur Joseph II, alors à Versailles, donnent lieu de craindre qu'ils ne jouissent longtemps de leur usurpation. Le nouveau journal n'entre que furtivement en France. »

Le jour que Linguet fut mis en liberté, la vieille forteresse dut pousser un gémissement, car, ce jour-là, le furieux publiciste jura qu'il ferait tomber ses murailles et qu'il ne resterait pas d'elle une pierre. Il s'enfuit d'un trait à Londres, où il écrivit, d'une main tremblante de rage, ces fameux *Mémoires sur la Bastille* qui ont été comme un premier coup de pioche, et qui font de Linguet le véritable démolisseur de cette prison d'État. Sans Linguet, peut-être existerait-elle encore; mais Linguet ne pardonnait point; il la traita comme il avait traité le parlement, comme il avait traité l'Académie. La Bastille tomba, cinquante-trois ans, jour pour jour, après la naissance de l'auteur des *Annales!*

Peut-être le moment est-il venu, à présent que la popularité de Linguet n'ira pas plus loin, de montrer en lui l'homme privé, celui qui se révèle à chaque instant sous la gaze du sophisme, et dont le sentiment personnel anime toutes les productions. Il a cinquante-quatre ans. La peur le serre : il habite à Londres une maison quatre fois trop grande pour lui; il sort rarement, il a encore la fièvre de la Bastille. Une dame, qui est sa maîtresse et qui possède quatre années de plus que lui, fait subir invariablement à tous les visiteurs un interrogatoire préalable; la moitié des cheveux de cette dame, pour nous servir d'une expression empruntée à l'auteur des *Bohémiens*, a revêtu la livrée de l'innocence. C'est madame Buttet, ou plutôt *Zélie*, comme il la nomme familièrement; lui, c'est *Zulmis*, — deux noms de tourterelles qui ont égayé le public (1).

Il existe un portrait gravé de Linguet, par Saint-Aubin, d'après un dessin de Cochin. Le critique des *Mémoires secrets* (tome XIII), en rendant compte du salon de 1775, s'arrête devant le portrait de *l'égoïste* Linguet, qu'il trouve très-ressemblant : « Son air roide, dit-il, le caractérise à merveille. »

Voltaire et Beaumarchais portaient leur esprit sur leur figure; ils l'affichaient hardiment, courageusement; c'étaient bien là les gens de leur haine et de leur gaieté. Ces deux têtes vives, qui ont des regards si agressifs, une bouche si preste, une oreille si éveillée, je les aime. Voltaire et Beaumarchais possédaient toutes les rouerics, et ne se faisaient pas faute d'user de toutes, excepté de la rouerie du visage; celle-là, ils la dédaignaient, ils n'en voulaient pas. Linguet est le premier qui ait appliqué sur sa physionomie ce masque immobile et comme plâtré que devait perfectionner encore M. de Talleyrand. Tout le feu de sa pensée, il le contenait avec soin jusqu'au moment calculé de l'explosion; — jusque-là il avait la dignité glaciale, le geste court, la parole rare, la voix aigre.

Je suis peu apte à me prononcer sur ses mérites d'avocat; je sais seulement que lui et Beaumarchais (ce nom, à propos de Linguet, revient continuellement et tout naturellement se placer sous la plume) introduisirent une véri-

(1) Cette madame Buttet, femme d'un négociant de Nogent-le-Rotrou, était venue à Paris pour solliciter une séparation. Ayant échoué dans sa demande, malgré les talents de Linguet, elle aima mieux demeurer avec son défenseur que d'aller rejoindre son époux.

table révolution dans le barreau, en substituant aux formes habituelles de la discussion des matières judiciaires une sorte d'éloquence bâtarde, originale, spirituelle, empruntée à la littérature de bas lieu, et qui fut, depuis, d'un si funeste exemple au Palais.

Ses habitudes étaient celles d'un homme de travail. Même à Paris, au milieu de ses plus grands et plus vrais triomphes, il se levait régulièrement à deux heures du matin, dans toutes les saisons. Il n'avait pas de secrétaire et il ne faisait qu'un seul repas par jour.

Il était réellement religieux. Faisant allusion à d'Alembert, sa bête noire avant ou après La Harpe (1), il s'écriait : « N'est-ce pas une charlatanerie révoltante que cet acharnement théorique contre des dogmes qui gênent si peu dans la pratique? Est-il permis à un homme raisonnable, qui a passé trente ans, de mettre seulement en question s'il croira à son catéchisme? »

Quelques-unes de ses saillies méritent d'être retenues. Un jour, comme on parlait devant lui des *Confessions* de Jean-Jacques, il se leva de son fauteuil, et dit brusquement : « Rousseau est un fou qui, après nous avoir pendant sa vie débité mille extravagances, termine la farce en nous jetant son pot de chambre au nez! » Une autre fois, s'exécutant lui-même de bonne grâce, il donna cette définition des journalistes : « Ce sont des cirons périodiques qui grattent l'épiderme des bons ouvrages pour y faire naître des ampoules. »

Retournée contre lui, l'arme de la critique, qu'il maniait avec si peu de ménagement, lui arrachait des cris de colère. Il écrivait au libraire Lacombe, directeur du *Mercure* : « Je ne veux de mal à personne, mais, quoique indulgent par caractère, je deviens vindicatif par raison. Je m'aperçois qu'on n'est ménagé dans le monde qu'autant qu'on y

(1) Il faut également comprendre dans la catégorie de ses bêtes noires Morellet, qui écrivit contre lui le libelle intitulé : *Théorie du paradoxe*.

paraît méchant. La littérature est à cet égard un monde très-perfectionné. Ainsi je n'attaquerai jamais le premier, mais *j'ai juré de ne me laisser jamais attaquer impunément.* Je tiendrai ma parole et vous serez bientôt le maître d'en faire l'expérience. Il paraîtra de moi, à la Saint-Martin, trois ouvrages intéressants, au moins pour leur objet; critiquez-les, je serai le premier à vous applaudir si c'est avec raison; mais parlez-en décemment si vous en parlez, ou bien je relirai mon Voltaire pour y apprendre comment il faut traiter un journaliste qui s'oublie. »

Il a été dit, en commençant, quelques mots sur l'universalité de ses connaissances. Je trouve dans le catalogue interminable de ses œuvres, une série de brochures traitant des sujets les plus singuliers et les plus divers, telles que : *Discours sur l'utilité et la prééminence de la chirurgie sur la médecine;* Bruxelles, 1787. — *Prospectus d'un nouveau spectacle de musique,* 1762. — *Réflexions sur la lumière ou Conjectures sur la part qu'elle a au mouvement des corps célestes,* etc., etc.

Des couleurs choquantes dénaturent, çà et là, ce tableau d'une existence puissante et brillante. Mon devoir d'historien m'interdit de les supprimer. Des attaques nombreuses ont été dirigées contre la probité de l'auteur des *Annales :* tout jeune encore, il fut accusé d'avoir enlevé un cheval au duc de Deux-Ponts, son bienfaiteur. Plus tard, la rumeur publique voulut qu'il eût ouvert le secrétaire de M. Buttet, le mari de sa maîtresse, — alors qu'il demeurait chez lui, à peu près comme Voltaire entre M. et madame du Châtelet, — et qu'il y eût soustrait, de connivence avec *Zélie,* une somme de cent mille livres. Ces griefs, à la réalité desquels je me refuse, sont reproduits fréquemment dans les feuilles du temps, — ainsi que l'anecdote du soufflet qu'il reçut en pleine rue, à Londres, du pamphlétaire Thévenot de Morande.

Enfin, — car j'ai hâte d'en finir avec ces tristes choses, je trouve, dans *la Police dévoilée,* de Manuel, le récit des torts vrais ou supposés que Linguet eut envers Dorat, surnommé par lui l'Ovide français, torts qui lui ont été reprochés même au Palais. Il s'agissait de cent louis, que Dorat l'accusait d'avoir enlevés à sa cassette (Dorat et cent louis ! Dorat, mort avec plus de cent mille livres de dettes ! Dorat volé !) alors qu'ils vivaient tous deux sous le même toit et qu'ils collaboraient ensemble à des comédies. Ce débat, déshonorant pour les lettres, occupa les badauds pendant quelques jours.

L'avocat écrivait au mousquetaire :

« Le courage et la vérité sont calmes ; les transports de fureur ne vont qu'au mensonge et à la lâcheté. Ne vous présentez jamais devant moi ; d'après vos lettres, qui ne sortiront plus de ma poche, il n'y a pas de considération qui pût m'empêcher de vous faire éprouver l'ascendant qu'a un galant homme sur un lâche, ni de loi qui pût me punir de m'être fait justice. »

Le mousquetaire répondait à l'avocat :

« Un petit ex-avocat, chassé, conspué et couvert du mépris public, ne doit point parler d'honneur. Encore une fois, ce que vous savez serait la seule arme dont je puisse me servir avec une espèce telle que vous ; mais quand je vous aurais battu, vous n'en seriez pas moins un fripon.

» Vous avez raison de ne point m'inviter à me présenter devant vous, car vous ne soutiendriez pas aisément les regards d'un honnête homme. Vous ressemblez à l'âne de la fable, qui croit faire peur parce qu'il sait braire. Il me semble que je mets votre valeur à de terribles épreuves. Je suis visible tous les matins ; arrivez, votre chevalerie sera la bienvenue, et je vous donnerai un petit essai de la mienne. Eh bien, monsieur le coquin, êtes-vous content ? Je suis de meilleure composition que vous, car je vous permets de vous présenter devant moi, et soyez sûr que cela se passera le mieux du monde.

» Il me fait rire, ce pauvre Linguet, avec son honneur ! D'où diable tombe-t-il ? N'importe, il faut voir ce que c'est que cet homme-là, il doit être curieux. A demain, mon gentilhomme. Pour vous réconforter, je vous préparerai une tasse de chocolat. Quant à mes billets doux, s'ils peuvent être de quelque utilité pour votre réputation chevaleresque, vous pouvez les montrer ; si vous voulez même j'en donnerai les copies. Je dicte à mon secrétaire, qui sera bien aise de vous connaître ; il aime les gens de cœur, et vous voyez que je ne néglige pas une seule occasion de vous ménager des suffrages. »

En vérité, les dieux d'Homère, qui cependant sont assez forts en bouche, ne se disputent pas en termes plus vifs. Il n'y eut du reste dans cette affaire que de l'encre de répandue. Ce fut Dorat qui, malgré sa jactance, désavoua son accusation dans une lettre insérée au *Journal de politique et de littérature*. Lui-même annonça confidentiellement au lieutenant de police que la paix était signée : « Mille fois pardon, monsieur, si je vous ai importuné pour ma malheureuse affaire avec M. Linguet. J'ai eu occasion de le voir, tout s'est passé à ma pleine satisfaction, *et je vous supplie de vouloir bien me renvoyer mes deux lettres*, désirant ne faire aucun éclat et ne point donner ce scandale aux lettres et à la société. »

On voit que le chantre des nez retroussés avait, par prudence, prévenu le magistrat du cartel qu'il proposait à Linguet ; — c'était un conseil que lui avaient sans doute donné ses mille et une maîtresses...

A côté de ces faits pénibles, on est heureux de rencontrer des témoignages d'estime, tels que celui que je lis dans les Mémoires de M. F. Marlin, publiés en 1814 chez Le Normant, libraire : — « J'étais abonné aux *Annales* de Linguet : il m'écrivit de Londres, à l'occasion de notre rade de Cherbourg qu'on enfermait et qu'on fortifiait. Nous restâmes en correspondance. Il passa de Londres à Vienne, et de Vienne à Bruxelles, où il m'invita à lui faire une visite. Nos rapports étaient libres et pleins de franchise ; il recevait toutes mes observations sur ses écrits et souvent il en a fait usage. On peut dire de Linguet qu'il était trop homme de lettres pour un avocat, et trop avocat pour un homme de lettres ; mais je n'ai pas connu un homme plus désintéressé, plus généreux, plus vrai, plus estimable par le cœur. Ceux qui ont parlé autrement de lui, ou ne l'ont pas connu, ou l'ont calomnié. »

VI

La Révolution, pour laquelle Linguet avait travaillé sans le vouloir, par son opposition constante à tous les gouvernements et à tous les hommes, ne trouva d'abord en lui qu'un adepte assez tiède. Peu à peu cependant, il se familiarisa avec les idées nouvelles, et l'homme qui avait écrit cette phrase : « La société vit de la destruction des libertés comme les bêtes carnassières vivent du meurtre des animaux timides » se fit recevoir au club des Cordeliers, sous le patronage de Camille Desmoulins et de Danton. On fit de lui un secrétaire de la *Société des amis de la liberté de la presse*.

Pendant quelque temps, il espéra jouer encore un rôle parmi tous ces terribles acteurs ; il se présenta une ou deux fois à la barre de l'Assemblée nationale ; — mais là, comme dans le parlement, sa violence habituelle excita des réclamations unanimes, et le président fut obligé de le faire taire par un ordre du jour.

Brissot a insinué, dans ses *Mémoires* posthumes, que Linguet avait coopéré au journal *l'Ami du peuple*, de Marat, mais cela n'est pas prouvé.

Linguet habitait une petite campagne, près du joli village de Ville-d'Avray, lorsqu'il fut arrêté et conduit dans une des nouvelles et innombrables bastilles de Paris. On se rappelle, dit Des Essarts dans ses *Procès fameux*, que, depuis la loi du 22 prairial, les *fournées* se succédèrent avec une rapidité effrayante. Linguet fut compris dans une de ces fournées. Lorsqu'on lui remit son acte d'accusation, il appela quelques-uns de ses compagnons d'infortune pour leur prouver combien les motifs de sa captivité et de sa mise en jugement étaient ridicules. « Ah! sécria-t-il, je me fais une fête de dévoiler la sottise et l'atrocité de mes ennemis! Ils verront demain ce qu'on gagne à me persécuter! »

Il se croyait encore dans la grand'chambre.

Linguet mourut comme il avait vécu, par le paradoxe. Ce fut un de ses paradoxes qui le dénonça et qui le tua. Le tribunal révolutionnaire, devant lequel il fut traduit, l'accusa d'avoir mal parlé du pain. Voici, en effet, comment Linguet s'était exprimé dans un de ses pamphlets : « Le pain, considéré comme nourriture, est une invention dangereuse et très-nuisible. Nous vivons de cette drogue dont la corruption est le premier élément, et que nous sommes obligés d'altérer par un poison, pour la rendre moins malsaine. Le pain est plus meurtrier encore cent fois par les monopoles et les abus qu'il nécessite, qu'utile par la propriété qu'il a de servir d'aliment. Le plus grand nombre des hommes n'en connaît pas l'usage, et chez ceux qui l'ont adopté, il ne produit que de pernicieux effets. C'est le luxe seul qui nécessite le pain, et il le nécessite parce qu'il n'y a point de genre de nourriture qui tienne plus les hommes dans la dépendance. L'esclavage, l'accablement d'esprit, la bassesse en tous genres dans les petits, le despotisme, la fureur effrénée des jouissances destructives, sont les compagnes inséparables de l'habitude de manger du pain et sortent des mêmes sillons où croît le blé! »

Linguet, dont le tribunal ne voulut pas entendre la défense, fut condamné à mort. « Hélas! dit-il en rentrant dans sa prison, ce ne sont pas des juges, ce sont des tigres! » Au moment de prendre place dans la charrette, il demanda un prêtre; on le lui refusa : il se contenta de *Sénèque* et porta avec courage sa tête sur l'échafaud, le 27 juin 1794.

Ses papiers et ses manuscrits, qui étaient en grande quantité, furent transportés à l'École militaire. On fit des cartouches de ses paradoxes; — et ce qui avait tué pendant sa vie tua encore après sa mort.

———

Le portrait d'un homme se complète surtout par ses lettres intimes; à ce point de vue, nous accordons une grande importance à la science des autographes. Voici une lettre de M. Linguet qui nous est communiquée par M. Dentu; nous la transcrivons *in extenso* avec son orthographe et sa ponctuation. L'écriture en est moyenne et droite, avec cette particularité que toutes les lettres se tiennent; on dirait d'une uniforme série d'o liés. De là quelques mots difficiles à déchiffrer. Un diable gambadant est représenté sur le cachet de cire noire.

L'adresse porte :

« A Monsieur le baron de Tournon, à Abbeville.

» Paris, ce 6 mars 1766.

» Monsieur et cher ami,

» La confiance dont vous m'honorez ne peut que me flatter infiniment. Je ferai tout ce qui dépendra de moi pour y répondre. Je serai volontiers votre champion contre le saint usurpateur de votre........, et je tâcherai de vous faire ravoir votre droit sur les prières de l'Église, qui ne font pas de mal en ce monde, si elles ne font pas grand bien dans l'autre. Seulement si vous me permettez de vous parler avec franchise, je suis un peu fâché du second que vous me donnez. J'ignore si vous connaissez le Mr Trespagne qui est chargé de vos affaires. C'est à la fois le plus impertinent personnage, et le procureur le plus avide peut-être qu'il y ait au Palais. Je le connais, moi, de réputation d'abord, et ensuite par ma propre expérience. Il n'y a pas deux mois que j'aurais été fort le maître d'avoir avec lui un démêlé très-vif. L'histoire en serait trop longue. C'est une affaire que j'ai eu la générosité d'accommoder, quoiqu'elle dût me rapporter beaucoup en la laissant aller, comme auraient fait mes confrères. J'ai fait toutes les démarches nécessaires : j'ai rapproché les parties, et quand Trespagne a vu qu'il ne lui était pas possible d'empêcher l'arrangement, il a fait en sorte qu'il en a recueilli lui seul la reconnaissance et le fruit. Vous voyez qu'il y aurait pour moi du dégoût à me retrouver vis-à-vis de ce personnage.

» S'il vous était indifférent de le changer, j'en travaillerais bien plus agréablement avec un autre. Au reste cependant vous êtes le maître, et si vous l'exigez, je surmonterai ma répugnance. Ce que j'ai de plus à cœur est de vous être utile, et de saisir l'occasion de vous prouver mon attachement.

» Vous sçavez à présent l'évènement terrible du procès des profanateurs. Je suis à présent occupé à obtenir la distraction du procès de Maillefer et de son compagnon d'infortune, d'avec celui de Labarre et de Detalonde. Il y a longtemps que cela devrait être fait; mais nous nous sommes laissés amuser ici par l'abbesse de Villa.... et par M. d'Ormessac, son parent, président à mortier, qui ont été eux-mêmes duppes de vos juges d'Abbeville. En vérité, j'en ai bien du regret. Cette affaire est affreuse dans toutes ses faces. Je vais écrire vigoureusement pour justifier mes deux jeunes clients. Il est bien triste pour eux d'avoir été impliqués par la malignité du juge criminel dans les folies de deux extravagans.

» Je vois fréquemment ici le pauvre ex-professeur. Sa situation est fâcheuse aussi. Il est sacrifié évidemment à la cabale qui s'est formée contre lui. Il ne sçaurait obtenir justice, et il ne l'obtiendra pas. Les adversaires prévalent sur son innocence. Je voudrais bien lui rendre service, et je ne le peux pas. Le conseiller au parlement qui est chargé du département d'Amiens et que j'ai vu là-dessus, m'a répondu nettement qu'il n'y avait rien à espérer pour M. de Virloys, qu'on ne pouvait pas laisser dans une pareille place un homme haï de tout le monde, qu'il était sans reproche d'ailleurs, qu'il avait du talent, mais que pour être employé à l'éducation de la jeunesse la première qualité était un esprit doux et conciliant, qui manquait à mon client. Je n'ai rien à répondre, comme vous sentez : car dès qu'on attaque M. de Virloys du côté de l'humeur, il n'y a pas moien de le défendre. Ce garçon-là est trop entier. Je crains bien pour lui que ce caractère que l'âge n'a pas réformé, ne lui cause encore par la suite de violents chagrins. Il s'occupe à présent à finir son Dictionnaire d'Architecture qui lui rapporte quelque argent.

» Il faut que vous vous soyez trompé en m'indiquant l'adresse de votre peintre. Vous me marquez qu'il demeure *rue des Fossés M. le Prince, vis-à-vis un marchand de vinaigre*. Dans toute la rue des Fossés M. le Prince il n'y a pas un seul vinaigrier; j'ai couru la rue tout entière hier, et il ne m'a pas été possible d'y déterrer votre homme. Marquez-moi, s'il vous plaît, au juste, sa demeure. Il y a à Paris quatre ou cinq rues qui portent le nom de *Fossés ;* peut-être M. Leclerc demeure-t-il ailleurs que dans ceux de M. le Prince.

» C'est à M. Douville, si je ne me trompe, que j'ai adressé un exemplaire des R. Romaines, pour vous. Je vous prie de le lui faire demander. Si, contre mon intention, je vous assure, je m'étais mépris dans le nombre d'exemplaires que je lui ai adressés, et qu'il n'y en ait pas eu pour vous, je m'empresserai de réparer ma faute.

» J'ai vu hier le fabricateur du *Mercure,* qui a depuis deux mois votre lettre sur le régiment de Picardie. Vous ne sçavez pas ce qui les a empêchés de les publier : c'est qu'il leur en manque la première partie. Ce n'est pas qu'ils l'aient perdue, mais ils ne sçauraient la retrouver. Ils sont en quelque sorte excusables. Cette partie, qu'ils ont égarée, est de votre écriture. Je n'avais recopié que les cinq dernières pages ; or eux voiant qu'il y avait deux écritures ont cru que c'étaient deux sujets différents ; ils ont séparé les deux morceaux, et dans le rassemblement de tous les matériaux qui servent à leur édifice, le premier est resté on ne sait où. Si vous voulez bien, aussitôt la présente reçue, me renvoier la copie de votre lettre jusqu'à ces mots, *que je hasarde sur le papier. J'ajouterai cependant à ma lettre qu'il a des,* etc.; nous avons tout le reste, et dès que je l'aurai fait passer au *Mercure,* la lettre y sera insérée. Il a fallu adoucir un peu la dernière frase. Il est très-vrai que la principale occupation de ces messieurs est de faire des cocus et des bâtards : mais M. le Mercuriste m'a fort assuré qu'il ne fallait pas le dire.

» Nous avons eu tous avant-hier une belle peur au Palais. Toutes les avenues s'en sont trouvées saisies dès quatre heure du matin par des gardes suisses, des gardes françaises, des gardes du corps, etc. Nos pauvres robbes noires ne faisaient pas grande figure, comme vous sentez, auprès des baïonnettes et des uniformes ; et on prit la liberté de nous fermer la porte au nez. A dix heures le roi est arrivé. Il a fait raier lui-même de certaines protestations que le parlement avait faites contre la commission de Bretagne, ou du moins contre l'ordre qu'a reçu le parlement de Rennes, chargé d'instruire le procès de M. de La Chalottais, d'y admettre quatre maîtres des requêtes. Le parlement de Paris ne le veut pas, et le roi de France le veut. Je crois que ce dernier aura l'avantage. Cette exécution s'est fait très-militairement, et personne absolument ne s'y attendait. Adieu, monsieur et cher ami. Voulez-vous bien me rappeller au souvenir de M. et de Mme Bourdon. Je vous prie de leur faire agréer les témoignages de mon respect, et d'être convaincu de celui avec lequel je suis pour la vie,

» Votre très-humble et très-obéissant serviteur,

» LINGUET. »

Les autographes de Linguet sont moins communs qu'on pourrait s'y attendre de la part d'un homme qui a tant écrit. Rappelons pour mémoire :

Catalogue Soleinne. Appendice au tome troisième. — L. A. S. de Linguet; in-4°, 3 p. Bruxelles, 24 fév. 1788. Il demande de nouveau un avis et même une intervention dans l'*étrange* affaire qu'on lui suscite : « Je vous engage à contribuer, à concilier ou à éteindre une tracasserie, que je ne puis laisser subsister éternellement, et qui causera, s'il faut qu'elle éclate, une espèce de tapage, dont on m'accusera encore, comme on a toujours fait. »

Catalogue Trémont. Premier supplément. — L. aut. sig. à Mgr..... 23 fév. 1779. 4 p. in-4°. Très-curieuse lettre où Linguet expose longuement ce qu'il se propose de faire en rentrant à Paris, pour calmer ses ennemis et pour plaire au roi; il prouvera sa soumission par son silence, il y est déterminé, etc., etc.

II

MERCIER

I

Mercier, un de ces énergiques et singuliers talents que nous n'avons pas toujours voulu comprendre en France, a longtemps joui d'une réputation considérable à l'étranger, dans le Nord et surtout aux pays allemands. Ce n'est pas la première fois que de telles bizarreries se produisent, et cela devrait nous donner à réfléchir. C'est souvent avec trop de passion nous-mêmes que nous jugeons les écrivains de passion. L'Allemagne, qui place le bon sens au-dessus du bon goût et le génie au-dessus du bon sens, admet plus de flegme et aussi plus de largeur dans sa critique, moins sujette que la nôtre à des erreurs, à des inconséquences et à des injustices. Il est vrai que les critiques allemands écrivent moins pour *se faire connaître* que pour *faire connaître*.

Mercier s'est pour ainsi dire installé par force au milieu de la littérature de son époque qui ne voulait pas de lui. Et s'il n'a pas fini par avoir raison de tout le monde, du moins a-t-il fini par avoir raison de lui-même, ce qui est déjà quelque chose, et par se constituer une *inébranlabilité* de résolution, une volonté littéraire qu'il faut admirer.

Il naquit à Paris, le 6 juin 1740, d'une famille de commerçants. Ses deux prénoms furent Louis-Sébastien. Ce fut tout d'abord un jeune homme exclusivement épris de sciences et de belles-lettres, car à l'âge de vingt ans on le trouve professeur au collége de Bordeaux. Il débuta par toutes sortes de choses, par des héroïdes, par des discours académiques, par des traductions, par de mauvais petits romans, dont lui-même a fait plus tard assez bon marché, et dont nous ne parlerons pas. Il ne commença guère à être connu — et à se connaître — que du jour où il aborda le drame, auquel l'avaient prédisposé ses études des langues anglaise et allemande. Alors seulement Mercier sentit qu'il venait de trouver un terrain à son pied, un moule à sa fantaisie, le drame qui se moque d'Aristote et de sa permission de vingt-quatre heures, qui accouple le rire et les larmes, qui se fait aussi grand et aussi bas que possible! Voilà ce qui convenait à notre jeune enthousiaste, lequel avait quelque chose en lui de la nature bouillante de Diderot.

Mais si le drame lui convenait, en revanche le public ne s'accommodait guère du drame que les critiques bornés s'obstinaient à qualifier de *genre bâtard*. Le public supportait tout au plus La Chaussée, parce que c'était un homme de transition et de petit talent. Empreints d'une spontanéité plus franche, revêtus d'une couleur plus vraie, les drames de Mercier ne réussirent qu'à l'offusquer. Mercier ne se rebuta pas devant l'insuccès; ce furent les comédiens qui se rebutèrent et qui prirent contre lui le parti du public, en ajournant indéfiniment la représentation d'une de ses pièces déjà reçue et en lui en refusant successivement deux ou trois autres. Sébastien Mercier, irrité à juste titre, publia contre eux un mémoire virulent (1), et se fit recevoir avocat, dans le seul but de leur intenter un procès.

Sans doute, c'est de ce moment-là que datent ce fier orgueil et ce talent irascible qui devaient tour à tour faire de lui un sujet de risée et un sujet d'admiration. Nouveau

---

(1) *Mémoire contre les comédiens français et les gentilshommes ordinaires de la chambre du roi.*

Coriolan, retiré chez les littératures étrangères, il revint un beau jour mettre le siège devant la littérature de sa patrie, l'*Essai sur l'art dramatique* à la main. Ah! nous parlons, nous autres, des romantiques et de leur croisade contre le grand siècle! Lisez Mercier, et vous verrez combien auprès de lui les novateurs de 1830 paraissent petits en audace et en violences. On a appelé, je crois, Racine et Boileau des polissons; lui les appelle les *pestiférés de la littérature*. Cet *Essai*, composé sous l'impression des refus outrageants de la Comédie française, produisit un certain émoi dans le monde littéraire et ébaucha sa réputation d'écrivain paradoxal. Dans cet écrit, remarquable cependant par beaucoup de côtés, il établit que Plaute n'est qu'un misérable farceur, que l'*Iliade* ne vaut pas les contes de Perrault, et que Racine a perdu la poésie française. Pour le temps, c'était hardi.

Ne voulant pas renoncer au théâtre sur le simple caprice de trois ou quatre comédiens, Mercier se décida à faire imprimer ses drames, laissant au hasard le soin de les acheminer vers la scène. Presque tous furent représentés en province et y obtinrent beaucoup de succès, ce qui, au bout de quelques années, força la main aux théâtres de Paris et les amena à composition. *L'Habitant de la Guadeloupe, le Déserteur* et *la Brouette du Vinaigrier* attirèrent principalement la foule aux Italiens. Ce qu'il y eut de singulier, pour la première de ces pièces, c'est qu'on la joua sans sa permission. O retour des choses d'ici-bas! Mercier, cloué sur son lit, tremblait la fièvre, tandis qu'on l'applaudissait au théâtre. *Le Déserteur*, représenté plusieurs fois devant Leurs Majestés, lui valut une pension de 800 livres; sur les instances de Marie-Antoinette, il changea le dénoûment, dont l'effet était terrible, et il y substitua une variante à l'usage des âmes douces. C'est, dit-on, à l'impression produite par ce premier dénoûment, que l'on doit l'abrogation de la loi qui condamnait les déserteurs à la peine de mort.

Le plus discuté de ces drames : *la Brouette du Vinaigrier*, est aussi le plus caractéristique, et celui auquel la curiosité attacha le plus de vogue. « Quand je rencontre dans la rue la brouette d'un vinaigrier, écrit-il quelque part avec complaisance, je me dis : Et moi aussi, je l'ai fait rouler à ma manière sur tous les théâtres de l'Europe, au grand étonnement des critiques, et maintenant la brouette y est naturalisée, comme le coffre doré de Ninus dans *Sémiramis* (1). »

Ainsi qu'on le pense bien, cet orgueil naïf dut éprouver un assez grand nombre d'échecs. En 1777, Mercier s'étant brouillé avec son libraire, ce dernier fit publier l'avis suivant : « Le sieur Ruault, libraire, rue de la Harpe, à Paris, avertit le public qu'il offre au rabais les quatre meilleurs drames de M. Mercier, qu'il donnera à raison de la modique somme de dix sous l'exemplaire broché, savoir : *Childéric Ier, roi de France*, drame héroïque ; *Nathalie, le Juge* et *Jean Hennuyer, évêque de Lisieux*. Ces drames, les seuls dont il ait fait l'acquisition, se vendaient ci-devant, quand on le pouvait, trente sous la pièce. Le libraire prévient les amateurs de la *dramaturgie* que, passé le mois d'avril prochain, il ne sera plus possible d'en trouver, parce qu'il est déterminé à faire un autre usage des six mille exemplaires qui lui restent. » Mercier ne trouva pas l'annonce plaisante.

Jusque-là, en effet, ce que ses drames lui avaient rapporté de plus positif, c'était un fort bel habit tirant sur le violet, avec lequel il alla faire sa première visite à Voltaire. Du plus loin que le grand homme l'aperçut : « Parbleu! s'écria-t-il, voilà l'habit de *Jean Hennuyer!* » Il ne se dit et ne se passa rien autre chose de remarquable dans cette entrevue. Plus tard, lors du dernier voyage de Voltaire à Paris, dans l'année où il mourut, Mercier retourna le voir, et le grand

(1) Le sujet de *la Brouette du Vinaigrier* n'appartient cependant pas à Mercier ; il l'a trouvé dans *le Gage touché*, recueil de nouvelles d'Eustache Le Noble.

philosophe daigna cette fois laisser tomber un bon mot de ses lèvres à demi expirantes. « Vous avez si fort surpassé vos confrères en tout genre, lui disait Mercier, que vous surpasserez encore Fontenelle dans l'art de vivre longtemps. — Ah! monsieur, répondit Voltaire, Fontenelle était un Normand, il a trompé la nature! » Le mot était des plus jolis, et Mercier s'inclina avec un sourire flatteur. Ce n'était pas cependant qu'il aimât Voltaire ; loin de là. Il n'a jamais laissé passer une occasion de le tancer vertement. C'est ainsi qu'il dit quelque part, à propos de Rabelais, déprécié par l'auteur de *Zadig* : « Quiconque a lu Rabelais et n'y a vu qu'un bouffon, à coup sûr est un sot, s'appelât-il Voltaire. »

Mais dans ce temps-là, Mercier, qui était encore jeune et qui voulait connaître le monde, ne se faisait pas faute d'aller frapper au seuil de tous les hommes de lettres. Un jour, il prit le chemin du Marais, pour aller contempler dans sa gloire le vieux Crébillon, qui demeurait alors rue des Douze-Portes. Il frappe. Aussitôt les aboiements de quinze à vingt chiens se font entendre, ils l'environnent gueule béante et l'accompagnent jusqu'à la chambre du poëte. Mercier voit une chambre aux murailles nues, un grabat, deux tabourets et sept à huit fauteuils déchirés, dont les chiens s'emparent en grognant de concert. Au milieu, Crébillon le tragique, âgé de quatre-vingt-six ans, la tête et les jambes nues comme un athlète au repos, la poitrine découverte, fumait une pipe. Il avait de grands yeux bleus, des cheveux blancs et rares, une physionomie fortement caractérisée. A l'aspect de Mercier, il ôta sa pipe de la bouche en manière de salut, la remit, et commandant silence aux chiens, il lui fit concéder, le fouet à la main, un des fauteuils. Après quoi, il se remit à fumer sans mot dire, l'œil fixe et tourné vers le plancher. Peu à peu revenu de son étonnement, Mercier lui demanda si son *Cromwell* serait bientôt fini.

— Je ne sais pas, répondit laconiquement Crébillon.

— Oserai-je vous supplier de m'en faire connaître quelques vers?

— Quand j'aurai fini une seconde pipe.

Sur ces entrefaites, une femme entra, haute de quatre pieds et large de trois : c'était la maîtresse du poëte. Les chiens, par respect, lui cédèrent un fauteuil. Bientôt Crébillon posa sa seconde pipe, et commença à réciter des vers fort obscurs d'une tragédie qu'il avait composée de mémoire et qu'il récitait de même; Mercier n'y comprit rien. Cependant il se crut obligé d'adresser force compliments au bonhomme, lequel parut tellement enchanté qu'il le gratifia immédiatement d'une petite carte sur laquelle était son nom écrit en caractères très-fins. C'était un passe-port pour voir une de ses tragédies. Ensuite Crébillon revint à sa pipe et ne la quitta plus. Au bout d'un quart d'heure, Mercier comprit qu'il était temps de prendre congé. Il se leva. Les chiens se levèrent aussi, aboyèrent de nouveau et l'accompagnèrent jusqu'à la porte de la rue.

Le lendemain — vivant contraste — notre Sébastien Mercier entrait sur la pointe de l'escarpin chez Crébillon le fils. « Celui-ci, raconte-t-il, était taillé comme un peuplier, haut, long, menu; il contrastait avec la taille forte et le portrait de son père. Jamais la nature ne fit deux êtres plus voisins et plus dissemblables. Crébillon fils était la politesse, l'aménité et la grâce réunies. Il avait vu le monde, il avait connu les femmes autant qu'il est possible de les connaître : il les aimait un peu plus qu'il ne les estimait. Nos principes littéraires étaient d'accord : il me dit en confidence qu'il n'avait pas encore achevé la lecture des pièces de son père, mais que cela viendrait. Du reste, il regardait la tragédie française comme la farce la plus complète qu'ait pu inventer le genre humain. On comprend que l'auteur du *Sopha* dut bien vite devenir l'homme de Mercier, qui, depuis, exalta souvent son talent et son caractère.

Les premières années de Mercier furent employées de la sorte à s'introduire dans le monde littéraire et à s'y créer des relations. Il gravit l'escalier sombre de la rue Plâtrière, et causa quelques minutes avec Jean-Jacques Rousseau, qui le prit pour un espion de la police. Il hanta le café *Procope,* et y acquit de bonne heure l'habitude de pérorer bruyamment à propos de tout. Au café *Procope,* il y avait la *chambre des communes* et la *chambre haute,* comme en Angleterre ; ce fut dans la chambre des communes qu'il rencontra le poëte La Louptière et qu'il fit connaissance avec lui. La Louptière était le plus indigent et le plus honnête des auteurs ; il se contentait, par jour, d'une tasse de café au lait dans laquelle il trempait un morceau de pain. Touché de sa détresse, Mercier lui proposa une fois à dîner, à quoi le poëte répondit humblement : « Je vous remercie, monsieur, j'ai dîné hier. »

Il connut aussi dans sa jeunesse le musicien Rameau : « Un grand homme sec et maigre, qui n'avait point de ventre et qui, comme il était courbé, se promenait toujours les mains derrière le dos pour faire son aplomb ; il avait un long nez, un menton aigu, des flûtes au lieu de jambes, la voix rauque et l'humeur difficile. » Il connut encore le neveu de Rameau, moitié abbé, moitié laïque, et qui vivait dans les cafés.

Par exemple, je ne sais pas ce qu'il fit à Chamfort, ou ce que Chamfort lui fit, mais l'auteur de *Mustapha et Zéangir* ne fut jamais de ses amis. Mercier le poursuivit partout de sa rancune et ne cessa de l'appeler l'académicien *Champsec.* Les inimitiés de Mercier étaient rares, mais elles étaient durables.

Souvent il se promenait avec l'abbé Maury, alors simple prestolet, qui n'avait pas de quoi dîner non plus et qui s'en consolait en parlant de son élévation future : « Voyez-vous, disait-il à Mercier, j'entrerai à l'Académie française bien avant vous. » L'abbé Maury n'avait rien écrit encore, pas même un mauvais sermon, mais il avait un vrai talent de prédicateur et une grande audace d'antichambre.

Un jour on vint annoncer à Mercier qu'un de ses jeunes

amis venait d'être atteint d'un accès de fièvre chaude, à la suite d'une chute de cheval, et conduit à l'Hôtel-Dieu. Mercier s'y transporta en toute hâte et aperçut, sur le lit indiqué, le satirique Gilbert, qui se tordait de douleur et ne cessait de répéter, en montrant son gosier : *La clef, la clef!* Ce ne fut qu'après sa mort, et à l'ouverture du cadavre, que l'on comprit le sens de ces paroles attribuées à la folie. Gilbert, craignant qu'on ne lui enlevât certains papiers, avait avalé la clef de sa chambre. Au dire de Mercier, il se trouvait dans une certaine aisance au jour de ce trépas horrible.

II

Lorsqu'il connut bien Paris, hommes et choses, Sébastien Mercier songea à rassembler tout ce qu'il avait vu dans une vaste composition encyclopédique. Nul que lui ne pouvait mieux exécuter ce travail; enfant de Paris, observateur pittoresque et puéril, œil curieux, plume ardente, il réunissait les conditions nécessaires pour intéresser et surtout pour surprendre. Déjà, dans l'*Essai sur l'art dramatique* et dans l'*An 2240, rêve s'il en fut jamais*, il avait laissé entrevoir ce projet qu'il commença à réaliser en 1781, sous le titre de *Tableau de Paris*.

Tout le XVIIIe siècle est contenu dans le *Tableau de Paris*, surtout le XVIIIe siècle de la rue; il y a de tout : des tréteaux, des auberges à quatre sous, des réverbères, du guet, des greniers, de Bicêtre, des chiens tondus, enfin de tout ce qui fait retourner la tête. Aussi Mercier avait-il pour habitude de dire qu'il l'avait écrit avec ses jambes. Cela ne ressemble guère aux *Lettres persanes*, mais cela n'en vaut pas plus mal, et il était temps que le réalisme vînt à avoir sa part franche dans la littérature d'observation comme dans la littérature d'action. « Si, en cherchant de tous côtés matière à mes crayons, j'ai rencontré plus fréquemment dans les murailles de la capitale la misère hideuse que l'aisance honnête, le chagrin et l'inquiétude plutôt que la joie et la gaieté, jadis attribuées au peuple parisien, que l'on ne m'impute point cette couleur triste et dominante. Il a fallu que mon pinceau fût fidèle. Il enflammera peut-être d'un zèle nouveau les administrateurs modernes, et déterminera la généreuse compassion de quelques âmes actives et sublimes. Je n'ai jamais écrit une ligne que dans cette douce persuasion, et, si elle m'abandonnait, je n'écrirais plus. » Sans doute ce but était très-louable, et cependant la police crut devoir s'en inquiéter après l'apparition des deux premiers volumes. Informé que plusieurs personnes étaient soupçonnées pour cet ouvrage et sur le point d'être poursuivies, Mercier alla trouver M. Lenoir et lui dit fièrement : « Ne cherchez plus l'auteur, c'est moi ! » Il partit alors pour la Suisse, où il se lia d'amitié avec le célèbre Lavater, qui se vanta (peut-être était-ce une douce raillerie) d'avoir deviné l'auteur du *Tableau de Paris* sur le seul examen de ses traits.

Mercier choisit Neufchâtel pour résidence, et y acheva cette originale encyclopédie, dont le nombre des volumes s'accrut bientôt jusqu'à douze. La publication n'en fut terminée qu'en 1788, un an avant l'explosion de la Révolution. Elle se répandit à une très-grande quantité d'exemplaires et fut infiniment goûtée hors de France. C'est inouï ce qu'il y a de verve, d'ampleur, de variété, de savoir et d'esprit au fond de tout cela. Le XVIIIe siècle, qui, à l'heure où parut le *Tableau de Paris*, avait déjà sa provision de chefs-d'œuvre toute faite, s'entêta à repousser celui-ci (1).

(1) Citons : « Une émeute, à Paris, qui dégénérerait en sédition, est devenue moralement impossible. La surveillance de la police, les régiments des gardes suisses et françaises casernés et tout prêts à marcher, les maréchaussées répandues de toutes parts, sans compter un nombre immense d'hommes attachés aux intérêts de la cour, tout semble propre à réprimer à jamais l'apparence d'un sou-

Je ne saurais mieux donner une idée de l'enthousiasme soulevé en Allemagne par le *Tableau de Paris* qu'en extrayant d'un livre intitulé *Menschliches Leben*, etc., par C. F. Cramer, le morceau suivant qui s'élève jusqu'aux hauteurs du dithyrambe : « S'il arrivait que l'on rencontrât un ouvrage en douze volumes d'un Mercier latin, qui nous peignît l'ancienne Rome, avec ses mœurs locales, ses habitudes, ses folies, ses vices et ses vertus; un ouvrage écrit avec l'esprit d'observation le plus réfléchi, démasquant avec le coup d'œil le plus pénétrant mille préjugés en fait de littérature, de politique et de morale, un livre écrit enfin sous le regard de la sainte humanité; si, je le répète, l'on trouvait un trésor semblable, pensez-vous bien quel sort l'attendrait en Europe, et, de proche en proche, dans les autres parties du monde?... Quel sort? le plus brillant de tous! La trompette de la Renommée en sonnerait pendant six mois! Tous les docteurs de la terre accourraient, la poitrine haletante de plaisir, pour déchiffrer le manuscrit; les Didot, les Unger, les Baskerville l'imprimeraient; les Strange, les Wille l'enrichiraient de figures en taille-douce et de culs-de-lampe. Dans tous les pays vous en verriez naître des éditions de toute forme. Ces éditions seraient publiées avec une pompe qu'égaleraient à peine celle du catalogue d'Oxford, le nouveau testament cophte de Woide et la description de la Turquie par d'Ohsson! Bref, vous entendriez retentir dans les quatre coins de l'Europe un tel cri d'admiration, de joie et de surprise, que peut-être, pour quelque temps, les savants en oublieraient l'*Iliade* sanglante du chantre de l'Ionie et son *Odyssée* qui four-

---

lèvement sérieux et à maintenir un calme qui devient d'autant plus assuré qu'il dure depuis longtemps. Si le Parisien, qui a des moments d'effervescence, se mutinait, on l'enfermerait bientôt dans la cage immense qu'il habite, on lui refuserait du grain, et, quand il n'y aurait plus rien dans la mangeoire, il serait bientôt réduit à demander pardon et miséricorde. » Plus tard, Mercier, qui manquait parfois de mémoire, a soutenu qu'il avait été le véritable prophète de la Révolution.

mille de tant d'erreurs géographiques!... » Il est supposable que Mercier fut satisfait d'un tel éloge, ou bien ce serait à désespérer de l'orgueil humain ; car jamais sympathie plus effrénée n'accueillit un auteur, surtout un auteur français.

Dans cette période de sept années, il ne s'occupa pas seulement du *Tableau de Paris ;* il fit encore paraître *Mon bonnet de nuit,* en quatre volumes, et, pour y faire suite, *Mon bonnet du matin,* en tout huit volumes de mélanges agréables à lire. Il continua également à augmenter la série de ses pièces de théâtre. Une d'entre elles, qui met en évidence un caractère comique et fort bien saisi, est intitulée *l'Homme de ma connaissance.* Cet homme devient amoureux de toutes les femmes qu'il rencontre : d'abord épris d'une jeune veuve, il rend visite à la maîtresse de son meilleur ami et lui fait une déclaration ; puis, c'est la soubrette qu'il veut emmener dans son château ; ensuite, il voit une dame de cinquante ans et se laisse captiver par son amabilité. Surpris à ses genoux, il reconnaît qu'il était le jouet de toutes ces femmes, lorsque, pour le consoler, on lui apporte un portrait. Le voilà sur-le-champ amoureux de l'ange qui y est représenté, et il se mettrait immédiatement à sa recherche si son ami ne lui apprenait en riant que ce portrait n'est autre que celui de la reine Cléopâtre.

Par-ci, par-là, les faiseurs d'épigrammes exerçaient leur malice contre Mercier, malice encore inoffensive, car il n'avait pas alors mis au monde ces foudroyants paradoxes astronomiques qui devaient plus tard augmenter de moitié sa renommée et diminuer d'autant son mérite. Voici comment se terminait un petit dialogue composé à propos de son *Indigent,* un de ses drames les plus pathétiques :

> Mardi passé, j'eus un besoin urgent
> De m'attendrir ; j'allai voir l'*Indigent*.
> J'y versai tant de larmes, que ma nièce
> En les voyant me crut devenu fou...
> — Moi, j'ai pleuré ce jour-là tout mon saoul
> Rien qu'en lisant l'affiche de la pièce.

On lui a attribué une comédie semi-égrillarde sur *Charles II, roi d'Angleterre,* composée à l'occasion d'une aventure scandaleuse arrivée au comte d'Artois en 1789, et dont il est fait mention dans les mémoires secrets du temps. Disons que cette pièce, si elle ne peut supporter la représentation, peut du moins être lue sans danger.

Lorsqu'arriva la Révolution, Mercier était, si je peux m'exprimer ainsi, un talent *sourdement* célèbre. Il avait une activité prodigieuse, une imagination inépuisable; tous les jours il travaillait régulièrement jusqu'à deux heures du matin. C'était à cette époque un homme dans toute la force de l'âge, un peu gros, mais doué d'une physionomie des plus expressives : l'œil ouvert et souriant, le nez mobile, la bouche serrée, fine et spirituelle, un grand air de franchise. Plus que ses pièces, disait-on, il avait eu des succès dans les coulisses de la Comédie française. Lorsque la politique vint détrôner la littérature, et que le peuple se fut improvisé dramaturge à son tour, Sébastien Mercier, comme tous les écrivains de France, se demanda ce qu'il allait devenir.

II

Un matin de l'an v, Mercier traversait le jardin du Palais-Royal, lorsque, devant un café, il se rencontra face à face avec un vieillard qui fredonnait une petite chanson, un vieillard cassé, maigrelet, vêtu d'un habit de tapisserie, ample comme une maison. Il attachait sur Mercier deux yeux malins et curieux. Celui-ci cherchait dans sa mémoire où il avait déjà vu cette figure, dont l'âge n'avait pas éteint l'effronterie. Tout à coup il crut se rappeler : « Le neveu de Rameau ! s'écria-t-il. — Moi-même, monsieur le dramaturge; Rameau le fainéant, fils de Rameau le violon et neveu de Rameau le compositeur. » Mercier ne revenait pas de sa surprise. « Est-il possible ! disait-il, vous ici ! mais vous ne savez donc pas que tout le monde vous croit mort? Voyons, parlez vrai : êtes-vous bien sûr d'être encore vivant? » Le neveu de Rameau sourit et murmura : « Ai-je jamais été bien sûr de quelque chose? — Mais vous, monsieur Mercier, qu'êtes-vous devenu depuis le temps où vous faisiez jouer de si beaux drames, que je n'ai jamais été voir? Vous n'avez pas vieilli, vous, et je vous retrouve tel que je vous ai laissé, la tête toujours droite, le jarret toujours ferme. On voit bien que vous n'avez fait que prospérer. A chacun selon ses œuvres. — Ah! mon pauvre Rameau! il s'est passé terriblement de choses depuis que nous ne nous sommes parlé, et je peux dire que j'en ai vu de grises ou plutôt de rouges! Je ne marche plus que sur des ruines. Bien m'en a pris de faire mon *Tableau* en douze volumes, car aujourd'hui le modèle est tellement effacé, qu'il ressemble au portrait décoloré d'un aïeul relégué dans un galetas. — C'est vrai, monsieur Mercier; mais qu'avez-vous donc vu de si extraordinaire? — Hélas! j'ai vu la Révolution française. Vous savez que je l'avais toujours prédite. (Ici Rameau sourit un peu.) J'ai éprouvé le sort de tous les prophètes, et si je suis debout à cette heure, c'est que le hasard s'en est mêlé.. — Comme moi, soupira le neveu de Rameau; mais ne serions-nous pas mieux à cette table de café? Vous me raconterez vos misères et je vous ferai grâce des miennes. Et puis, voyez-vous, s'il faut que je vous le dise en secret, il y a dix ans que je n'ai pris une bavaroise. — Ah! Rameau! Rameau! je vous reconnais maintenant tout à fait. »

Quand ils furent assis dans le café : « Étiez-vous à la prise de la Bastille? demanda Mercier. — Parbleu! j'étais dedans, répondit le musicien; grâce à M. de Saint-Florentin, qui m'y avait fait enfermer pour se débarrasser de mes demandes d'argent. — Eh bien, donc, vous saurez que, peu de jours après la prise de la Bastille, enflammé comme tant d'autres de l'amour du bien public, je me fis journaliste et fondai les *Annales patriotiques*. Ah! le beau journal! quel feu! quel style! quelle logique! C'était le soufflet de forge de nos armées naissantes. Je le rédigeais de moitié avec un charmant garçon nommé Carra, qui n'avait que le tort d'être trop timoré. Au bout de quelque temps, aidé de mon éditeur, il m'arracha la plume des doigts, sous prétexte que j'allais trop loin. Du reste, je ne lui en veux pas. Il est mort sur l'échafaud, et moi je suis arrivé tout droit à la Convention. — A la Convention? — Oui; Mercier le dramaturge est devenu Mercier le député, le député de Seine-et-Oise. Mais alors, révolté des excès démagogiques que j'avais chaque jour sous les yeux, je rompis avec les Jacobins. Je m'étais trompé, je l'avouai ouvertement: j'avais pris la populace pour le peuple, cette affreuse populace, insatiable de sang, et qui fit l'horrible commentaire de cette phrase de Montaigne : « La populace, par tous les pays, déchiquète les cadavres, et s'en met jusqu'aux coudes. » Quand le mensonge était à la tribune et le crime dans le fauteuil, que Robespierre était le seul orateur qui eût le droit de se faire entendre, je me souviens qu'un jour il osa comparer aux Romains ses complices sanguinocrates. Alors, moi, les apostrophant, je leur criai de toutes mes forces : *Non, vous n'êtes pas des Romains!* La sonnette de Collot d'Herbois, furieuse, s'agitait sur ma tête. J'ajoutai : *Vous êtes l'ignorance personnifiée!* »

A son tour le neveu de Rameau leva les yeux sur Mercier comme pour s'assurer qu'il avait bien réellement encore la tête sur les épaules. Celui-ci continua : « Une autre fois, pendant que l'on débattait la proposition de ne pas traiter avec l'ennemi tant que celui-ci occuperait le territoire Français, je m'écriai : Avez-vous donc fait un pacte avec la victoire? Bazire me répondit : « Nous en avons fait un avec la mort! » Tel était l'exécrable langage des scélérats coiffés de laine. Je les ai vus tous ces meneurs de peuple, tous ces remueurs de systèmes extravagants. J'ai vu Poultier, moine, joueur de gobelets, stentor de spectacles forains, acteur chez le Grimacier, puis enfin, pour couronner tant de gloire, représentant du peuple. J'ai vu Henriot le domestique, Hébert l'escroc, Sergentagate, Jacob Dupont, qui se vanta publiquement à la tribune d'être un athée, et qui demanda à installer une chaire d'athéisme sur la place de la Révolution. J'ai entendu David, peintre du roi et barbouilleur de la République, crier à tue-tête : « Tirez, tirez à mitraille sur tous les artistes, vous êtes sûr de ne tuer aucun patriote parmi ces gens-là! » Que n'ai-je pas vu enfin et que n'ai-je pas entendu? Toutes les grandes scènes historiques m'ont trouvé au premier rang des spectateurs. Que de visions flamboyantes et sinistres ont passé devant mes yeux! Une, entre autres, dont je me souviendrai toujours. C'était le lendemain des massacres de septembre ; je descendais à pas lents la rue Saint-Jacques, immobile d'étonnement et d'horreur, surpris de voir les cieux, les éléments, la cité et les humains tous également muets. Déjà, deux charrettes pleines de corps morts avaient passé près de moi : un conducteur tranquille les menait, en plein soleil et à moitié ensevelis dans leurs vêtements noirs et ensanglantés, aux plus profondes carrières de la plaine de Montrouge que j'habitais alors. Une troisième voiture s'avance... Un pied dressé en l'air sortait d'une pile de cadavres ; à cet aspect, je fus terrassé de vénération : ce pied rayonnait d'immortalité! Il était déjà céleste! Je le vois encore, ce pied, il portait un signe de majesté que l'œil des bourreaux ne pouvait apercevoir ; je le reconnaîtrai au grand jour du jugement dernier, lorsque l'Éternel, assis sur ses tonnerres, jugera les rois et les septembriseurs! »

Mercier, comme toujours, s'échauffait aux lueurs de son éloquence. L'insouciant musicien l'écoutait en savourant sa bavaroise.

« J'étais de la fameuse séance qui détermina le sort de Louis XVI et qui dura soixante-douze heures. Vous vous représentez sans doute dans cette salle le recueillement, le silence, une sorte d'effroi religieux? Point du tout. Le fond de la salle était transformé en loge où des dames, dans le plus charmant négligé, mangeaient des glaces, des oranges, buvaient des liqueurs. On allait les saluer, on revenait. Les huissiers, du côté de la Montagne, faisaient le rôle des ouvreuses de loges à l'Opéra : on les voyait ouvrir à chaque instant les portes des tribunes de réserve et y conduire galamment les maîtresses du duc d'Orléans-Égalité, caparaçonnées de rubans tricolores. L'ennui, l'impatience, la fatigue se caractérisaient sur presque tous les visages. C'était à qui dirait : Mon tour approche-t-il ? On appela je ne sais quel député malade ou convalescent ; il vint affublé de son bonnet de nuit et de sa robe de chambre ; cette espèce de fantôme fit rire l'assemblée. Passaient à cette tribune des visages rendus plus sombres par de pâles clartés, et qui, d'une voix lente et sépulcrale, ne disaient que ce mot : *la mort!* Toutes ces physionomies qui se succédaient, tous ces tons, ces gammes différentes ; tel député, calculant s'il aurait le temps de manger avant d'émettre son opinion ; tel autre qui tombait de sommeil et qu'on réveillait pour prononcer ; Manuel, secrétaire, escamotant quelques suffrages en faveur du malheureux roi, et sur le point d'être mis à mort dans les corridors pour prix de son infidélité : voilà ce que j'ai vu, voilà le spectacle auquel, navré de douleur, j'ai assisté, et à la peinture duquel l'histoire ne saura jamais atteindre. — Comment votâtes-vous ? demanda le neveu de Rameau. Je me prononçai pour la détention perpétuelle, ce qui était un des moyens les plus probables de sauver cet infortuné monarque. Mais tout fut inutile. J'ai vu le fils de saint Louis bousculé par quatre valets de bourreau, déshabillé de force, garrotté à une planche et recevant si mal le coup de la guillotine qu'il n'eut pas le col mais l'occiput et la mâchoire horriblement coupés. Son sang coule, les cris de joie de quatre-vingt mille hommes armés ont frappé les airs ; son sang coule et c'est à qui y trempera le bout de son doigt, une plume, un morceau de papier ; l'un le goûte et dit : *Il est b......... salé !* Autour du cadavre royal, on crie des gâteaux et des petits pâtés. Oh ! l'avenir refusera de croire à tant de honte ! »

L'auteur du *Tableau de Paris* s'essuya le front et resta muet pendant quelques minutes, oppressé par ses souvenirs.

« Hélas! reprit-il, j'en ai vu mourir des plus dignes et des plus grands! Une heure avant sa fuite, je serrai la main à Condorcet, en lui remettant un itinéraire pour le comté de Neufchâtel, au moyen duquel il pouvait éviter Besançon, Pontarlier et passer le Doubs. Mais il n'en profita guère. Arrêté à Clamart, il fut jeté dans un cachot infect, où, au bout de trois jours, oublié par son geôlier, on le trouva mort de faim. Lavoisier m'écrivit deux lignes avant de monter en charrette. Autour de moi, poëtes, savants, jeunes filles sont tombés sans que j'aie pu leur tendre un bras secourable. Enfin, un jour, je crus que le ciel allait m'appeler sur le trône rouge dont il semblait, depuis quelque temps, avoir fait le marchepied de ses élus. Après la journée du 31 mai, je signai une protestation contre les décrets arrachés par la violence à la Convention, et je fus un des soixante-treize membres mis en arrestation[1]. Pendant quelque temps, nous flottâmes ainsi entre la vie et la mort, disant chaque jour : Allons, c'est sans doute pour demain, encore une nuit à dormir! Mais il y a une justice là-haut, et cette justice ne dédaigna pas de se manifester pour nous. Vous souriez, mon cher Rameau. Toutefois est-il qu'après la chute de Robespierre, nous fûmes réintégrés comme en triomphe au sein de l'Assemblée. Voilà toute mon histoire. Il y en a de plus tristes, il y en a de plus gaies. Mais aussi pourquoi m'étais-je avisé de prédire la Révolution? Enfin au mois de septembre 1795, je passai au Conseil des Cinq-Cents, créé par la constitution directoriale. Vous voyez où m'a conduit le drame! Encore m'estimerais-je trop heureux, malgré mes traverses politi-

---

[1] Mercier (Sébastien). L. A. S. à sa femme, une pleine page in-8°. Dans cette lettre écrite pendant sa détention, il demande des livres et deux de ses pièces de théâtre : *la Maison de Socrate* et *le Vieillard et ses trois Filles*. — (Bulletin de Charavay, n° 34.)

ques et littéraires, si les sympathies des honnêtes gens m'étaient acquises en compensation des sifflets des mauvais jugeurs ! »

Le neveu de Rameau l'avait écouté en silence, sa bavaroise allait être finie. Tout à coup Mercier, tirant sa montre de son gousset : « Onze heures! s'écria-t-il. — Où allez-vous? — A la loterie générale de France. — Bah! — Oui, murmura Mercier, d'un air moitié embarrassé, moitié souriant; je viens d'en être nommé contrôleur général. — Quoi! après en avoir autrefois si vivement combattu le rétablissement dans votre *Tableau de Paris?* — Et depuis quand n'est-il plus permis de vivre aux dépens de l'ennemi? » répondit notre dramaturge avec une certaine emphase comique.

Tous deux se levèrent. Le musicien regrettait de quitter un endroit où il se trouvait si bien. « A votre tour, lui demanda Sébastien Mercier, où allez-vous? — Ma foi! dit le neveu de Rameau, il n'y a guère plus rien à faire pour moi dans ce monde nouveau; et puis, vous m'avez effrayé avec votre Révolution ; je crains qu'elle ne recommence un jour ou l'autre. Adieu, je m'en vais mourir. »

II

Peu de temps après cet entretien, Mercier livra au public le *Nouveau Paris*. Cet ouvrage, tant calomnié des biographes qui ne l'ont pas lu, qualifié par eux *d'œuvre du cynisme et du sans-culottisme,* est peut-être la production la plus admirable, la plus curieuse, la plus énergique qui soit sortie de sa plume, celle qui réunit le mieux ses qualités d'écrivain et qui accuse au degré le plus éminent la force nerveuse de sa pensée, plus jeune qu'au premier jour. Tel chapitre semble avoir été tracé avec le pinceau noir de Ribera; tel autre (celui par exemple de la description du Palais-Royal) rappelle les colères radieuses de Rubens. C'est un vaste et turbulent tableau de la Révolution, où l'on a déjà beaucoup pris, où l'on prendra davantage encore. En composant le *Nouveau Paris*, Mercier n'avait pas la prétention de se faire l'historien d'une époque si prodigieuse. « Pour peindre tant de contrastes, écrit-il dans son avant-propos, il faudrait un historien comme Tacite ou un poëte comme Shakspeare. S'il apparaissait de mon vivant, ce Tacite, ce Shakspeare, je lui dirais : Fais ton idiome, car tu as à peindre ce qui ne s'est jamais vu, l'homme touchant dans le même moment les extrêmes, les deux termes de la férocité et de la grandeur humaines. Si, en traçant tant de scènes barbares, ton style est féroce, il n'en sera que plus vrai, que plus pittoresque; secoue le joug de la syntaxe, s'il le faut; oblige-nous à te traduire; impose-nous non le plaisir, mais la peine de te lire. » En conséquence, ce n'est qu'à l'état de notes, d'ébauches, d'improvisation que nous est parvenu le *Nouveau Paris;* mais tel qu'il est, je le répète, c'est le livre le plus précieux et le plus fidèle qui nous ait été transmis par le Directoire, en dépit de quelques contradictions politiques.

En 1801, Mercier publia sa *Néologie* ou *Vocabulaire de mots nouveaux ou à renouveler*, ouvrage qui appartenait de droit à l'indépendance absolue de ses idées, et qui fit jeter les hauts cris à la secte des académiciens, les étouffeurs, comme il les appelle. La préface de ce livre, écrite avec un emportement vraiment très-beau, remue d'excellentes idées au milieu de quelques folies sur lesquelles il faut fermer les yeux avec indulgence : « C'est la serpe académique, instrument de dommages, qui a fait tomber nos antiques richesses; et moi, j'ai dit à tel mot enseveli : Lève-toi et marche! Quand Corneille s'est présenté à l'Académie avec son mot *invaincu*, on l'a mis à la porte. Mais moi, qui sais comment on doit traiter la sottise et la pédanterie, je marche avec une phalange de trois mille mots, infanterie, cavalerie, hussards. S'il y a beaucoup de morts

et de blessés dans le combat, eh bien, j'ai une autre armée en réserve, je marche une seconde fois, car je brûle de culbuter tous ces corps académiques, qui n'ont servi qu'à rétrécir l'esprit de l'homme. » Tels sont les termes vivaces dont il se sert; ses phrases pétillent comme une poignée de sarments dans un brasier. Un peu plus loin, il ajoute :
« Pour prix de mes intentions libérales et d'un assez long travail, on me prodiguera ces injures qui m'ont toujours trouvé calme et indifférent. Je serai un barbare. Mais il y a vingt-cinq ans que j'ai mis sous les pieds louanges et critiques, éloges et satires, non par orgueil, mais pour être plus libre dans ma manière de voir et d'écrire. Je donne, c'est au public à recevoir. Je le dispense de toute reconnaissance; mais qu'il apprenne une bonne fois de ma bouche que je me regarde comme son instituteur, et non point comme son esclave! » Tout cela est entraînant, on ne peut se dispenser d'en convenir. Il y a comme une réminiscence de la fameuse apostrophe d'Euripide aux Athéniens, un jour que ceux-ci s'obstinaient à demander qu'il retranchât d'une de ses pièces certain passage : « Apprenez, leur dit Euripide en s'avançant sur le bord du théâtre, que je ne compose point mes ouvrages afin d'apprendre de vous, mais afin de vous enseigner. »

La *Néologie* est un des ouvrages qui ont été le plus reprochés à Mercier, pour le grand nombre et pour l'énormité des paradoxes qu'elle renferme. Je suis tenté de croire effectivement que, tout en exaltant son cerveau, la Révolution en avait dérangé quelques fibres; car ce n'est pas seulement, comme jadis, les littérateurs qu'il attaque et qu'il fronde, ce sont les philosophes, les savants, les astronomes; c'est Copernic, dont il déclare le système impossible; c'est Locke et Condillac, qu'il surnomme les *idéologues*; c'est Newton *l'absurde,* qu'il se vante d'avoir anéanti. Selon lui, la terre est ronde et plate, et autour d'elle le soleil tourne comme un cheval de manège. On ferait une immense et joyeuse collection de ses hérésies en toute matière, même en matière d'art. Selon lui, les peintres, les sculpteurs et les graveurs ne sont bons qu'à être jetés à la rivière; il appelle les statues des *poupées de marbre,* et il voudrait supprimer jusqu'au nom des Raphaël, des Corrège, des Titien, dont les œuvres, dit-il, ont été si pernicieuses pour les mœurs. « Un amateur de l'antiquité frémit en lisant que les Arabes démolissent le temple de Jupiter-Sérapis, et qu'ils fendent des tronçons de colonnes pour en faire des meules de moulin. Un philosophe aimera mieux la meule de moulin que la colonne, et il trouvera fort indifférent que ces débris restent debout ou soient séparés. »

Ceci est le mauvais côté du talent de Sébastien Mercier. Il ne s'en est jamais relevé dans l'opinion de quelques rigoristes.

A bout de paradoxes, il alla jusqu'à s'en prendre au rossignol, et dans une page ou deux le voilà qui se met sérieusement à *démolir* la réputation musicale de cet oiseau : « D'où vient, dit-il, cette espèce d'opiniâtreté à louer le chant du rossignol, à le prôner le premier des chantres des bois? Qu'une oreille impartiale l'écoute avec attention, qu'elle entende ses sons souvent aigus, sans variété, sans modulation, sans nuances, et elle éprouvera une sensation désagréable. Que peut-on comparer au clappement dur et déchirant que l'oiseau tant vanté fait entendre au milieu ou à la fin de son chant *imphrasé?* Je souffre quand je réfléchis aux efforts des muscles de son gosier. » Pauvre rossignol! le voilà bien loti, en vérité!

En revanche, si Mercier dénigre le rossignol, il s'empresse de réhabiliter la grenouille, il se pâme d'aise à ses coassements. Quel charme! quelle douceur! quelle poésie agreste et mélancolique! Il n'y a réellement que la grenouille au monde!

IV

Ces excentricités, — pour lesquelles le mot n'avait pas encore été adopté, — n'empêchèrent pas l'auteur du *Tableau de Paris* de faire partie de l'Institut, et d'être nommé, après sa sortie du Conseil des Cinq-Cents, professeur d'histoire à l'École centrale. Il faut le dire aussi : Mercier était généralement aimé et estimé ; son bonheur était de rendre service, et il le faisait avec une délicatesse, un empressement qui lui gagnaient tous les cœurs. Jamais il ne connut l'envie, et ce fut un des premiers qui signalèrent Chateaubriand à l'attention du public (1).

On a paru lui reprocher ses liaisons avec Rétif de la Bretonne et Dorat-Cubières, et l'on a dit qu'à eux trois ils formaient le *triumvirat du mauvais goût*. En ce qui concerne ce dernier, je n'en fais pas un cas extraordinaire ; mais, pour Rétif de la Bretonne, c'est autre chose : je comprends les affinités qui devaient unir l'auteur du *Tableau de Paris* à l'auteur des *Contemporaines*; il y a une parenté incontestable dans leur talent et surtout dans la forme de leur talent. Tous deux sont bien les annonciateurs d'une révolution politique et littéraire, et tous deux devaient se rencontrer. Voici du reste l'historique de leur intimité. Sans connaître Rétif de la Bretonne autrement que par ses romans, Mercier, emporté par ce caractère généreux qui le portait à jouir des productions d'autrui, consacra un chapitre du *Tableau* au *Paysan perverti* et à son auteur. Le

---

(1) « *Atala* porte le caractère d'un écrivain fait pour imposer silence à la tourbe des niais critiques dont notre sol abonde. J'aime le style d'*Atala*, parce que j'aime le style qui, indigné des obstacles qu'il rencontre, élance, pour les franchir, ses phrases audacieuses, offre à l'esprit étonné des merveilles nées du sein même des obstacles. Allumez-vous au milieu de nous, volcans des arts !... »
(*Néologie*, xlix.)

pauvre Rétif, qui n'était pas accoutumé à pareille aubaine, lui écrivit une lettre toute surprise et qui dut bien faire sourire Mercier. « Pourquoi êtes-vous juste? lui demandait-il dans cette lettre. — Parce que j'ai une conscience, répondit Mercier, parce que je vous ai lu et que je sais lire. Mes confrères ne savent pas tous lire, ils lisent en auteurs; moi je lis en qualité d'être sensible et qui demande à être remué. Vous m'avez donné des idées que je n'aurais pas eues sans vous : voilà le fondement de mon estime, et de là à l'aveu public, il n'y a qu'un pas. »

Rétif de la Bretonne et Sébastien Mercier avaient été pétris du même limon littéraire. Il suffit de lire une page de l'un et de l'autre pour en être convaincu.

Si Rétif de la Bretonne fut un Diogène, Mercier fut un Érostrate. Il pénétra, au grand jour, la torche à la main, dans ce que nous appelons notre *Temple de mémoire;* il renversa les bustes couronnés, gratta les inscriptions, jeta au feu les livres sacrés; on fut stupéfait de cet acte téméraire, mais comme les crimes de lèse-talent n'ont pas de juridiction, notre tueur de poëtes demeura impuni. « Je le ferais encore! » s'écriait-il après son forfait, impassible comme Polyeucte. L'impression était obtenue, le coup avait porté; Mercier n'en demandait pas davantage pour le moment. Le chêne classique avait reçu sa première entaille; d'autres devaient venir plus tard qui chercheraient à l'abattre (1).

Sébastien Mercier laissa donc son siècle lever les épaules. Il avait une confiance imperturbable dans la postérité; il ajournait ses lecteurs et donnait rendez-vous à sa gloire dans le siècle suivant. « La génération actuelle n'est pour moi qu'un parterre qui doit se renouveler demain, » avait-il habitude de dire. Hélas! voilà cinquante ans qu'il écri-

---

(1) Mercier écrivait, le 10 août 1806, à M. Joseph Pain : « *Fais comme tu voudras.* On a été rechercher les règles dans l'art, tandis qu'elles sont hors de l'art. »

vait ces paroles, le parterre s'est renouvelé; seule, la gloire a manqué au rendez-vous.

Après les premiers balbutiements, il rompit hardiment avec la tradition et se créa une langue à laquelle on ne peut refuser ni la franchise, ni la couleur, ni la souplesse. Il n'écrivait pas toujours en pur français, mais cela lui était égal, il n'a jamais aspiré qu'à se faire comprendre. Bien qu'il eût la grammaire infuse, il semblait prendre à tâche de l'oublier ; on eût dit un écolier hargneux, devenu savant malgré lui, et se vengeant sur la science des coups de férule qu'elle lui a valus.

Il est principalement l'homme de l'inspiration, de l'exaltation : il n'écrit jamais une ligne à froid. Sa fougue se trahit dans les sujets les plus abstraits en apparence, il dramatise tout ce qu'il touche. « J'aime à faire vite, et surtout j'aime à faire seul, car pour qu'un ouvrage ait une physionomie, il faut qu'il soit empreint d'une volonté une et despotique. »

Ce qui a manqué à Mercier, ce sont des juges, des juges consciencieux, impartiaux. Son mérite, ses efforts, sont longtemps demeurés inappréciés et indéfinis. La meilleure formule de son talent, c'est lui qui l'a donnée ; car il avait pour coutume de se payer de ses propres mains, afin d'éviter l'ingratitude. Voici donc ce qu'il disait de lui-même dans une conversation particulière retenue par M. Delort et rendue dans ses *Voyages autour de Paris :* « Greuze et moi, nous sommes deux grands peintres : du moins Greuze me reconnaissait pour tel. Nous nous connaissions depuis longtemps ; il a mis le drame dans la peinture, et moi la peinture dans le drame. Greuze, qui m'aimait, voulut me céder son logement à la galerie du Louvre, parce qu'il n'avait point de soleil; et moi, je n'ai pas besoin de soleil pour écrire, car j'ai écrit dans les cachots. Tous les peintres ne font rien sans le soleil, et nous, écrivains, nous faisons tout sans le soleil, même quand Louis XIV et lui ne faisaient qu'un. Greuze me reconnaissait pour son frère.

Indépendamment de mes pièces de théâtre, qui sont des peintures morales, j'ai fait le plus large tableau qui soit dans le monde entier. »

A ces traits nous ajouterons que, de même qu'à Greuze, la gaieté lui a manqué presque complétement. C'est un des reproches littéraires les plus importants qui puissent lui être faits. Il n'avait pas le rire, et il ne l'aimait pas chez les autres. Il intéressait, il charmait quelquefois, mais il n'était pas joyeux. « Il n'y a que les caractères extravagants qui fassent rire, écrivait-il; il est un sourire fin qui vaut bien mieux et qui naît, celui-là, lorsque l'auteur est naïf, vrai, et qu'il répète l'accent de la nature. « Le rire du » sage se voit et ne s'enfend pas, » dit Salomon. Les sensations mixtes sont les plus agréables de toutes; elles apportent à l'âme une sensation nouvelle et plus délicieuse. » Nous nous permettrons de n'être pas entièrement de l'avis de Mercier à ce sujet, et de placer les sensations franches, — non pas extrêmes, — tout à fait au-dessus de ce qu'il appelle les sensations mixtes, de la même façon que je place Molière au-dessus d'Andrieux, et *M. de Pourceaugnac* au-dessus des *Étourdis*.

Les quelques citations qui ont trouvé asile dans cet article ont dû suffire pour faire connaître les principaux caractères de la prose de Mercier. En outre du nerf, il avait quelquefois aussi la grâce, et même le tour élégant. Connaissez-vous rien de plus ingénieux que cette vérité : « L'honneur d'une fille est à elle, elle y regarde à deux fois; l'honneur d'une femme est à son mari, elle y regarde moins. » L'œuvre de Mercier pullule de traits semblables; et M. Victor Hugo lui a emprunté un de ses mots les plus spirituels : « Je vis par curiosité, » devenu maintenant un des hémistiches de *Marion Delorme*.

Cet homme, avec ses amis si plein de douceur et d'amabilité, devenait intraitable avec ses ennemis. Sa rancune contre La Harpe, Morellet et plusieurs autres lui tint jusqu'au tombeau. Il avait ses principes à cet égard. « Quand nous avons déjà à combattre le superbe et dédaigneux public, disait-il, il est fâcheux que la guerre se soit établie entre les gens de lettres. S'ils avaient su faire le faisceau, ils seraient les maîtres du monde. Mais la guerre existe, il n'y a que le lâche qui recule devant un adversaire quelconque. Les armes dont nous nous servons ne font point couler le sang; mais quand l'agresseur est blessé jusqu'au vif, qu'il est châtié dans son impertinence, le cri de douleur qu'il jette satisfait l'homme de bien, parce que justice est faite et que l'impunité en ce genre ne ferait que doubler l'insolence du sot et du méchant. Il est inutile d'être bon, modéré, au milieu de gens chez lesquels existe une certaine dose de perversité acquise, qui met le comble à leur perversité naturelle. »

Nous l'avons déjà dit, il eut beaucoup à lutter pour faire représenter ses drames; les comédiens étaient alors ce qu'ils sont toujours (1), et une lourde, longue et plate tragédie telle que *les Chérusques*, de Bauvin, ou *l'Orphanis*, de Blin de Sainmore, faisait bien mieux leur affaire que tous les drames ensemble de Sébastien Mercier. Chacun de ses succès fut donc une conquête; et au bas du *Nouveau Doyen de Killerine*, on trouve ces mots imprimés : *A l'Envie, chez tous les libraires du royaume.*

Cependant le théâtre de Mercier a souvent été mis à contribution, même du vivant de l'auteur. Patrat a refait, changé et corrigé (sic) *le Déserteur*. Plus tard, ce fut au tour de *la Brouette du Vinaigrier*, dont Brazier jugea opportun de faire un vaudeville en un acte. *Charles II, roi d'Angleterre*, a fourni à M. Alexandre Duval l'idée de *la Jeunesse de Henri V*. Deux drames, *la Destruction de la*

---

(1) « Portez-leur une pièce d'un genre neuf, ils chercheront dans leur mémoire, et, ne trouvant aucune ressemblance avec les pièces déjà données, ils soutiendront que l'ouvrage ne vaut rien. Il leur faut des points d'appui, et plus la pièce qu'on leur présentera sera calquée sur celles qu'ils connaissent, meilleure elle sera à leurs yeux. »
(*Essai sur l'Art dramatique*, page 370.)

Ligue ou la Réduction de Paris, et *Philippe II roi d'Espagne*, ont servi de modèle à M. Vitet pour sa trilogie du règne de Henri III. Enfin, M. Casimir Delavigne n'a pas dédaigné de prendre deux ou trois scènes à *la Mort de Louis XI*, que l'on a réimprimée en 1827 pour constater ces emprunts.

Il ne faut pas croire toutefois, d'après cela, que Mercier ait dit le dernier mot du drame et résumé en lui la poétique du théâtre. Ses pièces sont loin d'être irréprochables, et le praticien, trompé dans ses efforts, reste souvent au-dessous du théoricien. Quelques-uns de ses essais se rapprochent plutôt de la tragédie bourgeoise que du drame proprement dit; la boursouflure s'insinue entre deux scènes d'intérieur domestique, et à de certaines tirades il ne manque parfois que la rime, grelot d'or tant conspué par lui. C'est toujours, comme on voit, la vieille histoire de l'athée qui s'écrie : O mon dieu! L'exclamation dont il a le tort d'abuser, emprunte sous sa plume des formes impossibles, telles que : *Arrête ô le plus généreux d'entre les mortels !* et toute cette phraséologie ambitieuse et ridicule, puisée aux sources les plus troubles de Jean-Jacques.

Un des amis de Mercier étant allé le voir, rue Jacob, où il demeurait, a dépeint son intérieur dans les termes suivants : « Je le trouvai dans son cabinet, entouré d'un gros tas de livres jetés sans ordre sur le plancher; je fus contraint d'enjamber pour arriver au fauteuil qu'il me destinait. Trois petites filles, que j'ai vues belles femmes quinze ans plus tard, exerçaient librement sa patience philosophique, en frappant comme des lutins sur les carreaux de vitre d'un cabinet, où je pouvais croire qu'il les tenait momentanément renfermées, afin de sentir les douceurs de la tranquillité durant notre entretien. Un jour que l'un des verres était remplacé par une feuille de papier, on aperçut deux ou trois petits bras, qui l'avaient crevée, faire divers mouvements dont Mercier ne montrait pas une joie trop paternelle. » Il paraît, du moins à cette époque, que son union était boiteuse au point de vue de la loi, ce qui m'a toujours étonné, eu égard à la haute moralité dont sont empreints tous ses drames.

Ses amusements étaient simples. Sous le Directoire, il se rendait tous les soirs au jardin du Wauxhall, près de la maison de Voltaire. Tandis que l'on dansait ou bien que l'on buvait, lui se tenait à l'écart dans un coin, ou il se promenait la tête baissée, plongé dans ses rêveries. Mercier avait alors soixante ans, et de beaux cheveux de neige sous son chapeau incliné. Ce fut au Wauxhall d'été que M. Salbigoton-Quesné, homme de lettres normand, lui fut présenté pour la première fois. M. Quesné rapporte ainsi cette entrevue : « Vous faites sans doute des vers, me dit Mercier, car c'est ordinairement par la poésie que commencent la plupart des jeunes gens. — Non, lui répondis-je. — Vous travaillez donc à des romans? — J'en ai composé trois, dont deux sont imprimés. — Avez-vous lu mon *Tableau de Paris?* — Je n'en connais que trois ou quatre tomes. — Lisez-le tout entier, *c'est un bon ouvrage*. — J'ai lu avec plaisir votre *Jezennemours*. — C'est une production échappée à ma jeunesse. — Oserai-je vous demander si quelque travail littéraire est maintenant l'objet de vos soins? — Non, je n'ai point de sujets, et les bons *s'inspirent.* »

Ce fut son terme.

Le même monsieur étant allé lui rendre visite quelque temps après, pour lui soumettre un éloge de Pascal, raconte le trait suivant : « Je commençai ma lecture, dont le sujet me parut l'intéresser vivement par l'attention qu'il me prêta, surtout au moment où Pascal, revenant un matin de Saint-Sulpice, rencontre une très-belle paysanne qui lui demande des secours. Au mouvement de tête de Mercier, je ne pus retenir un sourire, ayant la veille appris d'une jolie femme qu'il avait longtemps suivi ses pas, alors qu'elle prenait un malin plaisir à prolonger cette poursuite. »

Il aimait la table. Il avait été à l'école de Grimod de la Reynière, dont il était un des commensaux les plus assidus.

En face des viandes, des flacons de cristal enflammé, des surtouts splendides, au milieu des hommes et des femmes de condition, Mercier sentait se délier sa langue et s'élever son esprit. On le recherchait pour ses folies sérieuses et pour la chaleur avec laquelle il les débitait ; car alors, pour nous servir d'un de ses néologismes, son feu était prompt, vif, bien soutenu, il GIRANDOLAIT.

Il avait une manière de parler, à lui, surtout dans les derniers temps : il prononçait un peu plus du côté gauche de la bouche que du côté droit ; on aurait dit qu'il avait entre ses dents la *pratique* des gens qui font parler Polichinelle. Néanmoins, il était entraînant, et il séduisait d'autant plus que sa belle physionomie et son regard fin s'animaient.

On a raconté qu'il avait un secrétaire fort original, lequel lui buvait son vin et imitait sa voix de manière à tromper tout le monde. Ce secrétaire, arrivé plus tard, comme Mercier, à la Convention, n'avait d'autre plaisir que de se signaler par des interruptions saugrenues, que l'impassible *Moniteur*, trompé par l'accent, attribuait le lendemain à l'auteur du *Tableau de Paris*.

Nodier, qui l'a connu un peu, en parle ainsi dans ses *Souvenirs de l'Empire* : « Mercier, plus original encore dans son langage que dans son style. Qui n'a pas vu Mercier, avec son chapeau d'un noir équivoque et fatigué, son habit gris de perle un peu étriqué, sa longue veste antique, chamarrée d'une broderie aux paillettes ternies, relevées de quelques petits grains de verroterie de couleur, son jabot d'une semaine, largement saupoudré de tabac d'Espagne, et son lorgnon en sautoir ? »

La langue de Mercier était un peu prompte à la censure et elle faillit parfois lui jouer de mauvais tours, un, entre autres, que les *Mémoires de Fleury* racontent trop bien pour que nous soyons tenté de leur substituer une autre version :

« Mandé d'un style assez impératif chez M. le duc de Rovigo, il crut cette fois qu'il fallait se préparer à soutenir un rude assaut; il s'arrangea ce jour-là de pied en cap : bel habit tabac d'Espagne, à larges boutons; manchettes faisant la roue; bien poudré, superbe queue, abajoues à l'oiseau-royal, et pour couvre-chef un chapeau à trois larges cornes dont la forme n'avait pas varié depuis 1781. Ce fut ainsi soigné qu'il se présenta au ministre de la police.

« — Ah! vous voilà! C'est donc vous, monsieur?

» — Sébastien Mercier, le premier *livrier* de France.

» — Et grand causeur aussi. Vous dites de belles choses, monsieur!

» M. de Rovigo accompagna cette phrase d'un rapport circonstancié qu'il mit sous les yeux de l'ex-conventionnel.

» — Eh bien, qu'en dites-vous?

» — Que vous êtes parfaitement instruit; on ne vous vole pas votre argent.

» — Ce rapport est un de vos moindres méfaits : vous vous donnez bien d'autres libertés à l'égard de l'empereur!

» — Oh! seulement comme confrère de l'Institut. Entre académiciens on se passe l'épigramme.

» — Est-ce pour attaquer l'académicien que vous appelez Sa Majesté Impériale *l'homme-sabre?*

» — On vous a trompé : j'ai nommé Sa Majesté Impériale *sabre organisé*. C'est bien différent (1)!

» — Monsieur! monsieur! vous cassez les vitres! s'écria M. de Rovigo, devenu cette fois furieux.

» — Monsieur! monsieur! répondit Mercier en se levant et prenant le diapason donné, pourquoi diantre avez-vous des vitres?

» A ce mot, et surtout à la façon de le dire, le duc ne se contient plus; il court de long en large dans son bureau. Mercier, à qui ce mouvement agace les nerfs, en fait autant. Tout deux vont, viennent, se croisent, se regardent, l'un avec courroux, l'autre avec bravade. Enfin, chez M. Savary, les habitudes du camp l'emportent, il avance vers Mercier,

---

(1) Il avait fait plus : décoré par l'empereur, il lui avait renvoyé sa croix.

qui continuait ses allées et venues, il le prend par une basque de l'habit et lui crie :

» — Je vous ferai f..... à Bicêtre !

» A cette menace, réciprocité de fureur du côté de Mercier : il accroche à son tour le duc par un pan de son frac et enflant la voix :

» — Mercier à Bicêtre !... Vous ? Apprenez que je porte un nom européen, et qu'on ne m'escamote pas incognito. A Bicêtre !... Je vous en défie !!

» Il s'éloigne jusqu'à la porte, place fièrement et un peu sur l'oreille gauche son superbe chapeau à trois cornes, revient avec dignité, mesure héroïquement ses pas, et, cambrant sa taille :

» — Je vous en défie ! ! !

» Le ministre resta pétrifié ; il laissa sortir l'audacieux auteur, et il n'en fut que cela. »

Les dernières années de Sébastien Mercier s'écoulèrent sans lui faire perdre rien de son étonnante verdeur et de sa grande activité. Impénitent jusqu'au lit de mort, il lançait encore ses foudres contre Boileau, les peintres, et Descartes. Son paradoxe d'adieu fut celui-ci. La municipalité de Cambrai ayant exhumé les restes de Fénelon, avait organisé une souscription pour élever un monument à l'illustre prélat et y déposer ses cendres. Mercier, alors âgé de près de soixante-dix ans, trouva dans cette circonstance l'occasion de se signaler, et il écrivit la lettre singulière que nous reproduisons :

« *Louis-Sébastien Mercier, membre de l'Institut national, au maire et aux habitants de Cambrai.*

» Avoir découvert le crâne ou la ci-devant calotte noire ou rouge de Fénelon, c'est absolument la même chose, car ce n'est point ce crâne, pas plus que la calotte, qui a enfanté les bons et excellents ouvrages de l'archi-pontife.

» Laissez la dépouille des morts où elle se trouve ; ne touchez point à leurs cendres. Et qu'allez-vous faire ? Allumer des flambeaux en plein jour, sonner toutes les cloches, vous prosterner en procession, payer un statuaire pour couvrir de colonnes jaspées des ossements, je vous le dis d'une voix haute : L'homme n'est point là !...

» Les cabaretiers, aubergistes et limonadiers, seront enchantés du tombeau et des pierres qui pleurent; ils y gagneront, ils diront aux voyageurs : Restez chez nous jusqu'à demain, nous vous ferons voir des marbres sculptés et des épitaphes en or. Mais la gloire de Fénelon n'en sera pas plus étendue pour cela.

» Fénelon n'est plus sur cette misérable terre, il est dans le mondes des esprits. Bâtissez une chaumière, donnez-la à un indigent et mettez sur la porte *l'esprit de Fénelon est ici*. Fénelon aimera mieux que l'on fasse quelque bien à un pâtre qu'à un doreur. Autorités constituées! les tombeaux ne logent personne.

» Laissons la pourriture aux vers, ne nous attachons point au matériel; l'union de l'âme avec le corps est accidentelle, passagère humiliante; quand la séparation est faite, n'allez pas rappeler l'*accident*. Le squelette de Fénelon m'afflige, je suis bien fâché qu'on l'ait trouvé : ce n'est ni l'avant-bras, ni les phalanges de ses doigts qui ont écrit ce que nous lisons.

» J'ai vu Jean-Jacques Rousseau manquer de bois pour se chauffer pendant l'hiver; à sa mort on fit venir des sculpteurs. Il y a peut-être dans vos murs un Fénélon qui manque de soupe : apprenez à le connaître, déterrez ce mérite, voilà un estimable orgueil. »

Sébastien Mercier fut plusieurs fois mis en évidence par sa qualité de membre de l'Institut; peu de temps avant sa mort il fit partie de la députation qui alla complimenter MONSIEUR.

A l'âge de soixante-quatorze ans, il se croyait encore vert. Un jour, quelqu'un lui offrant le bras pour monter l'escalier de l'Institut : « Oh! laissez-moi atteindre encore cinq ou six ans avant de recevoir votre service. Palissot, que vous voyez dans la cour, est un vieillard; il a besoin de secours; mais moi je suis toujours agile! » Cette agilité n'était que pure illusion, car il ne paraissait guère plus ingambe que Palissot, alors très-affaibli par ses quatre-vingt-cinq ans. Du reste, Mercier ne s'abusa pas longtemps sur ce chapitre, et, dès les premières approches de la maladie qui devait l'emporter, on l'entendit dire à voix basse : « Je vais bientôt rendre mon corps à la nature. » Avant d'expirer, il adressa la question suivante à un jeune homme envoyé par M. Ladoucette pour s'informer de son état : « Êtes-vous docteur ou diplomate? parlez. » Ce fut le dernier mouvement de ses lèvres. On était au 25 avril 1814 (1).

Il avait composé lui-même son épitaphe :

> Ci-gît Mercier, qui fut académicien,
> Et qui, cependant, ne fut rien.

Parmi les ouvrages manuscrits qu'il a laissés, on cite un *Cours de littérature* en six volumes in-8°. Il avait également commencé un *Dictionnaire*. Les treize premières feuilles de cet ouvrage sont déposées à la Bibliothèque impériale.

Les restes de Sébastien Mercier reposent au Père-Lachaise sous un gazon ombragé de quatre sapinettes, auprès des tombes de Suard, de Ginguené et d'Imbert, ses contemporains.

(1) M. Valentin de Lapelouze m'écrivait, il y a quelques années : « J'ai connu assez intimement Mercier, depuis 1799 jusqu'à sa mort en 1814. Il venait tous les mois à l'administration de la loterie chercher ses appointements de contrôleur de la caisse. J'étais alors chef de la comptabilité de cette administration. C'était un très-bon homme..... Il trouvait incommodes les livres reliés, et lorsqu'il en achetait qu'il n'avait pu trouver autrement, il en faisait des brochures en les dépouillant de leurs cartons ; il appelait cela *leur casser le dos*..... Je le rencontrai une dernière fois rue du Coq, dans un état assez visible d'ébriété..... »

III

CUBIÈRES

I

L'ABBÉ DE CUBIÈRES. — LE CHEVALIER DE CUBIÈRES. —
M. DE PALMÉZEAUX.

Dorat vit entrer un matin chez lui un jeune homme de vingt ans à peu près, qui venait solliciter son patronage littéraire et lui montrer quelques vers, *enfants de son loisir.* Dorat, probablement attendu chez une *belle*, l'écouta d'un air distrait, et, après lui avoir demandé la permission de se faire poudrer devant lui : « — D'où sortez-vous? dit-il. — Du petit séminaire de Saint-Sulpice, d'où mes poésies amoureuses m'ont fait renvoyer pas plus tard qu'hier soir. — C'est déjà un titre, dit en riant l'auteur des *Baisers*; mais que comptez-vous faire maintenant? — Des vers. — Et puis après? — Des vers. » Dorat leva les yeux sur ce jeune homme, et l'examina avec une attention qui n'excluait pas entièrement un certain air de raillerie. « — Gageons que vous êtes du Midi, continua-t-il. — C'est vrai. — Votre nom? — Michel de Cubières. »

Le poëte-mousquetaire était poudré. Tout en se penchant sur son miroir et en mettant son épée pour sortir, il ne dédaigna pas de donner quelques conseils au jeune abbé défroqué, comme, par exemple, de troquer son vilain habit noir contre un autre de taffetas à lames roses, de rechercher les faveurs des femmes de condition, et surtout de relire *les Tourterelles de Zulmis*, de lui, Dorat, un modèle de grâce musquée et de délicatesse ; puis, en fin de compte, il l'envoya papillonner dans *l'Almanach des Muses*.

Le jeune Cubières avait l'intelligence heureuse ; il était bien né ; son grand-père avait autrefois été honoré des bontés de Louis XIV ; son frère aîné, le marquis de Cubières, était vu d'un fort bon œil dans les appartements de Versailles, voire même sur les pelouses de Trianon, où il herborisait comme Jean-Jacques. Il ne fut pas extrêmement difficile d'obtenir pour l'échappé du séminaire une place d'écuyer auprès de madame la comtesse d'Artois. L'habit galonné remplaça le petit collet, l'air de tête du gentilhomme se retrouva sans effort sous la tonsure encore fraîche, et ainsi fut remplie la première condition du programme tracé par Dorat. « Bravo ! » lui dit celui-ci, dès qu'il le vit venir une seconde fois dans son cabinet.

L'Almanach des Muses, ce bosquet toujours vert, d'où s'échappaient les gazouillements de tous les poëtes de France, accueillit Michel de Cubières comme un de ses hôtes naturels. A peine entré, il charma le *voisinage* par ses *accents mélodieux*, par son *aimable délire*, par sa *magique ivresse* ; on le cita bientôt parmi les rossignols de l'élégie et les pinsons de la fable, parmi les linots de l'églogue et les moineaux de l'épithalame. Il relut *les Tourterelles de Zulmis*, et fit *les Grâces retrouvées* ; les arbitres du raffinement lui reconnurent du *tour*, de la légèreté, de l'enjouement, quelquefois même de l'esprit. Peut-être l'encouragea-t-on un peu plus qu'il ne fallait ; mais il était jeune et il promettait plus qu'il n'a tenu.

Il ne lui restait qu'une dernière formalité à accomplir pour rendre sa transformation parfaite : Dorat lui avait recommandé de s'attacher à quelque dame de condition. L'écuyer de la comtesse d'Artois crut pouvoir se dispenser d'aller chercher fort loin ce qu'il avait presque sous la main. A force de monter et de descendre l'escalier de Dorat, il avait fini par remarquer une jolie femme avec laquelle il se croisait souvent : c'était madame de Beauharnais, fille d'un receveur général des finances, et connue elle-même par une infinité de poésies fugitives. Dorat passait généralement pour son *teinturier,* et des indiscrets ne craignaient pas de lui donner un titre plus doux. Il faut croire que cette dernière supposition était dénuée de fondement, ou, du moins, que le jeune Cubières, dans la candeur de son âme, n'y accordait aucune créance, — car ce fut à madame de Beauharnais qu'il résolut d'adresser ses premiers hommages.

En conséquence, il choisit dans son carquois une flèche acérée, et après avoir imploré le *dieu de la double colline,* il lui décocha le madrigal suivant :

PORTRAIT DE MADAME DE B***

Comme La Fayette elle écrit,
Et comme Ninon elle est belle ;
Elle a leur grâce, leur esprit,
Toutes deux revivent en elle.
Ah ! ses talents ingénieux
Méritent bien tous nos suffrages,
« *Car ce n'est qu'en voyant ses yeux*
Qu'on peut oublier ses ouvrages. »

Cette fois, l'abbé de Cubières était tout à fait devenu le chevalier de Cubières. Je ne sais ce que Dorat pensa des progrès de son élève, mais Dorat était plus poëte qu'amoureux, et plus homme d'esprit que poëte. Il fit, dit-on, semblant de ne rien voir ; c'était ce qu'il avait de mieux à faire ; d'ailleurs, il sentait, comme Louis XV, que le temps était venu pour lui de dételer...

Le chevalier de Cubières, que la marquise d'Antremont appelait *jeune et brillant Cubières,* ne s'arrêta pas en si beau chemin. Tout en cueillant des fleurettes sur les *rives enchantées du Permesse,* il arriva à la Comédie française, où il eut toutefois moins de succès qu'à *l'Almanach des Muses.* En peu d'années, il acquit la réputation du poëte le plus fécond *de la ville et de la cour,* de l'improvisateur le plus étourdissant. Les coquettes le recherchèrent, surtout à cause de son aptitude singulière pour l'adulation. C'était un *madrigalier* ou arbre à madrigaux ; il suffisait de le toucher pour en faire tomber un distique ou un quatrain.

Afin de voiler sa trop grande fécondité et de donner le change à la critique, le chevalier de Cubières se dédoubla un beau matin et inventa un *M. de Palmézeaux* qu'il rendit responsable du trop plein de sa verve poétique. Le chevalier de Cubières d'un côté, et M. de Palmézeaux de l'autre, inondèrent à la fois de leurs rimes clarifiées *le Mercure de France, l'Almanach des Grâces, les Etrennes de Mnémosyne, les Etrennes lyriques, les Etrennes du Parnasse, les Veillées des Muses*, et généralement tous les cahiers quelconques où il était permis de venir brûler de l'encens sur l'autel d'Apollon.

Au milieu de ses triomphes, Cubières-Palmézeaux fut troublé par une lettre qui lui fut remise un soir de 1780 ; au cachet, il reconnut son maître Dorat, — mais l'écriture était informe, tremblée, presque illisible ; c'étaient des vers. Le chevalier sentit un froid pressentiment lui traverser le cœur. Voici ce qu'il déchiffra :

> Je touche à mes derniers instants ;
> L'ardente séve de la vie
> Ne circule plus dans mes sens ;
> Hélas ! sans douce rêverie
> Je vois renaître le printemps.

Cubières s'étonna. Était-ce bien Dorat qui parlait ainsi, l'amant gâté des comédiennes de l'Opéra et des comédiennes du monde ? Ses derniers instants ?.....

Cubières poursuivit sa lecture. Je ne citerai pas tout au long cette pièce douloureuse de l'auteur des *Sacrifices de l'Amour*, médiocre pièce après tout, échappée à une main déjà glacée et où se rencontrent des vers sans rime. Dorat y repasse sa vie et parle avec amertume de *l'affreuse* carrière des lettres.

> Excepté les moments consacrés au plaisir,
>   Que j'en ai perdu dans ma vie !
> Je sens plus que jamais que vivre c'est jouir.
> Devais-je n'adopter cette philosophie
>   Qu'à l'instant où je vais mourir !

Il donne ensuite des conseils à Cubières, en l'engageant surtout à fuir son exemple.

> Du ciel tu reçus en partage
> Cette facilité, don funeste charmant.
> . . . .
> Crains cette perfide sirène ;
> Polis tes vers longtemps ; des vers faits avec peine
> Avec plaisir sont toujours lus.

Dorat, mourant, voyait la vérité, et il avait le droit de la dire, même à son ami. Pourquoi Cubières ne l'a-t-il pas mieux écouté, ou pourquoi a-t-il oublié si vite ses derniers préceptes ?

Il n'alla pas au bout de cette épître ; il courut chez Dorat, qui habitait, je crois, rue Jacob. A son chevet étaient réunies mademoiselle Fannier, de la Comédie française, et madame de Beauharnais. Le poëte-mousquetaire tendit la main au poëte-écuyer, et lui dit avec un sourire que la fièvre décolorait : « Je vous ai envoyé de bien mauvais vers, mais ne m'en veuillez pas, ce sont les derniers... »

On connaît cette mort héroïque et charmante, digne de l'Opéra et digne de la Grèce. Le chevalier de Cubières en fut tellement affecté, que, pour honorer la mémoire de Dorat, il ne trouva rien de mieux, après lui avoir pris sa maîtresse, que de lui prendre son nom. Voilà pourquoi, à partir de ce moment, il se fit une loi de ne plus signer ses productions que DORAT-CUBIÈRES (1).

---

(1) Rivarol disait de Cubières, en faisant allusion à son admiration pour Dorat : — C'est un ciron en délire qui veut imiter la fourmi.

Il y a une autre épigramme de Rivarol ; c'est une charade, mais assez malséante. Faut-il la citer ? Pourquoi pas ?

> Avant qu'en mon dernier mon tout se laisse choir,
> Ses vers à mon premier serviront de mouchoir.

Le mot est *Cu-bière*.

II

DORAT-CUBIÈRES. — MARAT-CUBIÈRES.

Il faudrait la plume dorée et moqueuse *d'Angola* pour raconter toute cette première période de l'histoire de ce poëte zinzolin, en qui devait se trouver un jour l'étoffe d'un greffier révolutionnaire. Jusqu'en 1789, on le voit marcher dans les roses à mi-corps, comme un poussin dans l'herbe haute de la Normandie. La mythologie n'a pas assez pour lui de Nymphes, d'Amours et de Zéphires; la mode n'a pas assez de médaillons, d'éventails, de pipeaux, de luths, de guirlandes, de chiffres, de boucles, d'urnes, et de tout ce qui compose l'inventaire des poëtes de ce temps. Les lauriers du marquis de Saint-Marc, du chevalier de Parny, du marquis de Pezay et de tant d'autres jolis chiffonneurs de rubans et de brimborions, empêchent son sommeil; il veut les surpasser. Hélas! il ne réussit qu'à devenir leur caricature; ils sont délicieux, il est insupportable. Dorat n'avait jeté que quelques grains de musc dans le sein et sur la parure de la poésie; Dorat-Cubières veut la noyer dans un torrent d'eau de senteur. Il exagère une manière qui est elle-même une exagération. Sous le titre des *Hochets de ma jeunesse*, il publie deux volumes de fadeurs, où il loue tout le monde, les vivants aussi bien que les morts, Pope, le comte d'Artois, madame Deshoulières, Buffon, le peintre Vernet, saint Jérôme et la princesse de Lamballe :

> Du haut des célestes remparts
> Quelle immortelle est descendue?...

C'est cette flatterie perpétuelle et à outrance, c'est cette facilité torrentielle, cette prolixité méridionale qui ont toujours tenu Dorat-Cubières enfermé dans les barrières de la médiocrité, souvent même dans celles du ridicule.

Il n'eut du talent que par hasard, comme beaucoup de son pays; et, sans la place qu'il occupe dans l'histoire des mœurs littéraires de la fin du xviiie siècle, sans l'époque exceptionnelle et terrible à laquelle il s'est mêlé activement, sans quelques côtés réjouissants de son humeur, il est probable que l'idée ne me fût jamais venue de ressusciter ce brouillon.

Son intempérance poétique se trouvant encore contrariée par les nécessités de son service auprès de la comtesse d'Artois, il obtint la permission de traiter de sa charge. Jetons un vaste linceul sur la montagne de volumes que, depuis lors, il a fait peser sur son siècle. On n'entasse pas des *riens* avec plus de gravité et d'empressement que Dorat-Cubières; il ne voudrait pas faire tort à la postérité d'un hémistiche seulement. — La postérité a roulé en cornets l'édition entière de ses œuvres...

Le chevalier Dorat-Cubières se trouvait chez madame de Beauharnais, occupé sans doute à broder quelque galant rondeau, lorsqu'il entendit gronder le canon de la Bastille. Il laissa là son rondeau et commença immédiatement un dithyrambe; la Liberté prit, au bout de ses alexandrins, la place de Thémire. Ne nous étonnons pas de cette promptitude à se monter au ton des circonstances; c'est une faculté commune à la généralité des poëtes; il faut que le monde en prenne son parti; il faut que l'on s'habitue à voir les rimeurs mener paître leurs verselets jusque dans les champs de la politique, délit qui, sous un gouvernement bien organisé, devrait entraîner des peines sévères. Après deux jours passés dans un délire métrique, l'idée vint à Dorat-Cubières d'aller visiter cette Bastille, tombée, non pas sous les coups du peuple, mais simplement à la voix du peuple. Il arriva un peu tard, on n'entrait plus sans une permission des électeurs; heureusement que Dussaulx l'aperçut et le prit sous le bras. « Arrivés dans la troisième cour, raconte Dorat-Cubières, nous rencontrâmes M. le comte de Mirabeau qui conduisait une jolie femme (1); apparemment pour lui montrer son ancien logement. Nous vîmes aussi le chevalier de Manville, jeune homme distingué par son courage, et qui, ayant été mis injustement à la Bastille cinq ans auparavant, n'en était sorti que depuis six mois. Le chevalier de Manville portait à la main, en guise de badine, une grosse barre de fer qui avait appartenu à la fenêtre de son cachot. »

Cubières, comme on le pense bien, s'empressa de composer une relation en prose et en vers du peu qu'il avait vu, — et il la signa vaniteusement : « Michel de Cubières, CITOYEN ET SOLDAT. »

La Révolution apporta quelques changements dans son dictionnaire de rimes et de notables modifications dans ses principes. Il dut reléguer au grenier bien des carquois, bien des cœurs, bien des bouquets devenus hors de saison; il n'était guère Romain, il essaya de le devenir pour sacrifier au goût public. Cette seconde transformation du chevalier de Cubières a fait sourire la moitié de Paris et révolté l'autre. Le ridicule, qu'il avait côtoyé jusqu'alors, commença à l'envahir complétement; il devint la proie des journaux royalistes, qui lui demandèrent, celui-là, un morceau de sa houlette brisée, celui-ci, un de ces nœuds d'épaule qui allaient si bien à son habit d'aristocrate; un autre enfin, les stances charmantes qu'il avait adressées jadis à Marie-Antoinette. Dorat-Cubières, qui avait une constitution poétique à l'épreuve des huées, ne se laissa pas étourdir par ce concert railleur; il continua à faire rimer *patriotes* et *despotes*, *esclaves* et *entraves, tyrannie* et *patrie*.

Toutes ces déclamations appelaient une récompense : la

(1) Madame Lejay, femme d'un libraire.

Commune de Paris fit de lui son secrétaire général. Ce jour-là, il y eut bien des poëtes étonnés. Dorat-Cubières s'accommoda de ce singulier emploi qui flattait sa vanité politique, et il se vit incorporé dans la machine de l'État avec les personnages les moins faits pour le comprendre. A ceux qui lui en feront un reproche, je répondrai qu'il n'est pas impossible que Dorat-Cubières eût conçu l'espérance d'adoucir par les sons de sa lyre les ours et les tigres de la république naissante.

Et voyez! le 22 août 1792, il se présente à l'Assemblée législative; il demande à être entendu, malgré l'heure avancée, — il était onze heures du soir; — peut-être avait-il quelques révélations importantes à faire. Pas du tout. Laissons parler *le Moniteur* : « M. Dorat-Cubières, admis à la barre, prononce un discours dans lequel il soutient et prouve par des exemples que la poésie et l'éloquence, loin de ne fleurir que sous les rois, n'ont, au contraire, jamais eu plus d'éclat, d'élévation, de grandeur que dans les républiques ou dans ces grandes secousses politiques qui donnent même aux monarchies l'énergie républicaine. (Drôle de style, n'est-ce pas?) L'Assemblée ordonne la mention honorable et accorde à M. Cubières les honneurs de la séance. »

Cette phase nouvelle et inattendue de sa vie n'est pas certainement la moins piquante. Pendant quelque temps, nous pouvons le voir, assis à son pupitre officiel, et écrivant — en prose — sous la dictée d'Anaxagoras Chaumette. Lors de l'abjuration du culte, il joue un certain rôle, et le conseil général de la Commune le charge de convertir le pape et les cardinaux, et de leur envoyer à cet effet la traduction de tous les procès-verbaux de déprêtrisation. Il n'y a pas de la faute à Cubières si le pape ne s'est pas converti.

En tant que poëte, son embarras et sa gaucherie sont souvent risibles. Ses habitudes d'élégance le gênent, il ne peut pas rompre avec elles tout d'un coup. Il essaye d'abord de prendre la Révolution en riant, de la tourner vers le badinage : il publie *les États Généraux de Cythère*; ensuite, sous le titre de *Ma nouvelle maîtresse*, il célèbre LA LOI. — De toutes les citoyennes qui fréquentent les clubs et les tribunes publiques, Olympe de Gouges lui semble la moins laide : il fait un poëme à la gloire d'Olympe de Gouges. Mais ce ne sont là que des faux-fuyants, des souvenirs de boudoir, des réminiscences aristocratiques; il s'agit d'entrer plus résolûment dans les idées nouvelles, et surtout dans la poésie nouvelle. Dorat-Cubières hésite un peu, puis enfin, ne voulant point passer pour suspect, il entonne :

> Salut, Hébert! et salut, Pache!
> Rivaux des Brutus, des Catons!
> Permettez que ma muse attache
> Un brin de chêne sur vos fronts, etc., etc.

Le fossé est franchi. Il ira maintenant plus loin, comme enthousiasme démagogique, que cet autre berger son confrère, le berger Sylvain Maréchal. Infidèle à ses dieux, il brûlera ce qu'il a adoré, il appellera la cour un repaire de tyrans, la reine une Euménide, le roi *le dindon Capet*. Enfin il attachera *un brin de chêne* sur le front de Marat, — de Marat, en qui il reconnaît un *mélange étonnant d'énergie et de grâce*.

Tu n'iras pas plus loin, Dorat-Cubières!

Mais que dis-je? Convient-il bien encore de l'appeler *Dorat*? Lui-même ne se repent-il point d'avoir pris un peu à la légère le nom de ce poëte aristocrate? Écoutez-le s'exprimer à ce sujet : « Il est douteux, dit-il, que la révolution française eût fait beaucoup de plaisir à Dorat; son genre de vie vraiment fastueux pour un homme de lettres, ses habits brodés et son carrosse, son valet de chambre et le luxe de ses éditions, ne lui eussent guère permis d'en sentir le prix; et moi, j'en ai paru si enchanté, que je n'ai fait que la célébrer depuis qu'elle est arrivée, et qu'il n'est pas sorti de ma plume féconde et variée un seul ouvrage qui n'y eût quelque rapport; la liberté et l'égalité sont mes idoles; et les idoles de Dorat n'étaient pas à beaucoup près si populaires ni si bourgeoises, il aurait rougi sans doute, il se serait fâché peut-être si on l'eût appelé un poëte sans-culotte; et moi, à qui les mots ne font pas peur, je me suis *sans-culottisé* de la meilleure grâce du monde. »

Je ne dirai pas toutefois que sa poésie fût en grand succès auprès des sans-culottes. D'ailleurs il avait le tort de leur en rebattre les oreilles : un festin patriotique ne pouvait avoir lieu sans être couronné au dessert par un dithyrambe de Cubières. L'applaudissait-on? il ripostait par un impromptu. *Almanach des Muses* ou Commune de Paris, tout lui était bon pour épancher son inspiration de circonstance. Chaumette, qu'il poursuivait de ses odes et de ses épîtres, l'envoyait volontiers à tous les diables; mais Cubières ne se décourageait pas pour si peu. Un jour, il se présenta chez le procureur de la Commune, une liasse de papiers à la main : « Est-ce encore des chansons que tu m'apportes là? — Non, citoyen. — A la bonne heure! — C'est simplement un poëme, que je voudrais dédier à ta femme. — A ma femme! s'écria Chaumette; est-ce que tu la prends par hasard pour une femme de lettres? Tiens, ses œuvres sont dans le tiroir de ma commode. » Ouvrant alors ce tiroir, il montra de vieux bas que sa femme ravaudait. Le tendre ami de la comtesse de Beauharnais dissimula assez mal une grimace de ci-devant; il fût obligé de remporter son poëme, et il y a tout à gager qu'il se consola de cet échec comme *M. Jovial,* — un autre huissier qu'il devançait d'un demi-siècle, — en *faisant un couplet là-dessus*.

Il fut plusieurs fois envoyé au Temple lors de la détention de la famille royale. « Se trouvant un jour d'inspection, raconte M. Mahul, et ayant vu l'exactitude avec laquelle Louis XVI observait le jeûne des Quatre-Temps et faisait ses prières, il en rendit compte et conclut que ce prince était un dévot, et par conséquent un tyran, attendu que Louis XI et Philippe II, roi d'Espagne, avaient été à la fois dévots et oppresseurs. »

D'un autre côté, — car tout est incertitude et nuage dans cette période de l'existence de Cubières, — on trouve dans le livre des *Girondins* un fait qui, s'il est vrai, restitue à l'auteur des *Hochets de ma jeunesse* une partie de ses premiers sentiments aristocratiques. « Dorat-Cubières, dit M. de Lamartine, membre de la Commune, homme plus vaniteux que cruel, fanfaron de liberté, écrivain de boudoirs, déplacé dans les tragédies de la Révolution, était de service dans l'antichambre du roi le jour qu'arriva M. de Malesherbes. Dorat-Cubières, qui connaissait et révérait le vieillard, le fit approcher du foyer de la cheminée et s'entretint familièrement avec lui : « — Malesherbes, lui dit-il, vous êtes
» l'ami de Louis XVI; comment pouvez-vous lui apporter des
» journaux où il verra toute l'indignation du peuple exprimée
» contre lui? (En fouillant Malesherbes, on avait trouvé sur
» lui le journal des séances de la Convention.) — Le roi n'est
» pas un homme comme un autre, répondit le vieillard ; il a
» une âme forte, il a une foi qui l'élève au-dessus de tout.
» — Vous êtes un honnête homme, vous, reprit Cubières ; mais
» si vous ne l'étiez pas, vous pourriez lui porter une arme,
» du poison, lui conseiller une mort volontaire.... » La physionomie de M. de Malesherbes trahit à ces mots une réticence qui semblait indiquer en lui la pensée d'une de ces morts antiques qui enlevaient l'homme à la fortune et qui le rendaient, dans les extrémités du sort, son propre juge et son propre libérateur; puis, comme se reprenant lui-même de sa pensée : « Si le roi, dit-il, était de la religion des philo-
» sophes, s'il était un Caton ou un Brutus, il pourrait se tuer ;
» mais le roi est pieux, il est chrétien : il sait que sa religion
» lui défend d'attenter à sa vie, il ne se tuera pas. » Ces deux hommes échangèrent à ces mots un regard d'intelligence et se turent. »

La gloire politique de Dorat-Cubières ne fut pas de longue durée. Malgré ses antécédents patriotiques, il se vit compris dans la loi qui éloignait tous les nobles des emplois publics. Sa douleur ne saurait se rendre en termes assez pénétrés; il fit le diable à quatre pour prouver qu'il n'était qu'un simple roturier, un vilain, ce qu'il y a de plus peuple au monde. Il entra dans une grande colère contre ses imprimeurs, qui, dans quelques-uns de ses ouvrages, avaient fait précéder son nom du titre de *chevalier*. Enfin, il déposa sur le bureau du conseil général de la Commune différentes attestations, constatant que son père, sa mère et lui-même n'avaient jamais été que de francs bourgeois (1). On ne l'écouta pas. Il dut abdiquer ses fonctions de secrétaire et rentrer dans la vie exclusivement poétique, après en avoir été pour ses frais d'humilité ambitieuse.

Déjà, à propos du décret contre la noblesse, Dorat-Cubières, auprès de qui le madrigal ne perdait jamais ses droits, avait composé une très-agréable boutade :

> J'admire le sage décret,
> Dont tout noble murmure encore ;
> Mais l'Amour sera-t-il sujet
> A cette loi qui vient d'éclore ?
> L'Amour, on n'en saurait douter,
> Est le pur sang d'une déesse ;
> On ne saurait lui contester
> Sa naissance ni sa noblesse.
>
> De l'aimable fils de Vénus
> Vous connaissez les armoiries :
> Ce sont des chiffres ingénus,
> Couronnés de roses chéries.

(1) Selon Prudhomme, il aurait même fait pis : il aurait déclaré, dans la tribune de la section de l'Unité, « que sa mère avait commis un crime en le faisant noble, parce que son père ne l'était pas. » Mais Prudhomme est souvent suspect, et ici j'éprouve de la répugnance à adopter une aussi odieuse assertion.

> Ces chiffres ne sont pas suspects :
> Enfants de la délicatesse,
> S'ils inspirent peu de respect,
> Ils font éclore la tendresse.

Depuis cette époque, Dorat-Cubières ne figura plus qu'en sous-ordre parmi les Jacobins. Insensibles aux accords de sa lyre, les ours et les tigres avaient mis Orphée à la porte de leur caverne.

III

On s'est beaucoup élevé contre la conduite tenue par Cubières pendant la Révolution ; cependant nous y cherchons vainement un acte violent ou sanguinaire. Peut-être a-t-on pris trop au sérieux cet homme d'improvisation et de souplesse qui saisissait son inspiration dans le vent. Une femme, à qui notre sympathie n'est acquise qu'avec des restrictions, madame Roland, en a parlé avec une aigreur méchante, et dans des termes qui ne conviennent pas à une bouche de rose :

« Venu chez moi, *je ne sais comment,* lorsque mon mari était au ministère, je ne le connaissais que comme bel-esprit, et j'eus l'occasion de lui faire une honnêteté ; il *mangea* deux fois chez moi, me parut singulier à la première, insupportable à la seconde. Plat courtisan, fade complimenteur, sottement avantageux et bassement poli, il étonne le bon sens et déplaît à la raison plus qu'aucun être que j'aie jamais rencontré. Je sentis bientôt la nécessité de donner à mes manières franches cet air solennel qui annonce aux gens qu'on veut éloigner ce qu'ils ont à faire. Cubières l'entendit ; et je n'ai plus songé à lui que le jour de mon arrestation, où j'ai vu sa signature sur l'ordre de la Commune. »

Madame Roland ne s'en tient pas à cette appréciation méprisante ; elle trouve à Dorat-Cubières une figure *répugnante, insolente et basse ;* et, après lui avoir reproché la versatilité de sa muse, elle ajoute : « Mais qu'importe! pourvu qu'il rampe et qu'il gagne du pain ! C'était hier en écrivant un quatrain, c'est aujourd'hui en copiant un procès-verbal ou en signant un ordre de police. »

Il y a erreur dans ces lignes. Dorat-Cubières était riche, ce n'était pas pour *gagner du pain* qu'il écrivait des quatrains. Le jour qu'il se présenta à la barre de l'Assemblée législative, il offrit une somme de cent livres pour les veuves qu'avait faites le massacre du 10 août. Il a dit lui-même : « Je suis entré avec une fortune dans la Révolution, j'en suis sorti pauvre (1). » Peut-être aurais-je laissé de côté cette objection de mauvaise foi, si les *Mémoires* de madame Roland, bien que leur authenticité ait été quelquefois mise en doute (voyez Buchez et Roux), ne faisaient autorité en littérature comme en politique.

Quelque chose qui prouve également que Dorat-Cubières, loin d'avoir à gagner du pain, pouvait encore en donner aux autres, c'est ce passage d'un livre publié en 1816 sous le titre de *Martyrologe littéraire :* « Nos arquebusiers du Parnasse ont décoché sur le chevalier de Cubières toutes les flèches du ridicule pour ses opinions philosophiques et ses erreurs littéraires ; mais parmi ces tirailleurs, il en est beaucoup qu'il a obligés, et nul n'a dit un mot de sa modeste bienfaisance. »

Au nombre de ses ennemis, on regrette de rencontrer l'abbé Morellet, — homme de goût, mais plus encore homme de passion, — qui, dans un long chapitre de ses *Mémoires*, le charge indignement et étourdiment. L'abbé Morellet avait été mandé à la Commune pour rendre compte de sa conduite politique : il se sauva, comme beaucoup de monde, par des réponses mensongères ou tout au moins ambiguës. On ne lui fit aucun mal ; mais son domestique l'ayant informé que, pendant son interrogatoire, Dorat-Cubières avait

---

(1) *OEuvres dramatiques de C. de Palmézeaux.* Paris, madame Desmarest, 1810, 4 vol. in-18. Consulter l'avertissement placé en tête du premier volume.

dit quelques mots à l'oreille du procureur général, l'abbé conclut à une dénonciation, et c'est ce fait absurde qui lui dicta plus tard les pages grossières que nous indiquons.

Lors du procès de Chaumette, où il comparut comme témoin, Cubières se conduisit avec mesure, et borna sa déposition à des faits insignifiants qui, s'ils ne changèrent pas la conviction du tribunal, n'en accélérèrent pas toutefois l'arrêt terrible. Et cependant, quel autre mieux que lui aurait pu raconter les épisodes de cette Commune, en bas de laquelle il avait siégé?

Lui-même, dans une trop courte apologie de ses actes soi-disant révolutionnaires, n'a parlé qu'avec une rare discrétion des services qu'il a rendus et du mal qu'il a empêché. Il a cru devoir passer sous silence une action qui l'honore infiniment, et que madame Roland ignorait sans doute. Puisqu'il s'est trouvé des désœuvrés pour faire le procès à Dorat-Cubières, cette pièce est d'un trop grand poids pour que nous imitions sa réserve.

Un royaliste émérite, M. le comte de Barruel-Beauvert, se trouvait au château des Tuileries lors de l'attaque du 10 août. Placé entre la fuite et la mort, il tenta de s'échapper, l'épée à la main, par la galerie (actuellement des tableaux) qui conduit vers l'escalier du cabinet des médailles, au bout de la place du Carrousel. Il n'y arriva pas sans difficultés, ayant été obligé de briser les panneaux de plusieurs portes. Sur le quai, il voulut se jeter dans un fiacre; mais le cocher lui dit : « Vous sortez du château, je ne vous mènerai point. — Il t'appartient bien de me répondre de la sorte! répondit le comte de Barruel-Beauvert; conduis-moi tout de suite chez le président de la section de l'Unité, rue des Saints-Pères. — C'est différent, murmura le cocher à qui ces mots imposèrent. » Et il fouetta ses chevaux.

Ici, laissons M. de Barruel-Beauvert prendre la parole : « Ce président de la section de l'Unité était un ancien écuyer de main de S. A. R. Madame, comtesse d'Artois; et, la reconnaissance ne m'étant point à charge, je le fais connaître publiquement pour mon sauveur : c'est le chevalier de Cubières. Le chevalier avait toujours eu *du goût pour le gouvernement populaire*. La lecture, l'étude de certains livres lui avaient donné de fausses idées de liberté. Enfin, je dois cette justice au chevalier de Cubières, me voyant entrer chez lui, et se doutant bien que je venais des Tuileries, il m'embrasse et me dit : — Je justifierai la noble confiance que vous avez en moi ; nous ne sommes point du même parti, mais nous pouvons toujours nous estimer et nous aimer. Restez ici, vous y serez en sûreté ; personne ne s'avisera de venir vous y chercher. Vous me permettrez de vaquer à mes affaires et à celles de la section. Voilà ma bibliothèque. J'irai moi-même avertir votre valet de chambre que vous êtes chez moi, afin qu'il ne soit pas en peine de vous et qu'il vous apporte ce dont vous aurez besoin ; mais je lui recommanderai de ne pas venir pendant le jour, de crainte qu'on ne le suive et qu'il ne vous fasse découvrir, ce qui nous perdrait l'un et l'autre.

» Le chevalier de Cubières, ajoute M. de Barruel, a eu des torts dans l'esprit des royalistes, mais, dans mon cœur, ses torts sont tous lavés : il m'a sauvé la vie, je ne suis point ingrat (1). »

Un pareil trait, on en conviendra, n'est pas du fait d'un révolutionnaire forcené. Cette phrase, que l'on aura remarquée : « Le chevalier avait toujours eu du goût pour le gouvernement populaire » semblerait en outre détourner de lui ou du moins atténuer le reproche d'apostasie qui lui a été adressé.

Pour moi, je crois à la réalité de tous les enthousiasmes de Cubières. Il a accepté la révolution française comme un nouveau sujet proposé par Dieu pour le concours de poésie. Un fait à l'appui, c'est son acharnement à se parer du nom de POÈTE DE LA RÉVOLUTION, et son obstination à

---

(1) *Lettres sur quelques particularités secrètes de l'histoire pendant l'interrègne des Bourbons*, par M. le comte de Barruel-Beauvert, tome I, p. 192.

en solliciter publiquement le titre officiel. « Je l'ai mérité plus qu'un autre, s'écrie-t-il, dans une de ses préfaces : d'abord c'est moi qui, le premier, ai salué l'avénement de la Révolution ; ensuite c'est moi qui lui ai consacré le plus de vers ! » Cette dernière raison surtout lui semble concluante.

Si l'on ne jugeait, en effet, les poëtes que par le nombre de leurs productions, Dorat-Cubières l'emporterait facilement sur tous ses rivaux. Dans la foule de ses ouvrages, je dois citer deux volumes qui parurent en 1793 avec ce titre légèrement étrange : « Œuvres choisies de Dorat-Cubières, *recueillies et publiées par* ANNETTE DELMAR, *pour servir de suite aux poésies de Dorat.* » Quelle était cette Annette Delmar? Quelle était cette admiratrice fanatique du secrétaire-greffier de la Commune de Paris? — Madame de Beauharnais aurait pu nous renseigner peut-être.

Plus tard, Dorat-Cubières donna au public trente-six hymnes civiques pour les trente-six décadis de l'année (le célèbre Gossec a fait la musique de quelques-unes) et un poëme sur le calendrier républicain (1). Voici de quelle manière il met en vers les nouveaux douze mois :

> Germinal me verra carésser ma Lisette ;
> Floréal, de bouquets orner sa collerette ;

---

(1) On retrouve alors Cubières dans l'administration municipale, ainsi que le témoigne la lettre autographe suivante, qui fait partie de notre collection particulière. Cette lettre porte sur l'adresse : « Au citoyen d'Anjou, commissaire du Directoire près l'administration municipale du dixième arrondissement, rue du Cocq-Saint-Jean, derrière la Grève, à Paris. » Voici le texte :

« Cher et ancien collègue,

» Je vous envoye un mauvais discours sur la fête de la Vieillesse que j'ai griffoné à la hâte ; ce sera à vous à l'embellir, vous êtes mon maître et j'admirerai tout ce que vous ferés. N'oubliés pas d'embellir aussi par le charme de votre voix harmonieuse mon très-faible poëme sur le Calendrier républicain ; ce poëme a bien des

> Prairial, la mener sur de riants gazons ;
> Messidor, avec elle achever mes moissons ;
> Thermidor, près des eaux détacher sa ceinture ;
> Fructidor, lui servir la pêche la plus mûre ;
> Vendémiaire, enivrer ses esprits amoureux,
> Brumaire, sous un voile abriter ses cheveux ;
> Frimaire, au coin du feu la déclarer vestale ;
> Nivôse, à sa blancheur offrir une rivale ;
> Pluviôse, pour elle affronter les torrents ;
> Et Ventôse, braver les sombres ouragans.

Dans ce même poëme du *Calendrier républicain*, on trouve des vers semblables à ceux-ci :

> Des fleurs, des fruits, des bois et des gras pâturages,
> Le nom à retenir est toujours plus aisé
> Que celui d'un brigand jadis canonisé.
> Le cheval, le baudet rendent les champs fertiles ;
> Et j'aime cent fois mieux les animaux utiles
> Que tous ces fainéants confesseurs, confessés,
> Qu'une pieuse main a, sous verre, enchâssés.
> ..... Il dit. Au même instant, de la voûte azurée
> Déménage des saints la famille éplorée.
> Où saint Pierre agitait les clefs du paradis,
> S'élancent deux coursiers vigoureux et hardis :
> L'un écarte Joseph, l'autre poursuit Antoine.
> Des palais étoilés tombent moine sur moine.
> La vigne se marie à son arbre chéri
> Dans la chaire où prêchait Philippe de Néri.

ennemis, en le lisant vous le ferés aimer de tout le monde. J'irai vous entendre si je puis m'échapper un moment de ma municipalité ; comme nous sommes voisins peut-être en aurai-je la faculté.

» Je vous ai trouvé deux logements dans la division de l'Ouest, l'un rüe de Babilone vis-à-vis l'ancien hôtel de Barbançon, l'autre rüe Hillerin-Bertin à côté de l'institution ; je crois que vous serés bien dans l'un et dans l'autre et ni l'un ni l'autre ne sont chers.

» Salut et fraternité,

» Cubières, adm.

» Le 9 fructidor an VI. »

En-tête imprimé : « Département de la Seine. Canton de Paris. Administration municipale du onzième arrondissement. » Timbre noir de la république française.

Tout est bouleversé : la tendre marjolaine
Fleurit où soupirait la douce Magdeleine ;
Le grand Thomas d'Aquin, plus humble qu'un ciron,
Fuit et cède la place au large potiron, etc., etc.

Dorat-Cubières avait dédié son *Calendrier républicain* à Lalande, qui lui répondit : « Vous avez bien mérité de l'astronomie. » Lalande maniait donc l'épigramme ?

IV

Le salon de madame la comtesse de Beauharnais est le seul qui soit resté ouvert à toutes les époques et pendant toutes les crises de la révolution française. On peut dire que c'est à la fois le dernier salon du XVIIIe siècle et le premier du XIXe. Terrain neutre et exclusivement consacré à la conversation légère, il a été traversé successivement par les hommes les plus divisés d'opinions et de partis, l'abbé de Mably, Cazotte, Mercier, Bitaubé, le baron de Clootz, le comte de Saint-Aldegonde, et l'infortuné Bailly. On dînait plusieurs fois par décade chez la comtesse de Beauharnais, et, comme les dîners ont toujours eu beaucoup de succès sous tous les gouvernements, ce fut là sans doute ce qui fit fermer les yeux sur ce que son logement de la rue de Tournon avait peut-être de trop somptueux et d'antirépublicain.

Dorat-Cubières y remplissait les fonctions de majordome, ce qui scandalisa quelques bonnes âmes et fit un tort réel à madame de Beauharnais. Le Cousin Jacques, dans son *Dictionnaire néologique*, s'exprime à ce propos de la manière suivante : « Je n'examine pas de quelle nature était la liaison qui existait publiquement entre le chevalier de Cubières et cette femme vraiment intéressante, mon emploi n'étant pas de m'immiscer dans les affaires domestiques et de juger les mœurs particulières. J'affirme seulement qu'i est très-possible que la calomnie, qui épargne si peu les femmes, et surtout les femmes d'esprit, se soit égayée sans fondement légitime sur le compte de cette héroïne de la littérature française. »

Nous ferons comme le Cousin Jacques, nous ne nous appesantirons point sur ce chapitre délicat. Disons cependant, à la louange de notre humanité, que cette liaison, semblable à celle de madame Du Deffant et de Pont-de-Veyle, ne se démentit jamais.

Sous le Directoire, Cubières renonça définitivement au surnom de Dorat, — j'ignore encore pour quel motif, — et il reprit celui de Palmézeaux, qu'il avait abandonné depuis longtemps. Il se rejeta sur le théâtre et composa une grande quantité de tragédies, de comédies (1), d'opéras-comiques et même de mélodrames. Entre autres idées bizarres, il eut celle de refaire en trois actes la *Phèdre* de Racine, sous le titre d'*Hippolyte*. Le public du théâtre du Marais siffla l'*Hippolyte* de Cubières-Palmézeaux, — qui prétendit que c'était Euripide lui-même que l'on venait de siffler.

Sans prendre parti pour cette tentative, on peut avancer

---

(1) Voici un fragment de son *Molière*, pièce dans laquelle Cubières pose d'excellentes règles, auxquelles il n'a pas su se conformer toujours :

>   Croyez-vous, mon ami, que pour la comédie
>   L'esprit soit suffisant? Du bon sens, du génie,
>   Voilà, voilà surtout les dons qu'il faut avoir.
>   Tel qu'il est, en un mot, l'homme cherche à se voir,
>   Et non tel qu'il est peint dans votre œuvre infidèle :
>   Qui manque la copie est sifflé du modèle.
>
>   . . . .
>
>   Voulez-vous réussir? peignez dans vos ouvrages
>   L'homme de tous les temps, celui de tous les âges;
>   Dessinez largement : que dans tous vos portraits,
>   A Paris comme à Londre, on admire les traits.
>   Aux peintres des boudoirs laissez la miniature,
>   Et soyez, s'il se peut, grand comme la nature!

néanmoins qu'elle ne méritait pas un sort aussi cruel. Cubières, se conformant scrupuleusement aux justes critiques du grand Arnaud, de Fénelon, de l'abbé d'Olivet, de Luneau de Boisjermain, a supprimé dans son œuvre l'amour d'Hippolyte pour Aricie et tout cet *attirail de galanterie de ruelles* par lequel, selon la sévère expression de Voltaire, *Racine a avili les grands sujets de l'antiquité*. En compensation, fidèle à l'exemple d'Euripide, il a fait revenir sur le théâtre Hippolyte mourant. Peut-on le blâmer d'avoir restitué à la tradition historique une scène des plus déchirantes et du plus pathétique effet?

Quant au style, quoique en général il manque de fermeté, il est loin d'être aussi faible, aussi négligé qu'on a prétendu. Quelques parties sont écrites avec élégance; le reste n'est qu'une paraphrase suffisante, comme dans le récit de Théodas, — qui n'est que Théramène déguisé :

> La mer était tranquille; et, pleins de ses douleurs,
> Nous étions sur la rive et nous versions des pleurs.
> A son char attelés, ses coursiers intrépides
> L'attendaient sur le bord des campagnes liquides ;
> Il monte, le front triste et le cœur agité ;
> Le char roule et fend l'air avec rapidité.
> Des yeux nous le suivons : mais il entrait à peine
> Dans l'aride désert qui termine la plaine,
> Qu'un bruit épouvantable aussitôt retentit ;
> Des coursiers étonnés l'essor se ralentit;
> Ils s'arrêtent, du pied ils frappent la poussière,
> Et dressent, hennissants, leur superbe crinière.

Dégoûté des collaborations posthumes, Cubières-Palmézeaux composa, avec Pelletier-Volméranges, une pièce intitulée *Paméla mariée*, qui renferme de fortes scènes. Il s'adjoignit également Moline pour quelques opéras, dont Porta et Catruffo firent la musique. La plupart de ces pièces, ainsi qu'un grand nombre d'autres qui n'ont jamais vu le jour de la rampe, sont imprimées. Il en est deux qui suscitèrent de vives réclamations : une tragédie de *Sylla*, attribuée par lui à Pierre Corneille, et une autre, *la Mort de Caton,* publiée sous le nom de l'abbé Geoffroy. Le fameux aristarque, qui n'entendait pas la plaisanterie, cita Cubières devant le juge de paix, lequel déclina humblement sa compétence et renvoya les parties devant le tribunal des Muses (style Dorat-Cubières).

Ce n'était pas la première fois que notre poëte se rendait coupable de cet étrange délit; déjà il lui était arrivé, en 1788, de signer *les Etats Généraux de l'Eglise* du nom de l'abbé Raynal. Une autre fois il se fit passer pour mort, afin sans doute de voir la vogue s'attacher à ses ouvrages; mais son but n'ayant pas été rempli, il ressuscita le troisième jour.

J'ai dit que le chevalier de Cubières avait eu souvent du talent, cela est vrai. Je ne connais rien de plus joli, dans le genre précieux, que cette chanson adressée à la comtesse de Beauharnais :

> Vous m'ordonnez de la brûler
>   Cette lettre charmante,
> Seul bien qui pût me consoler
>   De vous savoir absente :
> Eh bien! au gré de vos désirs,
>   Le feu l'a consumée.
> Et j'ai vu mes plus doux plaisirs
>   S'exhaler en fumée !
>
> Un spectacle si douloureux
>   Eût enchanté votre âme;
> Mais pour moi quel revers affreux
>   Que votre lettre en flamme !
> Interprètes de mes douleurs,
>   Et ne sachant point feindre,
> Mes yeux ont tant versé de pleurs
>   Qu'ils ont failli l'éteindre.
>
> Quel que doive être mon destin
>   Dont vous êtes l'arbitre,
> Si je reçois de votre main
>   Une nouvelle épître,
> A vos ordres pleins de rigueur,
>   Empressé de me rendre,
> Je la poserai sur mon cœur
>   Pour la réduire en cendre.

La manière coquette de Cubières aide peu à comprendre son admiration excessive pour Mercier et pour l'auteur du *Paysan perverti,* avec lesquels il demeura toujours lié. C'est sans doute sous l'influence du premier qu'il écrivit la diatribe *Sur la funeste influence de Boileau en littérature,* et qu'il gratta plusieurs fois avec ses ongles le buste de Racine. Quoi qu'il en soit, au milieu de paradoxes, il y a des choses à recueillir dans sa correspondance avec Mercier et M. Simon, publiée en 1810. Ses nombreux *Eloges,* qui n'ont pas été réunis, contiennent quelquefois d'intelligents aperçus.

On peut évaluer les œuvres de Cubières à cent cinquante volumes et brochures. Ses manuscrits, que, par testament, il avait légués à la Bibliothèque royale, ont été refusés. Peut-être renfermaient-ils de curieux Mémoires.

Au commencement de l'Empire, il obtint un emploi dans les postes, grâce au crédit de madame de Beauharnais, qui était devenue la belle-tante de Napoléon. Depuis lors, le nom de Cubières tomba peu à peu dans l'oubli, malgré ses efforts pour entretenir l'attention, et malgré ses publications non interrompues. Son dernier ouvrage, daté de 1816, est intitulé : *Chamousset ou le Fondateur de la petite poste,* poëme en quatre chants.

Jusqu'à son dernier jour, le chevalier de Cubières conserva une humeur gaie, turbulente même. Il ne détestait pas un bon festin, et, sous ses cheveux blancs, il gardait les goûts d'un dameret. Plusieurs personnes lui en ayant fait reproche, il se crut obligé d'écrire son panégyrique en forme de dialogue, au commencement d'un de ses volumes. Voici cet original document :

UN ÉPICURIEN.

« Il est permis d'aimer les jolies femmes, la bonne chère et le bon vin ; moi, par exemple, je les aime modérément, car jamais je ne me grise ; mais Cubières se grise quelquefois, et alors il adresse aux dames des madrigaux, des sonnets, des triolets, des chansons bachiques; il se met à leurs genoux devant tout le monde pour leur baiser la main, ce qui est vraiment scandaleux.

LE RAPPORTEUR.

» Cubières aime trop les jolies femmes, la bonne chère et le bon vin! Cubières aime tout ce qui est joli et bon! Voilà un plaisant reproche.

LE BON HOMME.

» Je connais Cubières depuis trente ans, et depuis trente ans je le connais étourdi, inconséquent, frivole, vivant au jour la journée, n'ayant ni plan ni règle dans sa conduite. Je crois même qu'il n'a aucune opinion politique; je crois qu'en politique il déraisonne comme tant d'autres, et qu'*il est plus bête que méchant.* »

Les excentriques vivent vieux; j'aurai l'occasion de le remarquer maintes fois. L'abbé-chevalier Cubières-Dorat-Palmézeaux vécut jusqu'à l'âge de soixante-huit ans. Il était né, en 1752, à Roquemaure, département du Gard; il mourut, en 1820, à Paris.

Son frère aîné, le marquis de Cubières, mort peu de mois ensuite, a laissé la réputation d'un savant; c'est à lui qu'on doit l'*Histoire des coquillages de mer et de leurs amours.*

NOTES.

Ce portrait a été publié pour la première fois dans le *Constitutionnel;* il me valut la lettre que voici :

« Trouville, 7 septembre 1851.

» Monsieur,

» Dans l'intérêt de la vérité historique, je vous demande la permission de vous adresser une observation sur les deux articles que vous venez de consacrer au chevalier de Cubières dans *le Constitutionnel*. J'ai connu cet homme de lettres dans les derniers temps de sa vie ; il était fort misérable, malproprement vêtu, le dos voûté, et si pauvre, que, pour son dîner, il achetait tous les jours deux œufs rouges chez une fruitière de la rue du Dragon, et allait les manger chez un marchand de vin de la place de la Croix-Rouge. Il demeurait alors et il est mort dans une petite rue que je crois être la rue Saint-Romain, donnant rue de Sèvres. Quant au jugement que vous portez sur son caractère politique et sur ses talents littéraires, il me paraît empreint d'une trop grande indulgence ; mais c'est une opinion que je conçois qu'on ne partage pas.

» Agréez, monsieur, l'assurance de ma parfaite considération.

» Le Brun. »

Nous ne supposions pas que le dénûment de Cubières fût aussi complet. Dans tous les cas, le pauvre homme conserva jusqu'à la fin son caractère obligeant ; ne pouvant plus faire le bien lui-même, il s'entremettait pour le faire faire par autrui : la preuve en est dans cette lettre, écrite quatre ans avant sa mort (collection de feu le baron de Trémont) :

« Cubières-Palmèzeaux, etc. — Lettre aut. sig. à M. le chevalier de Lascarène ; une page in-4°. Paris, le 22 avril 1816. Sollicitation en faveur de son malheureux ami Daillant de la Touche, connu par de nombreux travaux littéraires. Son entrée dans l'asile des *Bons-Pauvres* est encore difficile et peut être attendue longtemps. « En attendant, le de-
» mandeur périt, il est sans pain et tout nud..... »

M. Vignères a donné un portrait gravé de Cubières : tête petite, traits insignifiants et doux.

IV

OLYMPE DE GOUGES

I

Encore une célébrité perdue de ce XVIIIe siècle qui regorgea de tant de célébrités de vingt-quatre heures. Mais celle-ci du moins ne ressemble pas à toutes les autres, elle a sa physionomie et son esprit à part. Sa vie, une des plus haletantes et des plus dramatiques, étonne, et fait qu'on se demande comment tant de silence a remplacé tant de bruit.

Les belles filles du midi de la France, ces rayonnantes créatures qui sentent bouillonner un sang grec dans leurs veines, ont, de plus que les Parisiennes, une audace d'imagination et une âpreté de caractère qui leur font aborder toutes les passions humaines sans en être effrayées. Avec leur grand regard noir et leurs épais cheveux, les Nîmoises, les Montalbanaises, les Arlésiennes sont presque comparables aux races du Nord pour l'énergique persistance. Implacables dans leur but, changeantes dans leurs moyens, ainsi peut-on les définir.

Celle qui nous occupe, cette romanesque Olympe dont les traits brillants ont été trop peu reproduits, appartenait à cette contrée féconde où le vin coule noir comme de l'encre. Elle naquit à Montauban vers le milieu du XVIIIe siècle, et son berceau demeura environné de nuages. « J'avais des droits à la fortune et au nom d'un père célèbre, dit-elle dans une de ses brochures; je ne suis point, comme on le prétend, la fille d'un roi (Louis XV), mais d'une tête couronnée de lauriers; je suis la fille d'un homme célèbre, tant par ses vertus que par ses talents littéraires. Il n'eut qu'une erreur dans sa vie, elle fut contre moi, je n'en dirai pas davantage. »

Pour nous, gazetier indiscret, qui n'avons pas les mêmes motifs qu'Olympe de Gouges, nous n'hésiterons pas à soulever un coin de la tradition locale. Un an environ avant la naissance de notre héroïne, il n'était pas rare de voir tous les soirs se diriger vers un des faubourgs les plus déserts de Montauban un grave et dévot personnage tout costumé de noir, et ressemblant plutôt à un homme de robe ou d'église qu'à un amoureux et à un poëte, bien qu'il fût cependant l'un et l'autre. C'était M. le marquis de Pompignan, ce rimeur catholique, dont les railleries de Voltaire ont tant écorné la gloire, l'homme des odes *auxquelles personne ne touche.* Il possédait quelques terres où il venait souvent passer la belle saison. Or, il paraîtrait qu'à force d'aller et de venir, M. le marquis rencontra sur son chemin une petite artisanne, — quelques-uns disent une revendeuse à la toilette, d'autres une fabricante de toile, — qui, par des artifices que la tradition ne mentionne pas, parvint graduellement à adoucir sa fierté de gentilhomme et à étouffer ses scrupules de chrétien. Il pouvait bien alors avoir de quarante-cinq à quarante-six ans; c'est beaucoup pour une première passion, mais pour une dernière c'est tout juste l'âge qu'il faut. Bref, de ces voyages à Montauban et de ces rencontres avec une grisette, il advint ce qui advient ordinairement en pareil cas : un matin, de grand matin, l'église du faubourg reçut aux fonts baptismaux une petite fille que l'on appela Marie-Olympe, — Marie-Olympe tout court. Il faut croire que M. de Voltaire n'a jamais rien su de cette anecdote.

Le nom était bien un peu païen pour la fille de Nicolas Le Franc, marquis de Pompignan, mais ici le poëte eut le pas sur le dévot. L'enfant d'ailleurs ne s'en porta pas plus mal, au contraire : elle en reçut comme un reflet de la beauté d'autrefois, et ceux qui l'ont vue depuis dans tout l'éclat de sa jeunesse ne se sont pas fait faute de défleurir en son honneur le Dictionnaire mythologique de Chompré. On l'éleva assez au hasard, comme elle était née, et l'on supposa sans doute que le sang de son père le bel-esprit lui tiendrait lieu d'instruction, car on ne lui apprit ni à lire ni à écrire. Puis on se dit aussi que sa beauté ferait le reste. En cela on ne se trompa pas tout à fait.

A quinze ans, la jeune Olympe était déjà citée dans Montauban et au delà comme un prodige de grâce, de gentillesse et principalement d'espièglerie. Ses vertus, la chronique n'en souffle pas un mot, mais nous sommes fondé à croire qu'elle était suffisamment vertueuse, puisqu'à cette époque un très-honorable bourgeois de la province lui fit offrir sa fortune et sa main. La main était sèche et ridée, mais la fortune était rondelette ; Olympe accepta l'une avec un soupir et l'autre avec un sourire, puis elle devint madame Aubry, gros comme le bras.

J'incline à penser que M. de Pompignan ne fut pour rien dans ce mariage, car, s'il faut le dire, ce bourgeois, cet Aubry, n'était autre chose qu'un gargotier retiré. Un gargotier, justes dieux ! un vulgaire traiteur devenir le gendre de l'auteur de l'ode immortelle : *Le Nil a vu sur ses rivages...* Ce jour-là probablement le luth du grand lyrique en saigna des larmes de honte. Mais l'audace involontaire du prosaïque Aubry ne devait pas tarder à trouver son châtiment : les deux ou trois premiers quartiers de sa lune de miel ne s'étaient pas écoulés qu'il prenait mélancoliquement la route du cimetière, laissant une veuve de seize ans, — veuve consolable, et pourvue d'une soixantaine de mille livres. Olympe Aubry n'en demandait pas davantage ; pour une enfant perdue, en effet, c'était tirer de bonne heure son épingle du jeu. Libre et riche, le séjour de Montauban lui devint insupportable ; elle voulut changer d'air et d'adorateurs, voir du pays, courir le monde. Un beau jour, elle mit le verrou sur la maison du défunt gargotier, et elle décampa (1). Où alla-t-elle? Est-ce que cela ne se devine point? Où vont tous ces jolis minois dont les yeux petillent de curiosité et d'impatience? Où vont ces pâles et tremblantes demoiselles qu'un hardi séducteur enlève en poste? Où vont ces Arianes délaissées que le coche d'eau entraine et qui regardent languissamment le rivage? A Paris, parbleu; à Paris, la ville où il fait si bon vivre et souffrir ; Paris! désert, foule, paradis !

Quand Olympe arriva à Paris, le XVIIIe siècle jetait ses dernières flammes. Le joyeux cortége des grands seigneurs et des comédiennes, sentant venir la vieillesse et la politique, redoublait audacieusement de vices, de folies, de rouge et d'aventures. Temps adorable et infâme, temps unique, où le duc de Richelieu mettait son crachat au Mont-de-Piété pour acheter des fanfreluches à la Maupin ; où le vieux de Chalut envoyait à la Breba un balai de deux ou trois mille louis ; où M. de Villeroi se déguisait tous les matins en garçon limonadier pour porter le chocolat à la Dubois, de la Comédie française, que ses parents tenaient sévèrement ; où la Dorval, après être devenue la marquise d'Aubard, se retirait en carrosse drapé au couvent des Cordelières ; où la danseuse Martin, aussi belle que corrompue, se montrait avec le rochet d'un évêque pour peignoir ; où le comte de La Marche s'introduisait toutes les nuits chez la princesse de Chimay par un soupirail de la

---

(1) Il y a une autre version que je dois rapporter, bien que son auteur ne la donne pas lui-même comme positive. La voici : « Olympe de Gouges était, comme la sœur aînée de Rivarol, cette sultane de Dumouriez, native de Montauban ou de Carcassonne et fille d'un marchand de vin. Elle se nommait alors Babichon ou Babichette, et était très-attrayante. Un homme riche l'emmena à Paris, après avoir fait un présent considérable à l'aubergiste, et il ne crut pas pouvoir l'aguerrir trop tôt. Ensuite, l'ayant quittée, il lui laissa quelque fortune. Nous avons constamment refusé de la voir, quoiqu'elle nous y eût invité. » — *Année des dames nationales ou Calendrier des citoyennes;* Paris, 1794.

rue des Rosiers! Temps d'extravagance et d'amoureuse égalité, où les plus fastueux et les plus galants d'entre les pairs du royaume avaient pour rival un boucher, le boucher Colin!

Tout ce monde-là accueillit Olympe et lui fit fête; on ne lui demanda pas d'où elle venait ni qui elle était ; ses seize ans répondaient à tout. Aussi du premier coup prit-elle le rang qui lui convenait, car il n'est pas de long noviciat parisien pour les femmes du Midi. Avant un mois, elle fut obligée de capituler en présence des grands cordons, des petits-maîtres, des littérateurs ambrés qui assiégaient son antichambre : tout Paris avait pour elle les yeux de Montauban. Dès lors, elle crut devoir changer son nom d'Olympe Aubry en celui d'Olympe de Gouges, nom d'une euphonie peu satisfaisante, mais auquel se rattachait sans doute quelque souvenir local.

Le peu que chuchotent de ses amours les gazettes de ruelles, ce peu-là suffit pour nous arrêter au seuil de l'exploration. Il paraît qu'un rayon de soleil avait passé dans sa veine, ou que l'archer divin qui poursuit de ses flèches les nymphes de Gnide, l'ayant surprise endormie sur l'herbe aromatisée du matin, avait épuisé contre elle son carquois. La vérité est que la jeunesse d'Olympe en garda ces ardeurs enivrantes que rien ne tempère et des caprices de bacchante affolée.......

Son règne dura autant que durèrent sa beauté, sa grâce et sa coquetterie. Quand de tout cela il fut moins question, c'est-à-dire quand elle commença à entrer dans la période de trente ans, Olympe de Gouges, qui s'était laissé prendre aux joies de la vanité, se demanda comment elle allait faire pour prolonger cette existence aperçue et sonore à laquelle elle était habituée depuis longtemps. Ce fut alors que le démon des lettres s'offrit à elle sous des couleurs séduisantes et faciles, et qu'elle entreprit de devenir la Sapho de son siècle, d'autant plus que tous les hommes finissaient par devenir pour elle des Phaons. — Déplorable erreur de ces femmes sans vocation qui se servent de la rhétorique comme d'un pot de fard ou d'une boîte à mouches, qui pensent qu'un volume leur ôtera une ride, et que la jeunesse du cerveau fait l'éternelle jeunesse du visage !

A l'époque où la veuve du traiteur Aubry mettait la plume à la main — de son secrétaire, — car elle n'avait pas encore eu le temps d'apprendre à écrire, à cette époque, dis-je, M. le marquis de Pompignan faisait ses bagages pour l'éternité. On se racontait même à ce sujet une anecdote qui caractérise assez bien son irascibilité. Pendant que les suites d'une terrible attaque d'apoplexie le tenaient sur les bords du tombeau, ses amis essayaient de le faire revenir à lui pour remplir les devoirs de la religion. Mais vainement faisait-on résonner à ses oreilles le diable et l'enfer, le moribond, en dépit de sa grande ferveur, était d'une alarmante insensibilité. Ce que n'avaient pu les exhortations et les menaces, le nom seul de Voltaire l'opéra. Madame de Pompignan, se penchant sur son chevet, s'avisa de lui dire : — Eh ! mon cher mari, songez que si vous ne vous rendez pas à nos vœux, vous brûlerez éternellement à côté de ce coquin de Voltaire ! A ces mots, M. de Pompignan souleva la tête et recueillit toutes ses forces, afin d'obtenir dans l'autre monde une place bien éloignée de celle que quelques personnes ont assignée à l'auteur de *Zadig*.

II

Ici commence pour Olympe de Gouges une nouvelle existence : Apollon a remplacé Eros. Aux orages du cœur vont succéder les tempêtes de l'imagination. Ne rions pas trop des foucades littéraires de cette femme ; elle a souvent rencontré l'esprit et le sentiment, la passion et la force. Le genre qu'elle adopta et vers lequel sa nature la poussait irrésistiblement, ce fut le drame, ce ne pouvait être que le drame. Elle en composa immédiatement une trentaine, mais pour les faire jouer elle éprouva des difficultés de toute espèce, suscitées en partie par sa vivacité et son impatience languedociennes. Grâce à la protection de l'acteur Molé, elle était cependant parvenue à faire recevoir *Zamor et Mirza ou l'Heureux Naufrage*; le comité tout entier avait versé des larmes à la lecture; il ne faut pas en être étonné : mademoiselle Contat faisait bien pleurer, elle aussi, rien qu'en lisant les mémoires de sa blanchisseuse.

On avait promis un tour de faveur à Olympe; mais ce tour n'arrivait guère, et Olympe s'épuisait en démarches et en cadeaux. Il faut lire ces piquants détails dans son manifeste contre la Comédie française : « Molé ! dit un jour en ma présence la divine madame Raymond, tu me donnais tous les ans un oranger ; en voilà deux que tu me dois. — Je saisis ce trait de lumière, je vole chez le plus fameux jardinier-fleuriste, j'y cherche les deux plus beaux orangers, et ils sont bientôt chez la maîtresse du héros comique. On les trouve délicieux, mais les fleurs vont se passer; quel dommage que leur durée soit si courte ! N'importe, et puisque Flore me quitte, ayons recours à Comus. Je suis d'un canton de la France où ce dieu des gourmands professe l'art d'apprêter les dindes aux truffes, les saucissons et les cuisses d'oie : n'en laissons pas manquer la table de mon protecteur. — Ah ! me dit-il en mettant un doigt mystérieux sur sa bouche, un jour qu'il dépeçait une dinde, je vois ce qu'il faut que je fasse, madame de Gouges : je ne suis point un ingrat. — Bon ! me disais-je en tressaillant de joie sur mon fauteuil, voilà mon tour qui s'approche. On se lève de table, on passe au salon. Molé, jetant par distraction les yeux sur une console : — J'ai dit vingt fois qu'on me fît venir mon tapissier pour savoir ce que je pourrai mettre là-dessus; cette console a l'air d'une pierre d'attente.

L'assemblée s'escrime en projets : l'un propose une pendule, l'autre un cabaret. — Fi donc! reprit l'amphitryon ; mon salon est rempli de ces drogues.

» J'ai l'imagination vive, et je m'écrie : — Oui, M. Molé a raison ; moi, je veux voir sur ce meuble un Parnasse en biscuit de porcelaine : Apollon, les Muses et leurs plus chers favoris s'y grouperont agréablement. On applaudit ; mon idée est ingénieuse. — Bravissima ! répétaient tous les convives. Je pars, je me rends dans toutes les manufactures de porcelaine, je furette, je m'intrigue, et je trouve un morceau analogue. Le marchand assure qu'on ne l'aurait pas pour cent louis s'il fallait le commander ; mais il est de hasard, quoiqu'aussi beau que neuf ; on le laisse pour six cents livres. Je n'avais que quatre cents livres sur moi, j'étais impatiente de procurer à mon protecteur l'objet désiré, les difficultés s'aplanissent, et l'élégant ouvrage arrive incognito sur la console qui l'attendait (1). »

Mais, hélas ! le tour de faveur n'en vint pas plus vite pour cela. Il semblait que la fatalité s'acharnât après elle : tantôt c'était mademoiselle Olivier qui passait de vie à trépas, tantôt c'était Molé qui parcourait la province. Alors, et comme pour prendre patience, madame de Gouges présenta une nouvelle pièce, *Lucinde et Cardenio,* qui fut refusée, celle-ci, avec un touchant et unanime accord. Il s'ensuivit, pour le coup, une brouille réelle avec les sociétaires. Les choses furent poussées même assez loin, et madame de Gouges s'épancha en plaintes tellement acrimonieuses que le secrétaire de la Comédie ne put s'empêcher de l'en réprimander avec quelque énergie. Furieuse, elle s'empressa de demander réparation au comité : « Un de vos membres m'a

---

(1) Disons, à l'honneur du comédien Molé, que, lorsque madame de Gouges eut rendu publics ces détails, il s'empressa d'envoyer au curé de Saint-Sulpice une somme de six cents livres, équivalent du cadeau de porcelaine, pour être employée en œuvres charitables, *avec prière de regarder madame de Gouges comme l'auteur de ce bienfait.*

insulté au nom de la Comédie ; je vous demande raison pour elle et pour moi. Ce membre est M. Florence ; il m'a dit en pleine rue, devant M. le chevalier de Cubières, que vous aviez décidé de ne plus recevoir aucune de mes pièces. Je ne puis croire cela de vous. Permettez-moi de vous citer le mot connu : « *Un mauvais cheval peut broncher, mais non pas toute une écurie.* » Ce mot cassait les vitres. Les comédiens français, réunis aux gentilshommes de la chambre, en assemblée solennelle, se firent apporter les registres et en rayèrent le nom d'Olympe de Gouges, dont le drame de *Zamor et Mirza* fut considéré comme non reçu.

Voilà donc notre belliqueuse Montalbanaise tombée tout à coup avant d'avoir pu atteindre au piédestal qui se préparait pour elle. Irritée d'un procédé qui lui paraissait aussi injuste que peu galant, elle essaya d'intéresser à sa cause tous les auteurs dramatiques, mais ceux-ci avaient autre chose à faire qu'à discuter les actes des comédiens du roi : sur quarante lettres qu'elle écrivit, elle reçut quatre réponses, dont une du marquis de Bièvre. Elle ne se rebuta pas, et ayant entendu parler de Beaumarchais comme d'un homme qui savait les lois mieux que tous les procureurs ensemble, elle se rendit chez lui et lui fit remettre le billet suivant : « J'ai eu l'honneur de vous écrire, monsieur, comme à tous les hommes de lettres ; je viens chez vous comme les opprimés couraient chez Voltaire ; je suis à votre porte, et je me flatte que vous me ferez l'honnêteté de me recevoir. » Elle n'attendit pas longtemps. « Le suisse me parut poli d'abord, dit-elle, mais en revenant m'apporter la réponse de son maître, il me dit, avec le ton d'un homme de son état, que M. de Beaumarchais était fort occupé et qu'il ne pouvait m'entendre. N'étant point faite pour commettre une indiscrétion, je le priai d'aller savoir son jour ; il obéit en fronçant le sourcil, et en murmurant des mots assez vagues, *qui sont inutiles à répéter venant du suisse de M. de Beaumarchais.* Enfin il revint me dire galamment, de la part de son maître, qu'il ne pouvait pas m'assurer du jour. — Ni de l'heure ni du mois sans doute? répondis-je; allons, fouette, cocher! Et je partis, en me promettant bien de ne jamais réclamer ni l'appui ni les conseils de ceux qui ont oublié les adversités. »

Sa rancune contre Beaumarchais s'effaçait cependant devant son admiration pour ses ouvrages; elle en fournit la preuve en composant peu de temps après *le Mariage inattendu de Chérubin*, qui fut présenté à la Comédie italienne avec aussi peu de bonheur que ses autres pièces. Cette production, née en vingt-quatre heures, est d'un coloris pâle, et le dialogue n'offre aucune de ces paillettes qui éblouissent dans *la Folle Journée*. Voici en quelle prose rimée elle se plaint dans le vaudeville final:

> Souvent des auteurs femelles
> Le public est satisfait;
> Mais les pédants sans cervelles
> Ne trouvent rien de parfait;
> Dans leurs censures cruelles
> Ils maltraitent tous les jours
> Les Grâces et les Amours.

Les Grâces et les Amours, c'est elle, c'est Olympe, elle le croit de bonne foi; elle ne s'aperçoit pas que son miroir tourne à l'épigramme, que les roses expirent sur ses joues et que la solitude se fait autour d'elle. Déjà, chose inévitable, la littérature a exclu la coquetterie; son œil devient hagard, sa chevelure est dépeignée comme une métaphore de mauvais goût. Triste destinée des *auteurs femelles*, comme elle dit; inconcevable fatalité qui fait les lauriers incompatibles avec les myrtes!

Les lauriers d'Olympe de Gouges étaient bien maigres jusque-là; mais son acharnement était au niveau de son ambition. Pour ceux qui n'ont pas une idée des tribulations de tout genre auxquelles sont sujets les malheureux acteurs par suite de la vanité fougueuse de certains écrivains, les démêlés d'Olympe de Gouges auront peut-être un intérêt de singularité. « On a beau se plaindre, on a beau faire, écrit-elle dans un moment d'expansion, un auteur ne renonce pas sans peine à la Comédie française ; ce n'est pas les comédiens qu'il faut considérer, c'est le goût de la nation, qui le couvre de gloire quand il a le bonheur de réussir. »

Aussi la voit-on pensive et arrêtée devant ce temple dont les portes demeurent inexpugnables pour elle ; son attitude est celle de la douleur, elle se demande comment faire pour apaiser le courroux des dieux, c'est-à-dire des sociétaires. Elle court chez l'officieux Molé et le prie d'être encore une fois son ambassadeur auprès d'eux ; vaincu par ses larmes, Molé consent à tout, et voici la lettre de conciliation qu'elle reçoit au bout de quelques jours : « Madame, la Comédie assemblée a été bien aise de vous voir revenir à des sentiments plus équitables envers elle ; elle désire que vous soyez à jamais bien convaincue de l'honnêteté et de la droiture de ses procédés, et pour vous seconder dans la justice qui vous a ramené vers elle, elle a donné des ordres pour qu'il ne reste aucune trace du passé, et pour que les choses soient sur le pied où elles étaient avant la lecture de *Cardenio*. »

Cet acte de paix eut pour résultat de faire produire à madame de Gouges deux ouvrages de plus, *l'Homme généreux* et *le Philosophe corrigé*. Le premier est conçu dans l'insupportable système des drames sensibles et déclamatoires, remplis de pères de famille en cheveux blancs qui lèvent les mains au ciel, et de colonels de chevau-légers prêts à se sacrifier pour un rival heureux. On reconnaît ce genre de composition dramatique aux notes explicatives qui accompagnent invariablement les noms des personnages, comme dans le modèle suivant que j'ai rédigé avec scrupule et minutie :

D'ALAINVILLE. — Honnête homme. Il porte un habit marron.
CLÉON. — Trente-cinq à quarante ans. Fourbe dangereux. Au

premier acte, coiffure à la brigadière, habits et culottes noirs, épée de ville.

Sainclair. — Bon, mais impétueux ; sensible, mais emporté ; il faut le connaître. Toujours prêt à voler au secours d'un ami, mais facile à abuser. Il adore et déteste Lucile ; il jure le matin qu'il ne la verra de sa vie, et le soir le trouve à ses pieds. Du reste, brave et galant, en véritable militaire.

Durivage. — Est sur le retour. Soixante ans, bien qu'il ne s'en donne que quarante-huit. Esprit superficiel et banal. Il paraît au dénoûment en costume de chasse.

Ambroise. — Le modèle des jardiniers. Un peu brusque, mais humain. Veste en drap de Ségovie.

Un Exempt. — Manières froides, maintien calme, contrastant avec le caractère bouillant de Sainclair.

Mme d'Alainville. — Bonne à l'excès. Elle n'a d'yeux que pour sa nièce Lucile. Modes de province, un peu exagérées.

Lucile. — Dix-sept ans. Robe rose, sans garniture ; un mouchoir de gaze autour du cou. Lucile est l'innocence même. Pour elle, Sainclair représente l'univers entier.

Mme H'hérigny. — Femme à la mode. Vive, étourdie, avec un excellent cœur.

III

L'Homme généreux, de même que *le Philosophe corrigé*, fut présenté à la Comédie française, qui avait fini par prendre son mal en patience ; s'ils furent refusés, cela va sans dire. Encore en oublié-je deux ou trois à dessein. Par exemple, je crois que les comédiens français se sont véritablement trompés au sujet de *Molière chez Ninon ou le Siècle des grands hommes*. Il est vrai qu'ils étaient poussés à bout. Cette pièce sort tout à fait du cadre et du style habituel des œuvres de madame de Gouges, bien que, selon sa détestable coutume, elle avoue l'avoir composée en moins de six jours. C'est une galerie largement entendue où apparaissent Mignard, le prince de Condé, la reine Christine, Scarron et sa femme, Des Yveteaux, Chapelle, le comte de Fiesque et la marquise de La Sablière. Une intrigue suffisante, et dont l'idée a souvent été exploitée depuis, circule à travers de nombreux épisodes historiques présentés avec habileté : il s'agit d'une fille de condition qu'une vocation décidée entraîne vers le théâtre, et qui s'enfuit de chez ses parents pour venir s'engager dans la troupe de Molière; par ses conseils, le grave auteur de *l'Ecole des femmes* parvient à la détourner de son projet et à lui faire épouser l'homme qu'elle aime. Madame de Gouges n'a pas manqué de donner le nom d'*Olympe* à cette jeune exaltée.

Telles sont les principales lignes de cette comédie épisodique; l'idée que nous avons pu en donner est sans doute imparfaite, mais elle suffit pour faire revenir un peu le lecteur sur le compte d'Olympe de Gouges. Par malheur, son amour-propre excessif se met toujours en travers de ses qualités. « Des personnes consommées dans la littérature m'ont assuré cette production bonne; *à mon avis il n'en est point de meilleure.* Ce fut dans un rêve que j'achevai de la concevoir; Molière m'apparut, il me traça lui-même le plan que je viens de traiter : « Suis-le, me dit-il, je te promets que la Comédie reviendra sur ton compte. » Rendue forte par cette vision, Olympe demanda une lecture, qu'elle obtint au bout de huit jours. C'était un mercredi, et les comédiens avaient fait la veille le voyage de Versailles; après deux heures d'attente, le garçon de théâtre fut envoyé chez eux pour savoir s'ils étaient réveillés. Ils étaient tous sortis, Le semainier congédia donc madame de Gouges *après un million d'œillades*, et la partie fut remise au dimanche d'ensuite. Mais à peine avait-elle franchi le seuil, que ces messieurs, qui la fuyaient comme des loups, arrivèrent les uns après les autres, comme des moutons. Par malheur, ils avaient compté sans l'inquisition de madame de Gouges, qui, depuis quelque temps, pour mieux surveiller leur conduite, logeait précisément en face de la Comédie, et qui, lorsqu'elle s'absentait, avait toujours le soin de laisser en embuscade son jeune fils. Toute sa colère retomba sur Fleury, auquel elle écrivit une page d'amertume et de reproches; celui-ci ne se donna pas la peine d'y répondre; seulement, le samedi soir, veille de la lecture, il lui fit dire lestement par l'ouvreuse de loge que quelqu'un la demandait ; puis, l'attirant à l'écart, il lui manda que si elle n'était pas une femme, il lui apprendrait comment on répond à une lettre aussi impertinente que la sienne. « A ces mots, écrit madame de Gouges, il ne m'aurait fallu qu'une épée, et j'aurais été bientôt une autre chevalier d'Eon ! Le sang me bouillait dans les veines, mais je sus me respecter. »

On devine quel fut le résultat de la lecture de *Molière chez Ninon*. Il y avait surtout une maudite porte qui ne pouvait jamais se tenir close ; chacun à son tour se levait pour essayer de la fermer ; ce fut au bruit de cette porte que la pauvre femme, la rage dans le cœur, lut ses cinq actes, après lesquels les trois quarts et demi du comité dormaient d'un paisible sommeil. Il fallut deux hommes pour réveiller le gros Desessarts ; ensuite les bulletins furent rédigés et lus à haute voix par le souffleur, ainsi que cela se pratiquait alors. Le premier était conçu de la sorte : « J'aime trop l'auteur pour l'exposer à une chute ; je refuse. » Le second, plus explicite, s'exprimait ainsi : « Rien ne m'intéresse dans cette pièce que le cinquième acte, et si l'auteur voulait m'en croire, il le ferait jouer seul ; mais comme je présume qu'il n'en voudra rien faire, je refuse. » Le troisième bulletin sentait tout à fait son Dugazon : « J'aime les jolies femmes, je les aime encore plus quand elles sont galantes, mais je n'aime à les voir que chez elles et non pas sur le théâtre ; je refuse cette pièce. » Olympe de Gouges ne fut pas curieuse d'entendre le reste, elle salua et se retira, en prononçant le serment de renoncer pour toujours à l'art dramatique.

Dès qu'il lui fut prouvé que la Comédie française lui était évidemment hostile, elle se décida à faire imprimer son théâtre et à en appeler au jugement de la nation. Les princes du sang voulurent bien accepter la dédicace de ses trois volumes qui parurent en 1788, et qui furent sans doute tirés à peu d'exemplaires, car ils n'apparaissent que rarement dans les ventes publiques. Elle y joignit des notes justificatives et toute sa correspondance avec Molé, mademoiselle Contat, madame Bellecour, etc. « C'est là que j'attends les auteurs honnêtes et délicats : celui qui ne prendra pas ma défense et ne regardera pas mes intérêts comme les siens propres, est indigne d'écrire et de porter le caractère d'homme. » D'autres fois, elle revient avec douleur sur le tour de réception dont on l'a frustrée à propos de sa première pièce, et elle compare les auteurs à des porteurs d'eau qui se mettent à la queue les uns des autres pour remplir leurs seaux. « Jouez donc mon drame, mesdames et messieurs ! il a assez attendu son tour, et TOUTES LES NATIONS avec moi vous en demandent la représentation. »

Mais où son désespoir s'exhale avec le plus de force. c'est dans la préface de *Molière chez Ninon*, son ouvrage favori ; là ses plaintes sont au-dessus de tout ce que l'on peut comprendre ; elles m'ont presque arraché des larmes par leur éloquence navrante. « On m'enlève ma *frénésie, ma passion, ce qui seul pouvait faire les délices de ma vie !* » s'écrie-t-elle ; et récapitulant tout ce que lui a fait souffrir la *haine implacable* de la Comédie française : « Je sens bien que si j'avais été homme, il y aurait eu du sang de répandu ; *que d'oreilles j'aurais coupées !* » Un peu plus loin cependant, la grandeur d'âme reprend le dessus ; elle renonce à ses entrées, bien qu'elles lui soient chères à plus d'un titre et qu'elle n'ait pas assez d'argent pour aller au spectacle tous les jours. Dès lors, on croit le sacrifice consommé et que tout est dit littérairement pour l'infortunée Olympe de Gouges ; mais ne voilà-t-il pas le bout de l'oreille qui se remet à percer ! En deux mots, elle offre aux auteurs *qui ne dédaigneront pas d'étendre leurs connaissances* (de sa part la présomption est assez jolie), de leur céder quelques plans de drames. « J'ai trente sujets, dit-elle, qui ont besoin d'être touchés, même dialogués en partie. » Encore n'est-ce pas assez pour elle : il faut que de son fils, à peine âgé de quinze ans, elle essaye de faire un auteur. Aussi fécond que sa mère, le petit bonhomme compose en quatre heures un opéra-comique sur le dévouement d'une servante de Noyon qui avait arraché à la mort trois hommes tombés dans une fosse d'aisances. Gracieux et coquet canevas pour la Comédie italienne ! Cette surprenante production, que madame de Gouges n'a pas craint de faire imprimer à la fin de son troisième volume, contient, entre autres choses inouïes, un morceau d'ensemble chanté par les trois asphyxiés, à la louange de leur libératrice :

Trio.

1er ASPHYXIÉ.

Grand Dieu ! protége ses jours !

2e ASPHYXIÉ.

Que ta main la guide !

3e ASPHYXIÉ.

C'est ton ouvrage, c'est une divinité pour nous !

Mais je m'arrête. Aller plus loin ce serait entrer dans les domaines de la folie. Ces trois volumes sont remplis de divagations semblables, de fureurs étourdies, de parenthèses qui ouvrent sur l'absurde. Une orthographe spéciale complète ce monument de déraison et de vanité : c'est à peine si elle s'accorde elle-même sur son nom d'Olympe de Gouges, qu'elle écrit tantôt avec un *s*, et tantôt sans *s*. La critique ne s'émut guère du théâtre de l'ex-courtisane, et le plus profond silence, l'indifférence la plus parfaite accueillirent sa tentative maladroite.

Il ne fallut rien moins qu'une révolution pour la mettre en lumière, elle et ses drames. Quelques jours après la prise de la Bastille, les sociétaires du Théâtre-Français, qui étaient en quête d'une pièce d'actualité, se ressouvinrent de *Zamore et Mirza,* enfouie depuis cinq ans dans leurs cartons. Ils l'époussetèrent du mieux qu'ils purent et la représentèrent sous le titre de *l'Esclavage des Nègres.* Cet ouvrage, le premier de madame de Gouges et le plus médiocre, ne produisit aucune sensation, quoiqu'il eût été monté avec une certaine pompe. « Ce drame, dit-elle dans ses notes, doit se terminer par un ballet héroïque mêlé de sauvages ; on porte madame de *Saint-Frémont* en triomphe sur son palanquin : les jeunes sauvages dansent autour d'elle. Tout à coup on entend le canon et l'on voit la mer couverte de navires. Ce ballet *doit peindre la découverte de l'Amérique :* les sauvages effrayés interrompent leurs danses et s'en vont tous se cacher dans la forêt ; les soldats feignent de les poursuivre avec colère. Le général paraît ; il arrête par un signe la fureur des soldats, et leur *fait une morale si touchante,* que tous les sauvages surpris reviennent sur leurs pas. Le ballet finit par une concorde admirable et une musique indienne qui, mêlée avec la musique militaire, *doit faire un effet neuf au théâtre.* » Malheureusement, l'effet ne fut pas compris du parterre, qui se moqua de la découverte de l'Amérique et des sauvages en masque noir. C'est égal : ce jour inattendu fut le plus beau de la vie d'Olympe de Gouges ; elle était arrivée au but de ses vœux et de ses espérances, elle avait forcé les portes de la maison de Molière : elle avait été jouée enfin !

IV

J'ai dû raconter avec un soin scrupuleux, sans omettre une colère ou un espoir, les efforts incessants et les luttes pied à pied de cette amazone littéraire, qui marque si étrangement entre les femmes de son époque, madame Falconnet, madame Riccoboni, madame Montesson, la comtesse de

Beauharnais, muses heureuses et pacifiques, dont un laurier facilement obtenu ombrage le front souriant. N'est-ce pas qu'au spectacle de tant de peines, de courses, de déceptions, on se surprend à souhaiter un peu plus de talent à cette malheureuse, si cruellement mordue au talon par la tarentule poétique, et plus attachée au Théâtre-Français que Vénus à sa proie. Voltaire disait qu'une des meilleures conditions pour faire une bonne comédie était d'avoir le diable au corps. Pourquoi donc n'a-t-elle jamais fait une bonne comédie ?

Qu'on ne s'imagine point cependant que les Olympe de Gouges soient rares dans les lettres, et que mon intention ait été de présenter celle-ci comme une exception, une figure anormale. Parmi les auteurs de tout sexe qui rôdent autour du théâtre de la rue Richelieu, cette arche de la littérature nationale; parmi ces pâles porteurs de tragédies qui plongent un œil envieux sous le vestibule où la sardonique statue de Houdon semble leur rire au nez; sous ces habits couleur de muraille, dont les basques gonflées exhalent un bruissement de rimes; à l'aspect de ce manchon hérissé qui laisse échapper les faveurs bleues d'un manuscrit, reconnaissez la grande et douloureuse famille des opprimés dramatiques, famille éternelle, dont les plaintes sans cesse renaissantes remplissent Paris et la province, et dont les malédictions s'abattent quotidiennement sur le comité de lecture ! A peine l'aurore paraît-elle pour éclairer la comédie humaine, qu'on les voit sortir en foule et venir assiéger les sociétaires en leur propre domicile, se pendre à leur cordon de sonnette, essayer de corrompre Marton, se perpétuer dans l'antichambre ou guetter l'heure à laquelle ils se rendent aux répétitions. Que d'orgueils irréfrénables ! que d'anxiétés contenues ! que de rêves caressés, qui ne se réaliseront jamais ! que de ridicule, et souvent que de vrai malheur !

On le voit, ces pauvres gens continuent avec plus ou moins de résignation, avec plus ou moins de talent, les traditions de madame de Gouges. Beaucoup passent la moitié de leur vie à faire recevoir une pièce, et l'autre moitié à la faire jouer; encore arrivent-ils quelquefois à leur lit de mort sans avoir atteint ce but suprême. Remarquez qu'en cela je ne prends parti ni pour les comédiens ni pour les hommes de lettres; les uns et les autres sont sujets à des erreurs qui interdisent tout jugement trop absolu.

Bientôt il ne suffit plus à Olympe de Gouges d'avoir été femme galante et femme de lettres, elle devint femme politique.

La Bastille s'écroule. La poussière enflammée de ce vieux monument, semblable à celle que jette un vaste incendie, s'en va par l'Europe, embrasant les villes et les hommes sur lesquels elle tombe. Olympe de Gouges reçoit ce baptême, et la voilà l'œil ouvert, l'oreille aux aguets, écoutant les cris du peuple et les discours des députés. Il lui semble que c'est à elle que s'adressent les plaintes d'en bas et les dédains d'en haut; elle répond à tout; elle interpelle le roi, l'Assemblée et la France. Un fleuve de brochures, d'avis, de lettres, de pamphlets, découle de sa plume. Les murailles de Paris se couvrent de ses affiches.

C'est en politique surtout que son esprit méridional se révèle. L'orgueil est toujours aposté au commencement ou à la fin de ses publications. Un jour, c'est Mirabeau qui lui aurait dit : « Vous êtes une femme de génie. » Le lendemain, c'est le ministre Duport qui voudrait l'acheter pour défendre le trône; c'est de Laporte, intendant de la liste civile, c'est la reine qui écoutent ses reproches et lisent ses lettres en tremblant. Mais le plus étrange de tous, c'est Bernardin de Saint-Pierre lui disant : « Vous êtes un ange de paix. »

L'une des propensions de sa doctrine incertaine est l'affranchissement de la femme. Cette cause lui donne des accès de fièvre, pendant lesquels son malheureux secrétaire est obligé de sténographier jour et nuit ses déclamations. C'est ainsi qu'en moins d'une semaine elle écrit *le Prince phi-*

7.

losophe (1791 ; 2 vol. in-12), consacré à la glorification de la femme politique. Ce n'est certes pas un livre irréprochable sous le rapport du style, mais on y trouve néanmoins des détails curieux, comme ce tabeau des modes frivoles du temps :

« A cette époque, toutes les femmes de Siam étaient moins occupées de leur ménage que du soin de se parer. Les coiffeurs et les marchandes de modes jouent de grands rôles dans cette ville ; à peine Idamée fut-elle devenue reine qu'on inventa un *bonnet à la chinoise*. Il était fait en pain de sucre, il avait trois pieds de hauteur sur quatre de diamètre. Des rubans argentés et en quantité prodigieuse, des chaînes et des perles faisaient le tour de cette pyramide, surmontée par un terrible et nombreux panache en plumes de toutes couleurs. C'était aussi la mode d'empanacher les chevaux, et de loin on ne distinguait pas les femmes qui étaient dans les chars d'avec les chevaux qui les traînaient. Mais peu à peu cette fureur de bonnets alla en s'affaiblissant ; bientôt on supprima les bonnets et les chapeaux en entier : les cheveux en désordre se jouaient sur le front ; un bouquet de fleurs seulement, placées sur le côté, affichait la négligence de cette coiffure, à laquelle l'aimable Folie avait donné naissance. »

Le succès du livre fut nul ; mais aussi en quel temps osait-elle parler de perles et de fleurs ?

A l'époque où la barre de l'Assemblée nationale était ouverte à tout le monde, Olympe de Gouges ne manqua pas de s'y présenter. — Elle écrivit, en outre, au président pour lui demander la faveur de défendre Louis XVI. Sa lettre fut lue par un secrétaire dans la séance du 15 décembre 1792, et insérée au *Moniteur* du 17 ; elle excita l'étonnement et quelquefois l'hilarité :

« Citoyen président, je m'offre, après le courageux Malesherbes, pour être le défenseur de Louis. Laissons à part mon sexe : l'héroïsme et la générosité sont aussi le partage des femmes, et la Révolution en offre plus d'un exemple. Je suis franche et loyale républicaine, sans tache et sans reproche; personne n'en doute, pas même ceux qui feignent de méconnaître mes vertus civiques; je puis donc me charger de cette cause.

» Je crois Louis fautif *comme roi;* mais dépouillé de ce titre proscrit, il cesse d'être coupable aux yeux de la République. Ses ancêtres avaient comblé la mesure des maux de la France; malheureusement la coupe s'est brisée dans ses mains, et tous les éclats ont rejailli sur sa tête. Je pourrais ajouter que, sans la perversité de la cour, il eût été peut-être un roi vertueux. Je désire d'être admise par la Convention nationale et par Louis Capet, à seconder un vieillard de près de quatre-vingts années dans une fonction pénible, qui me paraît digne de toute la force et de tout le courage d'un âge vert. Sans doute je ne serais point entrée en lice avec un tel défenseur, si la cruauté aussi froide qu'égoïste du sieur Target n'avait enflammé mon héroïsme et excité ma sensibilité. Je puis mourir actuellement; une de mes pièces républicaines est au moment de sa représentation. Si je suis privée du jour à cette époque, peut-être glorieuse pour moi, et qu'après ma mort il règne encore des lois, on bénira ma mémoire, et mes assassins détrompés répandront quelques larmes sur ma tombe.

» Qu'il me soit permis d'ouvrir à la Convention une opinion qui m'a paru digne de toute son attention. Louis le Dernier est-il plus dangereux à la République que ses frères, que son fils? Ses frères sont encore coalisés avec les puissances étrangères, et ne travaillent actuellement que pour eux-mêmes. Le fils de Louis Capet est innocent, et il survivra à son père : que de siècles de divisions et de partis les prétendants ne peuvent-ils pas enfanter!

» Les Romains se sont immortalisés par l'exil de Tarquin. Il ne suffit pas de faire tomber la tête d'un roi pour le tuer; il vit encore longtemps après sa mort; mais il est mort véritablement lorsqu'il survit à sa chute.

» Je m'arrête ici pour laisser faire à la Convention toutes

les réflexions que présentent celles que je viens de lui soumettre. OLYMPE DE GOUGES. »

Repoussée par un ordre du jour, Olympe saisit aux cheveux une autre actualité ; elle mit les demoiselles Fernig, le général Dumouriez et le jeune Égalité tout vivants sur la scène, dans une pièce intitulée : *Le Général Dumouriez à Bruxelles ou les Vivandiers*.

Le théâtre de la République, ahuri, forcé de suivre les engouements publics, reçut l'œuvre, et la joua le 23 janvier 1793. On se ferait difficilement une idée de la sensation produite par cet ouvrage, dont tout le mérite consistait dans des marches, combats et évolutions militaires. Les spectateurs, malgré leur indifférence pour les pièces de ce genre, ne purent s'empêcher de témoigner du mécontentement. Néanmoins la représentation alla jusqu'à la fin ; et l'auteur étant demandé par quelques voix officieuses, mademoiselle Candeille s'avançait pour le nommer, lorsque tout à coup une femme effarée se présente aux premières loges et s'écrie : « Citoyens, vous demandez l'auteur ? Le voici ! c'est moi, c'est Olympe de Gouges. Si vous n'avez pas trouvé la pièce bonne, c'est que les acteurs l'ont horriblement jouée ! »

Une bourrasque de sifflets et de huées accompagna cette déclaration au moins insolite. Mademoiselle Candeille assura que ses camarades avaient fait tout leur possible. Le public fut de cet avis, et cria : « C'est l'ouvrage qui est détestable ! » Olympe tenait tête à l'orage ; mais les spectateurs s'étant portés dans les corridors, les uns l'accablèrent de railleries, les autres la suivirent en lui redemandant leur argent.

La seconde représentation décida du sort de cette comédie ridicule. Le parterre ne permit pas cette fois qu'on lui en jouât plus d'un acte ; et, pour dissiper l'ennui général, la plupart des spectateurs s'élancèrent sur le théâtre et dansèrent la carmagnole.

Quelques jours après la chute des *Vivandiers*, Olympe de Gouges publia cette préface :

« J'ai été la victime d'un complot appuyé par les apparences les plus perfides; tel a été l'art des comédiens à mon sujet; mais pour en obtenir justice, je n'attirerai pas sur eux l'animosité des citoyens ni les crimes révolutionnaires. *J'ai failli être assassinée,* pour prix de mon civisme, par une bande de leurs satellites; et si je vis encore, c'est peut-être par un de ces miracles que l'innocence ne trouve pas toujours sur son chemin. Il ne s'agit pas sans doute de ma part de vouloir que ma pièce soit bonne si elle est mauvaise; mais ce qui m'importe véritablement, c'est de prouver au public que ce n'est point ma pièce qu'on a représentée sur le théâtre de la République, mais une pantomime de la façon des comédiens.

» Citoyens littérateurs, hommes sensés, jugez ma pièce d'après vos connaissances et votre conscience!

» Je ne demande point que le théâtre en continue la représentation; je demande que cet ouvrage me soit payé. Le sacrifice de ma fortune et de mes veilles en faveur de la chose publique me réduit à la noble nécessité de vivre actuellement de mes talents. J'avoue qu'en auteur sensible, je n'ai pas vu indifféremment massacrer ma pièce. *J'ai parlé au public en grand homme, en excusant les acteurs, quand j'avais lieu de les mépriser.* Malgré cela, je me suis vue tout à coup assaillie par une bande de juges-gladiateurs, qui m'ont vomi, comme s'en glorifie le sieur Ducray, dans son libelle *les Petites Affiches,* les ordures qui convenaient sans doute aux actrices qui les avaient commandées. Ce journaliste a eu l'impudeur d'avancer que le public s'est fait justice. Qui pourrait croire, si cela n'était pas imprimé, une semblable calomnie contre le public, qui a lieu de m'estimer *et peut-être de m'admirer?* Infâme libelliste, tu places ce public dans un ramas confus de douze galopins qui m'ont injuriée! Va, il ne t'appartient pas, ni à tes pareils, d'apprécier *un être tel que moi!*

» Sans doute le public ne prendra pas pour orgueil ce qui n'est de ma part qu'une juste indignation. Jamais auteur n'éprouva un si dur traitement, jamais pièce républicaine ne reçut plus d'outrages et ne fut payée d'une plus noire ingratitude... »

M. Lairtulier a aussi parlé d'une comédie-vaudeville que nous ne connaissons pas, les *Aristocrates et les Démocrates,* la plus gaie de toutes, selon lui. Une foule d'originaux y sont passés en revue. C'est une vieille comtesse qui, à chaque doléance sur la perte de ses titres et de ses priviléges, ne reçoit pour toute réponse du chevalier du Rocher, nouvellement mis au pas, que ces mots : « *Antique, bouquin, n'en parlons plus.* — Quoi ! il faudra que je renonce à l'illustration de mes ancêtres ! — Vos ancêtres, ils sont morts, *n'en parlons plus.* — La noblesse se réveillera : moi-même je parcourrai tout le royaume pour la soulever contre les patriotes. — Restez chez vous, vous ne feriez que de l'eau claire; *n'en parlons plus.* — Insolent ! si je faisais venir mes gens, je vous apprendrais à insulter une femme de ma qualité! — Vos gens, votre qualité, tout cela est bien loin; *n'en parlons plus.* » Vient M. l'Ecusson, qui a consumé dix ans de sa vie à dresser un arbre généalogique, et qui se désespère de ce qu'on ne dresse plus que des arbres de la liberté. Un aveugle trouve le symbole de la première constitution dans le signe de la croix : le Père, c'est le roi; le Fils, c'est le peuple; le Saint-Esprit, c'est la loi.

Mais le théâtre ne donnant pas à Olympe de Gouges la renommée dont elle avait soif, elle en revint à ses interpellations politiques. Elle tourna sa haine contre Robespierre.

Pendant quelques jours, celui-ci feignit de ne pas lire ses sarcasmes. Elle publia une brochure intitulée : *Pronostic sur M. Robespierre.* Il laissa passer ce factum impuni. Elle s'offensa du peu de cas qu'il semblait en faire, et elle livra à l'impression une lettre dont j'extrais le passage suivant :

« C'est moi, Maximilien, qui suis l'auteur de ton *Pro-*

nostic; moi, te dis-je, Olympe de Gouges, plus homme que femme ! Tu donnerais, dis-tu, ta vie, pour concourir à la gloire et au bonheur de notre commune patrie ? Eh bien, voyons : tu connais le trait de ce jeune Romain qui se précipita dans un gouffre pour calmer les passions et rétablir la paix de la République. Robespierre, auras-tu le courage de m'imiter ? Précipitons-nous dans la Seine ! Tu as besoin d'un bain pour laver les taches dont tu t'es couvert depuis le 10 ; ta mort calmera les esprits, et, quant à moi, le *sacrifice d'une vie pure* désarmera le ciel. Je suis utile à mon pays, tu le sais ; mais ton trépas le délivrera du plus grand des fléaux, peut-être ne l'aurai-je jamais mieux servi !... »

Ainsi, elle s'imaginait que ce *duel à la Seine* n'avait rien que de très-acceptable.

Cette fois Robespierre daigna répondre, mais par un arrêt de mort.

Traduite devant le Tribunal révolutionnaire, elle montra dans sa défense du courage et de la présence d'esprit. Condamnée, elle se déclara enceinte. Mais on passa outre. Le bourreau ne la vit point pâlir. Seulement, quand elle arriva sur l'affreux escalier, elle regarda les arbres des Champs-Élysées et elle murmura tristement ces mots : « Fatal désir de la renommée !... j'ai voulu être quelque chose ! »

V

LE COUSIN JACQUES.

I

« Et puis, on vit paraître un auteur de mauvais genre, qui s'appela *Cousin Jacques,* qui fit des *Lunes,* qui fit des *Planètes,* et qui osa rire publiquement quand la mode en était passée; et puis tous les jolis petits écrivains du bon genre prouvèrent, par des almanachs d'une grande force, qu'il était impossible de rire et d'avoir du goût, de faire un *Courrier des Lunes* et d'avoir du bon sens, d'aller dans les planètes et d'être un homme d'esprit, de s'appeler *Cousin Jacques* et d'être un bon citoyen.

» Et puis, les amateurs qui voulurent en juger par eux-mêmes eurent la politesse de trouver qu'on peut en riant parler raison, qu'on peut en riant avoir un cœur, qu'on peut en riant être moraliste; de sorte que le *Cousin Jacques,* proscrit et rejeté par le public qui ne rit pas, fut accueilli et fêté par le public qui rit. »

Ainsi s'exprime sur lui-même l'original et facétieux écrivain dont nous allons dire l'histoire. Ses refrains errent de temps en temps sur les lèvres des sexagénaires, et lorsque l'on feuillette le théâtre de la Révolution, on y retrouve son nom inscrit à chaque page.

Le Cousin Jacques a été au-devant des biographes en produisant son signalement : « Louis-Abel Beffroy de Reigny, dit *le Cousin Jacques,* écuyer, né à Laon, le 6 novembre 1757; du Musée de Paris, des académies d'Arras et de Bretagne, etc., portant cheveux blonds, taille de cinq pieds six pouces, ayant la joue et l'œil gauche endommagés par le feu, et demeurant à Paris, rue des Vieux-Augustins, hôtel de Beauvais, n° 264. »

C'est clair, je crois.

Il vint au monde alors que son père avait déjà passé la soixantaine. On lui donna le nom de *de Reigny,* pour le distinguer de Beffroy de Beauvoir et de Beffroy de Jisomprez, ses deux frères (1). Sa famille occupait un rang aisé dans la province et jouissait de l'estime générale; mais il eut peu l'occasion de la connaître, car il fut envoyé très-jeune à Paris pour y faire ses études; et, sur ces entrefaites, son père étant mort, sa mère se retira au couvent.

Tout devait être singulier dans le Cousin Jacques. A peine âgé de douze mois, sa nourrice l'avait laissé choir dans le feu : on le ramassa, le visage à demi-rôti; de là cette cicatrice qui lui donna un aspect bizarre, en harmonie avec le caractère de ses productions. Ce n'était pas qu'il fût laid : un front développé, une coupe de figure longue et élégante, le nez bien fait, tout cela plaidait en faveur d'une physionomie intéressante et douce.

On le plaça au collége Louis-le-Grand, où il eut pour condisciple Camille Desmoulins, Jehanne et Robespierre l'aîné. « Je ne crois pas, dit-il, qu'il y ait beaucoup de Français qui aient étudié Robespierre avec autant d'attention que moi; nous fûmes camarades d'études et rivaux pour les premières places en rhétorique. Le hasard voulut même que je l'emportasse sur lui, *ce qu'il ne me pardonna jamais.* » Ceci est un accès gratuit de vanité, mais nous en rencontrerons bien d'autres chez le Cousin Jacques.

A dix-sept ans, le jeune Beffroy, qui venait régulièrement

---

(1) Ces noms leur venaient de fiefs appartenant à leur père.

passer ses vacances dans le Laonnais, était déjà éperdument amoureux. L'objet de cette première inclination était une petite brune, demi-bourgeoise, demi-villageoise, coquette, et plus spirituelle qu'il ne convient aux demoiselles de son âge. Il avait risqué une déclaration, que l'on avait accueillie sans trop de courroux ; aussi, quand il fallut retourner à Paris, son désespoir ne connut point de bornes. Mais que faire? Il dut partir. Seul, au mois d'octobre, à cinq heures du matin, marchant pensivement au milieu des ombres du crépuscule, sur une grande route, dans la forêt de Villers-Cotterets, Beffroy pressait de temps à autre contre son gousset l'argent qu'on lui avait donné pour prendre la diligence, et qu'il réservait pour envoyer à sa brune un cadeau de Paris. Néanmoins, son courage s'émoussait au souvenir des heures de tendresse, et vingt fois il se vit sur le point de faire volte-face pour reprendre le chemin de Laon. Ce fut un grenadier au régiment de Navarre qui lui épargna cette première folie : depuis vingt minutes ce grenadier marchait derrière lui, en chantonnant un refrain de caserne. « Où allez-vous donc, mon petit bonhomme? lui demanda-t-il en le voyant se retourner et hésiter. » Pleurs du jeune Beffroy. « Est-ce que vous vous seriez égaré? Parbleu! je suis là pour vous montrer la route. » Et il lui montra la route du cabaret. Notre amoureux avait besoin de distractions, il se laissa conduire. Ce grenadier était d'ailleurs un excellent homme, quarante ans au plus, figure rouge et cordiale, gestes animés, langage naïf ; il portait les *deux épées en sautoir,* décoration qui était pour le soldat ce que la croix de Saint-Louis était pour l'officier. Il fit apporter une bouteille et deux verres. « Buvez, mon jeune galant ! dit-il ; buvez et vous serez consolé. » Beffroy, tout en larmoyant et en trinquant, raconta ses peines au grenadier, qui demanda une seconde bouteille ; la confidence n'en finissait pas. Il advint cependant qu'à la troisième bouteille, Beffroy essuya ses yeux ; à la quatrième, il commença à sourire ; et quand ils se levèrent de table, il était tout à fait consolé; c'était le grenadier au régiment de Navarre qui était devenu presque amoureux. Ils reprirent ensemble la route de Paris. Beffroy chantait à tue-tête, et ne concevait plus comment il avait pu montrer tant de faiblesse quelques instants auparavant; le grenadier était triste et songeait. Il n'en continua pas moins de servir d'escorte à son jeune camarade, et il ne l'abandonna qu'après avoir vu la porte du collége se refermer derrière lui.

L'année suivante, Beffroy de Reigny prit le petit collet; il fit un abbé charmant, dans le sens mondain attaché à ce mot par le XVIIIe siècle, c'est-à-dire qu'il chanta à ravir, qu'il apprit à pincer de la guitare et qu'il composa de petits vers pour les dames qui mettaient du rouge. Il eut de la vogue comme *Vert-Vert*, on se l'arracha, on se le disputa dans les sociétés bourgeoises : il apportait des bouquets, on lui rendait des pralines, et il disait merci d'une voix flûtée. Pour mettre le sceau à son mérite, il improvisa un matin les strophes suivantes pour une jeune femme qui demeurait vis-à-vis de lui, et qu'il avait aperçue à sa fenêtre :

> En peu de temps tu te fais bien connaître,
> En peu de temps tu sais te faire aimer.
> Pour exercer le pouvoir de charmer,
> Tu n'as besoin que d'être à ta fenêtre.
>
> L'heureux passant, dès qu'il t'a vu paraître,
> Partout ailleurs n'envisage que toi;
> A tes attraits il se rend comme moi,
> Et comme moi rend grâce à ta fenêtre.
>
> Le tendre Amour est devenu mon maître;
> Par son pouvoir je me sens partager;
> Ce dieu m'a fait à demi déloger :
> Il a porté mon cœur sur ta fenêtre.
>
> De tes beaux yeux la puissance fait naître
> Dans tous les cœurs l'image du plaisir;
> Mais il faudrait, hélas! pour en jouir,
> Il faudrait être — ailleurs qu'à la fenêtre.

La chanson était galante, le motif en était ingénieux;

elle courut les salons et valut à son auteur une grêle de compliments. L'abbé de Reigny eût pu vivre longtemps ainsi de gloriole et de pralines, s'il eût été pourvu de quelques bénéfices par-dessus le marché ; mais le ciel lui avait refusé cette douceur. Pour y suppléer autant que possible, il donna des leçons et professa les humanités : Augustin Robespierre fut un de ses élèves ; il courut la province de collége en collége, et un peu aussi de boudoir en boudoir, composant déjà des comédies qu'il faisait représenter sous l'anonyme.

En ce temps-là, c'était la grande fureur du pèlerinage à Ferney : tout le XVIIIe siècle passait par l'antichambre de Voltaire ; Beffroy de Reigny fit comme tout le XVIIIe siècle. Le patriarche de la littérature, qui ne craignait pas de compromettre le caractère auguste du talent et la dignité philosophique de la vieillesse en rendant adulation pour adulation, l'accueillit les bras ouverts, semblable à ces gens qui, après une fraternelle accolade, s'écrient : « Eh ! bonjour, mon cher ami... comment te nommes-tu ? » En faveur de sa grande jeunesse, Beffroy de Reigny fut admis à l'honneur insigne de lire un petit poëme de sa composition. Voltaire eut deux ou trois sourires de complaisance pour cette bluette, et appuya sur ce qu'il fallait donner au public ce *joli colifichet*. Ce fait décida en partie de la vocation de l'abbé de Reigny. Voltaire en a égaré de plus candides !

A cette époque, notre héros, qui menait la vie errante du chevalier de Boufflers, fut amené assez singulièrement à adopter le pseudonyme sous lequel il est connu et classé en littérature. Il se promenait, avec quelques dames évaporées, dans un village des environs de Tournay ; la conversation roulait sur les noms de guerre que prennent certains auteurs ; à ce propos on citait *l'Anonyme de Vaugirard*, *Frère Sylvain des Ardennes*, et l'on cherchait pour l'abbé un sobriquet qui caractérisât son talent badin et un peu fou. Sur ces entrefaites passe un pauvre, appelé *Cousin*

Jacques parce qu'il était allié à tous les gens du village, et dont l'habit, composé de sept différentes couleurs, attirait de très-loin les regards. « Bon! s'écrient aussitôt les dames en chœur, ce costume est tout à fait analogue à l'imagination de notre poëte, il faut l'appeler *Cousin Jacques!* » Elles n'en eurent pas le démenti ; l'abbé prit la plaisanterie au sérieux, d'autant plus qu'il trouvait le sobriquet à son gré.

Ce fut donc sous ce nom de *Cousin Jacques* qu'il fit paraître ses premiers ouvrages, c'est-à-dire trois poëmes plus extravagants les uns que les autres : *Marlborough, Turlututu, Hurluberlu,* et une sorte de pot-pourri en un gros volume, *les Petites-Maisons du Parnasse,* avec cette épigraphe : « Mes amis, n'en doutons plus, cet homme-ci est fou, dans toute la force du terme. » Jamais épigraphe ne dit plus vrai : *les Petites-Maisons du Parnasse* sont écrites dans un style qui n'appartient à rien de connu. A peine si deux ou trois épigrammes spirituellement tournées surnagent seules dans un flot de vers tombés de sa plume avec une profusion désespérante. J'ignore si l'ouvrage obtint du succès, mais à coup sûr ce ne dut être qu'un succès de stupéfaction. Il l'avait proposé à plusieurs libraires de Paris, qui avaient refusé de l'imprimer, sous des raisons spécieuses, mais polies ; un seul, plus goguenard que les autres, crut devoir accompagner son refus de la missive suivante :

« On m'a remis l'autre jour de votre part, monsieur, un manuscrit intitulé : *les Petites-Maisons du Parnasse ;* j'ai mal auguré du succès de cet ouvrage quand j'ai observé que la personne qui m'en chargeait n'avait ni montre au gousset, ni épée au côté, ni habit galonné. Le nom de *Cousin Jacques* ne m'a point non plus paru assez relevé pour intéresser en faveur de l'ouvrage. Je me suis informé à votre substitut de votre célébrité actuelle, de vos prétentions littéraires et spécialement du rang que vous occupez dans le monde. La manière dont on a satisfait à cette triple question n'est rien moins que décisive pour moi. On m'a répondu que vous n'aspiriez pas à moins qu'à vous placer au niveau des bons auteurs ; que vous n'étiez connu que dans un très-petit cercle de gens de lettres, et que vous ne teniez à rien sur la terre. Si du moins vous étiez sûr de la protection d'un journaliste! Mais n'avoir de l'esprit que par soi-même! Comment voulez-vous que je puisse me charger d'un livre dont l'auteur n'est membre d'aucune société littéraire? C'est une raison plus que suffisante pour renvoyer votre manuscrit à la personne qui me l'a remis en main. »

Cette lettre rebuta un peu le Cousin Jacques, qui prit le parti de s'éditer lui-même, et qui fit imprimer, à ses frais, par la société typographique de Bouillon, *les Petites-Maisons du Parnasse*. Ce n'était guère le moyen de faire fortune, il ne tarda pas à s'en apercevoir. Il avait jeté le petit-collet aux orties et épousé une jeune orpheline qui ne lui avait pas apporté grand'chose ; il ne perdit pas courage cependant, car il avait une nature obstinée ; et sa vocation, bonne ou mauvaise, était de celles que rien ne détourne, pas même la misère, — pas même l'amour.

Une aventure qui lui arriva témoigne de son esprit inventif et un peu mystificateur.

Les Beffroy se divisaient en deux branches, qui toutes deux comptaient des alliances honorables, même illustres. Par malheur, un des Beffroy de Picardie, aïeul de notre auteur, avait dérogé ; et depuis ce temps l'autre branche s'était mis en tête de défendre à ses descendants de porter le nom de Beffroy. Le Cousin Jacques, bien que dépourvu de toute morgue nobiliaire, ne fut pas fâché cependant de se procurer la preuve matérielle et légale de sa parenté avec les *grands Beffroy*. Pour cela, il usa de stratagème ; il fit insérer dans *les Petites-Affiches* « qu'un Beffroy, de la branche de Picardie, ayant été dans sa jeunesse s'établir à Venise, venait d'y décéder sans enfants et qu'il avait laissé 800,000 livres reversibles à sa famille ; qu'en conséquence, tous les Beffroy *de cette famille* étaient invités à venir communiquer leurs titres et leur filiation à M. un tel, notaire à Paris, etc. »

La ruse eut son plein effet : quatre jours après, un *grand*

Beffroy accourut chez le notaire; on lui contesta la parenté, mais il prouva, par sa généalogie bien en règle, qu'il était tout à fait de la même souche que les *petits Beffroy*, ce qu'il eût été marri de reconnaître auparavant. Quand le notaire eut fait prendre une copie certifiée et légalisée de ces titres, il dit au gentilhomme : « Monsieur, je suis extrêmement fâché de vos peines, mais je dois vous dire que la succession est un roman, qu'elle n'existe que dans le journal, et que ce moyen n'a été imaginé que pour procurer à vos parents ce qui leur manquait de leurs papiers. »

Beffroy de Reigny, ou plutôt le Cousin Jacques, — c'est ainsi que nous le désignerons désormais, — continua de végéter pendant deux ou trois années encore, tantôt à Paris et tantôt en province, envoyant de petites boutades versifiées au *Mercure de France*, qui les insérait avec plaisir, mais qui ne les payait pas. On était en 1785. Il fallait prendre un parti : ce fut alors qu'il fonda ce journal singulier et tout personnel intitulé : *les Lunes du Cousin Jacques*, almanach de prose et de vers sur tous les sujets possibles, ou plutôt impossibles. Son premier souscripteur fut M. de Montgolfier : un tel nom devait porter bonheur à un ouvrage s'élevant jusqu'aux astres. *Les Lunes*, en effet, se virent accueillies avec une faveur marquée, non pas précisément par le public littéraire, mais par un public spécial, recruté dans la bourgeoisie avancée et dans la noblesse de province, parmi les amateurs de comédie de société, les petits-maîtres de robe, les femmes retirées du monde, les plus funèbres et les plus vieux conseillers au parlement, les savants fantasques, les riches qui achètent tout et ne lisent rien, ceux qui passent leur vie à remplir des bouts rimés, ceux qui croient se rajeunir en se procurant tout ce qui paraît de nouveau, et généralement enfin ceux qui s'abonnent par hasard, c'est-à-dire la majorité. A tout ce monde-là, l'esprit du Cousin Jacques allait comme un gant, et bientôt la prospérité de son journal surpassa ses plus audacieuses espérances.

Les Lunes parurent d'abord tous les mois, puis ensuite

tous les quinze jours ; chaque numéro forme un petit volume d'environ cent pages ; la collection complète en est excessivement rare. Dans le cours de leur publication, qui se poursuivit jusqu'en 1790, malgré quelques interruptions, elles changèrent plusieurs fois de titre : ce fut le *Courrier des Planètes*, puis *le Cousin Jacques* tout simplement. Des lunes, des croissants, des étoiles, tels sont les attributs gravés en haut de la première page.

Afin de mettre chacun à son aise, il tolérait la souscription en nature ; ainsi il recevait un frac de drap de coton tigré ou une culotte de velours caca-dauphin, pour un abonnement d'une année. C'est que la littérature du *Cousin Jacques* était une littérature tout à fait amicale, communiquant directement avec le lecteur. Il ne faut qu'ouvrir un de ses volumes, et jeter les yeux sur les premières pages ; on est confondu, abasourdi de ses folâtres manières ; les licences qu'il prend avec ses abonnés surpassent l'imagination la plus folle. Tantôt c'est un chœur familier comme celui-ci :

AIR : *Vous danserez, Biron.*

LES ABONNÉS, *se balançant en mesure :*

Serez-vous toujours joyeux,
Moraux et point ennuyeux ?
Nous ferez-vous toujours rire
Sans prodiguer le satire ?

LA LUNE ET LE COUSIN.

Oui, nous le jurons !

LES ABONNÉS *faisant une pirouette.*

Nous nous abonnerons !

2.

LES ABONNÉS, *se balançant plus gaiement*

Mettrez-vous de temps en temps
Quelques sujets importants ?

> Mettrez-vous en vers, en prose,
> Des tableaux couleur de rose?

LA LUNE ET LE COUSIN.

> Oui, nous en mettrons.

LES ABONNÉS *font ici plusieurs pirouettes dans les transports de leur gaieté.*

> Nous nous abonnerons !

Tantôt ce sont des pages entières imprimées en sens inverse, des pages toutes blanches ou des pages toutes noires ; d'autres fois c'est le titre qu'il change et qu'il remplace de la sorte : LES FAMEUSES LUNES DU FAMEUX COUSIN JACQUES, CE GRAND HOMME. Toutes ces calembredaines paraissent plaire infiniment à ses souscripteurs, qui de tous côtés lui envoient, avec leurs félicitations sincères, celui-ci un panier de champagne, celui-là une petite chienne blanche aux pattes noires. Il y en a aussi qui lui envoient des vers, c'est le mauvais côté de la médaille.

Je note en passant tous ces détails, quelque puérils qu'ils puissent sembler, parce qu'ils servent à l'histoire des premiers temps du journalisme, temps de cocagne et de procédés réciproques.

Les Lunes sont un monument élevé à la frivolité, cette nymphe en habit de gaze qui ne laisse après elle ni délires ni soucis, et dont le Cousin Jacques avait fait sa muse souveraine. Faut-il citer les bouffonneries qu'elle lui inspira, *l'Ile des Cataplasmes, le Bal des Comètes, l'Histoire du musicien Gobnichelli, les Deux Paris l'un sur l'autre,* et mille autres caprices de pensée et de forme?

La critique, qui ne sommeille jamais en France, avait bien de temps en temps quelques malices pour le Cousin Jacques, quelques coups de dents pour ses *Lunes,* mais c'était fort peu de chose. Une seule farce un peu amère fut dirigée contre lui; voici comment : dans un article allégorique, il avait demandé plusieurs animaux destinés à former une ménagerie supposée. Un plaisant, très-dur d'oreille à l'endroit de la rhétorique, eut la complaisance d'acheter dans le quartier de Sainte-Geneviève un superbe aliboron; il poussa même le faste jusqu'à le faire bâter et équiper de pied en cap : un ruban couleur de rose, attaché à sa queue, flottait au gré du vent; sur chacune de ses oreilles était nouée une rosette d'oreilles de crêpe, bordée d'une colette de satin, telles qu'on les faisait alors dans les magasins de modes. Les deux œillets de son mors étaient deux lunes de cuivre doré. Cela était charmant. Sur le front de la bête, il y avait un papier vert étalant ces mots écrits en grosses lettres d'or : ANE POUR LE COUSIN JACQUES. Cet âne, majestueusement escorté du domestique de l'acheteur, traversa tout Paris au milieu des brocards d'une foule immense, et ne s'arrêta que devant le bureau des *Lunes*.

Il est probable que le Cousin Jacques ne fut pas enchanté de la plaisanterie; cependant il n'en montra rien, et, comme tout Paris connaissait l'anecdote, il la raconta lui-même d'assez bonne grâce dans un de ses numéros.

Bien avant *les Guêpes* et les autres petits journaux à la suite, le Cousin Jacques avait donné l'échantillon de ces sortes de plaisanteries intimes où l'auteur se met en jeu, lui et son entourage. Il ne manque presque rien aux lignes suivantes pour qu'elles puissent être confondues avec les lazzi habituels des feuilles comiques d'à présent : « Notre libraire Lesclapart, ci-devant pont Notre-Dame, va quitter son ancienne maison pour trente-trois raisons très-valables : la première, c'est qu'on va l'abattre, ainsi que toutes les maisons des ponts. Cette raison-là nous dispense de détailler les trente-deux autres. Il va demeurer rue du Roule, vis-à-vis du parfumeur du roi et de la cour. La translation du bureau Lunatique se fera en grande cérémonie, au clair de la lune, vers les sept heures du soir. Ordre de la marche : d'abord un portefaix, ensuite une petite charrette, enfin un autre portefaix poussant la petite charrette. Les Lunes passeront par la rue de Gèvres, le quai de la Mégisserie, près de la Samaritaine, où l'heure carillonnera, la rue de la Monnaie et enfin la rue du Roule. Il n'est pas nécessaire d'illuminer. »

Des circonstances assez singulières amenèrent, vers ce temps-là, le Cousin Jacques à renouer connaissance avec un de ses anciens camarades de collége, — personnage qui devait acquérir sous la Révolution une importance et une célébrité. Un jour, le Cousin Jacques trouva chez son libraire une chanson qui le houspillait et qui, à quelques chevilles près, n'était pas du tout mauvaise; en voici les deux derniers couplets, sur l'air : *Pour la baronne.*

>   Le Cousin Jacques
> Était l'an passé bien petit,
> Mais il sera grand avant Pâques;
> C'est du moins ce que l'on prédit
>   Au Cousin Jacques.
>
>   Quand Cousin Jacques
> Au Parnasse (le croirait-on?)
> Fit pour les fous quelques baraques
> Chacun n'y vit que la maison
>   Du Cousin Jacques.

Celui-ci, dont l'armure était à l'épreuve de bien d'autres traits, s'inquiéta peu d'une pauvre petite flèche décochée par une main anonyme. Neuf mois se passèrent : il avait tout à fait oublié cet incident, lorsque la lettre suivante vint le lui remettre en mémoire : « Cher Cousin Jacques, on remarquait dernièrement, comme un malheur attaché au collége où nous avons été élevés ensemble, qu'aucun de ceux qui s'y étaient distingués n'a rempli dans le monde les espérances qu'il avait d'abord données (1) ; que vous seul

---

(1) Depuis lors, certains de ces élèves ont réalisé, et même au delà, les *espérances* qu'ils donnaient dans leur jeunesse. Après la Révolution, il leur vint l'idée de se compter et de se réunir dans un

sembliez en ce moment le plus heureux, et nous nous en réjouissions de tout notre cœur. La manière avantageuse dont vous avez parlé de *M. Robespierre* nous a charmés. Le plaisir que vous aviez à donner des éloges mérités à un camarade m'a reproché ma conduite à votre égard, et m'oblige à me rétracter. J'en fais ici ma confession : c'est moi qui ai composé sur le Cousin Jacques cette chanson, plus gaie, il est vrai, que méchante, que vous avez reçue à la fin de la lune d'août. Au fond, c'est une plaisanterie innocente que je me suis permise, et dont voici le sujet. Quand nous avons vu votre prospectus annonçant votre départ pour la lune, je pensai que vous ne pourriez longtemps vous soutenir à cette hauteur ; je blâmai l'entreprise du journal, et, calculant l'éclipse totale des *Lunes,* j'en marquai l'époque. Il y eut des paris, et vous êtes vengé de ma chanson, car j'ai eu le plaisir de perdre. »

Cette lettre, datée du mois de mai 1786, était signée Camille Desmoulins, avocat au parlement.

« En la lisant, dit le Cousin Jacques, je me suis rappelé l'apostrophe de La Fontaine : *Arrière ceux dont la bouche souffle le froid et le chaud !* » Le fait est qu'il n'a jamais pardonné à Camille Desmoulins ses palinodies, ou publiques ou privées. Voici la note un peu plus que sévère qu'il lui

---

banquet, chez le restaurateur Vénua, aux Champs-Élysées. En conséquence, tous les anciens élèves du collége Louis-le-Grand furent convoqués, soit par des invitations particulières, soit par la voie des journaux. Il s'en trouva cent vingt, sous la présidence du ci-devant chevalier de Boufflers, ce doux et spirituel Anacréon en perruque à frimas. C'était un spectacle bizarre, touchant et philosophique, que celui de tous ces hommes qui s'étaient conduits et signalés de tant de manières diverses dans le cours de la Révolution. Le remuant et *doré* Fréron coudoyait le législateur Goffaulx ; Piis fredonnait ses plus jolis couplets à l'oreille du grave de La Place ; l'abbé Noël causait comédie avec Picard, qui lui répondait sermon. Les absents, ceux dont on se répétait les noms à voix basse, c'étaient Maximilien Robespierre, Camille Desmoulins, Duport-Dutertre. Une indisposition empêcha le Cousin Jacques de paraître à ce banquet, qui eut lieu le 15 thermidor an VIII (3 août 1800).

8.

consacre dans son *Testament,* dont nous aurons à parler :
« Il venait me voir avant la Révolution : c'était alors un petit
avocat traînant sa nullité dans les ruisseaux de Paris. Il
m'empruntait de l'argent qu'il ne me rendait jamais, et me
déchirait à belles dents si je ne pouvais pas lui en prêter.
J'ai plusieurs lettres de Camille, elles sont en prose et en
vers ; il avait du talent, beaucoup d'esprit, peut-être un bon
cœur, mais une très-mauvaise tête. En calomniant, il ne
croyait que médire. Je ne pus retenir mes larmes en le
voyant passer pour aller au supplice. »

II

Ai-je dit que le Cousin Jacques était un charmant musicien, et qu'à son talent de poëte il joignait un talent réel de compositeur ? Les airs de ses chansons sont presques tous de lui et il y en a de très-agréables, de l'avis de Grétry d'abord, et ensuite de l'avis de tout le monde, car quelques-uns sont populaires. Avec ces deux cordes à son arc, le Cousin Jacques ne pouvait manquer d'arriver au théâtre et de s'y faire remarquer par ses qualités originales. Sa position de journaliste lui ouvrit aisément les portes des directeurs.

Les Ailes de l'Amour, tel est le titre de sa première pièce, chantée et dansée, un soir du mois de mai, par les comédiens italiens, avec le succès le plus flatteur. *Les Ailes de l'Amour !* Combien ce titre est adroit, séduisant et voluptueux ! comme il peint la jeunesse du Cousin Jacques ! A l'Amour il n'a demandé rien que ses ailes ; à la Muse, il demande moins encore, ce qu'elle voudra, la rose qui pare ses cheveux. Tant d'humilité méritait une récompense : *les Ailes de l'Amour* la lui donnèrent. Ce petit opéra, où les madrigaux sont semés sur un fond rustique, fut interprété très-agréablement par Carline, Trial et mademoiselle Desbrosses ; on y remarqua plusieurs airs de la composition du Cousin Jacques pleins de gaieté et de fraîcheur. Cinq morceaux furent bissés et applaudis à outrance. Le Cousin Jacques était dans l'enchantement; placé au balcon, il se surprit à applaudir lui-même de toutes ses forces et à crier bravo comme les autres.

La pièce finie, on fit un charmant tapage pour demander l'auteur. Après avoir laissé crier pendant quelques minutes, Trial s'avança sur la scène, regarda en l'air comme s'il cherchait dans les nuages, et s'avisa de chanter un couplet de sa façon, où il était dit que l'auteur s'était *allé cacher de frayeur dans son royaume de la Lune.* Cette saillie augmenta à un tel point l'enthousiasme du parterre, qu'il fallut absolument que le Cousin Jacques parût sur le théâtre, ce qui fit dire de lui « qu'il faisait mieux les vers que les révérences. »

A la deuxième représentation, les choses se passèrent encore de la même manière, et le Cousin Jacques finit par s'habituer à venir saluer le public. *Les Ailes de l'Amour* furent jouées un nombre de fois considérable, surtout en province, et on les revit avec infiniment de plaisir, en l'an VII, sur le théâtre de la rue de Bondy. Après un tel succès, le Cousin Jacques fut nommé d'emblée complimenteur du théâtre des Italiens, c'est-à-dire qu'on le chargea de composer les pièces de fermeture et de réouverture, honorifiques fonctions qu'il conserva pendant plusieurs années. Quelques-unes de ces pièces ont été imprimées soit dans les *Lunes*, soit séparément.

Il mena une existence assez reposée jusqu'aux approches de la Révolution. D'ailleurs c'était un homme de goûts simples, trouvant son bonheur dans le seul et libre exercice de la littérature. Il fut donc tout étonné, en 1789, de voir entrer le peuple chez lui. Le peuple chez le Cousin Jacques? Oui, vraiment. Sa réputation s'était faite à la sourdine et avait pénétré jusque chez les dernières classes, qui l'aimaient à cause de sa jovialité et de son nom facile à retenir. Le peuple l'entraîna malgré lui à l'hôtel de ville pour le forcer d'écrire le siége de la Bastille. C'est comme si le peuple de nos jours était venu chez Béranger pour le forcer d'écrire l'histoire de la révolution de février. Vainement le Cousin Jacques essaya-t-il d'objecter qu'il était chansonnier, rien que chansonnier, et point du tout historien, on ne voulut pas l'entendre. Dix ou douze patriotes l'empoignèrent par le collet et le traînèrent de la sorte jusqu'au milieu de la cour de l'hôtel de ville, que remplissaient en très-grand nombre les bourgeois de Paris et les gardes françaises. Là le Cousin Jacques écrivit sous leur dictée le *Précis de l'histoire de la Bastille,* en ayant soin de s'arrêter après chaque phrase pour demander si c'était bien cela ; la phrase n'était conservée que d'après l'avis de la majorité. Bailly, La Fayette et de Lasalle approuvèrent ce *Précis,* qui fut tiré à cinquante-six mille exemplaires et vendu au profit des familles des assiégeants blessés ou morts.

Cette aventure valut au Cousin Jacques le brevet de secrétaire de la compagnie des *Volontaires de la Bastille,* avec le petit ruban tricolore portant une bastille renversée. On lui apporta en triomphe deux énormes boulets et une vieille cuirasse pesant trente-deux livres ; il mit tout cela dans sa cave, s'imaginant être enfin débarrassé de ces honneurs pleins de turbulence. Quel fut son désappointement ! Le poste élevé qu'il devait au hasard amena chez lui plus de dix-sept cents vainqueurs de la Bastille, qui prétendaient tous l'avoir prise ; la chose en arriva même au point qu'il fallut, pendant un temps, un certificat signé du Cousin Jacques pour avoir droit aux priviléges ou émoluments accordés par la ville. Depuis huit heures du matin jusqu'à dix heures du soir, son cabinet ne désemplissait pas. « Je fus à même, écrit-il, de connaître de grands monstres ; je n'ai point eu personnellement à m'en plaindre. Mes manières honnêtes et la patience avec laquelle j'écoutais les uns et les autres m'ont sans doute attiré la bienveillance de tout le monde.

Je les laissais parler à tort et à travers ; puis je comparais sans rien dire, je rapprochais en silence tous ces rapports incohérents, et la vérité jaillissait de ce choc d'idées et de faits absolument disparates. »

Le Cousin Jacques, qui n'avait retiré aucun bénéfice de son *Précis de la prise de la Bastille,* résolut d'utiliser tous ses renseignements ; il en composa pour son compte un ouvrage intitulé : *Histoire de France pendant trois mois ;* mais le moment de l'actualité était perdu. Il fut obligé de revenir et de s'en tenir à ses *Lunes,* qui, elles-mêmes, commençaient à être obscurcies par les brouillards politiques...

Les derniers numéros de cette publication, si gaie à sa naissance, sont attristés fréquemment par des confidences douloureuses sur la situation de l'auteur, sur ses malheurs pécuniaires et sur la difficulté des temps : « Les banqueroutes de plusieurs libraires me réduisent enfin à gémir dans une position voisine de l'indigence. Je suis forcé de quitter mon logement, et il se trouve aujourd'hui qu'ayant travaillé onze heures par jour et une partie des nuits, me refusant jusqu'à la plus légère distraction, faisant honneur à mes engagements, je n'ai rien avancé de mes affaires, et je suis retombé dans l'état où je végétais autrefois, et d'où j'avais eu tant de mal à me tirer ! On peut donc, avec quelque talent, avec une activité sans égale, avec une conduite irréprochable, avec une réputation et des succès, ne retirer aucun produit de ses veilles ? » Hélas! oui, mon pauvre Cousin Jacques ; fallait-il une révolution pour vous en faire apercevoir!

Cette fois, il ne badine plus avec ses abonnés, il ne chante plus et ne danse plus en rond avec eux, mais il presse *ses rentrées,* car il est devenu lui-même son propre éditeur et son propre libraire, depuis qu'éditeurs et libraires se sont réunis pour le voler. Il est allé se loger obscurément rue Phélypeaux, *en face de la Vierge, l'escalier au fond de la cour,* et là il s'est mis à joindre sans plus de façon à sa littérature un petit commerce d'écrivain public, se chargeant, comme il l'annonce hautement, des Mémoires, Réclamations, Plaintes, etc., le tout moyennant des conventions particulières.

Il y a même plus : lui qui, jadis, se montrait d'une absolue sévérité au sujet des morceaux de poésie qu'on lui envoyait, il les accueille maintenant sans distinction, et les insère dans les *Lunes*, sur le pied de *quatre livres* la page. On voit même s'y glisser quelquefois jusqu'à de la vile prose de marchand; c'est à se croire égaré dans les colonnes des *Petites Affiches*. Quelle déchéance! surtout lorsqu'on se reporte par le souvenir aux annonces métaphoriques que, seules, se permettait jadis le Cousin Jacques : « On a perdu dimanche, sur le boulevard, entre chien et loup, un COEUR fond rose, marqué de taches de feu, piqué légèrement en mille endroits par des pointes de flèches emplumées. Le rapporter à madame de *** qui donnera une récompense. »

Lunes décroissantes et bien décroissantes, hélas! gaieté qui s'éteint, chansons qui s'effarouchent et s'envolent! Toute l'agonie dolente du XVIII° siècle littéraire se retrouve, battements pour battements, rimes pour rimes, dans ce petit cahier plein de choses frivoles. Là, dans le coin chaque jour plus étroit que leur laissent à grand'peine les nouvelles de l'Assemblée nationale et les rumeurs des clubs, on assiste aux luttes désespérées du couplet, de l'épigramme et de l'acrostiche contre l'indifférence publique. Plus qu'en aucun temps, le Cousin Jacques se voit accablé de vers fugitifs, accourus de tous les bouts de la province, vers à Églé, à Iris, à Chloé, à Zulmé, à Aglaé, et généralement à toutes les nymphes consacrées du poétique vallon. Aujourd'hui c'est une *Boutade sur une jarretière coquelicot*, demain c'est un *Madrigal à la jeune marquise de Nédonchel qui prenait les boues de Saint-Amand;* ou bien encore un *Impromptu fait sur le palier d'Eugénie, qui m'avait crié bonsoir par la serrure*. L'idylle et la romance ne veulent pas céder d'un pouce à la politique. Vainement prend-on la Bastille et égorge-t-on les financiers, Iris se moque de la Bastille et continue de mener paître ses agneaux dans les prés du Cousin Jacques. Pas un gentilhomme de campagne, pas un gai chanoine, pas un militaire amoureux, pas un désœuvré bel-esprit et bon convive qui ne lui envoie sa protestation rimée. Chacun s'efforce de retenir par un pan de leur tunique les Muses attristées ; chacun voudrait étouffer, par un refrain pimpant et insouciant en apparence, le bruit que fait la Révolution.

Il faut céder cependant, il faut céder, poétiques abonnés des *Lunes !* Déjà le Cousin Jacques ne peut plus subvenir aux frais de son journal ; il se voit écrasé par la concurrence formidable qui grandit autour de lui. *Les Actes des Apôtres, l'Ami du Peuple, la Chronique de Paris* absorbent l'attention générale. Bientôt il est entièrement éclipsé par Carra, Gorsas, Loustalot et autres nouveaux venus que le Parnasse n'attendait pas.

Les *Lunes* cessèrent de paraître.

Forcé d'accommoder son esprit à la mode du temps et de le tremper aux sources équivoques de l'allusion, le Cousin Jacques improvisa une sorte de divertissement intitulé : *la Fédération du Parnasse,* lequel fut représenté trente et une fois en un seul mois, sur le théâtre des Beaujolais. Un succès si prononcé l'encouragea : plusieurs théâtres sollicitaient sa verve de circonstance, il se mit au pas des événements, et mérita d'être surnommé le poëte comique de la Révolution.

III

Nous voici arrivé au plus grand succès du Cousin Jacques, à sa pièce de *Nicodème dans la Lune,* qui fut un événement politique encore plus qu'un événement littéraire.

Quatre cents représentations n'en épuisèrent pas la vogue : elle fit la réputation de plusieurs acteurs, entre autres de Juliet, admirable de masque et de jeu, et de Brunet, qui prit ensuite le rôle. *Nicodème dans la Lune ou la Révolution pacifique,* folie en trois actes et en prose, fut jouée sur le Théâtre-Français comique et lyrique, précédemment théâtre des Variétés-Amusantes, et précédemment encore Spectacle du sieur Lécluze.

Ce Lécluze, qui se faisait surnommer *de Tilloy* pour se donner un air de seigneurie, avait eu de la réputation à l'Opéra-Comique dans les rôles de charbonnier. Depuis il s'était insinué dans les bonnes grâces de Stanislas, roi de Pologne, duc de Lorraine et de Bar, qui le nomma son chirurgien-dentiste le jour qu'il perdit sa dernière dent. Lécluze prit l'uniforme *ad honores,* et ne le quitta jamais. Il fit longtemps antichambre chez le lieutenant de police, et lui demanda la permission d'établir à Paris un spectacle *à quatre sous.* Le magistrat, intéressé dans la foire Saint-Laurent et désirant la faire revivre, accorda à Lécluze, — sur le refus des autres spectacles de s'y transporter, — la permission d'y fonder le susdit théâtre à quatre sous. Lécluze fit donc construire rue de Bondy, au coin de la rue de Lancry, une salle qui n'existe plus, et dont il n'eut même pas la gloire de faire l'ouverture, car il revendit presque immédiatement son privilége. « Il avait débuté par prendre un carrosse, dit un de ses contemporains (1), et il n'avait pas de chemise ; les chevaux mangèrent le carrosse, Lécluze mangea les chevaux, les filles mangèrent Lécluze, qui fut forcé de se réfugier au Temple. Plus tard, il alla faire les *délices de la province.* Je lui ai entendu chanter la romance de *la Fileuse* avec une voix de soixante-dix ans, ce qu'on appelle voix de rogome ; il figurait la quenouille avec son épée et imitait parfaitement tous les mouvements de quelqu'un qui file. »

(1) Plancher-Valcour; *Mes caravanes,* 1816, 4 vol. in-12.

En 1790, l'ancien théâtre du sieur Lécluze, après avoir traversé bien des périodes de décadence, se releva par la pièce de *Nicodème dans la Lune*, qui fit entrer plus de cent mille écus dans la caisse du directeur, — tandis qu'elle ne rapporta en tout que seize cents livres à son auteur. Il avait tout fait cependant : les airs et même le plan de l'ouverture. Les rues de Paris ont retenti pendant plusieurs années de : *Colinette au bois s'en alla*, que mademoiselle Déjazet nous a rendue dans ces derniers temps (voir la pièce des *Prés Saint-Gervais*) et de la ronde : *L'autre jour la petite Isabelle*. Car il est juste de remarquer ici que ce n'est pas uniquement par la force de l'allusion que les pièces du Cousin Jacques se sont soutenues au théâtre.

D'après le titre, le sujet se devine. Il s'agit d'un villageois qu'un vieux savant emmène avec lui en ballon. Au milieu de la nuit, le savant s'endort *et tombe dans la ruelle*. Nicodème arrive seul, par la *galiote du firmament*, au pays des lunatiques, qu'il trouve en pleine révolution, coïncidence qui l'étonne. De là ses récits de ce qui se passe d'analogue en France, ses conseils, ses avertissements : « Jusqu'à cette heure, Dieu merci ! il n'y a encore personne de blessé ! » dit-il. C'est cette phrase que le Cousin Jacques a placée en épigraphe — j'allais dire en épigramme — sur sa pièce imprimée (1).

Une fois le type de Nicodème décidé et parfaitement adopté par le public, il crut qu'il n'y avait plus qu'à l'exploiter, comme avait fait Dorvigny pour *Janot*, Pompigny pour *Barogo*, Beaunoir pour *Pointu*. Il donna *les Deux Nicodèmes* au théâtre de Monsieur (théâtre de la rue Feydeau) où venait de passer Juliet. Par malheur, cette pièce, quoique conçue dans le sens de son aînée, suscita de violents orages ; elle ne put aller au delà de la septième représentation, et l'officier municipal fut obligé de paraître

---

(1) Il y eut un grand nombre de parodies de *Nicodème dans la Lune*, parmi lesquelles *Nicodème dans le Soleil*, représenté au café Yon, boulevard du Temple.

dix ou douze fois sur la scène pour remettre l'ordre (1).

Parmi les couplets retenus, on citait celui-ci :

Air de *Manon Giroux*.

NICODÈME *l'aîné.*

Gnia pourtant d'bonn' lois en France...

LA MÈRE NICODÈME.

Oui, mais qu'on n'suit pas.

NICODÈME *l'aîné.*

Gnia z-un frein à la licence.....

LA MÈRE NICODÈME.

Qu'on n'respecte pas.

NICODÈME *l'aîné.*

Gnia d'brav' gens dans l'ministère...

LA MÈRE NICODÈME.

On n'les y laiss' pas.

NICODÈME *l'aîné.*

Gnia d's auteurs qui veul' bien faire...

LA MÈRE NICODÈME.

On n'les écout' pas.

Les Deux Nicodèmes furent suivis d'un *Nicodème aux enfers*, en cinq actes, qui eut un sort plus doux, c'est-à-dire vingt ou vingt-deux représentations. Quelques almanachs de spectacle parlent encore d'une autre pièce : *les Trois Nicodèmes*, mais tous mes efforts pour la retrouver ont été inutiles. Dans la même année, le Cousin Jacques fit jouer *le Club des bonnes gens ou le Curé français,* qui fut accueilli avec une faveur et une sympathie toutes particulières, à cause des excellentes leçons de modération qu'il contient. L'auteur fut demandé trois jours de suite ; et, même encore à la sixième représentation, on l'invita à descendre d'un coin des troisièmes pour venir recevoir sur la scène l'hommage dû à l'honnêteté de son talent. Peut-être le Cousin Jacques

(1) Voir *le Moniteur* des 26 novembre et 2 décembre 1791. La pièce n'a pas été imprimée ; c'est par erreur que M. Quérard l'a mentionnée dans *la France littéraire*.

était-il un peu facile à ces ovations multipliées ; mais que n'excuse-t-on pas chez un auteur animé de l'amour du bien?

Malgré de tels succès, il gardait toujours au fond de son cœur un reste de tendresse pour ses défuntes *Lunes*, celles qui avaient éclairé sa jeunesse poétique. Dès qu'il le put, il tenta de les ressusciter sous le titre des *Nouvelles Lunes*; elles vécurent ainsi pendant quelques mois, puis elles s'éteignirent tout à fait. Il crut alors qu'il s'était trompé, et il résolut de donner dans un genre différent. Changeant de format, il fonda *le Consolateur ou Journal des honnêtes gens*, paraissant toutes les semaines en cahier de vingt-cinq pages environ. *Le Consolateur* s'occupait surtout de matières politiques, et, quoique habituellement tournée à la plaisanterie, sa critique n'en avait pas moins bec et ongles; Brissot, Bazire, Condorcet, Manuel, Chabot étaient particulièrement les objets de ses attaques. « Un crime de Satan m'étonnerait plus que mille crimes de Condorcet! écrit-il; je ne conçois pas que cet homme vil, que ce cœur profondément gangrené, reste toujours impuni (1). »

Le Consolateur mit le Cousin Jacques en rapport avec beaucoup d'hommes célèbres de la Révolution. Marat lui écrivit pour l'engager à faire usage de sa gaieté, comme d'une arme contre les aristocrates. Marat et le Cousin Jacques! quel rapprochement! Il ne lui répondit pas. Chaumette rechercha également son amitié. Il reçut des marques d'estime indistinctement de Pétion, de Grégoire, d'Anacharsis Clootz et du ministre Roland.

Vint cependant un moment où, à bout de plaisanteries et de quolibets, indigné des scènes par lesquelles une par-

---

(1) Cette haine contre Condorcet allait jusqu'au transport ; en voici un second trait : « Condorcet, dans la séance du lundi, a dit qu'il répondait de Chabot. Lâches pieds-plats! les deux font la paire. Ces deux hommes sont bien dignes l'un de l'autre; c'est Cartouche qui répond de Mandrin! » (*Consolateur*, n° 53.) Plus tard, dans son *Dictionnaire*, le Cousin Jacques s'est exprimé avec moins de passion sur Condorcet.

tie de la France se déshonorait, le Cousin Jacques, quittant le ton de la frivolité, s'éleva jusqu'aux hauteurs de l'ode dans des stances vraiment remarquables, exprimant des idées justes, énergiques. Ces stances furent publiées à la date du 24 avril 1792 ; voici comment elles se terminaient :

> Français ! si des brigands despotes,
> Masqués du nom de patriotes,
> Font triompher leur faction ;
> Eh bien, que notre affront s'efface,
> Et de Brutus ayons l'audace,
> Ou le désespoir de Caton !

La journée du 20 juin le trouva sur la brèche, mais quelques jours après il dut aller rejoindre sa femme, tombée malade aux environs d'Auxerre. *Le Consolateur* n'en continua pas moins de paraître ; le Cousin Jacques le rédigeait de loin : il attaquait les jacobins et défendait la cause de Louis XVI avec un courage poussé à l'excès. Il avait composé une parodie de l'Hymne des Marseillais :

> Allons, enfants de la patrie,
> Voici la fin de nos malheurs !
> On va punir la tyrannie
> De tous ces clubs désolateurs, etc.

Quelques jours après, il s'écriait : « Si, comme cela se voit tous les jours, vous me forcez en passant de baiser le bonnet rouge et de saluer le peuplier, sous peine d'être pendu, en vous mettant vingt contre un, je ferai ce qu'il vous plaira que je fasse, mais vous n'empêcherez pas qu'au fond de mon cœur je ne dise avec amertume : — Voilà le bonnet de la tyrannie ! voilà l'arbre de la servitude ! »

Le Consolateur, que sa véhémence avait placé au premier rang des organes royalistes, cessa naturellement de paraître au 10 août. Le dernier numéro porte la date du 7. Le Cousin Jacques, pour qui il n'eût pas fait bon alors de se montrer à Paris, resta là où il se trouvait, c'est-à-dire chez son beau-frère, curé de Vincelles-la-Rue. Il y resta pendant près d'un an. Mais la retraite pesait à cet homme de mouvement ; les bruits qui venaient de Paris l'effrayaient et l'attiraient à la fois. Dans la prévision d'une comparution prochaine, et selon lui inévitable, devant le tribunal des sans-culottes, il amassait de tous côtés des certificats de patriotisme et de bonnes mœurs, afin de les opposer, le cas échéant, à ses accusateurs et à ses juges. Les municipalités de Vincelles-la-Rue, de Saint-Marien, où il allait quelquefois se promener le dimanche, de Sauve-Genoux, de Joigny et de Coulange-la-Vineuse durent tour à tour, sur sa demande, attester son entière soumission à la constitution.

A côté de ces prudences fort concevables, il avait des imprudences à déconcerter la raison ; après avoir employé soins et temps à se forger une cuirasse, on le voyait s'offrir nu au danger. C'est ainsi que, sur la rumeur très-vague d'une dénonciation portée contre lui, il s'empressa d'écrire au comité de sûreté générale, pour l'informer du lieu de sa retraite. Mais le comité de sûreté générale ne voulut pas demeurer en reste d'honnêtes procédés, et voici la réponse qu'il fit au Cousin Jacques :

« CONVENTION NATIONALE.

» Le comité de sûreté générale et de surveillance de la convention nationale, au citoyen Beffroy, dit le Cousin Jacques :

» Du 1er mars 1793, l'an deuxième de la république française ;

» Nous avons reçu, citoyen, la lettre que vous nous avez adressée ; *nous n'avons aucune connaissance de la dénonciation dont vous nous parlez.* Croyez, citoyen, ce que vous disent vos amis : cédez à leurs vœux, rentrez à Paris, et vous verrez qu'on n'y inquiète que les mauvais citoyens, et que si la liberté domiciliaire y est quelquefois troublée, ce n'est que pour rechercher les émigrés et les assassins, qu'on ne peut poursuivre avec trop d'activité.

» Venez dans Paris, et vous y trouverez encore des gens qui savent estimer le talent partout où ils le trouvent, et qui savent respecter les opinions des autres, pourvu, cependant, qu'elles ne nuisent pas à la chose publique.

» *Les membres du comité de sûreté générale,*
» INGRAND, *président;* TALLIEN, *secrétaire.* »

IV

Vers le mois de mai 1793, le Cousin Jacques rentra à Paris, non sans avoir encore recueilli sur la route un bon nombre de certificats attestant que, dans les communes où il avait passé, il n'avait fait de mal à personne. Deux lieues avant d'arriver aux barrières, ses yeux furent frappés tout à coup par un spectacle aussi joyeux qu'étrange : sur la route, une table était mise, et le choc des verres se mariait au bruit des chansons. C'étaient douze vieux poëtes, dont le plus jeune avait soixante-neuf ans; ils avaient parié de faire un pique-nique au beau milieu du chemin. On voyait le feu de Bacchus enluminer leur physionomie; tous étaient gueux comme des rats d'église; tous avaient une perruque mise de travers, tous un jabot sale arrosé de tabac, tous de grandes manchettes festonnées, tous des bas troués, tous des souliers ressemelés; en un mot, si uniformément accoutrés et si complétement pris de vin, que les passants s'écriaient à leur aspect : « Parbleu! voilà des poëtes de Paris! » Il fallait que les voitures se détournassent pour ne pas culbuter la table et les convives; quelques-unes s'arrêtaient et faisaient cercle autour d'eux.

Le Cousin Jacques demeura pétrifié d'étonnement. Il fut reconnu et salué d'une rasade; mais ce fut peine perdue que de vouloir le retenir. « Où allez-vous? lui demanda-t-on. — Hélas! hélas! » répondit-il en secouant douloureusement la tête. Et il continua son chemin.

A Paris, sa section tout entière l'accueillit avec les plus cordiales démonstrations. Il aurait pu vivre tranquille, à la condition de laisser passer la tourmente; le besoin de publicité l'emporta. Il publia un volume ayant pour titre : *la Constitution de la lune, rêve politique et moral*. La lune! il en revenait toujours là, c'était son thème favori; pour lui, Phœbé avait remplacé Apollon. *La Constitution de la lune* est l'exposé d'un régime républicain tout de conciliation et de paix. On y trouve quelques bonnes idées mêlées à beaucoup de folies, ce qui n'empêcha pas la première édition de s'écouler en cinq jours. A la seconde, enhardi, il ajouta cette épigraphe : « Vous proposez la mort à quiconque propose la monarchie... Eh bien, voici une république sans athées, sans factieux, sans tyrans, sans enthousiastes; où la religion, les mœurs, la justice, la paix et surtout l'horreur du sang font le charme de la vie et l'essence de la liberté. »

On était en pleine Terreur. Le pauvre Cousin Jacques, qui avait sa femme et ses enfants à nourrir, se vit dans l'obligation de faire contre fortune bon cœur : il fit jouer, au milieu des massacres, un opéra-comique, sous ce titre d'un optimisme un peu forcé : *Allons, ça va, ou le Quaker en France*. Ce fut également en 1793 qu'il composa la ravissante chanson : *Petit à petit l'oiseau fait son nid*, au bruit des charrettes roulant vers l'échafaud.

Mais il n'en était pas demeuré moins sombre pour cela; au contraire. C'était un Cazotte amoindri et sanglotant, comme le trait suivant va le montrer. Il dînait un soir chez Lamourette, à l'hôtel de Charost, rue Saint-Honoré, vis-à-vis des Capucins. Parmi les convives, se trouvaient Hérault de Séchelles et Anacharsis Clootz. Ces messieurs étaient d'une gaieté charmante; seul le Cousin Jacques se faisait remarquer par sa tristesse. « Allons donc! cher Cousin, lui dit Hérault de Séchelles, vous perdez votre bonne humeur; voyez, ne sommes-nous pas toujours des Roger-Bontemps? » A ces paroles, le Cousin Jacques fondit en larmes. « Qu'avez-vous? s'écria tout le monde avec intérêt; pourquoi pleurez-vous? — Hélas! répondit-il, je pleure de ce que de braves gens comme vous seront victimes de leurs erreurs; l'enthousiasme vous égare : *vous serez tous guillotinés!* » Les convives froncèrent le sourcil, Lamourette se hâta de verser double rasade au prophète inopportun, et le dîner continua après s'être remis de cette secousse.

Disons aussi que plusieurs personnes se faisaient un jeu de sa crédulité en lui rapportant des bruits fabriqués à plaisir. Tantôt c'était Camille Desmoulins, qui avait mis sa tête à prix dans un groupe du jardin des Tuileries; tantôt c'était Robespierre, qui avait dit à un membre de la convention : « Je ne suis pas étonné que le Cousin Jacques fasse de jolis opéras; *le cygne ne chante jamais mieux qu'à la veille de sa mort!* » Tous ces propos répétés achevèrent d'assombrir son imagination.

Un matin, il écrit au représentant André Dumont, et il lui demande les motifs de sa *haine* : « Je sais, dit-il, que vous avez parlé de m'arrêter : alors il faudra bien qu'on me rende justice ou qu'on m'égorge; c'est tout ce que je demande. Tout mon crime est d'avoir sacrifié les trois quarts de ma vie à obliger mes semblables, sans une obole de rétribution, sans autre fruit que de l'ingratitude et des dangers. » La lettre avait deux pages sur ce ton. Le représentant se contenta d'écrire en marge : *Répondre qu'on en a imposé au Cousin Jacques* (1).

Nous n'avons pas besoin de dire qu'il est loin de notre pensée de tourner en ridicule cet honnête homme. Nous insistons, c'est vrai, sur ce mélange de témérité et de sensi-

(1) Bibliothèque dramatique de M. de Soleinne, appendice au tome troisième : autographes, page 13.

bilité qui faisait le fonds de son caractère, mais nous ne nous étonnons que dans une certaine mesure. Les événements d'alors ont exalté bien d'autres cerveaux que le sien.

Quoi qu'il en soit, un homme d'esprit ne se perd jamais entièrement. Il arrivait encore au Cousin Jacques de laisser échapper, de çà de là, quelque saillie; c'est ainsi que, dans un temps où tout était provisoire, à ceux qui lui disaient : « Bonjour; comment vous portez-vous? il ne manquait jamais de répondre : — Assez bien, *provisoirement.* »

Cependant, à force d'appeler la foudre, la foudre arriva. Ce même comité de sûreté générale qui l'avait engagé à revenir dans Paris lança contre lui un mandat d'arrêt, comme pour donner raison à sa lugubre humeur et satisfaction à ses tristes pressentiments. Le Cousin Jacques put heureusement s'échapper dans la rue, à demi-habillé. On fouilla toute la maison, et les scellés furent apposés sur les meubles. L'influence active de son frère, Beffroy de Beauvoir, député de l'Aisne à la convention, arrêta les poursuites. On me permettra, à ce sujet, de citer en entier la lettre suivante, si honorable pour les deux frères :

« Paris, le 17 frimaire, l'an II de la République française indivisible.

» L. E. Beffroy, représentant du peuple,

» A ses collègues composant le comité de sûreté générale.

» Porteur, citoyens collègues, de votre arrêté pour la levée des scellés chez le Cousin Jacques, je me suis rendu au comité révolutionnaire de la section de *Guillaume Tell*, auquel je l'ai présenté. Après l'avoir lu, il m'a demandé si c'était comme représentant du peuple que je me présentais, et si j'assisterais à la levée des scellés; j'ai répondu que je ne me présentais que comme simple citoyen; mais qu'étant frère du Cousin Jacques, je devais prendre à lui un intérêt légitime jusqu'à ce que la visite de ses papiers m'eût ôté l'opinion que j'avais de lui; qu'il m'importait d'en connaître bientôt le résultat, parce que mes principes, d'accord avec mon devoir, m'interdisaient de solliciter la levée du mandat d'arrêt s'il était coupable; mais que si le contraire arrivait, je ferais tous mes efforts pour obtenir sa liberté; que si le comité n'y voyait aucun inconvénient, je serais volontiers présent à l'opération. L'opinion du comité a été que je pouvais remplacer mon frère à cet égard, attendu que ma présence ne tirait à aucune conséquence, puisqu'il ne s'agissait que de les voir opérer. Il me donna rendez-vous pour hier, sextidi, à dix heures du matin, au comité; je m'y rendis et j'y trouvai des commissaires qui me conduisirent chez le Cousin Jacques, dont je n'avais pas encore vu le logement. Le comité me parut estimer le Cousin Jacques et désirer qu'il ne fût point coupable. Il m'a paru lui croire simplement trop de sensibilité.

» Le procès-verbal vous donnera le résultat de cette opération, qui a duré trois heures, à trois personnes, dont chacune lisait de son côté des papiers en grand nombre, ramassés dans toutes ses armoires au moment de l'apposition des scellés et jetés sans ordre dans des tiroirs.

» Cet examen, citoyens collègues, me donne le droit de vous demander la levée du mandat d'arrêt. *Il y a un mois et deux jours* que le Cousin Jacques est sans ses livres, et qu'il ne peut travailler pour la subsistance de sa famille. Je vous répète qu'il n'a que son talent pour élever ses enfants. Il y a plusieurs pièces très-républicaines, de lui, qui restent en souffrance parce qu'il n'est pas là pour les faire répéter. Vous voulez être sévères et vous avez raison, vous le devez; mais vous voulez être justes. Tout prouve que les principes du Cousin Jacques et sa conduite sont ceux d'un véritable ami de la liberté et de l'égalité; il s'est montré au grand jour dans toutes les notes, lettres et manuscrits trouvés chez lui; on y a reconnu un vrai républicain. On y a trouvé une pièce de trois actes, dont la musique des deux premiers est faite et dont le commencement remonte en 1792, intitulée : *les Prêtres de Dodone*, qui a prouvé que son amour pour la religion ne lui donne pas de confiance aux prêtres, et que s'il croit en Dieu, il ne croit pas et ne veut pas qu'on croie en ceux qui se disent ses anges et ses ministres. Enfin, on s'est convaincu que, s'il a pu errer sur la politique, il l'a fait avec toute la droiture d'un républicain loyal et probe; il a renoncé à politiquer pour éviter l'erreur, et il s'est voué à travailler pour les théâtres, de manière à soutenir l'énergie et à fortifier les âmes républicaines. J'espère que ces considérations vous détermineront à m'accorder la levée du mandat d'arrêt lancé contre lui il y a plus d'un mois.

» Salut et fraternité,

» L. E. Beffroy (1). »

(1) Cette lettre a figuré tour à tour dans la collection Charavay (n° 2150), et dans la collection Fossé d'Arcosse (n° 124). Elle est aujourd'hui entre les mains des descendants de M. L. E. Beffroy, à qui j'en dois l'obligeante communication.

Quant aux *Prêtres de Dodone*, ils sont restés en portefeuille.

Le 9 thermidor rendit au Cousin Jacques un peu de tranquillité, que le 13 vendémiaire lui enleva. Dès les premiers coups de canon, il courut se réfugier dans une masure du faubourg Saint-Marceau ; mais, ne s'y trouvant pas parfaitement en sûreté, il traversa Paris vers onze heures du soir, et monta dans le haut du faubourg du Temple. Une dame, qui était alors à la campagne, lui avait confié, quelques jours auparavant, la clef d'une mansarde de huit pieds carrés où étaient renfermés des meubles. Laissons le Cousin Jacques raconter lui-même ses impressions dans ce taudis :

« J'arrivai là le soir, sans lumière, avec un ami que j'avais mis dans ma confidence ; je me couchai sur un matelas ; je n'avais pas deux pieds de terrain pour me retourner, à cause des meubles. Une mauvaise lucarne, fabriquée à plat sur le toit, m'envoyait la pluie avec prodigalité. Cette chambre n'étant occupée par personne depuis six mois, il fallait, pour tromper les voisins, que mon ami m'enfermât à double tour. Il me laissa du pain et du vin, mais point d'eau, et il me quitta avec promesse de revenir le lendemain au soir. Qu'on se figure la nuit que je passai dans ce séjour inconnu, comblé de meubles jusqu'au plancher, et où je dus renoncer à tousser, à cracher, à me moucher et même à dormir, *de peur qu'on ne m'entendît par hasard ronfler* dans cette chambre, où les gens de la maison ne soupçonnaient aucun être vivant.

» Par malheur, l'ami chargé de pourvoir à ma subsistance, étant revenu le lendemain au soir, ne reconnut pas bien la porte : il n'y voyait pas clair et il prit celle d'un voisin pour la mienne. Celui-ci, entendant une clef s'agiter dans sa serrure, sort brusquement de chez lui en criant : « Qui va là ? » Et l'ami de s'esquiver dans les commodités avec toute la provision qu'il m'apportait. Le voisin descend avertir les locataires *qu'il y a des voleurs dans la maison ;* voilà tout le monde en alerte. De cette manière, je passai quarante-huit heures sans eau et sans lumière ; à la lin, cependant, je fus arraché de ce réduit incommode, et j'eus la douce satisfaction d'apprendre, en rentrant chez moi, qu'une trentaine d'amis, parmi lesquels étaient quelques députés montagnards, étaient venus m'offrir leur bourse et leur maison. »

V

En l'an IV, le Cousin Jacques, dont l'ardeur de protestation n'était pas encore calmée, fit paraître le *Testament d'un électeur de Paris*, un vol. in-8°, avec une *tête de mort* pour fleuron.

« Pourquoi appelai-je cet ouvrage mon *Testament?* dit-il. Eh! qui vous répond que je ne serai pas la victime de mon zèle? Qui vous assure que cet ouvrage même, quelque pur que soit le motif qui l'a dicté, ne me coûtera pas la vie? » Un peu plus loin, il ajoute : « Ce livre est l'enfant du chaos. Depuis près d'un mois que j'y travaille, si l'on peut appeler travail la simple action d'écrire au hasard tout ce qui m'a passé par la tête, j'erre d'asile en asile; j'ai le cœur navré, la tête perdue; je ne vois plus que des batailles et du sang... C'est une fièvre chaude qui me consume, je ne sais trop pourquoi, ni comment... »

Viennent ensuite des legs divers, les uns sérieux et les autres plaisants, — legs de reconnaissance, legs d'amitié, legs d'amourette même :

« Je lègue à la famille Lesage, du théâtre de la rue Feydeau, un petit miroir de dix pouces de hauteur sur huit de largeur, pour qu'en s'y regardant ils aient toujours devant les yeux le plus parfait modèle de toutes les vertus sociales.

» Je lègue à plusieurs auteurs de ma connaissance une girouette qui était autrefois sur la maison de mon père et qui tournait à tout vent, — emblème fidèle de beaucoup d'hommes de lettres depuis la Révolution.

» Je lègue à mademoiselle Louise-Sophie d'A... toutes les lettres *d'un certain genre* qui ont animé mon cœur et fécondé mon imagination dans le temps heureux des péchés de ma jeunesse, à l'exception de celles qui sont signées. Je lui lègue aussi mon portrait en miniature et une lorgnette de nacre de perle garnie en argent.

» Je lègue à la ci-devant comtesse d'H..., le petit portrait de moi que je lui envoyai en 1786, et qu'elle avait promis de me rendre.

» Je lègue à Joséphine de B... des larmes inutiles et un souvenir plus inutile encore; c'est un cadeau qu'on m'a fait.

» Je lègue à mademoiselle de P... l'abandon de la rente viagère qu'elle m'a faite lorsqu'elle était abonnée à mes *Lunes*, sans que j'aie jamais eu le plaisir de la voir ni de la connaître. Je n'ai rien touché de cette rente, et j'abandonne mes droits à ses héritiers légitimes, si elle n'existe plus... »

C'est bien, — Cousin Jacques, — très-bien !

» Je lègue à l'incomparable famille des S..., habitants du faubourg Saint-Antoine, qui m'ont fourni du pain gratuitement tout l'hiver, la promesse solennelle, au nom des miens, de ne jamais les abandonner dans les moments critiques où ils pourraient se trouver.

» Je lègue à Catherine-Anne, servante, qui m'a rendu de grands services dans les premières années que j'étais à Paris, un crucifix de bronze doré sur une croix doublée d'écaille.

» Je lègue enfin à mon frère des cinq-cents (1) le sort de mes enfants et de leur mère. »

---

(1) Beffroy de Beauvoir, successivement premier suppléant à l'assemblée législative, député de l'Aisne à la convention nationale et membre du premier conseil des cinq-cents, homme de finances et d'administration. Il avait voté la mort de Louis XVI, mais avec appel au peuple et sursis à l'exécution. Les deux frères avaient épousé les deux sœurs, les demoiselles Virlez, en 1780.

La Terreur avait ruiné le Cousin Jacques : « Je suis tout aussi pauvre que je l'étais avant d'entrer dans la carrière des lettres, et je serais maintenant réduit à une honorable mendicité, sans mon courage, mon frère et des amis. »

A part les deux ou trois saillies que nous avons indiquées, le *Testament d'un électeur* n'est qu'un long gémissement. Il se termine ainsi : « Avoué et signé par moi, Louis-Abel Beffroy de Reigny, etc., âgé de trente-sept ans, onze mois et vingt-deux jours; ami zélé de tous les braves gens; ennemi juré des factions, du brigandage, du blasphème, des larmes et du sang, et de toutes les gentilleries à la mode ; ET DÉCIDÉ A TOUT. »

Heureusement que la politique n'absorbait pas d'une façon absolue les moments du Cousin Jacques. Improvisateur sans cesse en éveil, il inondait littéralement de ses productions tous les théâtres : *la Petite Nannette, les Deux Charbonniers, Magdelon, le Grand Genre; L'Habit de noces, Turlututu empereur de l'Ile Verte*, etc. Cette dernière pièce n'est pour ainsi dire qu'une seconde édition de *Nicodème dans la Lune*, et je la trouve préférable; j'engage les amateurs à se la procurer. Lorsqu'il fut question de l'établissement du théâtre du Vaudeville, les fondateurs, dans leur prospectus, ne nommèrent que quatre auteurs parmi ceux dont le talent prévenait le mieux le public : Piis, Radet, Desfontaines et le Cousin Jacques.

Un de ses grands désespoirs a été de n'avoir jamais pu faire rien recevoir à la Comédie française. Régulièrement il envoyait au comité une pièce tous les ans, et tous les ans le comité refusait sa pièce à l'unanimité. Sur les derniers temps, le Cousin Jacques accompagna l'une d'elles d'une épître un peu caustique ; en voici quelques vers :

> Je me suis armé de courage,
> Car vous allez, suivant l'usage,

> Employer dix ans à savoir
> Si vous en ferez la lecture.
> Pendant dix autres, l'on assure
> *Qu'au premier jour il faudra voir...*
> Dix ans après, quelqu'un peut-être
> En me voyant se souviendra
> (S'il peut alors me reconnaître)
> De ma pièce, et puis se dira :
> Il faut s'occuper de cela.
> . . . .
> Dix ans encor; plus de délais :
> Vous y songerez, ou jamais.
> Autre siècle, autre caractère,
> Les goûts changent avec le temps.
> Mais priez bien vos descendants
> D'avertir alors le parterre
> Que depuis trente ou quarante ans
> L'auteur est mort sexagénaire.

Pourquoi fallut-il que le Cousin Jacques s'avisât une dernière fois de rentrer dans la politique par cet incohérent *Dictionnaire néologique des hommes et des choses,* dont les premiers numéros parurent en l'an VIII? Quel démon le poussait à recommencer ses doléances sur le régime de la Terreur, alors que la Terreur n'existait plus? La police, qui faisait tout son possible pour étouffer de douloureux souvenirs, arrêta la publication de ce livre à la lettre C, après l'article *Côtes-du-Nord.*

La collection de ce *Dictionnaire,* qui paraissait par livraisons, forme trois gros volumes de plus de 500 pages chacun, imprimés sur deux colonnes. Les deux derniers surtout sont d'une extrême rareté ; Fouché les fit mettre au pilon. Au milieu de détails oiseux, on y saisit quelques particularités intéressantes ; c'est une cohue au moins bizarre : Boïeldieu, Beaumarchais, Chateaubriand, Carrier, Cambacérès, Cambon, etc.

Le *Dictionnaire des hommes et des choses* promettait encore plus de révélations piquantes qu'il n'en a donné. C'est ainsi qu'à la lettre A, nous trouvons cet article :

« AMOURS (LES) DU CHEVALIER DE FAUBLAS. Charmant roman, qui a paru au commencement de la Révolution, qui a obtenu un succès constant et mérité, et dont Jean-Baptiste Louvet a toujours passé pour être l'auteur. Mais nous étonnerons bien nos lecteurs quand nous leur prouverons que *les Amours de Faublas* ne sont pas de Louvet. Sans doute que ce défunt législateur a laissé sur la terre des amis et des partisans qui prendront sa défense comme ils le doivent. Nous les prions d'attendre les articles *Faublas, Hombert, Louvet, Vaudoyer.* »

Nous avons parlé de la galanterie du Cousin Jacques, galanterie qui, du reste, appartient au siècle tout entier. En voici un exemple qui se présente dès les premières pages du *Dictionnaire* : « Sophie Arnould a choisi sa retraite à la campagne, et, partagée entre ses souvenirs et les jouissances que lui assure son amour pour les arts, elle se livre entièrement à l'agriculture. *C'est ainsi qu'elle s'est assurée le bonheur de trouver toujours des fleurs sur la route qu'elle avait à parcourir.* » Tout le Cousin Jacques est là-dedans.

Un nom, appelé tout naturellement par l'ordre alphabétique, celui de Bonaparte, se dresse soudain dans le *Dictionnaire néologique des hommes et des choses*. Il est amusant de voir en quels termes le Cousin Jacques parle du jeune général et de sa rencontre avec lui chez Carnot :

« Bonaparte, après l'installation du Directoire, se trouvant général de la force armée de Paris, vint faire sa visite à chacun des cinq directeurs. Carnot, nommé le dernier au refus de Sieyes, habitait une mansarde dans les combles du Luxembourg, son appartement n'étant pas prêt. C'était un lundi (*dies lunæ*), jour qu'un *auteur* avait choisi chaque semaine pour aller chez Carnot. Au moment où Bonaparte entra, cet *auteur* chantait un nouvel air qu'il avait prié une demoiselle d'essayer en l'accompagnant sur le piano. L'arrivée de Bonaparte interrompit l'ariette, comme bien l'on pense; on vit paraître cinq ou six jeunes gens, ses aides de camp, de la plus haute stature, et après eux, un petit homme, très-bien pris dans sa taille, s'annonçant et s'énonçant avec beaucoup de dignité, et saluant tout le monde avec cet air d'aisance et de politesse qui faisait contraste, il faut l'avouer, avec les manières et le ton de la plupart des généraux qu'on avait vus jusqu'alors.

» L'*auteur* demanda tout bas à Carnot quel était ce *Monsieur-là*. — C'est le général de la force armée de Paris. — Comment s'appelle-t-il? — Bonaparte. — Est-ce un homme d'esprit? — Je n'en sais rien. — A-t-il des talents militaires? — On le dit. — Qu'a-t-il fait de remarquable? — C'est lui qui commandait les troupes de la convention le 13 vendémiaire... — Cela suffit.

» Et la figure de l'*auteur* de se rembrunir aussitôt; et lui, électeur de vendémiaire, très-entiché de son opinion parisienne, de se retirer dans un coin, et de garder un profond silence, tout en considérant *ce monsieur-là*, dont la physionomie ouverte et pleine de jeu lui eût beaucoup plu, sans ce que lui avait dit Carnot.

» Bonaparte, voyant qu'une demoiselle était encore au piano et qu'on ne s'occupait plus que de faire cercle autour de lui, dit avec beaucoup de douceur : — Mais je m'aperçois que j'ai troublé les plaisirs de la société; on chantait ici; que ce ne soit pas moi, je vous en supplie, qui interrompe la fête, etc. — Le directeur s'excusait, le général insista; enfin la demoiselle joua et chanta des couplets patriotiques, dont les refrains furent répétés par tout le monde, excepté par l'auteur en question; le 13 vendémiaire lui avait coupé la parole, et il ne soufflait pas le mot.

» Au reste, si sa bouche était muette, ses yeux ne l'étaient pas ; car, du petit coin obscur dont il s'était emparé, il décomposait tous les traits de Bonaparte et il apprenait par cœur sa figure. Après la chanson, le général resta encore quelques minutes, se leva et partit. Il avait parlé peu, mais le peu qu'il avait dit était plein de justesse ; il se taisait plus qu'il ne parlait, mais tout à coup il rompait le silence et prononçait avec une extrême vivacité quelques paroles pleines de sens et toujours à propos. Quand il fut parti, la conversation ne roula plus que sur lui, et Carnot augura dès lors *qu'il n'en resterait pas là.*

» En revenant chez lui, l'auteur disait à sa famille, d'un air rêveur et abstrait : — Hum! c'est un singulier nom que Bonaparte... Hum! c'est dommage; il me plairait assez... Je ne sais, mais ce général-là n'est pas un général comme les autres... Hum! je suis bien trompé s'il n'a pas d'esprit...— Et la famille de répondre : Hum! en effet, il est singulier. »

Il paraît que la suspension de cet ouvrage dérouta complétement le Cousin Jacques, car sa fécondité en fut dès lors sensiblement diminuée. Quelques années encore, et on le perdit tout à fait de vue.

Il avait annoncé des *Mémoires* (1) et un recueil de contes; de tout cela on n'eut aucune nouvelle.

En 1805 seulement, il fit imprimer, sous le titre de *Soirées chantantes ou le Chansonnier bourgeois*, le recueil de ses romances, rondes et chansons, avec des airs notés. Une grande naïveté, un vif sentiment de la mélodie sont les principaux caractères de sa musique. Rien de plus chantant que les couplets et les rondeaux qui terminent presque

---

(1) « Mes *Mémoires* ne sauraient paraître à présent, malgré l'annonce qui en a été faite dans quelques journaux. D'ailleurs, ils ne sont pas chez moi; ils sont disséminés chez différentes personnes, parce que, s'il s'en perd un volume d'un côté, on ne perdra pas tout. Il y en a une partie en province et une partie à Paris; et si je meurs avant que l'ouvrage puisse paraître, on trouvera chez ma veuve et mes deux orphelines, — Justine et Rose, — la note des personnes qui en sont dépositaires. Quant aux sommes qui m'ont été envoyées pour souscrire en tout ou en partie à ces *Mémoires*, j'avertis mes fidèles lecteurs, qui sont mes créanciers, que le prix des denrées et de toutes les marchandises augmentant d'heure en heure, ce qui valait, il y a quatre mois, 150 livres en assignats, ne vaudrait plus aujourd'hui, pour l'impression de ces *Mémoires*, que 30 ou 40 livres, mais que cependant ils sont inscrits en tête pour la livraison des premiers volumes, et que je supporterai seul toute perte. *S'ils aiment mieux ravoir leurs assignats, je les leur remettrai franc de port.* » *Testament d'un Electeur*, page 127.

toutes ses pièces ; Méhul, Boïeldieu, Chérubini les ont souvent et hautement loués. Ce recueil fût son dernier adieu à la génération naissante.

Les biographes le font mourir le 19 décembre 1811, à Charenton. C'est pure invention de la part des biographes. Le Cousin Jacques est mort tout raisonnablement dans son domicile de la rue de Sèvres, n° 2 ; il y est mort, non pas le 19, mais le 17 décembre, ainsi que le témoigne l'acte de décès que nous avons tenu à faire relever.

Il nous semble qu'après tout le Cousin Jacques dut s'en aller de ce monde sans trop de tristesse ; il fut pendant quinze ans un auteur à la mode ; ses pièces firent ce qu'on appelle fureur. Que pouvait-il exiger de plus? Il eut toutes les satisfactions d'amour-propre que l'on peut désirer : longtemps on fit des bonnets et des poufs aux *Ailes de l'Amour* ; un faïencier s'enrichit en vendant des gobelets *au Cousin Jacques,* en cristal, très-joliment sculptés, ornés d'un croissant avec des étoiles parsemées alentour. Enfin il existait encore, il y a quelques années, dans la rue du Four-Saint-Germain, un vieux magasin à l'enseigne de la *Petite Nannette*. En faut-il davantage pour constituer une célébrité évidente ?

Son buste, haut de dix-huit pouces, se voit à la bibliothèque de Laon. De son vivant, il l'expédiait lui-même à quiconque lui en faisait la demande. — Prix : 12 livres, tout emballé. Ainsi comprenait-il la gloire.

C'est par de semblables côtés qu'il se détache des écrivains ordinaires, et qu'il acquiert une individualité réelle et amusante.

Esprit véritablement français, mais français dans l'acception du mot la plus frivole, nature abondante, ruisselante, débordante même, imagination bigarrée comme pas une, tête pleine de fusées, le Cousin Jacques est le dernier et le seul représentant de la tradition *macaronique* au XVIIIe siècle. Sans avoir la rouerie profonde de ses devanciers, il en a tout le joyeux, tout le bruyant ; il pousse le burlesque jusqu'aux dernières extrémités. Toutefois, il sait accommoder ses plus étonnantes inventions au goût de ses lecteurs et demeurer l'homme de son époque : dès qu'il le veut, il est plus Dorat que Dorat, plus Florian que Florian ; ses madrigaux affadissent le cœur, ses bouquets à Chloris donnent des nausées. Il y a du troubadour et de l'Arlequin en lui ; le luth et la batte se partagent ses prédilections.

En ce qui concerne ses pièces de théâtre, — j'entends celles où la politique n'entre pour rien, — je ne crois pas me hasarder trop en plaçant le Cousin Jacques immédiatement après Sedaine. Il a bien la touche plus molle, le dialogue plus étendu et plus bavard, mais au fond c'est le même sentiment, ce sont les mêmes préceptes d'honnêteté et de franchise. Il sait transporter la poésie au théâtre, même dans les plus petits détails et dans les indications de scène ; en voici un exemple tiré du *Club des bonnes gens :* « Le théâtre représente deux jardins contigus, séparés par un mur mitoyen. Dans le jardin, à gauche, côté de la reine, est un berceau de feuillage sous lequel est assis le curé, d'un air rêveur, tenant des journaux ; vis-à-vis de ce berceau, contre le mur, Nigaudinet est monté sur une double échelle et taille des arbres : — au fond, devant la porte de la maison du curé, Nannette file au rouet. Dans l'autre jardin, sous un berceau de fleurs, Élise brode un gilet. Au fond de ce jardin est un moulin à eau dont la roue baigne dans un étang ; — à la fenêtre du moulin, qui est très-élevée, on voit le meunier Thomas, avec une veste blanche, un bonnet blanc et une figure bourgeonnée, vider seul une bouteille de vin et regarder sa fille de temps en temps. »

Ne voilà-t-il pas tout un tableau, gai, bien éclairé et de bonne couleur ?

Ses écrits conservèrent jusqu'à la fin leur cachet individuel, car il n'eut et ne voulut jamais de collaborateurs. Lorsque le Vaudeville, dont il avait été un des parrains, commença à entrer dans une voie de spéculation, et que onze auteurs se furent mis ensemble pour composer un petit acte sur *Monsieur de Bièvre,* lui seul ne céda pas à l'impulsion générale; il travailla à l'écart, ce dont il convient de le louer. Aussi les jeunes gens d'alors ne manquèrent-ils pas de le traiter de radoteur et de le rayer de toutes les coteries.

Il fut, de son vivant, et même après sa mort, l'objet de critiques sévères et peu raisonnées. Devait-on gourmander avec tant d'amertume un littérateur de coin du feu, bonhomme comme pas un? Songez donc, puisqu'il faut une excuse à son enjouement, que, deux fois dans sa jeunesse, il avait remporté le grand prix de l'Université; qu'il avait occupé une chaire d'éloquence à Douai ; enfin, qu'il ne tenait qu'à lui d'être grave et pesant comme le premier venu, et que c'est uniquement par bonté d'âme et par compassion pour nous qu'il n'a pas voulu être un homme sérieux. — Douce et gaie figure! honnête Cousin Jacques, cousin de tout le monde! que tu mérites bien le nom d'Abel que tu reçus à ta naissance!

NOTES.

Dans le tome Ier de ses *Miettes* (Paris, Ledoyen, 1853), M. François Grille a émietté quelques renseignements sur le Cousin Jacques :

« Viens, bonhomme, que je dise un mot de toi. Je n'ai plus que peu de temps à vivre. Mes forces déclinent, je tombe, je m'en vas... Viens, Beffroy, mon ami; viens, Cousin, me consoler, Rabelais de fraîche date, moins érudit, moins habile, mais moins cynique aussi, plus naïf, et pourtant ne manquant ni de goût, ni de tact, ni de finesse, ni même au besoin d'élévation et de cœur.

» Beffroy de Reguy (*sic*) était singulier, original, fantasque; il était de bric et de brac, facile et têtu, plein de verve et d'une abondance qui ne tarissait pas. Il avait dans l'esprit une indépendance qui ne cédait à rien. Il avait du jugement, de la raison, de la rondeur, de l'abandon, de la dignité, tout cela mêlé, confondu, visible, et se trouvant par bonds, par éclairs, par saccades. Il aimait sa femme et la trompait, il adorait ses filles et ne leur faisait pas de dot...

» Il écrivit cinquante volumes, gazettes, romans, histoires, vers, prose. Il fit des comédies, des opéras, paroles et musique; il y en eut qui allèrent jusqu'à près de quatre cents représentations de suite. On le portait en triomphe. Il était le héros du boulevard et aussi des grands théâtres, car on le jouait partout. Il avait des maîtresses, les plus jolies; il en prenait de toutes mains, on en a compté trois cents. Il ne rentrait tous les jours qu'après minuit; il prenait un lavement pour se rafraîchir; une de ses filles l'attendait, Justine; elle lui faisait une omelette qu'il mangeait pendant qu'elle lui lisait le journal, le livre à la mode ou les lettres qui, de toutes parts, pleuvaient.

» A deux heures du matin il se couchait, dormait peu et mal, se levait avec le soleil et recommençait une vie d'activité qui n'a, certes, par aucun autre, été égalée.

» Sa femme et ses deux filles étaient tenues par lui avec beaucoup d'amour, mais de sévérité; pas d'hommes dans la maison; une morale austère, des principes sûrs, qui faisaient de ses femmes des saintes, tandis que lui sans scrupule faisait le diable à quatre.

» Il allait, rimait, chantait toujours. Le cerveau usé, il mourut prématurément, soigné par sa famille.

» Ses filles se marièrent fort bien, l'une à un financier, l'autre à un chef de bureau de la guerre. Toutes deux sont veuves. L'aînée est à Evreux et voit beaucoup l'abbé Ollivier, évêque. La cadette, celle qui avait pour mari le chef de la circonscription Desjardins, a trois enfants : une fille et deux fils, Abel et Ernest. La fille a épousé un médecin; les fils sont dans l'enseignement des facultés et des collèges pour l'histoire, bien élevés, savants, honorés.

» Madame Desjardins sait la plupart des chansons du Cousin et les chante fort bien. »

Complétons ces renseignements.

La veuve du Cousin Jacques, Marguerite Justine Virlez, est morte à 94 ans, le 5 décembre 1845, à *la Magdeleine*, petit village attenant à Évreux (Eure), dans une propriété de M. Morel, son gendre.

La fille aînée du Cousin Jacques, Marie-Jeanne-Rose de Beffroy de Reigny, née à Chevregny près -Laon, le 1er décembre 1782, est morte à Passy, près Paris, Grande-Rue, n° 63, le 6 mars 1857, veuve de M. Morel, chevalier de Saint-Louis, directeur des contributions directes du département de l'Eure.

La seconde fille du Cousin Jacques, Catherine-Abel-Justine de Beffroy de Reigny, née à Chevregny, le 4 juillet 1784, vit encore. Elle est veuve de M. Desjardins, ancien chef de bureau au ministère de la guerre.

Elle habite Douai avec son fils aîné, M. Abel Desjardins, docteur ès lettres de la faculté de Paris, professeur d'histoire et doyen de la faculté des lettres de Douai, qui a publié plusieurs ouvrages : une *Vie de Jeanne d'Arc,* une *Vie de saint Bernard,* etc. ; et, dans la *Collection des documents inédits sur l'histoire de France,* les négociations diplomatiques de la France avec la Toscane ; in-4°. Imprimerie impériale, 1860-1861.

Son second fils, M. Ernest Desjardins, également docteur ès lettres de la faculté de Paris, a fait paraître plusieurs ouvrages sur l'administration du temps des empereurs romains, sur les arts, l'archéologie, le Pérou, etc. ; il est professeur d'histoire au lycée Bonaparte.

Le même M. Grille a cité dans son ouvrage intitulé : *Lettres sur le 1er bataillon des volontaires de Maine-et-Loire,* au 3e vol., une très-longue lettre de Beffroy de Reigny à Carnot, datée de Surenne, le 27 décembre 1792, et traitant de la situation des théâtres. Mais nous avons tout lieu de croire cette lettre fabriquée, car, du mois d'août 1792 au mois de mai 1793, le Cousin Jacques ne cessa pas d'habiter la Bourgogne. Et puis, elle n'est pas du tout dans son ton habituel.

En voici une autre authentique, et relative à ses répugnances pour la collaboration. Elle est datée de Paris, le 25 juin 1786, et adressée à M. Favart fils, acteur du Théâtre-Italien, rue Neuve-Grange-Batelière, n° 38, faubourg Montmartre.

« Votre amitié pour moi, mon cher Favart, et les preuves que vous m'en avez données, m'enhardissent à vous parler franchement. La pièce de *la Maison en lotterie* aurait eu beaucoup de succès dans le tems qu'on l'a tirée, cette *lotterie;* mais aujourd'hui que la chose est oubliée, le public, qui n'est pas toujours juste, ferait attention au sujet et perdrait peut-être de vue les accessoires. Votre réputation est faite, mais la mienne ne l'est pas encore ; et comme je n'existe que par la littérature, j'ai besoin du public jusqu'au dernier jour de ma vie. Pour capter de plus en plus sa bienveillance, il faut éviter toute démarche qui pourrait faire parler de moi moins favorablement que d'ordinaire. Si votre pièce tombe, cela ne vous nuira pas, à vous, qui avez réussi dans plusieurs pièces; mais que dirait-on de moi? n'est-ce pas me casser le cou à l'entrée de ma carrière? Si elle réussit, on dira: Bon, ils ont eu besoin d'être trois pour une bagatelle en un acte qui paraît encore deux mois trop tard! et cela ferait tort, non-seulement à mes ouvrages de théâtre, mais à mes *Lunes*. Je vous en conjure, mon cher Favart, ne m'obligez pas à paraître dans cette affaire, qui, réellement, est trop reculée pour avoir tout le succès que nous en attendions.

» Si vous augurez bien du succès, paraissez-y seul. Qu'est-ce que cela fait? Je comptais, en acceptant ma part de l'ouvrage, qu'il paraîtrait sous quinzaine; je ne sais pas si M. Trial est du même avis que moi, mais, vous et lui, vous n'avez rien à risquer, puisque tout Paris connaît vos talens depuis longtemps; et moi, qui suis novice dans la carrière des théâtres, comment pourrais-je supporter l'opinion publique qui, si nous réussissons, vous attribuera tout le mérite de l'ouvrage, et, si nous tombons, en rejettera la faute sur moi? Mettez-vous à ma place et jugez-moi sans préventions. »

» Je me purge et prends des bains tous les jours. Mes *Lunes* prennent maintenant tout mon temps et j'ai à peine le loisir de travailler assez pour regagner le tems perdu. Pour moi, je renonce au théâtre jusqu'à nouvel ordre. Vous voyez bien quels désagréments j'éprouve, seulement pour mes *Ailes de l'Amour*; on les a jouées sans relâche par un tems superbe et par les plus grandes chaleurs, les mauvais jours et les jours de première représentation aux autres théâtres, et maintenant que le tems est rafraîchi et qu'il pleut, on les laisse là. Ne vaut-il pas mieux faire mes *Lunes*, que de travailler en pure perte pour le théâtre?

» Je parle à un ami, et je suis certain qu'il appréciera mes réflexions. Je suis à votre service en tout et partout. Les *Lunes* vous sont ouvertes, et vous y placerez ce que vous voudrez; mais pour aller subir des mortifications au théâtre et m'échauffer la bile sur un succès incertain, néant.

» Votre *Mariage singulier* vous dédommagera sans doute de cette petite privation. On dit que le sujet et l'intrigue en sont parfaits, et que c'est ce que vous avez de mieux. Que ne le donnez-vous?

» Pardonnez, mon cher Favart, ma franchise à mon amitié. Je connais tous vos talens, qui n'ont pas besoin des miens, et ils sont aujourd'hui une raison de plus par qui j'espère un succès de ma démarche.

» Je suis, avec l'amitié sincère que je vous ai vouée,
  » Votre serviteur et ami,
   » BEFFROY DE REIGNY. »

BIBLIOGRAPHIE

(On chercherait vainement ailleurs qu'ici un catalogue exact et complet de l'œuvre du Cousin Jacques. C'est pourquoi nous croyons faire une chose utile en créant pour lui une exception. Le lecteur verra par là, sans que nous essayions de nous faire un mérite de ce qui n'est chez nous qu'une aptitude, ce qu'il faut remuer de poussière et de pages mortes pour retrouver l'ensemble de quelques-unes de ces physionomies, dont nous ne sommes séparés que par soixante ans à peine.)

LIVRES, BROCHURES ET ÉCRITS PÉRIODIQUES.

Quelques pièces fugitives, entre autres un compliment à M. de la Rochefoucault, évêque de Beauvais, à l'occasion du vent de la nuit du 31 décembre 1777 au 1er janvier 1778. In-8º de 18 pages, imprimé chez la veuve Dujardin, à Beauvais.

C'est drôle, ou le Petit Essai d'une jeune plume, par l'abbé Beffroy de Reigny. Amsterdam, 1779; prix : 8 sous. In-12 de 26 pages, imprimé chez veuve Dujardin, à Beauvais.

Hurluberlu ou le Célibataire, poëme demi-burlesque, avec des airs nouveaux, en vers et en trois chants, par le Cousin Jacques, avec des notes de M. de Kerkorkur Keyladeck. Prix, quarante-huit sols, broché. — A Londres, et se trouve à Paris, chez les libraires qui vendent les nouveautés. MDCCLXXXIII. — in-8º de 92 pages, suivi de 13 pages des airs des chansons où le nom est écrit *Urluberlu* (sans *H*).

Hurluberlu ou le Célibataire, poëme comique et moral d'un genre nouveau, par M. Beffroy de Reigny, en vers et en trois chants, avec des notes du Cousin Jacques, traduites du grec par messire Uladislas Frédéric Zeerpzaheing-Pzaëheuck T'hir T'har, etc., etc., etc., baron allemand. A Bouillon, de l'imprimerie de la Société typographique, MDCCLXXXIV, In-12, de 85 pages, y compris les airs.

Les éditions ont quelques légères différences dans le texte.

Turlututu ou la Science du bonheur, poëme en vers, par le Cousin Jacques. Londres, 1783, in-8° de 60 pages. — Le même, Société typographique de Bouillon, 1783, in-12 de 45 pages; par *M. Beffroy de Reigny*.

Les petites Maisons du Parnasse, ouvrage comico-littéraire d'un genre nouveau, en vers et en prose, par le Cousin Jacques; traduit de l'arabe, etc. A Bouillon, de l'imprimerie de la Société typographique, années 1783-1784. Grand in-8° de 234 pages. Le titre varie dans quelques exemplaires.

Marlborough, poëme comique en prose rimée, par le Cousin Jacques, avec des notes, etc. Londres, 1783, in-8° de 94 pages.

Les Lunes du Cousin Jacques. Paris, Lesclapart. In-12; recueil paraissant par livraisons. Le 1er numéro commence au mois de juin 1785, le dernier numéro finit avec le mois de mai 1787. La collection représente la valeur de douze volumes. — Les premiers numéros des *Lunes* ont été traduits en allemand par J.-F. Junger, Leipsick, 1786, in-8° de 156 pages.

Le Courrier des Planètes ou Correspondance du Cousin Jacques avec le firmament. Paris, Belin, in-12; recueil publié par livraisons, du 1er janvier 1788 au 30 septembre 1790. Onze volumes environ. — Les premiers numéros, en 24 pages, paraissaient toutes les semaines et partaient du n° 1; plus tard ils n'ont paru que par quinzaines, de 48 et de 72 pages. L'ordre des numéros a été également changé et a pris la suite des numéros des *Lunes*, en sorte que le dernier cahier porte le n° 130.

Le Lendemain ou Esprit des feuilles de la Veille. Je n'ai jamais vu ce journal, qui est désigné dans la *description historique et bibliographique de la collection de M. le comte Henri de la Bédoyère* (in-8°, Paris, France, 1862, page 514, n° 2185); dans les termes suivants: Lendemain (le) ou *Esprit des feuilles de la Veille*, par le Cousin Jacques (Beffroy de Reigny); du 10 octobre 1790 au 19 juin 1791. — 1re série, 83 numéros. — 2e série, 170 numéros, de 16 pages in-8°; formant 3 vol. in-8° brochés (complet). Ce spirituel journal quotidien a pour épigraphe: *Je cours toute la journée, je lis toute la soirée; j'écris toute la nuit pour le lendemain.* »

Les Nouvelles Lunes du Cousin Jacques; trente numéros in-8º, du 1er janvier au 25 juillet 1791. Le 30e numéro est excessivement rare; le catalogue de Peignot (1854) n'en énonce que 29.

Le Consolateur ou Journal des honnêtes gens. Paris, Froullé, 1792; 63 numéros grand in-12, du 3 janvier au 7 août 1792. La pagination indique trois volumes.

Impromptu du Cousin Jacques à l'occasion de la naissance de Mgr le duc de Normandie, deuxième fils du roi Louis XVI, le jour de Pâques, 1785. Paris, Lesclapart; in-8º de 12 pages.

Délassements du Cousin Jacques ou Etrennes-lunatiques, dédiées à madame Dugazon, recueil de romances gravées, 1787; in-12 de 80 pages, gravées par madame Borelly, rue Saint-Jacques, prix : 3 liv. 12 sols. — Quérard et la biographie Michaud prétendent que le Cousin Jacques a désavoué cet ouvrage, ce qui n'est guère probable, puisqu'il l'annonce lui-même dans les *Lunes* de février 1787, nº 30, page 54.

Le Cousin Jacques hors du Salon, folie sans conséquence, à l'occasion des tableaux exposés au Louvre en 1787; Lunéville, et se trouve à Paris chez Royez, quai des Augustins; in-12, sans nom d'imprimeur. — La *France littéraire* signale en outre : *Critique sur le salon de peinture,* par le Cousin Jacques. Paris, 1787, in-12. Est-ce un autre ouvrage? N'est-ce qu'une autre édition?

Précis exact sur la prise de la Bastille. Paris, Beaudoin, 1789; in-8º de 8 pages. — Le même, Beaudoin, 1789; in-8º de 10 pages. — Le même, sans nom d'éditeur, 1789, in-12 de 22 pages, augmenté. Je ne cite que les éditions que j'ai eues sous les yeux.

L'Histoire de France pendant trois mois, depuis le 15 mai jusqu'au 15 août 1789. Paris, Belin, 1789; in-8º de 184 pages.

Complainte de la France en 1789. Saint-Quentin (annoncé par le Cousin Jacques).

La Constitution de la Lune, rêve politique et moral, par le Cousin Jacques. Paris, Froullé, imprimeur-libraire, quai des Augustins, nº 39, 1793; grand in-12 de 302 pages. — Le même, *deuxième édition.* Froullé, 1793. (Ce Froullé périt sur l'échafaud.)

Testament d'un Electeur de Paris, par Louis-Abel Beffroy-Reigny, dit le Cousin Jacques. Paris, chez Mayeur, libraire, rue

Mandar, n° 9; De Senne, au jardin Égalité; Belin, rue Saint-Jacques; Maradan, rue du Cimetière-Saint-André-des-Arts; au bureau du Courrier de la Librairie, coin des rues du Marché-Neuf et du Marché-Palu, et maison Brasier et C¹ᵉ, quai Voltaire, n° 9; an IV, in-8° de 192 pages, avec un portrait de l'auteur, gravé par N. Bureau, d'après P. Violet.

Ah! sauvons la France puisqu'on le peut encore! ou plan de finances, simple, facile, etc. Paris, Moutardier, sans date; in-8° de 27 pages, imprimerie de Gueflier, rue Git-le-Cœur, n° 16.

Discours prononcé le 2 fructidor an III (dimanche 13 septembre 1795), à la section du Mail. Paris, Desbois, 29 pages.

Discours prononcé le 23 fructidor an III (dimanche 6 octobre 1795). Paris, imprimerie de la citoyenne Desbois, rue Jacques, 18 pages.

Nouveau Te Deum *en vers saphiques*, avec des notes sur le pape, etc., in-8°. Paris, Moutardier, 1802 (an X de la République); 17 pages.

Dictionnaire néologique des hommes et des choses, ou Notice alphabétique des hommes de la Révolution qui ont paru à l'auteur les plus dignes d'attention dans l'ordre militaire, administratif et judiciaire; des savants, des gens de lettres, des acteurs, musiciens et artistes de tout genre; des banquiers, commerçants, armateurs, les plus intéressants pour l'État; des monuments, découvertes, institutions les plus remarquables; des ouvrages politiques, littéraires et dramatiques; enfin des événements, époques et anecdotes les plus propres à donner aux lecteurs une juste idée des hommes et des choses, par le Cousin Jacques. Paris, Moutardier, an VIII, 3 forts volumes grand in-8° à deux colonnes, finissant par le mot: CÔTES-DU-NORD (département, etc.).

Les Soirées chantantes ou le Chansonnier bourgeois Paris, Moutardier, an XII, 3 vol. in-12; le premier de 296 pages, le second de 284, et le troisième de 290.

THÉATRE.

Les Ailes de l'Amour, représenté le 23 mai 1786 par les comédiens italiens ordinaires du roi. Première édition, Lesclapart, sans date, avec une dédicace à Grétry, et douze airs gravés; 31 pages. — Deuxième édition, 72 pages.

Corolinet ou Rome sauvée, folie héroï-comique en vaudeville et en 3 actes, dédiée à MM. du parterre par le Cousin Jacques, auteur des *Lunes*. In-8°, Clousier, imprimeur du roi, 1786.

Les Clefs du Jardin ou les Pots de fleurs, divertissement en vers et en vaudevilles, par l'auteur des *Lunes*, représenté à Paris, le samedi 24 mars 1787, par les comédiens italiens ordinaires du roi, pour la clôture de leur théâtre. In-8°, Vente, 1787. (La pièce fut jouée par Chenard, Sollier, Mme Saint-Aubin, etc.)

Compliment en vers et en vaudevilles, représenté à Paris, le lundi 16 août 1787, par les comédiens italiens ordinaires du roi, pour la rentrée de leur théâtre, par le Cousin Jacques. In-8°, Vente, 1787. (Acteurs : Trial, Mme Saint-Aubin.)

La Fin du bail, ou le Repas des fermiers, divertissement en prose et en vaudevilles, représenté à Paris, le 8 mars 1788, par les comédiens italiens ordinaires du roi, pour la clôture de leur théâtre, par le Cousin Jacques. In-8°, Belin, 1788. (Acteurs : Favart, Rozières, Trial, Mme Saint-Aubin.)

Sans adieux, joué pour la clôture du Théâtre-Italien, le samedi 24 mars 1789. (Le Cousin Jacques a donné de cette pièce quelques extraits dans le *Courrier des Planètes*, mais il ne paraît pas qu'elle ait été imprimée.)

La Couronne de fleurs, compliment en un acte et en vaudevilles, représenté par les comédiens italiens ordinaires du roi, à l'ouverture de leur théâtre, le lundi 20 avril 1789. In-8°, sans noms d'auteur ni d'imprimeur.

Compliment d'ouverture, prononcé au théâtre Montansier, 1790 ; non imprimé.

Compliment d'ouverture, prononcé au théâtre des Beaujolais ; 1790. Non imprimé.

Apollon directeur, petite pièce en un acte pour l'inauguration du théâtre des Beaujolais dans une nouvelle salle, boulevard du Temple. (Le Cousin Jacques a donné de cette pièce quelques extraits dans le *Courrier des Planètes* de mai 1790, mais il ne dit pas si elle a été imprimée.)

Jean-Bête, folie en trois actes, du Cousin Jacques, avec une ouverture nouvelle du même auteur, une ronde et un vaudeville à la fin, par le même ; représentée au théâtre des Grands-Danseurs du Roi (théâtre Nicolet), le 12 juillet 1790. J'ignore si la pièce a été imprimée.

La Confédération du Parnasse, opéra-vaudeville en un acte, représenté au théâtre des Beaujolais en juillet 1790. La pièce n'a pas été imprimée, mais les airs ont été gravés.

Le Retour du champ de Mars, opéra-vaudeville en un acte, représenté au théâtre des Beaujolais en juillet 1790. (Cette pièce se jouait dans la même soirée avec *la Confédération du Parnasse* dont elle est la suite; le buste de Louis XVI était apporté sur la scène et transporté au Temple de Mémoire. (*Le Retour du champ de Mars* ne paraît pas avoir été imprimé.

Les Folies dansantes, opéra-comique en deux actes, représenté au théâtre des Délassements-Comiques en 1790. (Voir *le Courrier des Planètes*.)

Nicodème dans la Lune ou la Révolution pacifique, féerie en trois actes, en prose, mêlée d'ariettes et de vaudevilles, représentée, pour la première fois, au Théâtre-Français, Comique et Lyrique, le 7 novembre 1790, in-8º. Paris, chez l'auteur, rue Phélypeaux, 1791; sans nom d'imprimeur; 62 pages d'impression. — Le même, in-8º. Paris, Froullé, 1791, avec *Quelques réflexions de l'auteur;* 104 pages. — Le même, in-8º. Paris, Moutardier, 1797; avec additions, corrections et variantes; 99 pages. — Le même, in-8º. Avignon, Bonnet frères, 1792; 56 pages.

Les airs ont été gravés.

L'Histoire universelle, comédie en vers et en deux actes, mêlée de vaudevilles et d'airs nouveaux, représentée sur le théâtre de Monsieur, en septembre 1790. Première édition, in-8º. Paris, Froullé, 1791, 68 pages; 2ᵉ édition, in-8º. Paris, Froullé, 1792, 32 pages. (Acteurs : Gavaux, Lesage, Vallière, Mlle Parisot, Mᵐᵉ Verteuil.)

Le Club des bonnes gens ou le Curé français, en vers et en deux actes, mêlé de vaudevilles et d'airs nouveaux, représenté pour la première fois sur le théâtre de Monsieur, le 24 septembre 1791. (L'ouverture et plusieurs airs sont de Gavaux; seize airs du Cousin Jacques.)

In-8º. Paris, Froullé, 1791; 61 pages.
In-8º. Paris, Froullé, 1791, 62 pages.
In-8º. Paris, Froullé, 1791, dédicace à Gavaux; vii et 82 pages.
In-8º. Paris, Cailleau, 1792; 48 pages.
In-8º. Paris, Moutardier, an III, avec ce titre ainsi modifié : *le Club des bonnes gens ou la Réconciliation*; 62 pages, précédées de xii pages de variantes exigées.
In-8º. Marseille, an v de la République : *le Club des bonnes gens ou la Réconciliation*.

Les Capucins ou Faisons la paix, comédie en prose et en deux actes, mêlée de quelques morceaux de chant, jouée au théâtre de Monsieur le 18 mars 1791. Non imprimée. Il y a eu seulement quelques ariettes gravées. — « Tous les bons acteurs de la comédie et de l'opéra français, raconte le Cousin Jacques, jouaient dans cette pièce, qui fit un tapage effroyable, au point que l'auteur descendit sur la scène et fit baisser la toile au milieu du second acte. Cette pièce, vide d'action et d'intrigue, n'avait pour tout mérite que des tableaux neufs à la scène, des acteurs parfaits, beaucoup d'ensemble et des tirades de la plus grande force contre les partis extrêmes, ce qui les anima tous deux à tel point qu'il y eut des loges déclouées, dont les clous dorés furent jetés par poignées à la tête des gens du parterre, qui ripostèrent par l'envoi d'un sac de pommes de terre aux femmes des premières loges. Néanmoins, on vit une chose jusque-là, dit-on, sans exemple au théâtre : Vallière débita une tirade de deux pages et demie en prose, en faveur du Roi, qu'on voulut avoir *bis*, et qu'il fut obligé de répéter tout entière au milieu des applaudissements universels. » (*Dictionnaire des hommes et des choses*, tome III, art. *Capucins*.)

Les Deux Nicodèmes ou les Français dans la planète de Jupiter, comédie-folie en deux actes, représentée sur le théâtre de Monsieur, rue Feydeau, le lundi 21 novembre 1791. La pièce n'a pas été imprimée ; c'est par erreur que M. Quérard l'indique dans *la France littéraire*. Il n'a été imprimé qu'un *Historique de la pièce des Deux Nicodèmes, adressé aux spectateurs du théâtre de la rue Feydeau*, in-8°, de 14 pages. Paris, Froullé, sans date.

Nicodème aux enfers, en cinq actes, représenté, en 1792, sur le théâtre...... (Dans une note du *Chansonnier bourgeois*, tom. III, page 85, le Cousin Jacques parle de cette pièce qui, écrit-il, a eu vingt-deux représentations ; mais il oublie de désigner le théâtre. J'ai dit que je ne croyais pas que *Nicodème aux enfers* eût été imprimé.)

Toute la Grèce ou ce que peut la liberté, tableau patriotique en un acte, représenté, pour la première fois, sur le théâtre de l'Opéra, le 5 janvier 1794 (16 nivôse an II), — Acteurs : Lays, Chéron, Lainez, Mlle Maillard.

Première édition : « *Toute la Grèce ou ce que peut la liberté*, épisode civique en deux actes, fait exprès pour l'Opéra, reçu avec acclamation le 24 septembre dernier, pour y être représenté au plus tôt ; ouvrage dédié à la convention nationale, à la commune de Paris et aux sections de Guillaume Tell et de Bonne-Nouvelle, d'où sont les deux auteurs; paroles du Cousin Jacques, musique de Lemoyne; in 8º. Paris, Froullé, an II. »

Deuxième édition : « *Toute la Grèce ou ce que peut la liberté*, tableau patriotique en un acte, représenté, pour la première fois, à Paris, sur le théâtre de l'Opéra national, le 16 nivôse an II; paroles du Cousin Jacques, musique de Lemoyne; in-8º. Paris, Huet, an II. »

Ariette de toute la Grèce est le titre d'un morceau de musique gravé et publié chez Frère, passage du Saumon ; ce morceau se compose de six couplets ayant pour refrain :«*Mourir pour la patrie, c'est le sort le plus beau, le plus digne d'envie.......* »

Démosthènes, tableau patriotique en un acte, en vers, par le Cousin Jacques, représenté pour la première fois, le 2 germinal an II, sur le théâtre de l'Opéra-Comique national. (Acteurs : Granger, Solié, Michu, Mᵐᵉ Saint-Aubin). — Ne paraît pas avoir été imprimé.

Allons, ça va, ou le Quaker en France, tableau patriotique en vers et en un acte, mêlé de vaudevilles, représenté pour la première fois, sur le théâtre Feydeau, le septième jour du deuxième mois de l'an second de la République. — Acteurs : Lesage, Juliet, Martin, etc. — In-8º. Paris, Huet, 1793; 47 pages. Dédié à la nation et aux armées françaises.

Sylvius Nerva, ou l'Ecole des familles, drame lyrique en trois actes, paroles du Cousin Jacques, musique de Lemoyne. In-8º. Paris, Moutardier, an III. (Cette pièce a été reçue et répétée à l'Opéra, mais elle n'a pas été jouée.)

La Petite Nannette, opéra-comique en deux actes, paroles et musique du Cousin Jacques, représenté pour la première fois, sur le théâtre Feydeau, le 19 frimaire an V (vendredi 9 décembre 1796). In-8º. Paris, Moutardier, an V, 56 pages d'impression. Trois autres éditions dans la même année: une de 62 pages, une de 77 et la dernière de 72.

Turlututu, empereur de l'isle Verte. « folie, bêtise, farce ou parade, comme on voudra, en prose et en trois actes, avec une ouverture, des entr'actes, des chœurs, des marches, des ballets, des cérémonies, du tapage, le diable etc., etc., paroles et musique du Cousin Jacques, représentée à moitié le lundi 3 juillet 1797 (15 messidor an V), et ensuite tout à fait le surlendemain mercredi, 17 messidor, sur le théâtre de la Cité. » In-8º. Paris, Moutardier, an V; 96 pages.

— Acteurs principaux : Brunet, Raffile, Tiercelin, Duval, Baroteau, Mme Brunet, Mme Lacaille.

Jean-Baptiste, opéra-comique en un acte et en prose, paroles et musique du Cousin Jacques, représenté au théâtre Feydeau, pour la première fois, le 13 prairial an VI. Première édition in-8º. Paris, Moutardier, an VI, 36 pages. Deuxième édition. Paris, Moutardier, an VI, 48 pages, avec une préface. — Acteurs : Juliet, Lesage, Planterre fils, Rosette et Aglaé Gavaudan.

Un rien ou l'Habit de noces, folie épisodique en un acte et en prose, mêlée de vaudevilles et d'airs nouveaux, paroles et musique du Cousin Jacques, représenté pour la première fois, le 19 prairial an VI, sur le théâtre de l'Ambigu-Comique. In-8º. Paris, Vente, an VI, imprimerie de Migneret, VII et 36 pages.

Magdelon, comédie épisodique en prose et en un acte, mêlée d'ariettes, paroles et musique du Cousin Jacques, représentée pour la première fois, le 16 prairial an VI, au théâtre du Palais-Égalité, dit théâtre Montansier. In-8º. Paris, Moutardier, an VIII, 35 pages. — Acteurs : Raffile, Brunet, Mme Barroyer, Mme Quésain.

Emilie ou les Caprices, comédie en vers et en trois actes, représentée pour la première fois, le 21 messidor an VII, sur le théâtre des Jeunes-Artistes, rue de Bondy. In-8º. Paris, Moutardier, an VIII ; IV et 80 pages. — Acteurs : Thénard, Grevin, Lepéintre, Monrose.

Les Deux Charbonniers ou les Contrastes, comédie en prose et en deux actes, mêlée d'ariettes, paroles et musique du Cousin Jacques, représentée pour la première fois, sur le théâtre Montansier, le 7 fructidor an VII. In-8º, Paris. Moutardier, an VIII ; 74 pages. — Acteurs : Amiel, Brunet, Mme Mengozzi, Mme Barroyer.

Le Grand Genre, opéra-comique en un acte, représenté sur le théâtre de l'Ambigu-Comique, le....... (Voir *le Chansonnier bourgeois*, tom. II, pages 54, où le Cousin Jacques dit que *le Grand Genre*, joué malgré lui et estropié par les acteurs, n'a pas été imprimé.)

L'Ivrogne vertueux, opéra-comique en deux actes, paroles du Cousin Jacques, musique de Lemoyne. (Je ne sais à quelle date précise ranger cette pièce, reçue au théâtre de Monsieur, d'après une note de *Toute la Grèce*, et qui, selon plusieurs renseignements, aurait été jouée mais n'aurait pas réussi. L'*Annuaire dramatique*, in-32, année 1843, la porte comme ayant été représentée en 1793.)

Les Trois Nicodèmes. Même indécision. Une note placée à la fin de *l'Histoire universelle* annonce que les *Trois Nicodèmes* « *appartiennent* » au théâtre de Monsieur et non au théâtre Lyrique.

Le Cousin Jacques a composé encore une douzaine de pièces qui n'ont été ni jouées ni imprimées, bien que la plupart aient été reçues, répétées et annoncées sur divers théâtres. Quelques-uns de ses manuscrits autographes ont été vendus à la vente Soleinne. — L'écriture du Cousin Jacques, quoique rapide, était lisible et ponctuée avec soin.

Ses autographes ne sont pas très-rares, et se tiennent pourtant à un prix élevé. Ainsi, le dernier qui se soit produit en vente, le 9 février 1863 (lettre signée, adressée à Chaumette; 2 pages et demie; cachet), a été adjugé à M. Charavay, moyennant 26 francs.

Il existe plusieurs portraits du Cousin Jacques; un entre autres, à l'huile, par *Ducreux*, peintre de Marie-Antoinette, et qui a figuré à l'exposition de l'an IX (1801), n° 111 du livret. — Un second, à l'huile aussi, mais d'un peintre inconnu, représente le Cousin très-jeune, tenant à la main un volume ouvert des Fables de La Fontaine.

Parmi les portraits gravés, in-8° :

1° Ovale, buste à droite, *Muller sculpsit*, 1796.

2° Ovale, buste à gauche, sans nom de graveur.

3° Octogone, buste à droite, dessiné *par Violet, gravé par Jonxis*.

4° Carré, buste habillé, à droite, **P.** *Violet delin.* N. *Bureau sculpsit*.

5° Trois quarts, in-12, par madame Moitte.

LE CHEVALIER DE LA MORLIÈRE

I

UNE LETTRE DU TOMBEAU.

Puisque vous voulez bien quelquefois, monsieur, vous occuper de ceux dont personne ne s'occupe plus, par exemple de certains auteurs du dernier siècle qui ont eu le sort des vieilles lunes, — qui ont brillé, qui se sont éteints et qui ont été oubliés comme les vieilles lunes ; — puisque, de temps à autre, votre caprice est de faire revivre, pour une heure, les enfants prodigues et perdus de la littérature, ceux qui ont été couronnés de roses et qui se sont nourris de glands, mais pour qui la postérité n'a point tué de veau gras ; pourquoi ne parleriez-vous pas un peu de moi, qui ai été un des plus originaux et des plus amusants, de moi, chevalier de La Morlière, mousquetaire de Sa Majesté et auteur d'*Angola?*

Je n'ai pas été célèbre, si vous voulez, mais j'ai été fameux autant que qui que ce soit à Paris, autant que Métra le nouvelliste, ou Volange le bouffon. C'est de moi que Rameau neveu a dit : « Ce chevalier de La Morlière, qui rétape son chapeau sur son oreille, qui porte la tête au vent, qui vous regarde le passant par-dessus son épaule, qui fait battre une longue épée sur sa cuisse et qui semble adresser un défi à tout venant... » Le neveu de Rameau a ajouté d'autres choses encore, mais ce sont des impertinences que j'ai oubliées et contre lesquelles je vous engage à vous tenir en garde.

Hélas! monsieur, je sais que ma mémoire a dû vous arriver passablement chargée par mes contemporains. J'ai été trop de mon temps; voilà ma plus grande faute. Dans le fond, je valais autant qu'un autre; mais, vous savez, on a parfois besoin de personnifier dans un seul homme tous les défauts et tous les vices d'une époque. J'ai été cet homme; on m'a pris comme on aurait pris le premier venu; depuis lors, j'ai été, pour tout le monde et même pour le neveu de Rameau (ô comble du comique!) : *cet effronté de chevalier de La Morlière, ce libertin de chevalier de La Morlière,* cet impudent, ce réprouvé, — et le reste. Oui, monsieur, le reste!

Cependant, je ne veux pas me faire meilleur que je ne l'ai été, et, bien que le vent soit aujourd'hui aux réhabilitations, croyez que je ne tiens pas à être réhabilité. Je me donne pour ce que je suis, c'est-à-dire pour un homme d'aventures, pour un chevalier de fortune; je vous abandonne mes mœurs, peut-être trop indépendantes, mais ce que je défends avant tout, c'est ma littérature, ce sont mes livres, — ou plutôt, c'est mon livre.

Laissez-moi, pendant quelques instants, remonter le courant de mes années orageuses. Une dernière fois je veux rentrer dans cette époque où j'ai si longtemps et si diversement tenu ma place. Soyez tranquille, mes mémoires seront moins longs que ceux de mes créanciers, car j'ai l'haleine courte, bien que j'aie beaucoup produit; et je ne compose qu'à petits coups. Vous m'excuserez si quelquefois les opinions philosophiques et le cynisme du temps où j'ai vécu viennent à percer dans mon récit; — les hommes, pas plus que les choses, ne peuvent mentir à leur date. Pourtant, si à de certains endroits de mon histoire restés jusqu'alors inconnus; si à de certains ressouvenirs du cœur, la note frivole du XVIIIe siècle se brise sous mes doigts tremblants, et que vous ne reconnaissiez plus le chevalier de La Morlière, songez que cette lettre est écrite du tombeau ; cela vous aidera à comprendre bien des dissonances.

II

MA JEUNESSE.

Je suis né avec le XVIII° siècle, et je suis mort en même temps que lui. C'est une période de plus de quatre-vingts ans que j'ai parcourue.

Les Rochette de La Morlière, de qui je suis issu, habitaient Grenoble ; je ne m'appesantirai pas sur leur noblesse, que l'on a cherché à rendre incertaine. Plusieurs ont prétendu que La Morlière était le nom d'une terre, et que je ne devais mon titre de chevalier qu'à la décoration de l'ordre du Christ, décoration qui me fut gracieusement octroyée par Sa Majesté portugaise. Quoi qu'il en soit de ces assertions, et de leur plus ou moins de fondement, il n'eût pas été sans danger de les soulever devant moi, car mon épée est souvent sortie du fourreau pour des motifs moins sérieux.

Mon épée, entendez-vous ? monsieur ; non pas l'épée d'un simple gentilhomme, mais l'épée d'un soldat. A peine émancipé, on fit de moi un mousquetaire ; et pour l'instant, c'était ce que l'on pouvait faire de mieux, tant j'avais un caractère intraitable. Il n'était bruit chaque jour dans Grenoble que de mes querelles, tantôt avec la garnison, tantôt avec les bourgeois. Enfin, après avoir été pendant quelques temps la terreur des cafés, je trouvai que ma ville natale n'était pas un théâtre assez large pour mes prouesses, et je vins à Paris, la ville par excellence, celle que j'avais toujours rêvée, le seul endroit du monde où tout se peut, où tout arrive et où rien n'étonne.

Une fois que je connus Paris, je jurai de n'en jamais sortir; et de fait, je ne l'ai quitté que pour entreprendre de petits voyages aux alentours, sans dépasser la Normandie.

J'eus vingt ans sous la régence. Notez ces deux dates-là; elles expliquent bien des choses de ma vie; elles en excusent quelques-unes peut-être. On n'avait pas impunément vingt ans sous le règne des Parabère et des Phalaris; — et s'il a été donné à Voltaire de traverser d'un pied léger ce temps de délires sans y égratigner son cœur, c'est que Voltaire portait la meilleure des cuirasses : l'ambition. Moi, je n'ai été ambitieux que sur le tard. Auparavant, j'ai voulu être amoureux.

Je fus amoureux de tout le monde, comme un vrai amoureux de vingt ans; je connus les passions et la passion. Mais ce que je ne connus jamais que très-imparfaitement, c'est l'argent. J'étais un cadet de famille, et je n'avais autre chose à dépenser que mes vingt-quatre heures par jour : aussi, étais-je vêtu un peu à la légère. En revanche, je possédais largement le luxe de la bonne mine et de la santé, et ce luxe-là je l'affichais en superbe. Les femmes de la cour me recherchaient; moi, je recherchais les bourgeoises : un ermite passerait sa journée à égrener le chapelet de mes bonnes fortunes sous la régence.

Par conséquent, il ne faut pas me demander comment, d'alcôve en alcôve, j'arrivai à cette dépravation qui était alors générale. Je recevais l'exemple de haut, et j'acceptais comme un vernis ce qui était une gangrène. Ma première jeunesse, et ma seconde aussi, s'écoulèrent en mille épisodes, que l'indulgence du temps qualifia d'espiègleries; mais qui n'en sont pas moins de bons et gros scandales. Il vous en est revenu plusieurs aux oreilles, sans doute, et parmi ceux-là certaine anecdote avec la femme d'un marchand de la place Maubert, petite brune à qui j'avais tourné la tête, et qui se sauva un jour du domicile conjugal en emportant argenterie et bijoux.

Le mari jeta feu et flammes, il parla de procédure ; mais, en ce temps-là, qu'est-ce qu'eût pesé un mari dans la balance de la justice ? Le brave homme finit par entendre raison, — et, un soir, il se pendit mélancoliquement dans sa cave.

On a dû vous parler aussi de la fille d'un conseiller au parlement ; cette charmante et très-spirituelle personne voulait à toute force m'épouser ; moi, je ne voyais rien à redire à cette intention, qui me paraissait louable en tout point. Le conseiller seul se désolait à l'idée de m'avoir pour gendre ; c'était une de ces épaisses marionnettes de robe, incapable de rien comprendre à la moindre fredaine, un personnage ridicule, couvert des pieds à la tête de la rouille des vieux préjugés. Je ne sais où ce mal-appris avait été quérir ses renseignements sur mon compte ; mais il n'était sorte d'impertinences qu'il ne me fît ; — il m'en fit tant que, malgré l'état avancé des choses et les tendres sentiments que m'inspirait son adorable fille, il me dégoûta d'une alliance où je n'entrevoyais déjà que déboires et humiliations. Néanmoins, j'étais encore retenu par les liens de la délicatesse et de la convenance ; le diabolique conseiller au parlement essaya de les briser : il m'offrit dix mille écus si je consentais à me désister. Vous devez supposer avec quelle indignation j'accueillis cette ouverture. Mais il m'en offrit vingt mille, et, ma foi...

Que voulez-vous ? on était toujours sous la régence.

On m'a reproché mes créanciers. La plaisanterie est bonne, n'est-ce pas, monsieur ? et il eût fait beau voir qu'un homme de ma sorte ne dût rien à personne. Les créanciers ! mais c'est le nerf de la réputation. Je lis à ce propos, dans une gazette qui me prend à partie, un trait que je n'ai aucun motif de désavouer : — « Cet homme, — c'est de moi qu'il est question, — est un excellent comédien ; il prend tous les masques, tous les accents qu'il lui plaît.

Après avoir passé quelque temps à Rouen, il était venu à Paris, puis il était retourné à Rouen. Parmi les créanciers qu'il avait dans cette ville se trouvait un tailleur. Celui-ci le rencontre, l'aborde, lui demande sa dette. Le chevalier de La Morlière le regarde d'un air imposant, exprime une feinte indignation et baragouine des paroles allemandes. Cet air, cette colère, ce jargon étranger, intimident le pauvre tailleur : il croit qu'il s'est trompé, se confond en excuses, fait une humble révérence, et s'en va. »

Eh bien?

Que fais-je de plus que don Juan, que Moncade, que tous les hommes d'esprit sans argent? En vérité, la pudeur du XVIIIe siècle me fait rire !

Mais il est entendu que je suis le bouc émissaire de cette époque. Je dois en prendre mon parti.

Dans la foule de mes créanciers, il en est pourtant, — j'en pourrais citer jusqu'à trois, — qui n'ont eu qu'à se louer de la grandeur de mes procédés. Au nombre de ceux-là, rangeons un marchand de la rue des Bourdonnais, envers qui je m'acquittai d'une façon tout à fait ingénieuse. Comme le trait est peu connu, je vous le raconterai; mais ce sera le dernier de ce genre.

J'aimais, ou plutôt j'étais aimé de la maréchale de ***, qui passait avec raison pour une femme aussi avare que galante. En effet, elle n'avait d'yeux que pour son cher chevalier de La Morlière, mais elle le laissait volontiers aussi délabré qu'un musicien; sa passion dédaignait de descendre à de misérables détails d'existence; elle ne regardait qu'à la figure, point du tout au costume; néanmoins, je souffrais pour elle-même de l'infériorité de ma situation actuelle, et ma vanité révoltée s'avisa d'un stratagème.

Je me rendis chez mon créancier de la rue des Bourdonnais.

— Mon cher ami, lui dis-je, je vous dois une misère, une bagatelle, n'est-ce pas?

— Oui, me répondit-il en soupirant; quatre mille livres!

— Depuis combien de temps?
— Depuis neuf ans.
— Eh bien, repris-je, je viens m'acquitter envers vous.

Le marchand jeta un coup d'œil de côté sur mon habit, lequel commençait à montrer la corde, haussa les épaules et fit mine de retourner à son aune.

Je le retins par le bras.

— Attendez, lui dis-je, et suivez mon plan. C'est de quatre mille livres que je suis votre débiteur; c'est de trente mille livres que je vais vous signer une obligation.

— Autre folie! murmura mon homme.

— Mais à la condition que vous me poursuivrez immédiatement et sans pitié, que vous obtiendrez sentence contre moi et que vous me ferez enfermer dans le plus bref délai. Voulez-vous?

— C'est une raillerie, monsieur le chevalier.

— C'est un marché, monsieur le marchand.

Il me regarda cette fois bien en face, et me trouvant apparemment l'air qui convient à un individu qui traite d'affaires sérieuses, il consentit à écouter mes propositions.

En conséquence, et selon mes désirs, un beau matin, je me vis enlever des bras de la maréchale et conduit impitoyablement en prison, à la requête du sieur B***, marchand de soieries, — mon créancier pour la somme de trente mille livres.

La maréchale s'arracha les bras et versa les plus belles larmes du monde; mais les trente mille livres lui firent faire la grimace, et pour cette nuit je dus aller coucher sous les verrous. Je m'y étais attendu, mais je m'étais attendu également au retour. Vingt-quatre heures ne s'étaient pas écoulées, que la maréchale, sortie victorieuse du combat livré à l'amour par l'intérêt, venait, bourse en main, me rendre la liberté.

Mon créancier de la rue des Bourdonnais fut payé de ses quatre mille livres. Quant aux vingt-six mille autres... Mais changeons de conversation, s'il vous plaît.

III

JE ME FAIS CHEF DE CABALE.

Je m'étais logé aux environs de la Comédie française; ce voisinage me donna le goût du théâtre, et je devins en peu de temps un des habitués du parterre.

J'y apportai, comme partout, mon esprit de querelle et d'opposition. Entre tous les juges qui décidaient du sort des pièces, du destin des acteurs, je me fis remarquer par mon despotisme. On commença par me craindre, on finit par me rechercher : les comédiennes tentèrent de m'attirer dans leurs lacs, les comédiens m'envoyèrent des présents ; j'eus mes sympathies et mes antipathies ; — et, comme j'avais le verbe haut, l'œil impératif, le geste facile, et toujours cette grande diablesse d'épée dont se choquait tant Rameau le neveu il m'arrivait très-souvent de rallier à mon opinion, quelle qu'elle fût, la masse entière du public. Je compris quel parti je pouvais tirer de cette influence, et je ne m'occupai plus qu'à l'augmenter.

Monsieur, j'ai régné pendant plus de cinquante ans sur la Comédie française et sur le Théâtre-Italien.

Vous ne savez plus guère aujourd'hui ce que c'est qu'un chef de cabale. Chez vous, la cabale s'improvise de la veille au lendemain avec autant de légèreté qu'un repas : vous prenez une poignée d'hommes, les premiers venus, vous leur faites jurer sur un écu d'applaudir Hermione et de conspuer Andromaque ; puis, vous vous en allez, en vous frottant les mains. Au jour dit, vous êtes tout étonné de voir manquer votre cabale ; la moitié de vos hommes sont attentifs au spectacle et y goûtent beaucoup de plaisir ; les autres prennent vos instructions au rebours et n'aboutissent qu'à un tapage honteux, aussitôt écrasé par l'unanimité des spectateurs. Cela vous dégoûte, et vous ne recommencez plus. Vous faites bien.

Il ne vous reste qu'une seule cabale : la cabale des journaux.

Mais, de mon temps, son importance n'était que secondaire, et l'on redoutait bien davantage la cabale agissante.

Ma position équivalait assez à ce qu'on appelle en Italie un chef de *condottieri,* ou plus vulgairement en France un sergent recruteur. Je recrutais partout, et principalement dans les cafés, où je savais que les auteurs faméliques venaient tous les soirs se procurer, non pas la nourriture du corps, mais la nourriture de l'esprit, c'est-à-dire la discussion littéraire, la fréquentation intelligente, toutes choses indispensables à leur existence. Je n'avais pas de peine à persuader à ces pauvres diables de prendre parti pour mademoiselle Dangeville ou contre Lekain, surtout lorsque j'accompagnais mon discours de l'offre d'une collation. Une fois embauchés ils faisaient merveille, car nul ne se passionne plus qu'un auteur pauvre.

J'eus de très-belles victoires comme chef de cabale; je gagnai des parties souvent désespérées; enfin, je devins peu à peu une puissance avec laquelle il fallut compter.

Ce n'était pas assez encore. Je sentais bouillonner en moi ce sang d'aventurier qui fait que l'on use plusieurs carrières. Excité par le milieu où je vivais, je saisis la plume et briguai à mon tour une place au bas du mont sacré. Je n'avais pas tout à fait, comme le Francaleu de *la Métromanie,* cinquante ans quand cela m'arriva, mais j'en comptais bien quarante-cinq. On ne s'en serait pas douté à la vivacité de mes manières, au feu de ma physionomie; les hommes comme moi n'ont pas d'âge, tant qu'ils n'ont pas quatre-vingts ans.

Mes premiers ouvrages furent quelques romans, que je vous abandonne. Ils n'eurent pas de succès, et ils ne méritaient pas d'en avoir. C'étaient des histoires anglaises, flamandes, espagnoles, du rabâchage enfin ; j'étais allé chercher bien loin la vérité, qui était près de moi : — je ne suis pas le seul à qui cela arrive. — J'étais allé décrire des pays qui m'étaient inconnus, des mœurs que j'ignorais, tandis que là, autour de moi, il y avait un pays que je connaissais mieux que personne, des mœurs dont j'étais le représentant accompli, une langue qui m'était d'autant plus familière que je concourais chaque jour à son extension. J'avais inventé, au lieu de me souvenir, ce qui eût été beaucoup plus simple et bien plus amusant.

Je ne fus pas longtemps à comprendre cela ; et, lorsque je l'eus compris, j'écrivis *Angola*.

IV

SCÈNE DE RUELLE.

Un carrosse brillant s'arrête devant la porte de la comtesse de S... ; un jeune homme mis magnifiquement se fait annoncer *en composant ses grâces*.

« — Quoi ! il est jour ici ! s'écrie-t-il en entrant dans l'appartement de la comtesse ; mais est-ce que je me serais trompé ? N'avez-vous donc point passé la nuit à ce *souper divin* dont j'étais prié, et que je suis furieux d'avoir manqué ?

» — Eh bien, dit la comtesse en minaudant, qu'est-ce que cela prouve ? Où avez-vous pris, s'il vous plaît, qu'on ne puisse pas être levée à trois heures après midi ?

» — Je suis fait pour me soumettre à tous vos sentiments, reprit le marquis d'un ton sérieux ; et effectivement vos grâces sont à l'épreuve des veilles et des soupers les plus longs. Vous avez la fraîcheur de *la dévote la plus reposée*.

» — Mais non, n'allez pas croire cela ; je ne suis point du

tout bien depuis quelques jours : j'ai *un fond d'abattement* qui me fait peur.

» — Quelle idée ! reprit le marquis ; en vérité vous êtes *au mieux*, et vous m'inspirez une tendresse...

» — Ce que vous dites là, interrompit la comtesse, est d'une *noirceur abominable*. Je sais que la petite présidente de *** vous a subjugué : vous êtes partout avec elle, et vous l'avez menée au ballet de Versailles. Rien n'est plus *affiché* que ces sortes de choses, et je suis désespérée que vous me croyez faite pour vous servir de prétexte.

» — Pour cela, voilà des griefs si étranges que j'en suis *anéanti*. Se peut-il que vous donniez dans des piéges aussi grossiers ! Il est vrai que j'ai paru *avoir pris* la petite présidente, mais c'était pour faire ma cour à son mari, qui est un de mes juges, et à qui on ne peut rendre un service plus *essentiel* que de le débarrasser de sa femme.

» — Oh ! vous parlez un langage si *entortillé* que je ne vous crois point du tout.

» — Parbleu ! dit le marquis, vous avez là une garniture de cheminée superbe : ces cabinets de la Chine sont charmants ; est-ce *de la rue du Roule?* Pour moi, je suis fou de cet homme-là ; tout ce qu'il vend est d'une cherté et d'un rare...

» — Mais, oui, cela est assez bien choisi.

» — Comment ! il y a un goût miraculeux dans tout cela ; voilà des magots de la tournure *la plus frappante*, entre autres celui-ci : il ressemble *comme deux gouttes d'eau* à votre benêt de mari.

» — Ah ! paix, dit la comtesse ; j'ai une affaire entamée avec lui, qui fait que je le vois depuis quelques jours. J'ai *boudé*, j'ai eu des *vapeurs* ; enfin, je crois que tout cela me vaudra un attelage de six chevaux *soupe au lait*, dont je suis folle à en perdre le boire et le manger.

» — A propos de chevaux, reprit le marquis, vous rouvrez une plaie encore saignante : il m'en est mort un des miens, *qui était bien la meilleure bête*... Je l'avais gagné *au cavagnol*.

» — Quelle folie ! dit-elle ; depuis quand joue-t-on des chevaux *au cavagnol?*

» — Mais cela n'est point neuf ; *d'où venez-vous donc* pour ignorer qu'à la cour, quand l'argent manque, nous jouons tout, terres, équipages, chevaux, nos femmes même, quand on veut bien se contenter de semblable monnaie?

» — Cela est d'autant plus plaisant, dit la comtesse, que, dans ce cas-là, vous jouez souvent ce qui n'est déjà plus à vous.

» —Oh! nous sommes là-dessus d'une philosophie *dont rien n'approche.* Mais que vois-je ? une brochure nouvelle! Je n'ai pas l'avantage de la connaître.

» — On me l'a apportée ce matin, et je ne sais trop si je dois la lire.

» — Il est bien décidé, dit le marquis, que c'est *une misère*, comme toutes les autres qui ont paru. Je n'en sais pas un mot, et je vais gager de vous dire ce que c'est d'un bout à l'autre. Apparemment qu'il est question de quelque fée qui protége un prince pour lui aider à faire des sottises, et de quelque génie qui le contrarie pour lui en faire faire un peu davantage; ensuite des événements extravagants, où tout le monde *aura la fureur* de trouver *l'allégorie du siècle.*

» — En vérité, reprit la comtesse, il n'est pas concevable combien ce que vous venez de dire est admirablement défini ; j'en suis si pénétrée que je vais jeter la brochure au feu.

» —Non pas cela ; en convenant avec vous du frivole de ces sortes d'ouvrages, je vous avouerai que je les lis avec plaisir. Je m'attache à la façon de conter, et je trouve ces bagatelles moins funestes que les *redoutables in-folio.*

» — Eh bien, dit la comtesse, voyons si nous soutiendrons la lecture de celle-ci jusqu'à la fin.

» — Ma foi, madame, je n'ai point une poitrine à l'abri de cela, et à moins que vous n'ayez *toute la guimauve de l'univers* à mon service, je ne crois pas franchement...

» —Ah ! marquis, vous vous êtes engagé, et je vous avoue

que vous *m'indisposeriez cruellement* si vous ne lisiez pas.

» — Allons, madame, dussé-je être réduit à *l'état le plus déplorable*, je vais remplir ma destinée ; mais faites défendre votre porte, je vous prie, je ne suis point accoutumé à *parler en public* ; et, d'ailleurs, vous concevez bien que s'il y a des choses dans ce livre sur lesquelles il soit nécessaire que nous dissertions, il n'est point à propos que ceci soit ouvert comme *une conférence*.

» — Effectivement, répondit la comtesse. Qu'on dise que je n'y suis pas ; et si mon mari se présente, qu'on l'assure *très-positivement* que je suis *malade à périr,* que je n'ai pas *fermé l'œil*. Allons, marquis, vous pouvez commencer. »

Et le marquis commença.

Vous aurez sans doute compris, monsieur, que ce dialogue surpris par moi derrière un paravent, et écrit pour ainsi dire sous la dictée des deux personnages, devint entre mes mains un document précieux. C'était la vérité sur le fait et l'échantillon le plus complet des dernières façons de parler. Je ne laissai pas échapper une pareille bonne fortune. Par bienséance, je supprimai les noms des interlocuteurs ; je substituai le titre de ma brochure à celle dont il est question ; puis, sans presque rien changer au reste, je fis ma préface de ce petit morceau d'éloquence moderne.

V

AVEZ-VOUS LU BARUCH ?

Avez-vous lu *Angola ?* C'est un chef-d'œuvre, et c'est mon chef-d'œuvre ; à présent que je suis mort, ma vanité n'offusquera personne. *Angola,* c'est presque aussi beau que *les Précieuses ridicules*.

Ce n'est qu'un roman, cependant, et des plus minces : deux parties avec frontispice et vignettes ; — mais dans ce roman est contenu le XVIII° siècle tout entier, mieux que dans beaucoup d'autres livres portés plus haut par les noms de leurs auteurs. Les amourettes mignardes, les propos satiriques, les parties sur le gazon, l'Opéra, un coin de la cour, tout se retrouve, tout est rendu avec un soin particulier dans cet ouvrage, qui rend inutiles les peintures de Lancret et de Baudouin. On ne trouve pas autre part, observée avec plus de coloris, la description d'une petite maison ou d'un jardin à la mode. Mes héroïnes sont ajustées, fardées, chaussées comme par la meilleure faiseuse ; et, pour vous en convaincre, je veux vous en montrer une :

« Luzéide était coiffée en cheveux, avec des fleurs et des diamants placés artistement dans sa frisure, un *soupçon de bonnet*, et le chignon relevé comme on le portait alors. Sa robe était d'une étoffe au dernier goût, blanc, *gris de lin et or,* avec dessins en pagodes et en figures chinoises, la polonaise et les parements assortis en chenilles et en *souci d'hanneton;* un corset garni de pierreries et des manchettes à trois rangs du point d'Angleterre *le plus exquis.* »

Mes petits-maîtres valent mes petites-maîtresses : ils sont vivants, ils tournent, ils se dandinent, ils secouent la poudre de leurs cheveux, ils regardent l'heure à leurs deux montres, ils jouent avec leurs bagues, leurs lorgnettes et leurs tabatières. Le matin en *chenille*, c'est-à-dire en redingote; le soir en veste falbalatée, hissés sur des talons rouges ou promenés dans une *dolente* ornée de glaces, on les voit tantôt au Palais-Royal, les mardis et les vendredis, tantôt aux boulevards, dans les spectacles, où ils voltigent de loge en loge, font les singes à travers les trous de la toile, tracassent les actrices à leur toilette et traitent les auteurs d'*insectes du Parnasse*. Au bal, ils s'habillent en *chauve-souris*, dansent le *carillon de Dunkerque* et exécutent le *pas de Marcel* avec une admirable précision. Ah! les beaux petit pantins que voilà!

Ainsi devraient faire, selon moi, tous les écrivains à qui le ciel n'a pas départi les grands dons de la passion et de la philosophie : penchés sur leur temps et sur leur société, ils en reproduiraient, même dans leurs détails les plus puérils, les usages, les habitudes quotidiennes, les costumes, les locutions, — tout ce que le génie ne peut s'arrêter à indiquer, et tout ce qui complète l'œuvre du génie ; tout ce que le présent dédaigne et tout ce que l'avenir recherche. De la sorte, les écrivains inférieurs auraient leur utilité, et les romanciers de second ordre pourraient se grouper autour des historiens; leurs volumes, n'étant plus frappés dès leur naissance par l'épizootie particulière aux romans, survivraient à leur vogue et prendraient place parmi les livres consultés.

A ce point de vue, *Angola* est mieux qu'une production éphémère ; c'est un répertoire où vos faiseurs de pastiches ont puisé plus d'une fois. Le langage des ruelles y est noté comme de la musique; c'est là qu'on entend Damis complimenter Zulmé sur sa figure, *qui est à ravir,* tandis que la piquante Céliane, très-lutinée, s'écrie, *sur* un *ton d'enjouement :* — Mais savez-vous bien, l'abbé, que vous êtes d'une folie *qui ne ressemble à rien!* Les expressions du temps sont toutes en caractères *italiques,* ce qui donne au livre une physionomie singulière et le fait ressembler d'abord à un dictionnaire néologique ; mais bientôt l'action, en se déroulant, ôte aux yeux leur distraction exclusive et entraîne l'esprit dans une suite de scènes originales, dont il ne m'est pas possible de vous dire tout le bien que je pense.

Vous parlez quelquefois, monsieur, de style pailleté, de jargon à l'ambre ; vous invoquez vos feuilletonistes en maillot écaillé d'or et d'argent, vous vantez le bel air de leurs périodes, l'impertinence aisée de leurs récits. Je ne veux pas y aller voir, et je vous crois sur parole; mais relisez *Angola,* et dites franchement s'il en est un, parmi vos auteurs brillants et bruyants, qui ait dépassé certaines de mes pages, toutes surchargée de satin, de fard, de lumière, de baisers et de joyaux ; s'il en est un qui possède mieux que moi le secret du style praliné ; qui enjolive une métaphore de rubans plus frais ; qui sache plus longtemps faire tenir en équilibre, sur une équivoque audacieuse, un dialogue pétillant de tous les feux de la galanterie ! Allez, non-seulement vous n'avez rien inventé, mais vous n'avez rien perfectionné. Mon roman restera le désespoir éternel des tourneurs de périodes et des lapidaires d'adjectifs, la suprême expression du genre *joli.*

Faut-il vous entretenir, après cela, du succès obtenu par *Angola* dans tous les coins de la terre, c'est-à-dire partout où il y avait un boudoir, une chaise longue et les rideaux tirés ? Il fut considérable, il fut extrême, il me força à demander grâce et à me claquemurer dans un réduit inconnu, pour me soustraire tant aux sollicitations des libraires qu'aux curiosités des gens de cour. Comme *Angola* avait paru sans nom d'auteur, on me fit l'honneur, pendant les premières semaines qui suivirent sa publication, de l'attribuer tour à tour au duc de La Trémouille, à Voltaire, à Crébillon fils, à tout le monde. Trois, quatre éditions furent enlevées en quelques mois ; Londres et la Hollande ne restèrent point en arrière et multiplièrent les contre-façons.

De tous les hommes de lettres avec qui l'on a essayé de me mettre en parallèle, Crébillon fils est le dernier à qui l'on eût dû songer. Je n'ai rien, en effet, des qualités ni des défauts de celui qu'on a surnommé le *Philosophe des femmes;* si je m'avoue inférieur à lui en ce qui touche l'analyse subtile des sentiments, je me considère comme son maître en fait de gaieté, de mouvement et de couleur. Crébillon ne décrit pas, il indique tout au plus ; il dit : ceci est un *sopha,* ou ceci est une *écumoire,* — jamais plus long. Ses ducs et ses chevaliers ne se reconnaissent qu'au langage ;

mais quelles dissertations à perte de vue! que de raisonnements tracassiers et inutiles sur la nuance indécise d'un imperceptible caprice d'amour! Célie s'exprime comme la Bérénice de Racine, et il y a des moments où l'alcôve du *Hasard du coin du feu* s'efface tout à fait et où l'on croit voir, à la place, le solennel palais de la tragédie française. Moi, je touche davantage à la terre, c'est-à-dire au tapis de la chambre à coucher; je suis plus amusant aussi, je ris de tout mon cœur là où Crébillon fils ne fait que sourire; je vais droit au but, et j'ai déjà pris vingt baisers sur le cou de Cydalise pendant qu'il en est encore à parlementer à travers le trou de la serrure.

Angola, plus que *Tanzaï et Néardané,* plus que les *Egarements du cœur et de l'esprit,* plus enfin que l'œuvre entière du plus jolyot des deux Crébillon, résume le XVIIIe siècle et le fait toucher du doigt. C'est un tableau de Paris aussi fidèle que celui de Mercier. La comédie que j'ai poursuivie pendant toute mon existence, avec tant de courage et de rage, je ne l'ai atteinte que dans *Angola.* Tout à l'heure, j'ai dit que c'était presque aussi beau que les *Précieuses.* Je le soutiens avec fierté.

Entre Molière et La Morlière, il n'y a que quelques lettres de différence.

VI

MES OEUVRES DRAMATIQUES

La comédie dans le roman est-elle donc plus aisée que la comédie au théâtre? Je dois le croire, puisque j'ai si peu réussi dans mes tentatives dramatiques. Sur deux pièces, *la Créole* et *l'Amant déguisé,* que je parvins à imposer au Théâtre-Français, la première ne fut jouée qu'une seule fois; encore n'arriva-t-elle pas au dénoûment, à cause d'un incident assez saugrenu, que les *Ana* auront sans doute porté à votre connaissance. Un valet raconte à son maître les détails d'une fête et lui demande : « Qu'en pensez-vous? — Je pense que tout cela ne vaut pas le diable! » répond l'autre. Le public prit la phrase au bond et la renvoya aux comédiens ; *la Créole* ne s'en releva pas.

Le Théâtre-Italien, où je tentai d'aborder, ne me fut guère plus favorable. Il était écrit que, m'étant servi de la cabale, je devais périr par la cabale. *Le Gouverneur*, comédie en trois actes, dans laquelle je tournais de nouveau en ridicule les petits-maîtres et leurs façons de dire, *le Gouverneur* tomba lourdement, malgré un mérite réel de dialogue. Les procédés qui m'avaient si bien servi dans *Angola* ne furent d'aucun effet à la scène.

Certains hommes ne réussissent qu'une fois. Je vis que j'étais de ceux-là.

Après tout, les calculs de mes ennemis étaient absurdes : un succès de théâtre m'eût rendu l'homme le plus doux et le plus bienveillant du monde ; la reconnaissance m'eût enchaîné aux comédiens, et la prudence m'eût fait ménager les auteurs, mes collègues; — tandis que mes chutes m'exaspérèrent et détruisirent en moi jusqu'aux derniers principes de la plus simple justice. Je rendis passion pour passion; je fus cruel envers les autres comme on l'avait été à mon égard. Chassé de ce temple, dont le séjour avait été le rêve de toute ma vie, je me montrai sans pitié pour ceux qui, plus heureux que moi, en franchissaient sans effort les portes d'airain. Je n'étais que chef de cabale, je me fis pamphlétaire. Lorsque je n'avais pas bien tué une pièce avec le sifflet, je l'achevais avec la plume; un auteur ne s'échappait jamais de mes mains que bafoué et meurtri.

Toutes les œuvres principales ont été marquées par mes brochures; c'étaient tantôt de *Très-humbles remontrances à la cohue au sujet de Denis le Tyran* (la cohue! ainsi exprimai-je mon mépris pour le public); tantôt des *Observations sur le Duc de Foix,* de Voltaire ; des *Lettres sur les Héraclides,* de Marmontel ; des *Réflexions sur Électre,* de Crébillon ; sur *Oreste,* sur *l'Orphelin de la Chine,* — sur quoi encore? Il y aurait un énorme volume à composer de toutes ces satires, de toutes ces analyses, de toutes ces dissertations, de toute cette rancune manifeste et ardente, où souvent éclatent, à travers un parti pris de dénigrement, un sens littéraire très-sain et très-fin, des aperçus nouveaux et l'autorité d'une expérience douloureusement acquise. La haine est quelquefois un bon éperon pour la raison ; et les yeux courroucés sont ceux qui courent après la grande lumière, si aveuglante qu'elle soit.

Ah ! j'étais actif, j'étais fort, je vivais en guerre et je me sentais vivre, détestant et détesté, salué bas, ayant mon couvert mis tous les jours chez les gens qui m'accueillaient avec effroi, connu de tout Paris, au point que lorsqu'un étranger demandait à voir quelque chose ou quelqu'un de curieux, on lui disait : « Avez-vous vu le chevalier de La Morlière? » Puis on le menait au café Procope, ou au café de la Régence, ou dans la grande allée du Palais-Royal, ou plus sûrement encore, au parterre de la Comédie. C'était là que je brillais dans ma gloire, c'était là que j'apparaissais menaçant comme Jupiter, et comme lui armé de la foudre!

Ma réputation (une réputation exceptionnelle et teinte de sombres couleurs) fut portée au comble, vers ce temps-là, par mes dissensions avec mademoiselle Claire-Joséphine-Hippolyte Leyris de Latude Clairon, actrice de la Comédie française, tragédienne au théâtre et à la ville.

L'histoire de ces dissensions forme un chapitre qui eût été digne de figurer dans quelqu'un des joyeux romans signés Le Sage.

VII

FRÉTILLON

Vous n'ignorez point, monsieur, que *Frétillon* était le surnom de la grande tragédienne. Ce surnom, par lequel elle était européennement connue, elle le devait à la rancune d'un de ses anciens camarades de coulisse, au comédien Gaillard de la Bataille, avec qui elle avait couru la province dans sa jeunesse. Gaillard de la Bataille l'avait aimée à la folie, et elle avait repoussé ses hommages avec une hauteur précoce. Mortifié, plus encore que désespéré, par ses refus, il se vengea en publiant ce bas libelle qui a pour titre : *Histoire de mademoiselle Cronel* (anagramme de Clairon ou Cleron), *dite Frétillon, actrice de la Comédie de Rouen.*

Gaillard de la Bataille n'en demeura pas là; sa haine dura plusieurs années, pendant lesquelles il ajouta des *suites* à son ouvrage. Transportant la scène tantôt à Caen, tantôt à Lille, il montra la Clairon en partie d'officiers, ou bien passant des bras d'un marquis dans ceux d'un traitant. C'est un livre abject en somme, et sans style, qui déshonora son auteur. Je n'en ai parlé que pour rappeler l'origine du sobriquet plus que galant de Frétillon.

D'autres ont pu élever jusqu'aux nues les talents de cette nouvelle Melpomène, comme on l'a appelée (ô ma pauvre Adrienne Lecouvreur!); pour moi, je dirai simplement que je ne pouvais pas la souffrir. Au théâtre, ce que je détestai toujours le plus, ce sont les génies académiques; ceux qui ne laissent rien à faire à la nature; ceux dont la sensibilité ne se meut que par des ressorts. On a dit de Clairon que nulle ne *poussa l'art plus loin;* cela est possible, mais son talent était comme son nom, — quelque chose de sonore et de froid ; — et je me moque de l'art, en matière d'émotion ! Je préfère alors mille fois la Dumesnil, à qui la passion et le vin sortaient par les yeux !

Je n'étais pas le seul de mon avis, mais j'étais le seul qui l'exprimât tout haut, car une tragédienne ne m'a jamais fait peur, — surtout une tragédienne des tragédies de Marmontel. Je connaissais l'orgueil surhumain de cette reine de théâtre, et je goûtais un plaisir infini à le rabaisser. Mademoiselle Clairon me prit en horreur. Elle jura de tirer une vengeance éclatante de mes propos ; je suppose qu'elle jura par le Styx : les immortels de la Comédie française ne pouvaient pas faire moins que les immortels de l'Olympe.

Quoi qu'il en soit, je ne fis que rire des menaces de mademoiselle Clairon, — et j'eus tort ; oui, j'eus tort. J'aurais dû me rappeler l'anecdote de Fréron et le mouvement extraordinaire qu'elle s'était donné pour l'envoyer au For-l'Évêque ; j'aurais dû me rappeler qu'il n'avait fallu rien moins que l'intercession de Marie Leckzinska pour empêcher qu'on n'allât arracher de chez lui ce journaliste, malade de la goutte. Mais on ne pense jamais à tout. La Clairon ne me fit pas conduire au For-l'Évêque, c'eût été trop d'honneur pour moi ; — vous allez voir ce qu'elle imagina.

C'était la première représentation de *Tancrède*, en 1761, je crois ; quelques minutes avant le lever du rideau, j'allai prendre ma place accoutumée dans le parterre. Ce soir-là, j'avais fait grand bruit chez Procope ; je m'étais déclaré ouvertement contre la pièce, contre Voltaire, et, partant, contre la Clairon ; j'avais même prédit que la pièce n'irait pas au quatrième acte, et que moi, La Morlière, je ferais une fois de plus justice du mauvais goût du public. Le mot était donné à mes hommes ; savamment répandus dans la salle, et l'œil fixé sur moi, ils n'attendaient qu'un signal pour propager le tumulte.

J'étais debout entre deux individus d'une taille robuste et d'une figure patibulaire, que je ne reconnus pas pour mes voisins habituels; néanmoins, je n'en pris aucune inquiétude. *Tancrède* commença; je laissai passer les premières scènes. Vers la fin du premier acte seulement, je me mis en mesure de prodiguer les exclamations, les murmures, les haut-le-corps, les mouvements d'impatience; mais aux premiers symptômes d'hostilité que je laissai percer, mes deux voisins se rapprochèrent tellement de moi qu'ils faillirent m'étouffer.

— Holà! dis-je à celui de gauche.
— Mordieu! dis-je à celui de droite.

Ils se reculèrent un peu, et je respirai. La pièce tenait tout le public dans l'attention, lorsque, à un vers qui me parut marqué au coin de l'emphase, je laissai échapper un *oh! oh!* dérisoire, et qui fit rumeur. Au même instant je me sentis broyé entre mes deux murailles vivantes; et des *paix là! paix donc!* partis du milieu du parterre ne permirent pas à ma voix de se faire entendre. Je me contentai de rouler des yeux furibonds sur ces deux hommes, qui demeurèrent impassibles et silencieux, le regard attaché sur la scène avec cette expression des gens qui n'ont point coutume de venir à la comédie. Ce que voyant, je haussai les épaules et je fus dégagé.

Le premier acte s'acheva. Au second, j'étais bien décidé à protester vigoureusement contre *Tancrède* et contre Aménaïde, représentée par la Clairon; mais au moment où j'approchais mon sifflet de mes lèvres, le voisin de droite me saisit le bras avec une telle violence que le sifflet tomba par terre.

— Chut! me dit-il.

Pour le coup, je me démenai de toutes mes forces, et j'allais m'exclamer, quand je sentis mon autre bras comprimé non moins énergiquement.

C'était le voisin de gauche.

— Silence! me dit-il.

Le sang m'arriva à la figure; mais, retenu par les deux poignets, que pouvais-je faire?

— Restez tranquille, me dit brutalement dans l'oreille le premier de ces bourreaux.

— Si vous faites un geste, si vous jetez un cri, ajouta le second, notre ordre est de vous enlever de votre place et de vous expulser du parterre.

Ces hommes étaient deux exempts de police déguisés; j'aurais dû m'en apercevoir plus tôt à leur laconisme farouche. Ils étaient taillés en athlètes; toute lutte avec eux eût été misérable, et je ne dus même pas y songer.

— Ah çà! mes drôles, murmurai-je, savez-vous qui je suis?

— Parfaitement; vous êtes M. le chevalier de La Morlière, et nous avons mission, mon camarade et moi, de vous surveiller.

— Aujourd'hui?

— Aujourd'hui et demain, et tous les jours, jusqu'à nouvelle consigne.

— Mais de quel droit?... demandai-je confondu.

L'exempt ne m'écoutait pas; ses yeux étaient fixés sur la scène avec admiration.

— Taisez-vous, dit-il, voilà mademoiselle Clairon qui entre en scène; ah! quel jeu, quelle actrice, monsieur le chevalier!

Et il se mit à claquer.

J'étais pourpre; je me tournai vers le second exempt, qui me parut être moins facile à l'enthousiasme.

— Ainsi, lui dis-je c'est désormais entre vous et votre camarade qu'il me faudra assister à la comédie?

— Oui, monsieur le chevalier, et croyez que nous en sommes bien contents? moi, surtout, qui aime tant les pièces de M. de Voltaire.

— Pardieu! m'écriai-je en grinçant des dents, je suis enchanté que ce soit ma compagnie qui vous procure ce plaisir.

— Il ne tiendra qu'à monsieur le chevalier de n'avoir pas à se plaindre de la nôtre.

— Et comment cela?

— En s'abstenant scrupuleusement de toute manifestation désapprobatrice, ce qui doit être bien facile à monsieur le chevalier, lorsqu'on joue des pièces comme celle-ci, par exemple. Tenez, écoutez : quelle grâce dans la période! quelle majesté dans la rime! Ah! les beaux vers! les beaux vers!

Les deux exempts se mirent à l'unisson et applaudirent à tout rompre.

— Bravo! Clairon! bravo! criait le premier.

— Bravo! Voltaire! bravo! criait le second.

On se représente ma situation; elle n'était pas tenable. Je quittai la place au troisième acte pour aller exhaler ma rage dans la rue.

Le lendemain, je ne parus pas à la Comédie française; le surlendemain non plus. A la fin de la semaine, j'y entrai, non sans une vive appréhension. Les deux exempts m'attendaient; ils me rejoignirent et se placèrent à mes côtés, après m'avoir donné toutes sortes de marques de respect.

Il m'était impossible, dans cette aventure, de méconnaître le doigt de Frétillon.

J'enrageai. Ma contenance fut toutefois celle d'un homme de condition, qui prend galamment les choses, et qui compte assez sur son imagination pour n'être pas inquiet de sa revanche.

En effet, l'occasion se présenta de mettre les rieurs de mon parti.

Cette fois, ce ne fut point à la représentation d'une tragédie de Voltaire, mais à celle d'un mauvais drame de Saurin, *Blanche et Guiscard*, imité de Thompson, qui, lui-même, en avait pris le sujet dans *Gil Blas*. Frétillon y avait un rôle dont on disait merveille et pour lequel Garrick était venu lui donner des leçons. J'étais d'autant plus animé contre la pièce nouvelle, que j'avais autrefois traité un sujet analogue, que je l'avais présenté aux comédiens français, et que je m'étais vu éconduit, comme un écolier par des régents de sixième. A tous ces titres, je ne pouvais pas manquer la représentation de *Blanche et Guiscard*.

Mes deux voisins étaient à leur poste.

— Ma foi, monsieur le chevalier, me dit l'un, nous désespérions depuis quelque temps de votre présence; on a cependant joué de bien jolies pièces, et mademoiselle Clairon s'est surpassée.

En toute autre circonstance, j'aurais vertement corrigé ce drôle, plus narquois évidemment que son devoir ne le comportait. Aujourd'hui, je ne voulais rien compromettre; je me contentai de le regarder de travers, et de graver, pour l'avenir, son signalement dans ma mémoire.

— Mais, ajouta l'autre, lorsque nous avons vu paraître votre lettre de réclamation au sujet de la nouvelle tragédie, nous avons bien pensé que vous ne pouviez pas vous dispenser de venir ce soir au théâtre.

Celui-ci avait plus de retenue.

— Qui est-ce qui joue? lui demandai-je.

— C'est Bellecour, avec mademoiselle Dubois et la Clairon.

— C'est une belle fille, la Dubois.

— Oui, monsieur le chevalier.

— Et qu'est-ce qu'on dit de l'ouvrage? continuai-je indifféremment.

— De l'ouvrage de M. Saurin?

— Oui.

— Mais, monsieur, répliqua l'exempt avec l'expression de la plus honnête surprise, est-ce que l'on peut dire quelque chose d'un ouvrage avant qu'il ait été représenté?

— Bon! vous savez bien ce que j'entends; je demande ce que l'on pronostique, si l'on croit à un succès ou à une chute.

— Oh! monsieur le chevalier, on s'attend à un succès.

— Comment cela!

— Est-ce que M. Saurin n'est pas de l'Académie?

— Eh bien, dis-je en riant, ce n'est pas une raison.

— C'est une raison pour un exempt, répondit-il avec une gravité un peu piquée.

Il n'y avait pas à causer avec cet homme-là.

Je me retournai vers la salle.

Blanche et Guiscard commença : le premier acte fut un peu froid, malgré une reconnaissance, et malgré le pittoresque des costumes siciliens, copiés au cabinet des estampes. Je ne bougeai pas; mais, à deux ou trois reprises, je bâillai avec une grande apparence de candeur. Mon voisin de droite, qui ne se méfiait de rien, en fit autant, et bientôt il fut imité par mon voisin de gauche. Je continuai avec expansion. Les bâillements gagnèrent le parterre tout entier; vers le milieu de la pièce ils avaient escaladé la galerie et ils circulaient dans les loges. Je suivais avec un plaisir malin les progrès de la contagion, dont j'étais le foyer. Vainement les comédiens redoublaient d'efforts pour secouer cet ennui, dont la manifestation leur arrivait par une multitude de mâchoires ouvertes; il y eut un moment où l'épidémie, franchissant la rampe, vint leur contracter la gorge et resserrer au passage les hémistiches de l'infortuné Saurin. Dès lors, la chute de la pièce fut décidée; je me hâtai d'y porter les derniers coups en bâillant plus démesurément que jamais. Cette fois, mon intention n'échappa pas aux deux exempts.

Celui de droite me dit :

— Monsieur le chevalier, nous sommes désolés d'avoir à vous rappeler à la prudence.

— Pourquoi cela? demandai-je.

— Parce que vous bâillez avec une affectation visible.

— Eh bien, si je m'ennuie?...

Les deux exempts se consultèrent du regard; ma réponse les avait embarrassés.

— Au fait... murmura celui de gauche.

Mais l'exempt de droite, qui était le plus féroce, crut trancher la question par ces mots :

— Vous vous ennuyez trop.

Je ne me déconcertai pas, et, avec le plus grand flegme du monde, je lui posai cette interrogation :

— Est-ce que vous vous amusez, vous?

Ils furent interdits.

— Je ne dis pas cela, dit le premier, mais...

Le *je ne dis pas cela* était sublime; je n'en voulus pas entendre davantage, je m'en tins au *je ne dis pas cela;* et comme j'avais soulevé un point délicat de controverse sur lequel leur consigne était muette, ou plutôt qu'elle n'avait point prévu, ils me laissèrent bâiller jusqu'à la fin. Est-il nécessaire de dire que *Blanche et Guiscard* tomba, ou, pour mieux dire, s'affaissa sous l'indifférence publique, — indifférence dont Frétillon eut sa part, victime, elle aussi, de mon nouveau système de cabale?

Je triomphai donc, mais je ne triomphai pas longtemps. Frétillon était toute-puissante : elle le fit bien voir. Lassée d'une lutte où j'avais su conserver l'avantage, elle résolut de m'écraser tout à fait; le coup qu'elle me porta était le seul auquel je ne m'attendais pas. Elle sollicita et obtint de M. de Sartine un ordre inouï, par lequel IL M'ÉTAIT DÉFENDU DE ME PRÉSENTER DÉSORMAIS A LA COMÉDIE FRANÇAISE. Furieux, je cours chez ce magistrat; j'ai toutes les peines du monde à le voir, encore plus de peine à obtenir de lui quelques explications.

— Que voulez-vous? me dit-il enfin, mademoiselle Clairon est très-bien en cour; vous, vous avez une réputation détestable; il faut vous résigner. On vous a assez averti; d'ailleurs, c'est votre faute.

— Mais une telle interdiction est inusitée et ne s'appuie sur aucune loi.

— C'est vrai; mais mademoiselle Clairon a couru chez les gentilshommes de la chambre; elle les a prévenus, elle les a attendris. « Je ne peux pas jouer à la vue de ce monstre! » a-t-elle dit en parlant de vous. Enfin...

— Enfin?

— Elle a menacé de se retirer du théâtre.

— Quelle parodie! m'écriai-je; il n'y a pas de mois, pas de semaine, pas de jour qu'elle ne renouvelle cette menace; et vos gentilshommes de la chambre auraient beau jeu à la prendre au mot!

— Peut-être avez-vous raison, me dit froidement M. de Sartine, mais cela ne me regarde pas, j'obéis à des ordres supérieurs.

Je voulus insister, il me tourna le dos.

J'écrivis mémoires sur mémoires, j'invoquai la justice, j'exposai l'histoire de mes querelles avec les comédiens français; l'ordre ne fut pas révoqué. Je remuai terre et ciel pour intéresser à ma cause quelques personnages influents, et je m'aperçus une fois de plus que ma force n'était qu'en moi seul. Qui eût voulu protéger le chevalier de La Morlière? Qui eût osé le défendre hautement? Il n'y avait que le chevalier de La Morlière qui pût plaider pour le chevalier de La Morlière. Un nouveau et fulminant mémoire, en forme de consultation, que je lançai dans le public, intimida l'autorité; j'y demandais par quelle voie me pourvoir pour jouir du droit, qui appartient à tout citoyen libre, d'aller, en payant, à la Comédie française. On craignit que cette affaire ne fît trop de tapage; et, en dépit de mademoiselle Clairon, le lieutenant de police, qui vit que j'étais homme à mener loin les choses, leva l'interdiction arbitraire qui pesait sur moi.

Ainsi finit, — à mon honneur, — ce débat si longtemps prolongé. A Venise, je n'en aurais pas été quitte à moins d'un coup de stylet; mais nous étions à Paris, et la Frétillon n'avait pas de sbires à ses ordres.

VIII

LA JOUEUSE DE GUITARE

Ces choses se passaient en 1766.

Je travaillais alors à une volumineuse histoire du théâtre, qui n'a jamais été imprimée, — et c'est dommage.

Toutes mes journées étaient prises par ce labeur; mon unique distraction, le soir, était d'aller faire ma partie de trictrac, au café, avec le chevalier de Mouhy ou avec le petit Poinsinet.

Une fois, la partie s'étant prolongée plus tard que de coutume, je me trouvais attardé dans les rues. J'avais bien à mon côté de quoi défier les mauvaises rencontres, mais je n'avais pas de quoi défier l'hiver, qui commençait à faire sentir sa maligne influence; en un mot, j'étais sans manteau, et, moitié pestant, moitié grelottant, je regagnais à pas pressés mon logis.

Je demeurais alors rue du Plat-d'Étain.

La nuit était tellement profonde que je distinguais à peine ma maison.

Au moment où j'allais soulever le marteau de la porte, mes pieds heurtèrent contre un corps inanimé, étendu sur le seuil. Je me baissai, mes mains rencontrèrent une robe et une guitare; — je me rappelai aussitôt une petite mendiante à qui je donnais souvent l'aumône, et qui m'avait frappé par la douceur de sa figure.

— Elle se sera évanouie, pensai-je; le froid... la faim peut-être...

Et l'ayant chargée sur mes bras, je la montai jusque dans ma chambre où j'allumai un grand feu, qui nous était presque aussi nécessaire à l'un qu'à l'autre.

La chaleur la fit revenir à elle. Surprise de se trouver seule avec moi, à cette heure de la nuit, l'extrême rougeur remplaça sur ses traits l'extrême pâleur. Je la rassurai du mieux qu'il me fut possible, — et j'allai tirer de mon buffet quelques viandes froides, avec une bouteille de vin bourguignon. Ce petit repas établit la confiance entre nous; — l'enfant me remercia avec une effusion dont mon cœur fut agité.

Sur ces entrefaites, une idée me saisit.

— Comment vous appelez-vous? lui demandai-je.

— Denise.

— Quel est votre âge?

— Dix-sept ans, me répondit-elle.

— Eh bien, Denise, moi j'en ai plus de soixante-six ; je suis un veillard et je ne tiens à personne au monde; voulez-vous être ma gouvernante?

La petite joueuse de guitare resta un moment interdite; puis de grosses larmes se firent jour dans ses yeux.

— C'est plus de bonheur que je n'osais en attendre, dit-elle; parlez-vous bien vrai?

Il n'y a que les âmes naïves pour opérer des bouleversements dans les âmes flétries. Cette jeune fille, qui n'était pas précisément jolie, mais qui avait pour elle un grand air de bonté, faisait rentrer en moi mille sensations anciennes et perdues. J'avais tellement vécu en dehors des sentiments simples, mon cœur et mon esprit appartenaient si peu aux mœurs familières, que je me vis à mon tour embarrassé et comme honteux. — Lorsque Denise se jeta sur ma main pour la baiser, je la retirai avec promptitude.

Hélas! j'avais fait si peu de bien dans ma vie qu'un mouvement de reconnaissance élancé vers moi me froissait à l'égal d'une injure!

J'installai sur l'heure Denise dans ses nouvelles fonctions : je lui confiai la garde de mon linge et le soin de mon humble mobilier.

Est-il utile de dire que je n'étais guère plus riche en 1766 qu'en 1720, et que mon crédit, comme chef de cabale, ayant été fortement ébranlé par les intrigues de la Clairon, j'en étais réduit, pour subsister, aux seules ressources littéraires? On sait quelle ironie cachent en tout temps ces deux mots. Ah! monsieur, puissiez-vous n'être jamais forcé, sur vos vieux jours, de recourir au gagne-pain de la littérature!

Le temps des maréchales était passé, car ma tête était devenue grise. — Pour me remettre en cour, j'avisai de composer un roman intitulé *le Fatalisme*, et de le dédier à madame la comtesse Du Barry. C'était le premier hommage de ce genre qu'elle recevait ; tout le monde me jeta la pierre pour avoir, dans ma dédicace, célébré ses *talents* et ses *vertus*. J'avoue aujourd'hui que c'était pousser la flatterie un peu loin; mais en fait de dédicace on ne doit pas y regarder de trop près; Corneille lui-même ne nous a-t-il pas donné l'exemple dans ses *Epîtres à Montauron?*

La Du Barry accepta le patronage de mon roman, et, pour me prouver combien elle était sensible à mon héroïque politesse, elle me fit prier de venir souper avec elle.

Je fus assez dépaysé. J'avais compté sur de l'argent, sur une gratification quelconque; au lieu de cela, on m'envoyait de la fumée d'honneur et de la fumée de cuisine par le nez. Un souper chez la favorite! Que n'aurait pas donné un courtisan pour obtenir une faveur semblable! Moi, je l'aurais cédée volontiers pour une paire de boucles d'argent neuves.

Et puis je réfléchis. Il me parut évident que la Du Barry n'avait rien entendu à mon épître, ou plutôt que la pauvre fille l'avait prise au sérieux. Dès lors, je me représentai ses efforts pour imaginer une récompense à la hauteur de cette action, et je compris l'invitation à souper; c'était ce qu'elle avait trouvé de mieux. Je souris avec indulgence, et je l'excusai. — Mais ce n'eût pas été madame de Pompadour qui se fût trompée à ce point!

Pendant deux jours, Denise ne fut occupée qu'à restaurer mon habit à paillettes.

IX

SOUPER AVEC LA DU BARRY.

J'ai fait des soupers plus gais que celui-là.

Nous n'étions que deux, elle et moi, dans une salle éclairée comme pour vingt-cinq convives.

La Du Barry était parée royalement, on peut le dire ; elle avait une robe lamée d'or, que des poignées de perles retroussaient, et, sur ses cheveux divinement poudrés, un toquet chiffonné par une élève de la Duchapt, qui laissait échapper des plumes et des pierreries.

Il était clair, décidément, qu'elle avait voulu me faire honneur, grand honneur.

Néanmoins, je ne figurais pas trop mal en face d'elle : mon habit était bien un peu flétri, ma cravate un peu rousse (Denise brûlait toujours le linge en le repassant) ; mes dentelles étaient reprises en plusieurs endroits ; mais l'air de tête rachetait tout ; — je pouvais en juger dans les glaces qui nous environnaient.

Pourtant, encore une fois, ce souper avait quelque chose de chagrin.

Les domestiques qui nous servaient laissaient lire sur leur figure une expression de froideur exagérée ; ils allaient et venaient sans qu'on entendît le bruit de leur pas.

A vrai dire, je sentais confusément ce que tout cela signifiait ; — et la Du Barry finit par le sentir à son tour. Cela signifiait qu'il y avait à cette table une courtisane et un pamphlétaire, deux personnages de la même étoffe, la pire espèce d'homme et la pire espèce de femme, à ce qu'on prétend. Cela signifiait que le rôti du roi de France était mangé en ce moment par une grisette parvenue et par un chevalier décrié, et qu'un tel spectacle, au milieu de ces lambris dorés, manquait, sinon de curiosité, peut-être de grandeur ou du moins de convenance.

Dès que cette révélation se fut faite à nous, — et ce fut l'affaire d'un regard échangé, — nous éprouvâmes un embarras que nous ne cherchâmes point à dissimuler. Nous vîmes que nous nous compromettions mutuellement, et que notre véritable place, pour un tête-à-tête, était aux Porcherons ou à *la Tour d'Argent*.

Il en résulta que j'expédiai le souper avec plus de diligence que je ne l'aurais fait en toute autre occasion ; — mais je voulais être généreux et faire oublier sa méprise à la Du Barry.

Ses yeux, — ses beaux yeux, — m'en témoignèrent une véritable gratitude.

Les quelques paroles que nous échangeâmes furent banales et prononcées presque à demi-voix.

Après le dessert, elle se leva; et, pour la première fois, me souriant comme elle aurait souri à Louis XV, elle me donna sa main à baiser.

J'y appuyai respectueusement mes lèvres; — et, lorsque je relevai la tête avec une involontaire émotion, elle avait disparu.

Pauvre femme! on dit que vous l'avez guillotinée.

X

DENISE

Le lendemain, je reçus une bourse de cent louis; la favorite avait compris, à la fin.

Jamais argent n'était arrivé plus à propos; Denise faillit en devenir folle de joie.

Cela nous fit vivre pendant une année, au bout de laquelle nous retombâmes dans la gêne. La cabale n'allait plus, j'avais renoncé définitivement au théâtre; et puis, l'âge m'arrivant, je devins facile à décourager. Seule, Denise ne se désespérait pas; elle croyait, ou plutôt elle voulait croire à mon bonheur, à mon étoile, au hasard protecteur. Moi aussi j'avais cru jadis à tout cela!

Selon ses conseils, — car Denise me donnait des conseils, — j'essayai de me rappeler une seconde fois au souvenir de la maîtresse de Louis XV; j'écrivis les *Mé-*

moires de Du Barry de Saint-Aunetz, anecdote du temps de Henri IV. Mais mon appel ne fut pas entendu : — ni bourse, ni souper !

Ce fut mon dernier ouvrage imprimé ; j'avais soixante et dix ans...

Monsieur, cette dernière partie de mon existence vous paraîtra assez triste ; elle n'est cependant qu'une conséquence de ma jeunesse et de mon âge mûr. — Après la gêne, vint la misère absolue ; je la supportai mal, car je n'avais ni religion ni philosophie. D'abord, je mis mes amis à contribution, mais comme la liste en était fort courte, je dus bientôt recourir aux simples connaissances, près desquelles je finis par acquérir une réputation d'emprunteur, comme Baculard d'Arnaud. J'avais gardé ce que ne m'ont jamais refusé mes ennemis, c'est-à-dire la verve hâbleuse, l'esprit à flots ; j'amusais, j'étais écouté, et, la vanité aidant, je croyais de la sorte rembourser mes créanciers. — Par malheur, toute cette gaieté m'abandonnait quand je rentrais chez moi ; le sentiment de ma position avilie reprenait le dessus, et je devenais amer même pour Denise. Aussi, comme toutes les natures aigries par la conscience de leurs propres fautes, je fuyais mon intérieur où veillaient constamment l'angélique patience et la tendresse qui encourage. Je redoutais la consolation encore plus que le reproche ; la bonté m'irritait. Je gagnai à cette humeur maussade quelques vices de plus, et, descendant les derniers degrés de l'échelle sociale, j'arrivai à ne me plaire que dans la compagnie des malheureux ; je hantai les cafés équivoques, les cabarets de la Courtille, je goûtai un âcre plaisir à m'enfoncer chaque jour plus avant dans les fanges.

Il me fut donné alors d'apprécier le dévouement admirable de Denise. Toujours riante, même au milieu du plus profond dénûment, elle opposait à notre mauvaise fortune un génie vraiment inventif. Lorsque, les mains vides, je revenais silencieusement m'asseoir au coin de la cheminée sans feu, c'était elle qui s'efforçait d'improviser un repas égayant. Dans les moments extrêmes, elle savait trouver des ressources que je n'eusse jamais soupçonnées : tantôt c'était le traiteur qui avait consenti à s'humaniser jusqu'à la fin de la semaine, tantôt c'étaient deux ou trois pièces d'argent miraculeusement retrouvées dans le fond d'un tiroir. Je ne m'inquiétais pas autrement de cela, — lorsqu'une circonstance fortuite vint m'ouvrir les yeux et les remplir de larmes.

Passant vers midi, par le plus extraordinaire hasard, dans le quartier de la Petite-Pologne, j'entendis au coin d'une rue les sons d'une guitare, mêlés aux accents d'une voix qui me donna un tressaillement subit. Je pris ma tête à deux mains pour m'assurer que je ne devenais pas fou, et je m'avançai rapidement vers l'endroit d'où partait cette voix connue...

Ah! monsieur, vous devinez tout, n'est-ce pas?

C'était Denise, — Denise qui, depuis un mois, avait repris secrètement son ancien métier pour me faire vivre!

XI

L'ACADÉMIE DE LA RUE DU CHAUME

Il ne me reste plus qu'à vous dire comment cet ange me fut enlevé.

Elle avait trop souffert dans son enfance et dans sa jeunesse pour vivre longtemps. Notre misère était sans issue. Les derniers ressorts de ce corps et de cette âme se brisèrent dans une lutte désespérée : après huit ans de douleurs partagées avec moi, elle tomba malade, — pour ne pas guérir.

Les soins éclairés d'un de mes amis, nommé Rondel, excellent médecin, prolongèrent son agonie jusqu'à l'automne de 1772.

Il y avait six mois que je la voyais s'en aller, calme, pâle, mais souriante toujours. — Croiriez-vous que souvent elle essayait de relever mon courage, et qu'elle m'engageait à travailler, en me montrant encore le succès et l'aisance dans un avenir tout prochain? Mais, de ce côté-là, l'illusion était bien morte en moi. J'écrivais, cependant, de temps à autre, pour lui faire plaisir...

Je me souviendrai toujours du 5 octobre, qui était un samedi.

Ce jour-là, j'avais passé la plus grande partie de l'après-dîner sous les arbres du Palais-Royal, et M. le marquis de Villevieille m'avait prêté un petit écu.

Je repris assez tristement le chemin de la rue du Plat-d'Étain. Depuis quelque temps je ne chantonnais plus; j'avais presque perdu l'habitude de regarder les passants par dessus l'épaule; mon inadvertance était telle que, si j'eusse heurté quelqu'un, j'aurais été capable de lui dire : — Excusez-moi, monsieur.

Denise était étendue dans la bergère, comme je l'avais laissée le matin. Elle me sourit des yeux; c'était tout ce ce qu'elle pouvait faire, car la faiblesse l'envahissait de toutes parts.

— Est-ce que Rondel n'est pas venu aujourd'hui? demandai-je avec inquiétude.

— Si, murmura-t-elle.

J'allai à la cheminée et trouvai l'ordonnance sous un flambeau. Je la lus à voix basse : c'était, comme d'habitude, de la volaille, du vin de Bordeaux, des biscuits, avec des sirops pour le soir et des bouillons pour la matinée. Évidemment mon petit écu ne pouvait suffire à cette dépense; un mouvement de mauvaise humeur m'échappa.

— Rondel se moque du monde! dis-je entre mes dents.

— Qu'est-ce qu'il y a? interrogea Denise, avec cet éternel sourire qui me déchirait.

— Rien, rien... répondis-je en pliant l'ordonnance et en la mettant dans ma poche.

Mais les malades ont une clairvoyance extrême. Elle lut dans mon geste, et, suivant la même filière d'idées que moi, elle arriva en même temps à la même décision.

— Est-ce que vous n'allez pas ce soir à l'académie de la rue du Chaume?

L'académie de la rue du Chaume était un tripot où j'avais coutume d'aller tenter la fortune ; mais ce soir, avec un écu pour enjeu, que pouvais-je espérer? Et puis, devais-je exposer cette ressource unique? S'il m'était impossible, avec un écu, de me procurer toutes les choses indiquées dans l'ordonnance, au moins m'était-il possible d'en avoir une partie, le bouillon, par exemple, et la volaille. Fallait-il risquer le tout pour le tout? En avais-je le droit?

Denise comprit mon indécision, car elle me dit en m'encourageant du regard :

— Allez là-bas; vous savez que vous avez du bonheur.

— Te laisser? répliquai-je en la regardant avec anxiété.

— Je vais mieux... et puis, j'éprouve... comme un grand besoin de sommeil.

Si je l'eusse examinée plus attentivement, j'aurais été épouvanté de l'expression de ses traits; je me serais aperçu que la vie commençait à abandonner ses lèvres; que ses prunelles, offusquées par un rien et continuellement tremblotantes, n'avaient plus que le reflet incertain des lampes qui se meurent; que ses chers petits doigts, abandonnés sur sa robe de couleur foncée, s'étaient amaigris d'une manière effrayante et offraient la blancheur triste de l'ivoire; — mais habitué à la voir tous les jours et peu habile à saisir les gradations de la maladie, je ne m'aperçus pas du ravage qui s'était opéré en elle depuis quelques heures.

Et je sortis.

Vous pensez bien que je n'avais pas le cœur au jeu. Cependant, autrefois, on me renommait parmi les amateurs du *biribi*, du *pharaon*, du *trente-et-quarante;* au Palais-

Royal, maintes fois, j'avais fait la partie du comte de Genlis, et j'avais taillé chez l'ambassadeur de Venise ; — une nuit même, il m'arriva d'y gagner sept cents louis ; il est vrai que, le lendemain, j'en reperdis neuf cents dans une sorte de souterrain que le comte de Modène avait loué au Luxembourg, et où trois à quatre cents hommes de toutes conditions se pressaient en tumulte autour de plusieurs grandes tables de jeu. Au fait, vous m'eussiez trouvé incomplet, avouez-le, monsieur, si vous ne m'aviez point trouvé un peu joueur. Depuis quelques années, malheureusement, ma mauvaise fortune m'avait forcé de me rabattre sur des tripots de moindre étage, tels que ceux de la Lionnette, de la Dusaillant et de la Lacour, véritables coupe-gorges autorisés par le lieutenant de police.

Un des plus misérables était celui vers lequel je me dirigeai. Il était situé rue du Chaume, et, comme tous les endroits de ce genre, il était tenu par une femme, la Cardonne, née d'une blanchisseuse aux casernes et d'un laquais du premier président d'Aligre. La compagnie était ordinairement composée de militaires, de provinciaux, d'espions et de gentilshommes de ma trempe ; ajoutez-y quelques jeunes filles galantes dont la mission était de *couper* et de verser à boire.

Lorsque j'entrai, il y avait trois tables en train : une de *passe-dix*, une de *belle* et une troisième de *bouillotte*. Je m'approchai : on jouait trop gros jeu pour moi, et je dus attendre qu'il se formât une quatrième table. Soucieux, j'allai m'asseoir sur une des banquettes qui garnissaient la salle.

Était-ce accablement physique ? était-ce fatigue morale ? ou bien subissais-je l'influence de cette atmosphère chargée d'haleines en feu et de parfums de liqueurs ? Peut-être pour ces trois causes je m'assoupis.

L'ennemi que redoutent le plus les hommes d'intelligence, c'est leur sommeil, presque toujours frère du délire, plein de faiblesses et de terreurs, de larmes et de souvenirs ;

sommeil dépensé en accès puérils de courage, de passion ou de désespoir; quelquefois, aussi, entrecoupé de sublimités et d'aperçus étranges qu'on ne peut pas réussir à se rappeler. — Le sommeil raille la vie; il joue au roman avec les ressort distendus de l'imagination; c'est un chat entré dans un cabinet pendant l'absence du maître, et qui promène à l'étourdie sa patte sur toutes sortes de papiers classés, qu'il dérange, qu'il dissémine. J'ai toujours eu peur de mon sommeil, comme on a peur d'un invisible adversaire.

Et puis, le sommeil à soixante et dix ans, quand on n'est arrivé à rien, quand on sait qu'on n'arrivera plus à rien, quand on s'aperçoit cruellement de la déconsidération qui vous entoure, et qu'on n'est plus assez fort pour la braver; — le sommeil, quand on n'a pas acquis le droit de s'y livrer, c'est horrible!

Je m'endormais cependant.

Le bruit des écus remués, les exclamations des joueurs, les rires étouffés des femmes m'arrivaient à travers mon assoupissement léger, qui me laissait percevoir aussi la lumière; — mais au bout de quelques instants rien ne m'arriva plus : je tombai tout d'un coup au fond du sommeil, comme quelqu'un qui tombe au fond de l'Océan.

XII

LE RÊVE

Je rêvais que j'étais redevenu jeune, ce qui est le plus horrible et le plus charmant des rêves.

C'était le matin, sur une grande route bien claire, par un beau soleil. Vêtu de l'habit de mousquetaire, je marchais allègrement, tout droit devant moi. Au bout de quelques instants, je m'arrêtai devant la grille d'une avenue, attiré par des rires jeunes et frais. Les arbres de cette avenue étaient magnifiques et menaient à un château de noble apparence, du temps du roi Louis XIII. Le rouge de ses briques ressortait gaiement du milieu du feuillage; son perron naissait du sein de l'herbe.

J'étais devant cette grille, lorsque je vis déboucher sur la pelouse de l'avenue un groupe de robes blanches et de têtes enjouées. C'étaient cinq jeunes filles, dont la plus âgée ne dépassait pas seize ans. Elles se poursuivaient en riant; l'une d'elles se baissait quelquefois pour cueillir des fleurs, qu'elle jetait ensuite, toutes mouillées de rosée, au visage de ses compagnes. Tantôt elles disparaissaient, mais pour reparaître un peu plus loin, aussi bruyantes, aussi gracieuses.

Je n'ai guère abusé, dans mes écrits, de ces images heureuses. Mon style a toujours été un style de corrompu. Ne vous moquez pas trop de moi si ma pastorale vous paraît gauche, et si, en voulant être sincère, je ne parviens qu'à être ridicule.

Cette apparition enchanta mes vingt ans. Je restai immobile et ému.

Pourquoi ne pouvais-je pas me détacher de cette grille? Était-ce, dans mon rêve, un pressentiment des traverses qui devaient m'assaillir? Soudain, une de ces enfants aux engageants regards m'aperçut et, du geste, m'engagea à venir. Je demeurai, hésitant. La halte me semblait bien douce, en effet, mais le chemin était là qui m'appelait, le chemin infini et brillant, plein de curiosités et d'aventures. La jeune fille s'approcha, et, lisant dans mes yeux :

— Restez, me dit-elle; ici, c'est le bonheur!

En ce temps-là, j'étais persuadé qu'il y avait de la force d'âme à fuir le bonheur. Je jetai un dernier coup d'œil sur les grands arbres de l'avenue, sur le château briqueté, sur l'essaim des jeunes filles, et je partis rapidement.

Mais, après quelques pas, je sentis ma figure baignée de larmes.

Hélas! oui, le bonheur était là. Là était le calme de l'esprit, la joie innocente, l'âge mûr bienveillant et entouré des sourires de la famille; là était la vieillesse aimable et respectée. C'était la vie, telle que le ciel la fait pour les honnêtes gens. A ce moment de mon rêve, je me vis passer, moi, dans cette avenue que je venais d'abandonner, sur cette pelouse si fleurie, non pas triste célibataire, mais père de famille, appuyé sur le bras d'un de ces beaux anges de tout à l'heure, et portant mes quatre-vingts ans avec la sérénité que donne une conscience pure. J'avais glorieusement servi le roi; jeune encore, je m'étais marié avec une femme à qui, depuis mon enfance, appartenaient mon cœur et ma pensée. Une couronne de cheveux blancs me donnait cet aspect auguste que l'on retrouve dans certains vieux portraits. Le jour, j'avais un grand parc, où, quand je me promenais, les paysans me saluaient avec reconnaissance. Le soir, j'avais un grand foyer réjouissant et flamboyant; j'étais assis dans le fauteuil qui avait servi à mon père, et, à mon tour, en me penchant à droite, je pouvais dire : Ma fille! et en me penchant à gauche : Mon fils!

— Dis donc, La Morlière, voilà une table de *passe-dix* qui se forme, et l'on va jouer le petit écu.

XIII

LA RÉALITÉ

C'était la Cardonne qui me tapait sur l'épaule.

Je me réveillai.

L'imagination encore remplie de mon rêve, je me levai en chancelant, les bras engourdis, les yeux brûlants, et je fis quelques pas au hasard.

Tout à coup je reculai.

J'avais en face de moi un personnage étrange, repoussant,

flétri. C'était un homme âgé, mais dont les rides paraissaient être plutôt l'ouvrage du vice que l'ouvrage du temps; ses paupières étaient rouges, ses lèvres étaient pâlies. Il était couvert de vieilles dentelles; un pauvre habit de taffetas se collait sur ses épaules, et sa cravate, semblable à une dernière affection, semblait prévoir avec regret le moment prochain où il allait falloir se séparer de lui…

A ce spectacle, je ne pus retenir un geste de dégoût et de pitié, — que le personnage répéta.

Étonné, je me frottai les yeux; j'aperçus alors une glace placée à quelque distance devant moi, et dans cette glace ma propre image, devant laquelle je venais de reculer !

Sur ces entrefaites, la Cardonne s'avança de nouveau pour m'entraîner à une table de jeu; mais, étant revenu tout à fait à moi, je la repoussai en murmurant quelques vagues paroles, et, le souvenir de Denise s'étant représenté à mon esprit, je quittai précipitamment l'académie de la rue du Chaume.

Un soupçon funeste m'oppressait.

Je marchais, — ou plutôt je courais, — en parlant à voix haute.

Mais, quelque diligence que je fisse, j'arrivai trop tard à la chambre de la rue du Plat-d'Etain. Denise venait d'expirer; elle était encore étendue dans sa bergère, comme je l'avais laissée, les bras abandonnés sur sa robe brune.

XIV

DÉNOUEMENT

Croiriez-vous, monsieur, que je vécus encore treize ans après cette perte irréparable? La vie s'était enlacée à moi mme un châtiment.

Je m'étais retiré dans un coin de l'île Saint-Louis. Depuis la mort de Denise, j'avais renoncé au théâtre, au café, au monde, à tout. Je n'eus pas de peine à me faire oublier; — mais je n'oubliai jamais, moi.

Enfin, à l'heure où j'achevais ma quatre-vingt-troisième année, une maladie de langueur m'atteignit; elle dura deux ans entiers, à la fin desquels je m'éteignis dans les premiers jours du mois de février 1785.

Je mourus comme j'avais vécu. N'ayant jamais donné, ainsi que je l'ai déjà dit, aucune preuve de philosophie ni de religion, je tournai le dos au prêtre qui vint pour m'assister à mes derniers moments.

— Mon fils, repentez-vous, me dit-il.
— Je ne fais que cela depuis vingt ans.
— Priez Dieu!
— Hein? murmurai-je.
— Sa miséricorde est infinie, ajouta-t-il.
— Je ne l'ai prié que deux fois, répondis-je : la première, pour qu'il envoyât la Clairon au diable; la seconde, pour qu'il me conservât ma chère Denise; il n'a exaucé ni l'une ni l'autre de mes prières. Je n'ai rien à lui demander pour moi.
— Cependant...
— Voyons, monsieur le prêtre, soyez de bonne composition et laissez-moi tranquille. Ne recommençons pas la comédie de Voltaire. Vous voyez bien que je n'ai pas la force de vous mettre à la porte.

Il sortit. Une heure après, je rendis le dernier soupir.

C'est tout, monsieur.

J'étais tellement décrié qu'aucun journal n'osa annoncer ma mort.

Relisez quelquefois *Angola*.

LE CHEVALIER DE MOUHY

Le chevalier de Mouhy était, comme nous l'avons dit, un des amis du chevalier de La Morlière, avec qui il offre d'ailleurs plusieurs traits de ressemblance morale.

Le chevalier de Mouhy ouvre la série des romanciers bourbeux du XVIII° siècle. Dans la somme énorme de ses ouvrages oubliés, on distingue un bon, un joyeux, un vivace roman, *la Mouche, ou les Aventures et Espiègleries facétieuses de Bigand*. C'est assez pour que je m'empresse de jeter une corde de sauvetage à ce pauvre auteur si maltraité des biographes.

Publiée en 1736, *la Mouche*, d'un ton plus cru et d'un son plus turbulent que les odyssées espagnoles de Le Sage, fait pressentir les romans de Pigault-Lebrun; — je parle du Pigault-Lebrun des bons jours, du Pigault-Lebrun des *Barons de Felsheim* et de *Mon oncle Thomas*, soldatesques orgies. Cela est si vrai que, pendant le Directoire, un libraire fit réimprimer *la Mouche* et l'opposa avec succès aux productions du jour. — On sait qu'en argot de police, une *mouche* n'est autre chose qu'un espion. C'est sous le titre de *l'Espion* que l'Allemagne a traduit le roman du chevalier de Mouhy.

Ses autres livres n'ont pas, à beaucoup près, la même

valeur. Ce sont pour la plupart des imitations ou des contre-parties des ouvrages en vogue. Les *Mille et une faveurs* sont estimées en librairie beaucoup plus qu'elles ne valent; cela tient aux allégories qu'elles renferment et aux noms anagrammatisés, dont la clef est difficile à faire.

Le *Petit almanach des grands hommes*, qui se moque de tout le monde, n'a pas manqué de se moquer du chevalier de Mouhy : « Beaucoup de pièces en vers et en prose, et quarante volumes de romans donnent à cet écrivain un des cortéges les plus imposants de notre nomenclature. Nous lui devons, dans son *Histoire du Théâtre-Français*, la plupart des jugements portés sur les auteurs dramatiques vivants. Ce beau génie semble avoir deviné nos intentions en insistant beaucoup moins sur Corneille, Molière et Racine, que sur MM. Mercier et Durosoi, et en louant tout le monde. Cette méthode est, en effet, le seul moyen indiqué par la prudence pour éteindre ces rivalités et ces disputes odieuses qui déshonorent la littérature française, et qui changent en vils gladiateurs les véritables maîtres du public. »

Rivarol n'est pas le seul qui se soit égayé sur le compte de l'auteur de *la Mouche;* Palissot a malmené fort rudement le chevalier dans ses *Mémoires littéraires* et dans son poëme de *la Dunciade*. « Le plus fécond, mais le plus ennuyeux des romanciers, » l'appelait-il.

Le chevalier de Mouhy était cependant un Lorrain comme Palissot. Mais il était pauvre à faire pitié et laid à faire peur. La *Chronique scandaleuse* de 1785 le dépeint comme un boiteux et un bossu; et l'on a peine à croire qu'il ait servi en qualité d'officier de cavalerie. C'est pourtant le titre qu'il prend dans ses livres, et le costume qu'il a adopté pour son portrait gravé.

On l'a représenté comme un importun de café, ayant toujours les poches bourrées de ses ouvrages, les colportant, les vendant lui-même, d'autres fois se donnant à loyer pour faire applaudir ou siffler les pièces nouvelles. Pénible métier pour un homme qui a eu du talent une fois dans sa vie !

On connaît ses rapports avec Voltaire ; il lui demanda de l'argent (hélas ! un autre infortuné, l'abbé Prévost, lui en avait demandé aussi, dans une lettre qui est un chef-d'œuvre de tristesse !), Voltaire en écrivit, avec sa superbe accoutumée, à l'abbé Moussinot ; car le grand philosophe, pareil à ces athées qui ne veulent que des domestiques pieux, avait pour trésorier un prêtre, un janséniste outré. La lettre de Voltaire est de 1736 et datée de Cirey :

« Il y a un chevalier de Mouhy, qui demeure à l'hôtel *Dauphin*, rue des Orties ; ce chevalier veut m'emprunter cent pistoles, et je veux bien les lui prêter. Soit qu'il vienne chez vous, soit que vous alliez chez lui, je vous prie de lui dire que mon plaisir est d'obliger les gens de lettres, quand je le peux, mais que je suis actuellement très-mal dans mes affaires ; que cependant vous ferez vos efforts pour trouver cet argent, et que vous espérez que le remboursement en sera délégué, de façon qu'il n'y ait rien à risquer ; après quoi, vous aurez la bonté de me dire ce que c'est que ce chevalier, et le résultat de ces préliminaires. »

Le résultat de ces préliminaires fut que le chevalier de Mouhy devint le correspondant de Voltaire. Autre lettre, du mois de juin 1738, toujours à l'abbé Moussinot : « Je vous prie aussi de donner cent trente francs au chevalier de Mouhy ; il m'est impossible de lui donner plus de deux cents livres par an. Si j'en croyais mes désirs et son mérite, je lui en donnerais bien davantage. Dites-lui que je suis charmé de l'avoir pour correspondant littéraire, mais que je demande des nouvelles très-courtes, des faits sans réflexions, et plutôt rien que des faits hasardés. »

Des faits *sans réflexions !* voilà qui est peu obligeant pour l'auteur de *la Mouche*.

Le chevalier de Mouhy donna souvent prise au ridicule, et, comme Poinsinet d'innocente mémoire, il servit de plastron aux quolibets de ses confrères. Une aventure qui

13.

lui arriva sur les derniers temps de sa vie est assez originale et se détache assez de la foule des *Ana* pour que je la rapporte ici.

Il demeurait alors tout au haut d'une maison qui existe encore, au coin de la rue de l'Arbre-Sec et de la rue Saint-Honoré, vis-à-vis la fontaine. Un jour, il reçut la visite de l'abbé Arnaud, de l'Académie française, plus spirituel mystificateur que glorieux académicien. Après les civilités d'usage, l'abbé Arnaud lui annonça qu'il venait de recevoir d'un jeune homme de province des *Stances à la louange du chevalier de Mouhy*.

— A ma louange, monsieur l'abbé?
— A votre louange, monsieur le chevalier.
— Parbleu! je suis curieux de connaître ces stances-là.

L'abbé déploya son papier et commença gravement :

>Un des plus grands avantages
>Dont notre siècle ait joui,
>C'est d'avoir vu les ouvrages
>Du chevalier de Mouhy.

— Il y a de la facilité, murmura l'auteur de *la Paysanne parvenue*, en savourant une prise de tabac.

>— Ils respirent la noblesse ;
>L'esprit en est ébloui.
>Non, nul auteur n'intéresse
>Comme monsieur de Mouhy.

— Ah! dit le chevalier en se rengorgeant modestement, votre jeune homme est trop honnête.

>— L'on prétend qu'il n'est pas d'homme
>Qui n'ait quelquefois menti,
>Mais personne ne ment comme
>Le chevalier de Mouhy.

— Comment! qu'est-ce que cela veut dire? Est-ce que l'on se moque de moi?
— Patience, monsieur le chevalier.

— Non, monsieur l'abbé, je n'écouterai pas davantage cette impertinence.

L'abbé continua :

> — Le bon goût, l'adresse extrême
> Dont chaque ouvrage est rempli,
> Font préférer au vrai même
> Les mensonges de Mouhy.

— Qu'entends-je? dit le chevalier; c'est charmant! Quelle louange délicate et quelle façon habile de l'amener! Avoir l'air de dire une injure et faire un compliment! Ce jeune homme-là promet. Voyons la suite.

> — Du pays qui m'a vu naître
> Je ne suis jamais sorti;
> J'en sortirai pour connaître
> Le chevalier de Mouhy.

— Oh! oh! qu'il ne se dérange pas; il me connaît de réputation, cela suffit.

> — Taille noble et jambe fine,
> OEil brillant et réjoui;
> Voilà comme j'imagine
> Le chevalier de Mouhy.

— Hum!... hum! dit le chevalier en faisant la grimace; il y a un peu à rabattre.

> — Qu'il doit inspirer d'alarmes
> A tout amant, tout mari !
> Comment résister aux charmes
> Du chevalier de Mouhy!

— Dans ma jeunesse, je ne dis pas... mais avec l'âge on se range; d'ailleurs, il faut de la morale.

> — Puissent donc les destinées
> Conserver gras et fleuri,
> Pendant de longues années,
> Le chevalier de Mouhy!

Ici finit la mystification, qui, racontée par Champcenetz

dans plusieurs sociétés, fit longtemps rire aux dépens du bonhomme.

Le chevalier de Mouhy mourut en 1784, à l'âge de quatre-vingt-trois ans. Il avait un oncle qui faisait des tragédies, le baron de Longepierre.

Depuis longtemps, les tragédies de l'oncle ont été rejoindre les romans du neveu.

GORJY

I

AVANT LA RÉVOLUTION. — BLANÇAY. — LES ROMANCIERS SENSIBLES

Celui-là a si bien caché sa vie, il s'est tenu si parfaitement en dehors des autres littérateurs, il s'est fait si petit et si modeste, que l'on ne connaît de lui rien absolument que ses livres. Encore ses livres sont-ils d'un format presque lilliputien et se peuvent-ils aisément dérober au fond d'une corbeille à ouvrage, sous les pelotons de soie et la broderie commencée. Nulle part il n'est parlé de ce Gorjy ou Gorgy, — car l'orthographe de son nom est même indécise, et ceux de ses contemporains que j'ai pu interroger n'ont su que m'en dire, sinon que c'était un romancier assez obscur, lequel avait joui cependant d'un certain succès dans les régions moyennes des lecteurs de son temps; quant à l'individu, ils ne l'avaient jamais rencontré ni chez Procope, ni à la Comédie italienne, ni sous les marronniers littéraires du Palais-Royal. Avec de tels renseignements il est difficile de plonger bien avant dans une existence, et, pour ma part, je me serais trouvé fort embarrassé si, à défaut de l'homme, il ne m'était resté l'écrivain, — un des plus intéressants qu'ait fourni la première période de la Révolution.

Où naquit Gorjy? Quand naquit Gorjy? Ce sont des points

ténébreux qu'il a été impossible d'éclaircir jusqu'à présent. On a dit qu'il était venu du Dauphiné, et je ne suis pas éloigné de le croire par la tournure de son esprit un peu froid, un peu contourné, un peu robuste, un peu singulier ; les qualités et les défauts, Gorjy ne les possède qu'à l'état *d'un peu*. C'est une violette poussée à l'écart et bien enfouie au milieu de l'herbe, symbole de plus en plus rare dans la république des lettres. Il débuta modestement, à l'ombre de Sterne, par un *Nouveau voyage sentimental* (Paris, 1785) qui ne fit rumeur ni dans le public ni dans les gazettes ; mais il ne faut pas en être surpris : on était alors rebattu des imitations et de tous les paradoxes oiseux ou impertinents, colportés sous le pavillon de l'humoriste anglais. Gorjy fut sans doute mal lu ou il ne fut pas lu du tout. Ce qu'il y a pourtant de certain, c'est que, de tous les petits auteurs d'alors qui forment la queue de Sterne, il est assurément le plus intelligent et le plus inventeur. Du reste, on trouve dans son nom comme un anagramme d'Yorick.

A cette époque, il y avait au Palais-Royal un théâtre, où des enfants et des marionnettes jouaient ensemble derrière une gaze, tandis que l'on parlait et que l'on chantait pour eux dans la coulisse. Ce théâtre, qui devait passer plus tard aux mains de mademoiselle Montansier, était alors connu sous le nom de théâtre des Beaujolais. C'est là qu'au bout de trois ans nous retrouvons Gorjy, assis dans un coin de la salle, et regardant fort attentivement jouer une comédie-proverbe de sa composition, *les Amours d'Arlequin et de Séraphine*. J'ai tout lieu de croire que c'était un jeune homme très-bon et sincèrement naïf : la passion des marionnettes n'a jamais été l'indice d'un méchant caractère. Sa pièce a été imprimée par Cailleau, mais elle est difficile à rencontrer (1).

---

(1) On lui attribue aussi *les Torts apparents ou la Famille américaine*, comédie en prose et en trois actes, par M. G... y ; représentée sur le théâtre du Palais-Royal, le 15 mars 1787. Cailleau, libraire.

Dans la même année, il publia sous le titre de *Blançay* un roman en deux volumes in-18, qui commença sa réputation. Au risque d'étonner bien des gens, nous dirons que peu de romans français ont eu autant d'édition que celui-là. Les bibliothèques de campagne et de province, ainsi que les greniers des bouquinistes, sont littéralement inondés d'exemplaires de *Blançay*, reliés la plupart en veau écaillé, avec l'inévitable petit sinet vert. Il est juste de dire que cet ouvrage, fort simple d'invention, contient des pages vraiment attachantes, des peintures vraies, un dialogue heureusement étudié, de la gaieté, — mais avec discrétion cependant, — et, par-dessus tout, un franc sentiment d'honnêteté. L'intrigue, un peu lente, a le charme impatientant de certaines œuvres de Stendhal; c'est presque le même style menu, ras, n'enveloppant la pensée qu'à demi, accueillant avec défiance les ornements. Je ne m'avance pas trop en comparant, seulement pour la forme, Gorjy à Stendhal. Il y a dans *Blançay* maints portraits attrayants et vivants, tel que celui de ce jeune auteur, en qui je ne suis pas éloigné de reconnaître Gorjy lui-même :

« Un jour que je sortais de chez M. A***, ayant sous mon bras un assez gros paquet de manuscrits, je rencontrai, au bas de l'escalier, un jeune homme mis simplement, même avec une certaine mesquinerie, mais dont il diminuait l'effet par le peu d'attention qu'il paraissait y faire ; car l'air humilié de l'homme mal vêtu double le tort de ses habits. Il était auteur comme M. A***, et habitait dans la même maison; mais ils ne se ressemblaient qu'en cela. L'un logeait au premier étage, l'autre au quatrième. M. A*** avait un appartement superbe : grand feu l'hiver, des persiennes l'été, enfin, toutes les commodités de la vie. Le logement du jeune homme se bornait à une petite chambre dans laquelle il avait toujours pour compagnon l'un des trente-deux vents; une pile de brochures, entassées sans ordre, parodiait la superbe bibliothèque de M. A***; et pour parodier aussi son grand laquais, le jeune homme avait, suivant son expression, un jockey à deux sous par jour. C'était un Savoyard qui, moyennant cette mince rétribution, venait tous les matins prendre ses ordres plus ponctuellement qu'un coureur ou un chasseur. Mais si, dans tout ce que donne la fortune, l'avantage était du côté de M. A***, le jeune homme le regagnait bien sur le reste : une véritable insouciance philosophique, au lieu du tracas continuel des cabales ; une liberté entière dans ses actions comme dans ses écrits ; un cœur excellent sans affiche de bienfaisance; par conséquent point de prôneurs, mais point de détracteurs. Enfin, M. A***, que ses écrits moraux obligeaient à une espèce d'hypocrisie, brûlait tristement son encens aux pieds d'une bégueule surannée, tandis que le jeune homme cueillait gaiement, franchement, avec une grisette charmante, les roses printanières du plaisir. » Ou je me trompe, ou cela a un tour facile et dégagé qui captive et qui amène insensiblement sur les lèvres un sourire de sympathie?

La première édition de *Blançay* est ornée à la première page d'une sorte d'écusson ou cachet gravé, dont Gorjy donne l'explication en guise de préface. Cette explication, que voici, jette une faible lueur sur sa vie privée. « Dans le quartier, ma frêle barque tourmentée par les flots d'une mer orageuse, et pour légende : *Sic olim* (c'est ainsi que j'ai été). Dans le reste du champ de l'écu, cette même mienne barque, sur une mer bien calme, est fortement amarrée à un obélisque portant les armes de M. de la Villeurnoy. Lorsque je dessinai cet emblème, je n'avais mis pour seconde légende que : *Sic nunc* (c'est ainsi que je suis à présent) ; ce fut M. de la Villeurnoy qui ajouta le : *Sic semper* (et que je serai toujours). C'est par de semblables traits que ce respectable protecteur marque tous les jours de ma vie. O mon bien-aimé patron ! quelle que soit sa durée, jamais on ne verra s'affaiblir les sentiments de tendresse, de vénération et de dévouement absolu dont vous avez rempli le cœur de votre fidèle Gorjy ! »

D'après cela, on peut supposer que Gorjy joignait alors au titre de romancier et d'auteur dramatique les fonctions de secrétaire ou d'intendant. C'était sans doute à la suite de M. de la Villeurnoy qu'il était venu à Paris, et j'aime à me représenter cet aimable garçon, estimé et chéri d'une famille sans préjugés. Cette supposition fait d'ailleurs les frais principaux de la fable de *Blançay*, et je ne serais pas étonné que, dans ce roman, il entrât beaucoup de l'histoire de Gorjy.

Dans tous les cas, le succès qui l'avait accueilli si inopinément, — succès intime, mais attesté par l'écoulement rapide des volumes, — lui inspira quelque hardiesse; de 1788 à 1791, il fit paraître plusieurs autres romans du même goût et du même format : *Victorine*, *Saint-Alme*, *Lidorie* (1). Ce dernier ouvrage est écrit dans le vieux style des chroniques, déjà ressuscité avec bonheur quelques années auparavant par Sauvigny dans *les Amours de Pierre-le-Long et de Blanche Bazu*. Tous ces petits livres, empreints d'une douce sentimentalité, qui pleurent d'un œil et qui s'essayent à sourire de l'autre, eurent une vogue, sinon égale à celle de *Blançay*, du moins fort honorable, et suffisante à placer son auteur au premier rang des romanciers sensibles.

Les *romanciers sensibles* constituaient effectivement, au milieu de la littérature d'alors, une sorte de légion à part, qui marchait sans relâche, suivie d'un cortége de sanglots, de mouchoirs, de soupirs étouffés, de regards abattus. A Dieu ne plaise que je veuille me moquer de ces écrivains, rois de l'attendrissement, qui manient à leur gré les âmes palpitantes et commandent despotiquement aux sources lacrymales. Même sous la Révolution, aux époques les plus formidables, ces écrivains ne se laissèrent pas décourager. C'était un véritable parti, qui avait à sa tête le tendre au-

---

(1) Gorjy avait plusieurs talents. La plupart des vignettes qui ornent ses romans, sont signés : *Gorjy delineavit*.

teur des *Epreuves du sentiment* et des *Délassements de l'homme sensible,* Baculard d'Arnaud, le plus infatigable et le plus éploré ; puis de la Place, le traducteur de romans anglais ; madame de Genlis ; et cette autre gloire, restée pure aujourd'hui encore, dans les loges de concierges, Ducray-Duminil, qui devait bientôt les éclipser tous.

Gorjy marcha à leur côté ; il fut moins ennuyeux que quelques-uns et plus original que les autres. Peu épaulé des journalistes, il fit son chemin tout seul. On doit croire cependant qu'il était assez bien en cour, car l'un de ses romans est dédié à la comtesse d'Artois. Du reste, soit instinct, soit effet de son éducation et de sa vie habituelle, Gorjy est toujours demeuré fidèle au parti aristocratique, comme on le verra tout à l'heure.

L'amour du sentimental le tenait si fort, que, non content d'avoir composé un *Nouveau voyage sentimental,* il fit encore imprimer les *Tablettes sentimentales du bon Pamphile.* On était en 1791 : c'était, il faut l'avouer, choisir un peu singulièrement son temps. Toutefois, au milieu des idylles les plus fraîches et des situations les plus douces, l'inquiétude du moment se trahit au détour de chaque page. S'arrête-t-il dans une campagne toute brillante de rosée et de soleil, la vue d'un château incendié par les patriotes vient lui navrer le cœur. Un peu plus loin, c'est un vallon coquet où luit et babille un ruisseau ; des touffes de roseaux inclinent leurs feuilles longues et larges, lisses comme des miroirs et vertes avec splendeur ; la feuille sans cesse agitée du tremble ajoute son froissement au murmure du flot qui écume légèrement sur les pentes caillouteuses ; mais en dirigeant son regard vers un espace semé de bruyères, il a distingué l'entrée d'un *souterrain,* — Gorjy se servait déjà des souterrains ; — c'est là qu'un noble se cache, un aristocrate. Dès lors toute la poésie du paysage est effacée, et les mots de Révolution, de despotisme, de liberté, viennent obscurcir pour un instant les tablettes du bon Pamphile.

Parmi les traits saillants de ce recueil, je m'en voudrais d'oublier une fine et joyeuse raillerie de la garde nationale d'alors; Gorjy, en l'écrivant, s'éloignait de la sentimentalité, mais le lecteur n'y perdait rien. Il s'agit d'une sorte de magot nommé M. de Bosstacq, boiteux, tortu, turbulent, qui a toujours eu un goût effréné pour les armes. Sa tournure fait le tourment de sa vie, car elle ne lui a pas permis d'embrasser l'état militaire. Voici en quels termes Gorjy raconte les souffrances et les joies de cet original : « A l'époque où la nation crut devoir s'organiser en milice, M. de Bosstacq avait été le premier sur pied. Il serait difficile de peindre avec quelle activité, dans ce premier instant de terreur universelle, il courait de rue en rue, de maison en maison, tantôt se pendant aux cloches qui rassemblaient les nouveaux soldats, tantôt débitant des fragments de harangues grecques ou romaines ; ici, dans la chaire d'une église ; là, sur les bornes d'un carrefour ; ailleurs, grimpé dans une charrette ; encourageant les uns, complimentant les autres ; en un mot, se donnant à lui seul plus de mouvement que tout son faubourg, et se fatiguant d'autant plus qu'il avait l'épaule chargée d'une vieille arquebuse, et qu'il traînait à son côté une de ces anciennes épées d'arsenal, aussi énormes par leur poids que par leur grandeur. Lorsque les premiers moments de tumulte furent passés, lorsque l'on songea à former une garde régulière, M. de Bosstacq, s'appuyant sur le zèle qu'il avait montré, se mit sur les rangs pour obtenir une compagnie ; mais on sentait trop combien un uniforme sur un corps si bizarrement contourné aurait prêté à rire, et il ne put seulement pas obtenir une sous-lieutenance.

« On peut juger quelle fut sa douleur ; il s'emporta, fulmina, et jura qu'il prouverait que la taille ne faisait rien au courage. Il possédait une très-grande maison et un jardin assez vaste ; il métamorphosa le tout en citadelle. Remparts, bastions, escarpes, contrescarpes, esplanade, chaque coin présentait un extrait de fortification. Puis il fit chercher une cinquantaine d'hommes aussi semblables à lui que possible, et il en forma une compagnie à sa solde. Le service se faisait dans la citadelle Bosstacq aussi régulièrement qu'à Spandau : le matin, la diane; le soir, la retraite; dans la nuit, les rondes d'usage. Il y avait aussi l'heure des leçons d'escrime. Oh! pour cela, Callot aurait été trop content de voir les incroyables attitudes de ces cinquante bamboches plus fantasques les uns que les autres, et il serait convenu que son imagination était restée bien en deçà de la réalité... »

Les *Tablettes sentimentales du bon Pamphile* contiennent en outre, — ainsi que presque tous les ouvrages de Gorjy, — quelques chansons et romances qui ne valent ni plus ni moins que beaucoup d'autres, mais qui ne valent pas cependant un examen spécial. Les vers sont la petite-vérole de l'esprit, a dit quelqu'un du XVIIIe siècle. Or il paraîtrait que notre jeune homme en était légèrement marqué.

II

MÉTAMORPHOSE SUBITE. — 'ANN'QUIN BREDOUILLE. — LA CUISINE DE MARAT.

Qui le croirait? cet écrivain vraiment modeste, cet humble romancier, ce lézard littéraire, timide et furtif, que nul n'a jamais entrevu, ce Gorjy, en un mot, composa le pamphlet le plus mordant, le plus téméraire, le plus acharné, le plus spirituel, le plus terrible qui ait jamais été dirigé contre la révolution française. Il se dédoubla tout à coup, et, à la place de l'innocent auteur de *Blançay* et des *Amours d'Arlequin*, on ne vit plus qu'un escarmoucheur madré, un critique acerbe, un bouffon armé dont les lazzi inquiétaient autant qu'ils amusaient.

Ce pamphlet, enveloppé sous une forme romanesque, et qui fut publié par souscription, est intitulé : « 'Ann'quin Bredouille, ou le petit-cousin de Tristram Shandy; œuvre posthume de Jacqueline Lycurgues, actuellement fifre-major au greffe des menus-derviches. » Il comprend six petits volumes in-18, format habituel des romans de Gorjy, et est orné de gravures très-fines et très-bien faites. Une des plus ingénieuses, et dont l'effet est puissant, représente un homme du peuple assis à une table devant un broc de vin; son chapeau traîne par terre, sa chaise est à demi renversée; complétement ivre, il chante le *Ça ira* en levant son verre, et il ne s'aperçoit pas que son toit est livré aux flammes, tandis que, sous ses pieds, des malfaiteurs armés de pioches sont occupés à saper le plancher. — Une autre gravure, qui fait la moralité et la conclusion du livre, c'est un pauvre commissionnaire à la figure hâve, aux vêtements en lambeaux, qui marche péniblement au milieu d'un amas de ruines solitaires, parmi les maisons écroulées et les palais abattus; il porte sur ses crochets, au bout d'un long bâton, un bonnet phrygien, — qui plane, emblème railleur et victorieux, sur la désolation générale.

La publication d'*Ann'quin Bredouille* commença en 1791; le premier volume parut sans signature, mais le deuxième et les suivants portèrent cette désignation, équivalant à un nom propre : « Par l'auteur de *Blançay*. » Cette œuvre, légère en apparence, obscure en quelques parties, écrite parfois d'une manière un peu flottante, mais à travers laquelle circule comme un souffle d'*Hudibras*, cette œuvre satirique a une importance réelle, curieuse et morale. C'est le commentaire honnête et sévère de la Révolution, de ses actes absurdes ou atroces, de ses grands hommes avortés ou contrefaits. Les enseignements généraux n'y manquent pas; plusieurs semblent avoir été improvisés sous l'empire des circonstances actuelles, et notre génération aurait encore tout profit à cette lecture, tant il est vrai que la raison est de tous les temps, même la raison politique.

'Ann'quin Bredouille est un type allusif comme le John Bull des Anglais, ou comme notre Jacques Bonhomme à nous. C'est un excellent homme qui n'a que le tort de ne pas avoir un caractère assez arrêté, ce qui l'expose à faire beaucoup de sottises en peu de temps. 'Ann'quin Bredouille a pour compagnons un petit flagorneur nommé Adule, et une vieille femme d'humeur difficile mais sensée, — madame Jer'nifle, — qui gronde, rechigne et gourmande incessamment. « Quel dommage, s'écrie l'auteur, qu'Adule n'ait pas la modération, le bon sens, la droiture de madame Jer'nifle, et que madame Jer'nifle n'ait pas la prestesse, la gentillesse, la persuasion d'Adule! Que de maux il y aurait de moins sur notre globe! »

A l'heure où commence le roman, 'Ann'quin Bredouille est sur le point de quitter son village. Adule le circonvient et l'excite par ces paroles : « Comment toi, mon cher Bredouille, comment peux-tu, avec les moyens que le ciel t'a départis, te restreindre à une sphère d'activité aussi étroite? Excepté cinq ou six voisins qui viennent veiller chez toi, deux ou trois vieillards dont tu écoutes les radotages, quelques malades que tu soignes, une poignée d'enfants à qui tu distribues des pains d'épices, il n'est pas plus question de toi dans le monde que si tu n'y étais pas. La gloire, mon cher Bredouille, la gloire! la gloire!!! »

'Ann'quin, tout émoustillé, se lève, mais, il se sent retenu par la manche; c'est madame Jer'nifle qui lui dit : — « Étourdi, que vas-tu faire? sacrifier un bonheur certain à une gloire plus qu'incertaine. Et quand elle serait sûre, quelle gloire vaudra jamais ces jouissances douces et simples que tu goûtes dans ta retraite? Ce peu de voisins que tu accueilles, que tu soulages, tu en es aimé. Être aimé! que faut-il de plus sur la terre? »

Voilà notre 'Ann'quin Bredouille bien embarrassé, il ne

sait à qui entendre; cependant les exhortations d'Adule finissent par l'emporter, et il se décide à partir pour la grande ville de Néomanie. Madame Jer'nifle le suit en soupirant. A douze minutes de latitude, en prenant pour équateur le clocher du village, nos voyageurs font rencontre de la Dame de Liesse, la dernière fée, celle qui préside aux fêtes, au réveillon de Noël, aux dragées du premier de l'an, au gâteau des Rois, aux œufs de Pâques, aux feux de la Saint-Jean ; qui fabrique, au fond d'un joli hameau presque inconnu, toutes sortes de joujoux pour les nouveau-nés, tels que de petits moulins à vent, de beaux forgerons en bois rose et à moustaches, tapant sur une enclume à fleurs, des caniches qui aboient, des trompettes brillantes, et ces carafes bénies qui renferment tous les instruments de la Passion, la croix, les clous, l'échelle, la lance et l'éponge. La Dame de Liesse est environnée de bambins charmants, aux membres potelés, au regard spirituel, aux lèvres vermeilles. Elle engage Bredouille à retourner sur ses pas ; elle lui rappelle qu'elle a toujours été l'amie de son père, de son grand-père, de son bisaïeul, en un mot de toute sa famille ; mais Bredouille est obstiné, il écoute à peine la Dame de Liesse, et enfonçant le talon dans les flancs de son âne, il continue sa route.

Arrivés au port voisin, 'Ann'quin Bredouille, le petit Adule et madame Jer'nifle s'embarquent sur un vaisseau. Comme on a le vent contraire, l'impatience gagne quelques passagers qui ne sont pas accoutumés aux difficultés de la mer. Adule, toujours aux aguets, va vite leur souffler à l'oreille : « Eh ! messieurs, pourquoi laisser faire le pilote à son gré ? Ne voyez-vous pas que votre traversée sera éternelle, et que les vivres manqueront ? Quand vous en serez là, vous gémirez d'être demeurés dans une confiance passive, tandis que vos talents pouvaient prévenir ce malheur. Allons ! sortez de cette dangereuse inertie, exigez que toutes les voiles soient déployées ; ou plutôt emparez-vous de la manœuvre, et montrez à ces vieux marins, esclaves de leur ancienne routine, qu'avec de l'activité et de l'énergie on a déjà surmonté les obstacles, lorsque le froid et lent calcul doute encore qu'on puisse les éluder! »

Ces paroles perfides ne manquent pas de produire leur effet; chacun s'empresse d'entourer le pilote et regarde comme un devoir de donner des ordres aux matelots. On juge de la confusion. Madame Jer'nifle court de l'un à l'autre, employant sa rhétorique pour les remettre tous à leur place; mais Adule les a ensorcelés, il n'entendent plus rie˙˙ Une tempête vient s'ajouter au brouhaha général. De to˙˙es parts et à la fois, on entend crier : « Carguez cette voile! — Fermez les sabords! — Jetez les ancres! — A bas la mâture! »

Ici, mons Gorjy, oubliant ses habitudes, a dévoilé un pan de sa mystérieuse individualité et intercalé un épisode entièrement personnel. C'est une fortune trop rare pour que nous ne citions pas le texte : « Dans un coin du vaisseau, il y avait un jeune homme écrivant aussi paisiblement que si le navire eût été dans le port. Vous dire ce qu'il écrivait, je ne le sais guère : on n'apercevait que le titre : LIDORIE. Au milieu de la tempête, 'Ann'quin Bredouille, assourdi par le tapage, fatigué, glacé de frayeur, fut surpris de la tranquillité du *jeune* auteur, et il ne put s'empêcher de le lui témoigner, même de lui reprocher une inaction qui devenait un crime quand il s'agissait du salut de tous. « Je serais, lui répondit le jeune homme, un des premiers au cabestan, à la pompe, dans les hunes, partout où je pourrais être utile; mais, dans l'impossibilité de l'être, au milieu d'une si grande confusion, ce que j'ai de mieux à faire, c'est de ne pas l'augmenter. — Mais si nous périssons! reprit 'Ann'quin. — Je n'aurai pas eu la peine inutile que vous voudriez que je prisse; mais, rassurez-vous, ce navire-ci est d'une construction tellement solide, que, dût-il essuyer encore plus d'orages, il y résisterait. La traversée sera longue, fatigante, mais on s'en tirera. » Et il se remit on ouvrage.

Assurément, c'est bien parler, mais Gorjy ne s'est pas toujours tenu aussi en dehors des événements qu'il veut le dire, et l'ouvrage où il écrit les lignes que nous venons de reproduire est une protestation contre ces lignes mêmes. En effet, à partir de ce chapitre, les arêtes du pamphlet se mettent à percer sous l'allégorie devenue de plus en plus transparente. Débarqué dans la grande ville de Néomanie, 'Ann'quin Bredouille se mêle à la foule, et, à l'aide d'une lunette d'approche, il aperçoit sur une montagne, loin, bien loin tout à fait dans la vapeur, un temple qu'il est impossible de voir sans en désirer la conquête, chimère de tous les siècles et de tous les pays. 'Ann'quin commence déjà à déchiffrer l'inscription du fronton : d'abord un L; puis un I ; un B vient ensuite... Mais l'affluence est telle pour ce spectacle, qu'un autre curieux lui arrache le verre sans lui laisser le temps d'en lire davantage. N'importe! il en a assez vu pour désirer d'être de l'expédition. Adule saute de joie; madame Jer'nifle hoche la tête en murmurant : « Oui, c'est une bien belle chose que la pierre philosophale! »

Cependant l'admiration ne fut jamais qu'une viande creuse; notre trio ne tarde pas à l'éprouver, et, comme rien de ce qu'il a vu ne lui a donné à déjeuner, il se met sérieusement en quête d'une cuisine quelconque. Ce chapitre est intitulé *la Gargote fébrifère*. Laissons parler l'auteur : « Dans cet instant, nous vîmes de loin, sur la porte d'une espèce de caverne, quelque chose qui s'agitait d'une manière si violente et qui hurlait si effrayamment, que nous crûmes que c'était une bête féroce, ce qui étonnait beaucoup 'Ann'quin Bredouille; mais 'Ann'quin Bredouille était un sot, car ce qu'il prenait au moins pour une hyène était un homme, et de plus un homme de sa connaissance. Avant d'être assez près pour reconnaître le personnage, nous savions son nom par l'inscription que nous lûmes sur sa porte; elle était en lettres du rouge le plus vif, et offrait ces mots :

TAMAR (1)

TRAITE EN AMI LE TIERS ET LE QUART.

« Tamar! s'écria 'Ann'quin, je le connais; je me souviens de lui avoir vu vendre de la santé ou du moins en promettre; ensuite il se mit à montrer de jolies lanternes magiques, qu'il faisait jouer à la lampe universelle. Puisqu'il est à présent gargotier, le ciel en soit loué! nous dînerons.

» Bientôt nous fûmes à table, au milieu d'une foule de gens dont la voracité paraissait insatiable, et qui, en mangeant, faisaient des contorsions si horribles que nous tremblions d'attraper quelque égratignure ou quelque coup de dent. Il ne nous fut pas difficile d'en deviner la cause, lorsque nous eûmes tâté de la cuisine. Il y avait une si grande quantité de sel, de poivre, de moutarde, d'épices et même d'assa-fœtida, que, dès le premier morceau, on avait la bouche en feu. Nous nous regardions, fort étonnés de ce que cela s'appelait traiter les gens en ami; mais madame Jer'nifle ne s'en tint pas aux réflexions : elle alla trouver Tamar au milieu de ses fourneaux. « Comment, lui dit-elle, osez-vous en imposer ainsi? On croit, d'après votre écriteau, qu'en entrant chez vous on y sera nourri, et l'on n'y trouve que de quoi se brûler les entrailles! — Vous avez raison, lui répondit-il; mais j'ai éprouvé que cette recette me réussissait auprès de mes pratiques, et que plus je leur mets le feu dans le corps, plus elles sont affamées de mes ragoûts et altérées de l'esprit de vin que je leur donne à boire, et que, par conséquent, mes bénéfices croissent à proportion.—Mais ces malheureux, reprit madame Jer'nifle, finissent par être échauffés au point d'en devenir enragés, et alors que de maux affreux!... — Que m'importe! répliqua

(1) Marat.

froidement Tamar ; je n'en aurai pas moins fait ma fortune. »
Et il se remit à tourner une casserole, dans laquelle madame Jer'nifle lui vit mettre une des drogues les plus inflammables que fournisse la pharmacie. « Fuyons ! fuyons ! nous dit-elle ; il vaudrait cent fois mieux mourir de faim que de prendre ici une seule bouchée ! » Nous ne nous le fîmes pas dire deux fois ; notre estomac était serré à étouffer, et nous ne commençâmes à respirer que quand nous eûmes quitté la rue où demeurait Tamar. »

Dès ce moment, nous entrons dans la personnalité visible, sérieuse. Après avoir fui l'ami du peuple, 'Ann'quin Bredouille et sa suite se transportent au quartier opposé, où leurs yeux sont frappés par une nouvelle auberge, — dans la description de laquelle il est impossible de ne pas reconnaître l'officine des *Actes des Apôtres*. Des mets de bon genre y sont présentés on ne peut plus gaiement par plusieurs servants, tous aussi aimables drilles les uns que les autres. Il est vrai que, tout en riant, ils montrent des dents qui ne laissent pas que d'être aiguës et qui mordillent sans cesse ; mais ils y mettent tant de grâce....... « Tant pis ! marmotte madame Jer'nifle, notre voisin a eu comme cela une charmante souris qui mordillait si gentiment qu'un de ses plaisirs était de lui abandonner son petit doigt. Qu'arriva-t-il ? Cette mordillerie souvent répétée finit par envenimer la main et par faire plaie. »

L'observation de madame Jer'nifle n'empêche pas 'Ann'quin Bredouille de manger, d'autant plus qu'il trouve à chaque ragoût ce degré de piquant qui éveille l'appétit et provoque la soif. C'est que les cuisiniers ont le soin d'y mettre un sel excellent, qu'ils puisent à pleines mains dans un coffre attique. Quant à la boisson, ce n'est pas de ces liqueurs trop fortes dont l'excès produit une ivresse furieuse : c'est du vin de Champagne, qui engage seulement à des combats d'épigrammes et de quolibets. « C'est encore plus qu'il n'en faut, dit la sévère madame Jer'nifle ; mes amis, allons-nous-en ; toutes ces cuisines contre nature ne conviennent pas aux estomacs de gens simples comme nous : il n'y a de constamment bon qu'un régime doux pour ceux de notre catégorie. »

Et voilà Champcenetz, Peltier, Bergasse, Mirabeau-Bouteille, Rivarol, jugés sans appel par cette impitoyable madame Jer'nifle !

Cette fois, 'Ann'quin Bredouille est sur le point de se fâcher. Quitter une aussi bonne table et d'aussi gracieux convives, replier sa serviette avant le rôti, dire adieu à ce champagne délirant, c'est trop fort ! Et puis, cette chasse au dîner commence à l'impatienter ; tous ces aubergistes sont-ils donc des empoisonneurs ? faut-il mourir de faim dans cette grande ville de Néomanie ? Telles sont les réflexions qui l'assiégent et mettent son esprit aux cent coups. 'Ann'quin Bredouille est las, il ne suit madame Jer'nifle qu'en clopinant. Enfin, vers le soir, l'idée leur vient d'aller frapper à une toute petite porte. « Elle nous fut ouverte par une vieille femme qui, sur la demande que nous lui fîmes, se confondit en excuses de n'avoir à notre service que le petit *potbouille* et la tranche de bœuf à la mode, fait tout uniment, comme elle l'avait appris de sa mère, celle-ci de la sienne, enfin tel que du temps du roi Guillemot. Elle avait tort de s'excuser ; nous fîmes à sa modeste table un dîner excellent. Ce ne fut pas sans beaucoup réfléchir. A vous permis, cher lecteur, de réfléchir aussi sur ce chapitre. »

III

PORTRAITS DU TEMPS. — FÊTES DU CHAMP-DE-MARS. — LIBERTÉ ET LICENCE. — LE CHATAIGNIER DES GAULES.

Le deuxième volume d'*Ann'quin Bredouille*, ou plutôt le deuxième *fagot,* pour parler comme l'auteur, ne parut que l'année suivante, c'est-à-dire en 1792. Dans l'intervalle,

Gorjy avait changé d'éditeurs : Guillot et Cuchet avaient été remplacés par Louis, libraire-commissionnaire, rue Saint-Séverin. Il est probable que les premiers avaient cédé à un sentiment de crainte en abandonnant l'entreprise, et qu'ils ne se souciaient pas de se compromettre davantage. A bien y regarder, en effet, les temps n'étaient guère rassurants, et l'avenir se présentait sous les aspects les plus sombres, les plus tristes. Gorjy n'en demeura pas moins sur la brèche : sans doute il se disait que son heure avait sonné, et que, dans la faible proportion de ses forces, tout homme de talent et d'âme devait s'employer au salut général. Peut-être n'avait-il pas tort entièrement. Tandis que d'autres brandissaient à son côté la massue ou la lance, lui n'avait en main qu'un stylet, pas même un stylet, « un simple eustache, » comme il dit plaisamment; mais la façon dont il s'en servait n'était pas absolument dépourvue d'adresse, et tel héros de la Révolution, tel Démosthènes de carrefour a eu le nez mutilé ou l'oreille coupée par l'eustache de Gorjy.

Comme il ne s'agit pas d'une allégorie insipide, et que la clef de cette bizarre composition est sous la porte, nous avons cru devoir entraîner le lecteur à la suite de ce vagabond 'Ann'quin. Dès les premiers chapitres du second volume, nous retrouvons le petit cousin de Tristram Shandy chez une célèbre marchande de modes où il s'est laissé conduire par Adule. Là, on lui montre des *ça ira :* ce sont des couronnes de grelots, de pampres et d'ellébore ; — des *réunions :* ce sont des espèces de flacons faits avec une courge, bouchés avec un casque et remplis d'eau lustrale ; — des *bonnets à l'Atlantide :* ce sont de petites cornettes bien modestes, jusqu'à ce que l'on ait passé les antichambres, mais qui, une fois dans le salon, se développent en un clin d'œil et deviennent plus hauts qu'un diadème ; — des *attaches à la fraternité universelle :* ce sont de larges rubans de fil d'araignée. 'Ann'quin Bredouille s'extasie devant tout cela et trouve que rien n'est comparable aux merveilles de la ville de Néomanie.

14.

Toujours guidé par Adule, il pénètre chez divers originaux dont la physionomie est rendue avec une amusante vérité. C'est d'abord le très-haut et très-puissant seigneur Carloman-César-Philogènes de Mont-sur-Mont, baron de Montorgueil, marquis de Tuffières, etc.; autour de lui sont des liasses de vieux parchemins que les rats ont attaqués en plusieurs endroits; sur sa tête est une couronne; dans sa main une épée, avec laquelle il suit les reliefs d'un bouclier armorié. Son cabinet est décoré d'une haute glace qui, en le reproduisant, lui donne les moyens de se rendre à lui-même les hommages que, depuis les nouveaux principes, son prochain lui refuse obstinément.

Chez le second original on marche dans le fumier jusqu'à mi-jambe; à la vérité, on n'a pas l'ennui de traverser trente-six pièces pour arriver jusqu'à lui, car il n'a en tout qu'une chambre, mais elle est vraiment curieuse. Le plancher est coupé, taillé, tranché, écartelé, losangé, échiqueté, gironné, orlé, aux quartiers d'or, d'azur, d'argent, de sinople, de vair, de contrevair, de sable, avec des dragons lampassés, des pals, des merlettes, des chefs emmanchés à dextre et à senestre, des rencontres au dextrochère, potencé et contre-potencé, des coqs membrés, becqués, crêtés, des croisettes, des macles au lambel en chef, à la bordure engrêlée, des paons rouans, des croix denchées, cantonnées, recroisettées, au chef bastillé, etc. Tous les jours, à la même heure, le propriétaire, Jacques-Christophe, vient prendre son passe-temps chéri, c'est-à-dire qu'avec ses sabots pleins de boue il piétine sur toutes les richesses héraldiques que nous avons énumérées, et souille de la sorte le plancher, — qu'il frottait autrefois.

De là, notre 'Ann'quin Bredouille, devenu moins timide, se hasarde jusque dans le boudoir d'une petite-maîtresse, de Lucile. Mais, hélas! ce boudoir est devenu un cabinet politique. Les charmants sujets de Boucher, les jolies gaietés de Fragonard, les petites libertés de Lawrence ont fait place à des caricatures sur les événements du jour, caricatures dont l'esprit de parti a charbonné les traits. Un relief représentant une citadelle détruite a remplacé le groupe de Léda ; un autel sermentaire a succédé à la gentille chiffonnière sur laquelle on signait des billets à La Châtre, tandis que le rose tendre du meuble disparaît sous le noir de mille follicules éparses et d'un tas de brochures de circonstance.

La peinture de mœurs n'occupe pas exclusivement l'auteur d'*Ann'quin;* il y a place, dans sa galerie, pour les tableaux d'histoire et les événements de la rue. Les fêtes, les assemblées, les fédérations du Champ-de-Mars sont décrites particulièrement avec une verve de couleur et un soin dans le détail qu'on ne saurait assez louer. Citons ce morceau :
« Je voudrais peindre le spectacle imposant de cette foule innombrable formant un nombre infini d'ellipses immenses, ayant pour centre commun l'autel de la Fraternité; ces bannières de toutes couleurs flottant dans les airs, ces milliers d'armes étincelantes, ces chants d'allégresse. Un enthousiasme porté jusqu'au délire s'était emparé de tous les esprits ; tous les cœurs s'étaient épanouis ; expansion, cordialité, dévouement, un seul instant avait jeté dans les âmes tous les sentiments à la fois. O puissant effet d'une grande réunion! Prenez une à une les feuilles d'un arbre : chacune est l'emblème de la fraîcheur; entassez-les, elles s'échauffent, s'enflamment... — Et les hommes, combien plus aisément encore! Ils ne le savent que trop, ceux qui se servent de la multitude.

» C'était dans la plaine de *Lon lan la derirette* qu'on s'était rassemblé dès le point du jour. Non, lecteur, vous ne vous ferez jamais une idée exacte de cette bigarrure. Des sabots, des escarpins, des sandales, des pieds nus se montraient pêle-mêle avec des bas de soie et des bottes; des culottes de drap serin se faisaient voir entre de grands pantalons de la Grenouillère et des tabliers de taillandiers, de marmitons, de boyaudiers; un joli chapeau à corne camuse se montrait à côté du feutre boueux d'un portefaix, une perruque magistrale près d'un catogan de faraud, le rond léché d'un lévite poupin et les cheveux plats d'un Bazile. Ici, d'intrépides amazones, persuadées qu'il n'y avait point de danger, étaient venues partager les travaux de la campagne. Là, au contraire, des femmes éplorées, tremblantes pour les jours de leurs époux, leur apportaient des parapluies et des pantoufles, et se précipitaient au-devant d'eux pour les conjurer de revenir au logis ; mais eux, fanfarons, et se redressant, ne leur répondaient que par ce couplet :

> Qu'il pleuve, qu'il grêle, qu'il tonne,
> Plus rien ne nous étonne.
> Eh! que ne braverions-nous pas
> Pour être vêtus en soldats?

» Il y avait aussi des nuées de petites-maîtresses amenées, — je vous le donne à deviner en mille, — par l'espérance que, d'un événement si extraordinaire, il allait éclore des modes nouvelles, que chacune aspirait à la gloire de porter la première. Je ne parle pas de ces espèces de bacchantes aux coiffes de travers, aux yeux furibonds, aux joues couvertes d'un rouge de cabaret, qui parcouraient les rangs du peuple en proférant des blasphèmes et des malédictions. Quant aux armes, promenez vos idées depuis le canon jusqu'à l'épingle, vous ne trouverez rien qui ne fût là. L'un avait une pertuisane, l'autre une vieille carabine à rouet; un autre portait le fût d'un fusil dont son voisin avait le canon, et dont la batterie était dans les mains d'un troisième, à dix pas de là; on voyait aussi des broches, des fourches, des lames de scie, des tranchets et des rouillardes. Ce n'était pas qu'au milieu de cette bigarrure il n'y eût une armée véritable composée de la plus grande partie des citoyens de Néomanie. Sur leur justaucorps on voyait ressortir le blanc des courroies en sautoir auxquelles pendaient la giberne et le sabre; les épaules des chefs étaient chargées de riches franges; dans leurs mains étincelait la flamboyante épée avec laquelle ils dirigeaient les évolutions des lignes hérissées de fusils et de baïonnettes. Chaque légion portait ou le feutre à la prussienne qu'ombrage à gauche une cocarde tricolore, — ou ce bonnet exhaussé, auquel la dépouille de l'ours prête un effet si imposant, — ou le casque brillant que borde la peau du tigre, et derrière lequel on voit flotter une touffe de crins aussi noirs et plus luisants que l'ébène. Toute cette multitude, animée par une musique guerrière, chantait à l'envi le refrain à la mode : *Ah! ça ira! ça ira! ça ira!*

« — Eh! quoi, s'écria 'Ann'quin Bredouille stupéfait, est-ce que l'on verra souvent une quantité aussi immense d'hommes rassemblés à la fois sous les armes? — Non pas à la fois, lui répondit madame Jer'nifle ; il y en aura les trois quarts qui resteront au coin de leur cheminée pour s'accoutumer au feu. »

Cette description fourmillante et brillante n'est pas la seule de l'ouvrage; nous avons passé sous silence le sac de Saint-Lazare et la prise de la Bastille, racontés avec cet entrain et cette *douce ironie,* dont un de nos révolutionnaires modernes s'est fait l'apôtre.

En quittant la plaine, de *lon lan la derirette,* nos trois curieux, le naïf 'Ann'quin Bredouille, l'aimable petit Adule et la chagrine madame Jer'nifle, font un détour pour aller admirer le fameux *Châtaignier des Gaules.* Ils le connaissent de réputation, ce superbe châtaignier auprès duquel celui *di cento cavalli,* cité par tous les voyageurs, n'est pour ainsi dire qu'une frêle baguette. C'est par siècles qu'il compte son âge. Dans cette longue durée de temps, la foudre a voulu quelquefois l'attaquer, mais à peine a-t-elle pu en briser quelques branches. Voilà, du moins, comme 'Ann'quin Bredouille s'attend à le trouver : mais quelle est sa surprise en le voyant dépouillé de ses fruits, de ses feuilles, entamé dans toutes ses parties par les coups d'un nombre infini de cognées. « Courage! crie Adule ; plus ce colosse vous résiste, plus vous aurez de gloire et de profit à l'abattre. » Madame Jer'nifle demeure comme pétrifiée; ce n'est pas l'effet de l'étonnement, mais de l'indignation que cause toujours l'ingratitude ; car elle a reconnu parmi les bûcherons qui attaquent cet arbre superbe beaucoup de ceux dont il a fait longtemps la ressource contre l'inclémence des saisons. — « Que d'autres, objecte-t-elle, vraiment persuadés de sa caducité, y aient porté la cognée, passe encore ; mais que ceux qui vivaient de ses fruits, qui trouvaient sous son immense branchage un abri contre la chaleur, que ceux-là qui lui devaient tout, soient les plus acharnés à sa destruction, j'en suis révoltée ! »

'Ann'quin Bredouille hoche la tête en signe d'assentiment. Adule se tait. Et c'est en proie aux réflexions les plus diverses que l'on poursuit son chemin. Mais une dernière surprise les attend presque au seuil de leur porte. On se rappelle ce temple qui portait sur son fronton les trois lettres L I B, et dont le peuple entier de Néomanie avait entrepris la conquête. Afin d'aplanir et d'abréger le sentier difficile qui y conduit, de nombreux ouvriers se sont mis à travailler à un nivellement absolu. Désireux de connaître le progrès des travaux, 'Ann'quin Bredouille emprunte un télescope, et comme on le lui abandonne un peu plus longtemps que la dernière fois, voici ce qu'il distingue : — Un temple, si l'on peut ainsi appeler un bâtiment où il n'y a aucun ordre ; des socles en chapiteaux, des entablements sur le terrain, des soubassements dans le faîte, des colonnes transversales et des corniches perpendiculaires, un râtelier sur un autel, du sang dans l'encensoir, une tête de mort à la place d'une lampe ; — un prêcheur dans un tonneau plein de vin et gesticulant avec un sabre ; — enfin, une foule effrénée de druides, de derviches, de brames, de rabbins, de corybantes, dansant, sautant, tonnant, trépignant et faisant entendre les cris de Jéhova, d'Allah, d'Evohé, de Goddam. Ne concevant rien à cela, 'Ann'quin Bredouille veut s'éclairer par l'inscription de l'édifice. Il voit, comme autrefois, d'abord une L ; ensuite un I ; mais cela changeait à la troisième lettre, qui était un C et les deux suivantes étaient un E et une N. Comme autrefois, il n'en peut voir davantage.

Ici finit le deuxième volume; les quatre autres parurent presque immédiatement après.

IV

'ANN'QUIN BREDOUILLE ROI. — LA GUILLOTINE. — CONCLUSION.

Un soir, autour d'une table, 'Ann'quin Bredouille joue aux cartes avec Adulé et madame Jer'nifle, lorsqu'ils sont interrompus brusquement par l'arrivée du locandier ou maître de l'auberge dans laquelle ils logent depuis plusieurs jours. « A quel jeu jouiez-vous, s'il vous plaît? demande-t-il. — Nous avions, répond 'Ann'quin, commencé une partie de piquet. — Triste jeu que celui-là! je veux vous en apprendre un nouveau, celui que l'on joue le plus à présent dans toute la ville de Néomanie. » Là-dessus, le locandier prend les cartes, commence par les mêler, en distribue un certain nombre à chacun; puis il s'arrête tout court, se frotte le front, se gratte l'oreille; il les reprend, les mêle de nouveau, se trouve encore aussi embarrassé, recommence une troisième fois... « Diable, dit-il, c'est pourtant cela : l'essentiel est de beaucoup les mêler; mais attendez, je vais vous chercher le livret instructif. » Il sort, et revient presque aussitôt avec le livret annoncé. A en juger par le frontispice, ce doit être un ouvrage profond, car il est le résultat de travaux d'une société entière, rassemblée pour la propagation des lumières nouvelles. Voici quelles sont les règles du jeu :

« Une poignée de basses cartes prises au hasard.

» Beaucoup de piques.

» Peu de cœurs.

» Grand nombre de valets.

» Un seul roi.

» On mêle.

» Chacun se précipite sur le tas et emporte autant de cartes qu'il peut.

» Si, dans les débats que cela occasionne, il y a quelques cartes déchirées, on les jette sous la table et l'on n'en parle plus.

» Ce sont les piques qui gagnent.

» Les basses cartes, prises une à une, n'ont aucune valeur; mais, réunies sous la conduite des valets, ce sont elles qui emportent les mises.

» Le roi n'est guère que représentant ou auxiliaire; sitôt qu'il entre en jeu, il est pris. On le place au milieu de la table, entouré d'un cercle de basses cartes : là, il n'est plus que spectateur de la partie. Il lui reste cependant une valeur relative. Lorsqu'il s'agit d'un coup majeur, on le joint aux autres cartes et sa présence autorise... »

— Ouf! s'écrie 'Ann'quin Bredouille, en voilà assez; jamais des règles aussi extraordinaires ne pourront entrer dans ma tête; laissons ce jeu-là à vos propagateurs, et revenons tout uniment à notre piquet. »

Une autre fois, on célèbre l'antique fête des Rois; 'Ann'quin est tout étonné de la gravité des convives : au lieu des joyeux propos auxquels il s'attendait, au lieu de cet épanouissement qui, jadis, accompagnait toujours cette solennité domestique, il n'assiste qu'à des discussions et des déblatérations sur les affaires du temps; on ergote, on examine, on juge, on exagère, on atténue; et la partialité monte sur un ton d'amertume une conversation que le plaisir seul aurait dû animer. Enfin, le gâteau est apporté, coupé et distribué. C'est Adule qui est chargé d'aller chercher les parts sous la serviette chaude.

« Vivat! s'écrie 'Ann'quin, vivat! c'est moi qui suis roi !
— Monsieur Bredouille, dit le locandier, est-ce que vous seriez encore assez de votre village pour vous applaudir de

bonne foi? — Certainement. Quelque court que soit ce rôle-là, il est beau à jouer. Je suis un peu gourmand, j'aurai les meilleurs morceaux ; et chaque fois que je boirai j'entendrai des cris joyeux... On le regarde avec un air de pitié. Il continue : — Mais point de bonheur lorsqu'il n'est point partagé ; il me faut une reine, et c'est vous, mademoiselle... Disant cela, il jette la fève dans le verre d'une voisine infiniment intéressante. 'Ann'quin Bredouille est à la fois connaisseur et galant, et il se prépare à débiter un compliment qui, depuis que la famille des Bredouille existe, n'a jamais manqué son effet, lorsque tout à coup sa phrase se glace au passage, et il reste bouche béante en voyant sa voisine presque évanouie. Après un moment de silence : « Ah! Monsieur, que vous ai-je fait? s'écrie la nouvelle reine en sanglotant ; pourquoi me jouer un tour aussi perfide? » L'étonnement d'Ann'quin Bredouille redouble à ces expressions ; mais que devient-il lorsqu'une voix unanime le condamne à aller s'asseoir, avec sa voisine, à une petite table séparée de la grande, et où on lui envoie les morceaux les moins délicats, le vin le plus trempé. Les tabourets boiteux exigent que l'on calcule ses moindres mouvements, si l'on ne veut pas être culbuté. Cette nouvelle manière de fêter le roi étant de tout point opposée à l'ancienne, les honneurs d'autrefois sont remplacés par de petites malices auxquelles prend part chacun des convives. Si, par un reste d'habitude, quelqu'un laisse échapper ce vieux cri : *Le roi boit!* il devient à l'instant le plastron de toute la compagnie. 'Ann'quin ne peut s'empêcher de faire la grimace, mais cela devient bien pire au dessert : une dispute s'élevant entre les assistants achève de lui faire connaître combien il est fâcheux d'avoir la fève, car, par suite d'un nouvel usage, c'est lui qui se voit obligé de payer les pots cassés. « Mademoiselle, dit-il à la compagne qu'il s'est donnée, je comprends en effet que je vous ai joué un bien mauvais tour ; pardonnez-moi de vous avoir faite reine. »

Ces allusions à une monarchie aux abois sont fréquentes dans l'ouvrage de Gorjy, et elles se reproduisent sous différentes formes. Le *crescendo* de la Révolution s'y fait sentir avec force, principalement dans le cinquième et le sixième tomes, où, de gradation en gradation, nous arrivons jusqu'au pied de la guillotine, — mais quelle guillotine! — Jamais l'invention du célèbre docteur n'a été tournée en ridicule d'une manière plus pittoresque.

Représentez-vous d'abord une estrade fort élevée, pavée en marqueterie superbe, figurant les sujets les plus gais; tout autour une balustrade d'azur, ornée de guirlandes de fleurs; au milieu deux colonnes de lapis cannelées d'or; sur ses colonnes, au lieu d'entablement, une hache de grenat... Mais laissons parler l'inventeur lui-même; il est là sur l'estrade, et, péroreur par essence, après avoir jeté un regard complaisant sur la foule populacière qui l'environne, il commence ainsi : « Mes chers frères, en ma qualité de docteur-machiniste, je suis parvenu à inventer, avec mon teinturier, la ravissante machine que vous voyez; vous pouvez remarquer que j'y ai réuni tout ce qui peut flatter agréablement la vue. Je n'ai point oublié non plus les autres sens : ces fleurs attachées en guirlandes exhalent des parfums exquis; sous l'estrade est un jeu de serinette monté pour des airs fort joyeux, comme celui-ci : *Ma commère, quand je danse;* ou cet autre : *Adieu donc, dame Françoise;* ou bien celui-là : *Bonsoir la compagnie, bonsoir.* J'oubliais de vous faire remarquer que l'on sera porté sur l'estrade par un fauteuil mécanique, afin d'épargner au patient la peine même de marcher, car les plus grands forfaits méritent tous les égards imaginables. Arrivé ici, l'acteur se placera entre les deux colonnes; on le priera d'appuyer l'oreille sur ce stylobate, sous le prétexte qu'il entendra beaucoup mieux les sons délicieux que rendra le jeu de serinette; et, au moment le plus capable de le ravir en extase, une détente fera tomber la hache, et la tête sera si subtilement tranchée qu'elle-même longtemps doutera qu'elle le soit. Il faudra, pour l'en convaincre, les applaudissements dont retentira nécessairement la place publique. Observez bien, mes chers frères, avec quel soin scrupuleux j'ai porté la recherche dans les moindres détails : cette hache, je l'ai faite de grenat, afin que le sang ne parût pas, et qu'il n'y eût absolument rien qui sentît la mort dans cette manière de faire mourir. Ainsi le supplice, qui ne sera qu'un jeu pour celui qui le subira, deviendra en même temps un spectacle intéressant pour ceux qui y assisteront; j'aurai rendu à la classe trop sensible un spectacle dont elle était obligée de se priver, et les patients pourront compter désormais sur la bonne compagnie. »

Quelques mois plus tard, Gorjy n'aurait pas osé plaisanter de cette sorte la guillotine; il est vrai que, quelques mois plus tard, la publication d'*Ann'quin Bredouille* était brusquement interrompue, avec mille excuses aux souscripteurs. Un instant j'ai cru que Gorjy avait payé de sa tête ses téméraires pantalonnades. Heureusement il n'en était rien. Je ne sais quelle ombre protectrice s'était faite autour de son pamphlet. Mais il brisa sa plume, et, depuis, n'écrivit plus une seule ligne. Il eut tort bien certainement, car il y avait en lui un bon romancier, et mieux encore, un excellent styliste. Non pas que je veuille dire par là que ce fut un rhétoricien achevé. « Il y a, dit-il quelque part, une figure de rhétorique dont j'ai oublié, dont je crois plutôt que je n'ai jamais su le nom; car pourquoi n'avouerais-je pas que je n'ai point étudié ces belles règles qui circonscrivent l'esprit dans une ouverture déterminée de compas? On voit trop que je n'y entends rien. » Cependant, en dépit de la rhétorique et même de la grammaire, il y a telle de ses pages que signeraient volontiers des auteurs de premier ordre; nous en avons cité quelques-unes. Avec le temps, Gorjy aurait acquis ce qui lui manquait, il se serait complété. *Ann'quin Bredouille* indiquait déjà un progrès évident sur ses œuvres précédentes. Politique à part, de toutes les imitations de Sterne qui ont été faites, celle-ci reste incontestablement la meilleure, et Gorjy s'est piqué de modestie trop grande en se qualifiant de *petit cousin de Tristram Shandy*.

La tournure de son esprit devait plaire aux allemands, qui l'ont traduit plusieurs fois, et qui ont publié, en 1798, une édition de ses œuvres complètes.

Maintenant, quand mourut Gorjy? où mourut Gorjy? Même obscurité pour sa mort que pour sa naissance. La Biographie universelle, qui ne lui a consacré qu'une douzaine de lignes assez vagues, dans un de ses derniers suppléments, le fait mourir *vers le commencement du siècle*. J'hésite à adopter cette assertion, car, d'un autre côté, le libraire Pigoreau, qui a publié en 1821 un dictionnaire des romanciers, en parle comme d'un auteur vivant : « Si quelque jour, dit-il, M. Gorjy se décidait à faire réimprimer ses œuvres dans le format in-12, on les lirait et on y trouverait du plaisir. » Le libraire Pigoreau, éditeur de romans *exclusivement*, avait des rapports quotidiens avec tous les gens de lettres; il serait donc étrange qu'une erreur de cette nature se fût glissée sous sa plume.

En se rangeant à cette dernière version, la date de la mort de Gorjy n'en est pas mieux éclaircie; toutefois cette version offre un champ plus vaste et plus riant aux suppositions, aux probabilités (1).

(1) M. Quérard, que nous sommes allé voir, nous a fourni sur Gorjy la note suivante, détachée des documents inédits qu'il amoncèle pour une nouvelle édition de *La France littéraire* : « GORJY (Jean-Claude), né à Fontainebleau en février 1753, mort à Pincéloup, près de Rambouillet, en 1795. »

DORVIGNY

« Dorvigny enfante des volumes par jour. Veut-il déjeuner? Il écrit. Veut-il dîner? Il écrit. Veut-il souper? Il écrit. Veut-il boire, ce qui lui arrive assez souvent? Il écrit. Encore le public serait-il plus heureux si Dorvigny avait moins soif. »

Tel est le portrait médiocrement flatteur qu'on trouve dans le *Dictionnaire des grands hommes du jour*, de floréal an VIII.

Quel est donc ce Dorvigny, cet auteur si fécond, dont le nom et les volumes tiennent aujourd'hui si peu de place dans notre mémoire? Hélas! c'est un écrivain dramatique et un romancier, qui fut célèbre cinquante ans environ. Qu'en reste-t-il à l'heure qu'il est? Rien ou peu de chose. Voyez plutôt les biographies : prénoms en blanc, lieu de naissance en blanc, lieu de décès en blanc.

Il s'appelait Dorvigny (1) tout court, et il était né en 1734, à Paris ou ailleurs, cela ne l'inquiétait guère. C'était un poëte à la façon de Dufresny, dissipateur et bon vivant, un *panier percé*, selon l'expression des commères. La vérité est qu'il y a beaucoup de rapport entre Dufresny et Dorvi-

---

(1) D'après M. Lepeintre, dans une notice de son *Répertoire du Théâtre-Français*, Dorvigny n'était qu'un nom de guerre; il s'appelait Archambault.

gny ; d'abord, même nombre de lettres dans le nom, avec même consonnance ; — ensuite Dufresny avait du sang d'Henri IV dans les veines, et la tradition veut que Louis XV soit le père de Dorvigny ; enfin, Dufresny et Dorvigny sont morts tous deux au même âge et de la même maladie : la pauvreté.

Dorvigny commença par être acteur chez Nicolet : je n'ai jamais rencontré personne qui pût me dire quelle sorte d'acteur cela faisait, car il est impossible d'admettre comme une autorité le pamphlet immonde de Mayeur : *le Chroniqueur désœuvré ou l'Espion du boulevard du Temple* (1782). Voici comment Dorvigny y est traité : « Je ne vous dirai pas que Dorvigny soit le plus grand fripon, il n'en a pas l'esprit car il faut encore une certaine adresse au boulevard, pour tromper les marchands qui croient être tous sur leurs gardes ; Bordier, Ribié et Paul, sont actuellement les seuls capables de donner des préceptes sur ce talent si recherché. Dorvigny se borne à boire et boit beaucoup ; sale, dégoûtant même, il n'est pas une seule pièce où, comme acteur, il n'ait forcé le public de reconnaître une espèce de charretier. Nicolet vient d'en faire l'acquisition, comme comédien et comme auteur destiné à orner son théâtre de charmantes productions. »

Dorvigny jouait alors avec Volange, Beaulieu et Bordier, trio illustre, dont le souvenir n'est pas encore effacé, et qui ont attaché leurs noms au joyeux et si original répertoire des Variétés-Amusantes.

L'idée d'écrire lui vint probablement en jouant ou en voyageant, car il courut long temps la province et l'étranger. Comme ce n'était pas un écrivain de main-morte, il sema ses œuvres sur tous les lieux de son passage : parades, impromptus, prologues, opéras-comiques, vaudevilles, comédies en vers et en prose. C'est ainsi que de 1773 à 1779, on trouve de ses pièces :

A la Haye, *pour la fête de la princesse d'Orange;*

A Lunéville, *pour messieurs de la gendarmerie;*

A Lyon, *pour le passage de Madame;*

Au Raincy, chez monseigneur le duc d'Orléans ;

A Versailles, à Fontainebleau, à Compiègne, à Nemours, aux petits appartements ; — car Dorvigny débuta dans la carrière littéraire par la poésie officielle ; ce fut un écrivain de cour ; il griffonna tour à tour des à-propos pour l'inoculation de Sa Majesté, pour le mariage du comte d'Artois, pour la grossesse de la reine, pour l'arrivée de l'empereur. Rien ne lui coûtait : un coup de canif à sa plume, et le reste allait tout seul.

Heureusement, il se dégoûta bientôt de ce métier humiliant pour un fils de roi et stupide pour un homme de talent. Après s'être essayé aux Italiens dans quelques parodies et à l'Ambigu-Comique dans deux ou trois vaudevilles, Dorvigny se résolut à mettre bas son habit brodé, et à suivre sa vocation pour le genre populaire. Ce fut alors qu'il fit jouer aux Variétés *les Battus paient l'amende,* farce qui fit le tour de l'Europe et du monde, et dont le principal personnage, Janot, est devenu un des types français les plus caractérisés. Il n'y a pas d'exemple d'une vogue semblable, vogue d'autant plus singulière qu'elle s'abattait sur un petit théâtre, sur un petit auteur et sur des comédiens jusqu'alors inaperçus.

Cette vogue fut telle que d'abord on crut que Dorvigny n'était qu'un prête-nom. Plus d'un auteur célèbre se laissa faire compliment sur cet ouvrage. Le premier ministre lui-même, M. de Maurepas, souffrait volontiers qu'on lui attribuât *les Battus paient l'amende.*

La critique se mit de la partie, et Mayeur, qui paraît avoir été l'ennemi intime de Dorvigny, ne fut pas des derniers à dire son mot : « Cette parade qui lui fait tant d'honneur, écrit-il, n'est autre chose que quelques scènes volées à Musson, peintre et bouffon de société. Son proverbe de *On fait ce que l'on peut,* est aussi composé de scènes que Patrat, Musson et Duché jouent aux soupers où ils sont invités; et la plupart de ses pièces doivent leur existence à de vieux bouquins qu'on ne lit plus, et qu'en récompense il lit beaucoup. Sa scène des *Perruques* est prise mot à mot dans *les Réjouissances de la paix*, ancienne pièce imprimée et dont l'auteur est mort. La pièce qu'il a donnée aux Italiens ayant pour titre : *la Comédie à l'impromptu*, se trouve tout entière dans *le Pédant joué*, farce de *Cyrano de Bergerac*, etc., etc., etc. Il est bien facile de se faire ainsi la réputation d'auteur; mais il est bien difficile que les gens éclairés ne s'aperçoivent pas que vous n'êtes qu'un sot. »

Voici une des scènes des *Battus paient l'amende;* c'est un aperçu de ce langage équivoque qui consiste dans l'inversion des différents membres de la phrase :

« JANOT. — Bonsoir donc, mam'zelle Suzon... Si ça dure, j'aurons une belle journée cette nuit. Y fera beau demain pour la promenade. Si vous voulez, j'irons déjeuner comme j'avons été dimanche dernier, à Saint-Cloud ; vous en souvenez-ti?

» SUZON. — Pardine ! si je m'en souviens ? témoin que j'y ai l'oublié mon p'tit couteau que vous m'aviez donné, où ce que j'en ai t'eu ben du chagrin, allez.

» JANOT. — Comment ! st'ustache que je vous avais fait présent ? Ah ben ! voyez comme c'est un sort ! Mais c'est égal, je vous en donnerai un aute, un véritable couteau de Langue, tous ce qu'il y a pus meilleur ; vous n'en verrez pas la fin de celui-là. Il m'a déjà usé deux manches et trois lames; c'est toujours le même !

» SUZON. — C'est ben honnête à vous, monsieur Janot; faut pas vous défaire de vos meubles comme ça pour moi.

» JANOT. — Ah ! pardonnez-moi, mam'zelle, c'est rien que ça. En parlant de couteau, c'est feu mon père qui en avait un beau, devant Dieu soit son âme, pendu à sa ceinture, dans une gaîne, avec quoi il faisait la cuisine..,

» SUZON. — A quelle heure vous viendrez me prendre, pour que je me tienne prête?

» JANOT. — A huit heures. Mais dites donc, faut pas aller avec ce guernadier de l'autre jour. C'est de la mauvaise compagnie, ça, et vous savez ben le proverbe : Dis-moi qui tu hantes, je te dirai qui tu fréquentes. Vaut ben mieux n'être que moi et vous, voilà tout, et pis vot' petite sœur, et mon p'tit frère et ma cousine ; ça fera cinq, nous jouerons aux quatre coins. Pas vrai, mam'zelle Suzon ?

» SUZON. — Tout ce qui vous fera plaisir, monsieur Janot ; mais faudra revenir de bonne heure, nous goûterons en chemin.

» JANOT. — Oui, je passerons par Sèves, j'y mangerons des petit gâteaux de Nanterre, comme j'en avons mangé l'aute jour, tout le long de la rivière, avec du beurre dessus.

» SUZON. — Et vous souvenez-vous des cerises que j'avons mangées aussi ?

» JANOT. — Pardine ! je le crois ben, de c'te petite marchande qui était si jolie, à trois sous la livre... (1). »

C'est une création vraiment nationale que ce Janot, qui espère toujours gagner à la loterie, quoiqu'il n'y mette

(1) La plupart de ces formules ont été résumées dans une chanson populaire que nous transcrivons ici comme le meilleur modèle de *janotisme* :

> Je suis Janot; mes actions comiques
> On fait de moi rire depuis longtemps,
> Et de mon pèr' je suis le fils unique,
> Quoiqu'cependant nous étions douze enfants.
>
> Un jour, la nuit, j'entendis l'ver mon père ;
> Il vint à moi et m'dit com'ça : — Janot !
> Va-t'en chercher du beurre pour ta mère,
> Qu'est bien malad', dedans un petit pot.
>
> J'entre en passant chez mon oncle Licorne,
> J'lui dis com'ça : — Tonton, dépêchez-vous
> D'met' votr' chapeau sur vot' tête, à trois cornes,
> Et, après ça, d'faire un saut d'plus chez nous.
>
> Il trouva mal cette pauvre Jeannette ;
> C'était mon pèr' qui l'avait trop bourrée
> Avec un gros com' moi morceau d'galette,
> Qui v'nait d'mon frèr', qui l'avait trop beurrée.

jamais; « *mais l'hasard est si grand!* » dit-il. C'est un type résolûment burlesque que ce valet qui demande à son maître douze sous pour acheter une bouteille à quinze, et qui, n'ayant plus d'argent, attend qu'il fasse jour pour aller s'installer dans une auberge, « parce que, dans les cabarets, on ne paye qu'en sortant, et moi je ne sortirai pas. »

Janot devait tout naturellement trouver place dans le *Tableau de Paris* de Mercier. On l'y rencontre en effet au commencement du huitième volume, dans un article intitulé : *Voltaire et Janot*, dont j'extrais ces quelques lignes :

« Janot fut le vrai successeur de Voltaire; trois mois après le triomphe de Voltaire, le Parisien, oubliant les trente-neuf académiciens qui restaient, accueillit ce Janot avec le même enthousiasme. Il jouait dans une farce qui, plus heureuse qu'*Irène*, eut cinq cents représentations. L'idiome de la dernière classe du peuple s'y trouvait exprimé au naturel; et le jeu naïf de l'acteur, son accent sûr formaient un tableau qui, dans sa bassesse, avait un mérite extrêmement rare sur la scène française, la parfaite vérité. »

> Mais tout le mond' chez nous était en proie
> A la douleur de ce funeste jour;
> Moi, qu'avais faim, j'm'en fus chercher notre oie
> Chez l'pâtissier, qu' j'avais fait cuir au four.
>
> Mais en rentrant, ma mère était rev'nue,
> Et tout le monde commençait à s'asseoir;
> Nous mangeâm' l'oie, avec de la morue,
> En compagni', qu'était bouilli' du soir.
>
> Mais v'là-t-y pas qu'pour prouver mon adresse,
> Je renversai les assiett' et les plats;
> Je fis un' tache à ma veste, de graisse,
> Sur ma culotte et mes jambes, de drap;
>
> Et sur les bas que mon grand'père, de laine,
> M'avait donnés avant d'mourir, violets;
> L'pauvre cher homme est mort d'une migraine
> En tenant un' cuisse, dans sa bouch', de poulet.

Il n'y eut pas jusqu'au sévère Linguet qui n'ouvrit les pages de ses *Annales* à une dissertation sur l'envahissement et les progrès du janotisme. Mais lui ne jugeait pas avec autant de bienveillance que Mercier.

Ajoutons que Janot fut modelé en porcelaine, comme Voltaire, et placé sur la cheminée du cabinet de Louis XV. Le sieur Curtius s'empressa également de l'admettre parmi ses mannequins enluminés, à côté de Desrues, du comte d'Estaing, et de la famille royale assise à un banquet artificiel. Il fut fait un envoi en Russie d'une armée de Janots en biscuits de Sèvres, qui coûta plus de 28,000 livres.

Ces petites statuettes se trouvent encore. Il y a trois ans, j'en ai vu une chez un horloger de la rue Dauphine. Janot est représenté long, menu, en veste, une lanterne à la main et coiffé d'un bonnet. Le travail est joli et intelligent.

Tout était *à la Janot* alors, les modes, les coiffures. Il y eut un potage à la Janot, qui était le plus simple des potages. Puis Janot eut une postérité : *Janot chez le dégraisseur*, *Jeannette ou tous les battus ne payent pas l'amende*, *Janot bohémien* (par Martainville).

Dans *Tout ce qui reluit n'est pas or*, Janot est devenu riche ; il a une belle veste neuve depuis qu'il est au service d'une comtesse ; cependant il annonce à son ami Dodinet qu'il va mettre la comtesse sur le pavé. « Sus le pavé ! — Oui, j'y vas rendre sa condition et l'y dire qu'elle en cherche une autre. — Et quéque tu vas devenir après, toi ? — Moi ? je me ferai grand seigneur. — Grand seigneur ? — Tu seras mon intendant, je ne te donnerai pas de gages, mais ce que tu prendras sera pour toi. — Oh ben ! laisse faire, va, je ne serai pas le plus mal partagé, s'écrie Dodinet. — Oui-dà, mais à condition que quand tu m'auras ruiné, tu me prendras pour intendant à ton tour... »

Comme on le voit, ces plaisanteries sont devenues classiques, et la plupart même ont passé dans le langage usuel.

Ce n'est pas tout : la province ne se contenta pas des Janot que Paris lui envoyait ; elle se mit à en composer, elle aussi. J'ai sous les yeux la *Nuit de Janot ou le Triomphe de mon frère*, comédie-parade représentée *pour la première et dernière fois* à Chartres en Beauce, le dimanche 4 mars 1780. Ainsi que le titre l'indique, il s'agit de l'apothéose de Janot, que tout le monde s'attache à combler de bienfaits, à qui le savetier Simon donne sa fille en mariage, à qui M. Ragot fait présent de son fonds de boutique, à qui le commissaire fait restituer sa garde-robe et son écu de six livres. La pièce n'eut pas de bonheur, malgré ce point de vue nouveau, et quoi que l'auteur eût présenté son personnage comme un symbole, presque comme une figure révolutionnaire. « En effet, dit-il dans une post-face, sans avoir consulté le créateur de Janot, je suis certain que son but principal, en formant son héros, a été de placer sous les yeux du public les scènes et les injustices journalières qu'on exerce envers ce que nous appelons le *vulgaire* et que M. Dorvigny a désigné sous le nom de *Janot*. » Diable! voilà un auteur qui voit loin !

Christophe Lerond fut le deuxième succès de Dorvigny.

Quand on imprima la pièce, il la fit précéder de quelques lignes de préface : « Ah! de la morale, a-t-on dit la première fois que l'on a entendu cette pièce; ah! la belle idée! et surtout comme c'est bien placé sur un théâtre de foire, aux Variétés! Et pourquoi pas? N'avons-nous pas donné jadis de la *janoterie*? C'était trop bas alors, trop trivial, disait-on. La critique est si subtile, si éveillée! Rien ne lui échappe. Tout en y venant, tout en s'y disputant les places, on criait haro sur l'auteur et sur l'ouvrage. On y vient encore et l'on y crie encore de même. Or, pour faire diversion, pour contenter ces difficiles, on a imaginé un autre genre. Eh bien, a-t-on désarmé la critique? a-t-on apaisé la malignité? Non. Le premier ton était trop bas; le deuxième, dit-on, est trop relevé. Une chose me console. Dans ma première pièce, j'ai écrit pour les gens gais, il y en a beaucoup. Dans ma deuxième, j'ai écrit pour les gens honnêtes, il n'y en a pas moins; et ces deux classes estimables me dédommagent des criailleries de la troisième, c'est-à-dire la SATIRIQUE. » *Christophe Lerond* est une pièce très-bien faite, et qui a pu donner à Collin d'Harleville l'idée de son *Optimiste*. Dorvigny lui-même y jouait le principal rôle.

En 1780, l'auteur de *Janot* força les portes de la Comédie française et y fit représenter, *le premier janvier*, une pièce de bonne année sous le titre des *Etrennes de l'Amitié, de l'Amour et de la Nature,* comédie en un acte et en vers. Cette fois, au lieu d'être joué par Volange et Bordier, il eut pour interprètes Dugazon, Préville, Fleury et mademoiselle Contat. Avec ce brillant entourage, j'ignore comment la pièce fut accueillie, mais j'ai le regret de le dire, elle est tout à fait médiocre; les vers sont absolument dépourvus de relief. Cependant les *Etrennes* furent représentées quelques jours ensuite à la cour, devant Leurs Majestés.

Une fois entré à la Comédie française, Dorvigny s'y trouva bien, car très-peu de temps après, dans la même année, il y donna *les Noces houzardes*, comédie en quatre actes et en prose. « Cette pièce, disent les *Annales dramatiques* de Babault, eut un succès équivoque à la première représentation, mais l'auteur y fit des retranchements qui redonnèrent du nerf à l'action et qui la firent applaudir dans la suite. D'ailleurs, il ne faut pas être si sévère pour un ouvrage que tout annonce avoir été composé à l'occasion du carnaval. » *Les Noces houzardes* sont demeurées assez longtemps au répertoire.

Après le 9 thermidor, Dorvigny fut cause que l'on ferma le Théâtre-Français (alors rue Feydeau) pendant un mois et plus. Il est vrai de dire que depuis quelque temps les comédiens ordinaires du peuple indisposaient considérablement le Directoire exécutif, qui les accusait de mal jouer à dessein les personnages républicains de leurs pièces, et de remplir au contraire les rôles royalistes avec beaucoup d'incivisme et de talent. Sur ces entrefaites, Dorvigny fit représenter un à-propos politique intitulé : *les Réclamations contre l'emprunt forcé*. La chute de cette œuvre, qui, d'après Etienne dans son *Histoire du Théâtre-Français*, fut à peine entendue au milieu des sifflets, acheva d'aigrir l'autorité ; et le Directoire, par un arrêté en date du 8 ventôse an IV, ordonna en même temps la clôture *d'un club d'anarchistes, d'une maison de jeu, d'un cabaret, de l'église Saint-André et du théâtre de la rue Feydeau*. Vainement les gens de lettres, les comédiens et plusieurs représentants du peuple réclamèrent contre cet acte vexatoire ; ce ne fut que le 13 germinal suivant qu'on permit aux acteurs de reprendre le cours de leurs représentations.

Ce fut vers ce temps-là que Dorvigny fit succéder la série des *Jocrisse* à la série des *Janot*.

Il donna successivement à divers théâtres : *Jocrisse changé de condition* (1795), *le Désespoir de Jocrisse* (1802), *Jocrisse congédié* (1803) *Jocrisse jaloux* (1804), *Jocrisse au bal de l'Opéra* (1808), *Jocrisse seul*, etc. — *Le Désespoir de Jocrisse* a seul survécu.

On se tromperait beaucoup si l'on était tenté de confondre les deux types de Jocrisse et de Janot ; sans doute ils sont parents à la façon de tous les imbéciles, mais ils ne sont pas frères. Jocrisse est en grand progrès sur Janot : c'est la bêtise convaincue et résolue, arrivée à son apogée d'aisance et de bien-vivre, la bêtise heureuse, grasse, bien logée, qui a un bon maître et une belle veste. Au contraire, Janot est un bouffon piteux, Janot est grelottant et mal habillé ; on le rosse et on ne le nourrit pas, il est maigre ; sa vie n'est qu'une lamentation perpétuelle au milieu du ruisseau. Janot me navre et je me surprends à lui souhaiter un sort meilleur, tandis que Jocrisse m'égaie sans arrière-pensée (1).

Alissan de Chazet et compagnie ayant composé pour Brunet

---

(1) « Depuis celui qui a dit : Tu seras Jocrisse ! personne dans les petits théâtres n'a eu de génie viable. » *Lettres aux écrivains français du XIXe siècle*, par M. de Balzac ; livraison de la *Revue de Paris* du 2 novembre 1834.

un vaudeville intitulé *Jocrisse autre part*, Dorvigny se mit fort en colère, et écrivit, dans le *Journal des Spectacles* du 8 thermidor an VIII, qu'il était le seul père des Jocrisse. « J'ai fait quelquefois, dit-il, de mauvais couplets, mais jamais de méchants. »

Cependant Dorvigny ne s'était pas toujours montré aussi délicat sur le chapitre de la propriété littéraire. Lors de la vogue de *Madame Angot*, il n'avait pu résister à l'envie de marcher sur les talons des deux citoyens Maillot et Joseph Aude, qui se disputaient cette fantasque création, et il avait composé à son tour, sous le titre du *Père Angot*, une comédie en deux actes qui fut représentée, l'an V, sur le théâtre d'Émulation.

Las des vaudevilles, Dorvigny continua sa carrière par des romans.

Ses romans ont les mêmes qualités et les mêmes défauts que ses pièces. C'est un homme entier qui procède par types, par figures bien en vue (1). Une joie immense et profonde circule à travers les événements un peu vulgaires qu'il met en jeu, tels que scènes bachiques, aventures de coche, voleurs pour rire et revenants. *Ma tante Geneviève ou Je l'ai échappé belle* (4 vol. an IX) passe généralement pour son chef-d'œuvre. C'est écrit dans le grand style de la nature par quelqu'un qui n'a jamais rien eu à démêler avec l'Académie française.

Dorvigny n'a guère fait autre chose que des romans d'aventures, dans lesquels il déplace la scène à chaque minute et fait graviter autour de deux ou trois héros seulement une nuée de personnages populaires, mariniers, apothicaires, blanchisseuses, laquais et clercs de procureur. J'ai assez de sympathie pour cette manière, qui reflète plus visiblement que toute autre le train de la vie ordinaire; et

---

(1) Voici quelques autres types de son répertoire : *Hurluberlu ou Tout de travers, Blaise le Hargneux, Nitouche et Guignolet, le Niais de Sologne, Carmagnole et Guillot-Gorju, le Père Duchesne, les Noces du Père Duchesne*, etc.

je ne voudrais supprimer dans *Ma tante Geneviève* que quelques gravelures qui tendent dès l'abord à faire ressembler Dorvigny à Pigault-Lebrun, bien qu'il n'ait ni l'irréligion de ce dernier, ni son érudition de pacotille. Le caractère de la tante, soutenu depuis le commencement jusqu'à la fin, est admirable de coloris et de gaieté.

La manière de Dorvigny sera rendue plus sensible par les sommaires de quelques chapitres :

CHAPITRE XIII. — *Monsieur de Lafleur me conduit chez un peintre. — Je sers de modèle pour sainte Suzanne.*

CHAPITRE XX. — *Grand embarras de ma tante. — Un boulanger lui donne l'hospitalité.*

CHAPITRE XXIX. — *Suite de l'histoire de ma tante. — Elle retrouve son directeur de comédie. — Elle est mariée. — Elle devient veuve.*

CHAPITRE XXXIX. — *Nous sommes volés sur le chemin. — Désespoir de ma tante. — Rencontre imprévue d'un voyageur.*

CHAPITRE XL. — *Qui était ce voyageur. — Intérêt qu'il prend à ma tante*; etc., etc.

Après cela, on peut citer le *Nouveau roman comique*, qui a de l'allure ; *Madelon Friquet et Colin Tampon ou les Amants du faubourg Saint-Martin*, remuante goguette ; ensuite *le Ménage diabolique, la Femme à projets, Madame Botte, les Jeux, caprices et bizarreries de la nature, les Quatre cousins, les Milles et un guignons*, et peut-être quelques autres encore, car il n'avait pas l'habitude de signer toujours : c'était tantôt D... y ou bien D... gny, quelquefois rien du tout.

Son dernier roman, dont il n'est fait mention nulle part, est *les Mystifications d'Innocentin Poulot, petit-fils de M. de Pourceaugnac*, par l'auteur des Janot et des Jocrisse. (Chaumerot, libraire ; 4 vol. 1809.)

Parlons de ses mœurs, à présent.

Voici ce que dit de lui Brazier, dans son *Histoire des Petits théâtres de Paris :* « Ce pauvre Dorvigny allait composer ses romans et ses comédies à la guinguette de Ramponneau, et plus d'un artisan qui buvait avec lui était loin de se douter qu'il trinquait avec le fils d'un roi (1)! En ce temps-là, les auteurs n'avaient pas de voiture; ils ne gagnaient pas vingt, trente, quarante mille francs par an. Une pièce se payait *vingt écus*, c'était un prix fait comme un habit; je dirais comme des petits pâtés si je ne craignais pas d'être un peu trivial. On jouait les pièces cent fois, deux cent fois, trois cent fois, on les jouait toujours; Audinot et Nicolet faisaient fortune, les auteurs mouraient à l'hôpital, et tout allait bien. »

Plus loin, Brazier raconte cette anecdote : « Dorvigny, qui se trouvait souvent dans la gêne, portait quelquefois à Barré (alors directeur du Vaudeville), de vieux canevas composés dans sa jeunesse, et qui n'étaient pas jouables. Barré, devinant le motif qui guidait Dorvigny, lui disait avec sa brusquerie accoutumée : « Ta pièce est détestable, elle est bête comme toi! mais tiens, voici un ouvrage que tu peux arranger, travaille! » Et en disant cela, il lui mettait un vieux manuscrit et cent francs dans la main, et jamais ne lui reparlait de la pièce. »

« Dorvigny, ajoute à son tour mademoiselle Flore dans ses *Mémoires*, mémoires charmants, bien qu'un peu aban-

(1) *Les Mémoires de Fleury* révoquent en doute cette parenté. « Voici, rapportent-ils, le fait qui avait accrédité cette erreur aussi singulière que la singulière histoire à laquelle elle tenait. Dorvigny, par la plus étrange coïncidence, demeurait près de la Vieille rue du Temple, dans une maison ou à côté d'une maison appartenant à un M. Dorvigny, ancien fabricant de glaces, mais ne faisant plus de commerce; or, quand on venait demander l'un ou l'autre homonyme dans la petite rue, cela donnait assez souvent lieu à des quiproquos. En conséquence, les gens du quartier les désignaient ainsi : l'un était naturellement Dorvigny *l'auteur*, et l'autre Dorvigny-*le-Dauphin*; et, en effet, cet homme était le fils de Louis XV. »
Nous donnons cette interprétation pour ce qu'elle vaut; je ne tiens pas essentiellement à ce que Dorvigny soit fils de roi; mais la version de Fleury ne m'a pas convaincu. Tous les contemporains semblent d'accord : « On le dit bâtard de Louis XV, et cela n'est pas si étonnant » écrit Mayeur.

donnés de forme, — Dorvigny portait un costume fort négligé et souvent brodé en paillettes de crotte; il se pavanait fièrement au milieu des jeunes auteurs, qui étaient tous habillés en muscadins, comme on disait alors. Il empruntait à Brunet un ou deux petits écus, à compte sur une pièce qu'il lui promettait, et il allait s'établir dans un cabaret où il travaillait. »

Selon M. Lepeintre, déjà cité, c'est un hospice de province qui aurait reçu le dernier soupir ou le dernier hoquet de Dorvigny, le 6 janvier 1812, « à la suite d'un excès bachique, dit-on. » Ce fait n'est pas absolument prouvé, quoiqu'il n'aurait eu malheureusement rien d'étonnant. Le passage suivant des *Souvenirs de J.-N. Barba* (Paris, 1846) donne une autre version : « Dorvigny est mort dans une petite rue des Vertus, près l'ancien marché Saint-Martin; la bienfaisance publique l'a fait enterrer. Ribié, directeur de la Gaieté, apprend sa mort, envoie de suite mon ami Gougibus aîné, le meilleur mime que j'aie vu, beau-père du digne Leménil, acteur du Palais-Royal, qui dit à Ribié que le malheureux Dorvigny a resté quatre jours dans son taudis après avoir rendu l'âme, sans être enterré. — Je n'étais pas riche, dit-il, j'avais six enfants; malgré cela, je me reproche ma conduite envers ce digne et excellent homme. Tous ces détails sont connus de la fille à Dabin qui vend des livres au bout du pont des Arts, vis-à-vis le Louvre. »

Ne faisons pas attention au style, qui est bien bizarre. Mais il me semble qu'on ne saurait hésiter entre la version de M. Lepeintre et celle du libraire Barba, marquée au coin de la certitude et accompagnée de tant d'indications et de témoins à l'appui.

Dorvigny avait soixante-dix-huit ans à l'heure de sa mort.

Soixante-dix-huit ans! C'est encore un bel âge pour un homme de désordre et d'ivresse, pour un gueux aux vêtements sordides, tel qu'il fut. Soixante-dix-huit ans! malgré la vie des halles et le mauvais vin des bouchons, en dépit des soirées sans feu et des matinées sans pain !. En littérature, n'atteint pas qui veut à cet âge vénérable.

Personne ne parla de lui.

L'année suivante, il se trouva pourtant un homme qui vint répandre quelques vers sur sa tombe, aussi inconnue que son berceau. Cet homme, un de ceux qui avaient le plus trinqué avec lui, c'était Dorat-Cubières, l'homme du panégyrique par excellence, qui avait composé tour à tour les éloges de Marc-Aurèle, de Colardeau, de Marat, de La Tour d'Auvergne, d'Olympe de Gouges, de Fontenelle, de Rétif de la Bretonne, et qui devait finir par l'éloge de l'auteur de *Jocrisse*. La brochure de Dorat-Cubières a pour titre : *Epître aux mânes de Dorvigni (sic) ou Apologie des Buveurs*, — car, lui aussi, Dorat-Cubières, était un buveur solide (1).

« Qu'on juge de mon étonnement et de mon indignation, dit-il dans une sorte de préface, lorsque j'ai vu Dorvigny grossièrement insulté par les journalistes cinq ou six mois après sa mort ! A-t-on jamais vu, depuis que la France existe, traiter avec cette indécence et cette barbarie la cendre encore fumante d'un homme honnête et d'un auteur dramatique fort distingué de son temps ? » Les vers de cette épître sont, comme tous les vers de Cubières, tantôt naïfs et tantôt emphatiques. Il s'arrête à l'origine royale de Dorvigny :

...... On dit qu'il fut ton père,
Ce Louis dont le règne eut un cours si prospère.

Et il ajoute en note : « Il y avait autrefois au Parc-aux-Cerfs, à Versailles, une quantité de jeunes et jolies demoi-

---

(1) *Epître aux mânes de Dorvigni ou l'Apologie des Buveurs*, par un auteur du boulevard du Temple, président de la société littéraire du Pré-Saint-Gervais, membre de l'Athénée de Montmartre, de Ménilmontant, etc., membre correspondant de ceux de Gonesse, d'Aubervilliers, et secrétaire perpétuel de l'Académie de la Courtille. *Res est sacra miser*. A Paris, chez Nicolas Vaucluse, imprimeur-libraire, rue Neuve-Saint-Augustin, n° 5. 1813.

selles que le bon roi Louis XV allait visiter en bonne fortune, mais en tout bien tout honneur, car il dotait toutes celles auxquelles il faisait des enfants. On prétend que le bon Dorvigny naquit d'une de ces demoiselles; je l'ai vu donner pour un fait incontestable dans quelques recueils et mémoires imprimés, et entre autres les *Mémoires secrets de Bachaumont.* Ce qu'il y a de certain, c'est que Dorvigny avait quelques traits de la belle physionomie de Louis XV, et qu'il ressemblait comme deux gouttes d'eau à un écu de six livres au millésime de 1726 à 1750. »

Vers la fin, Dorat-Cubières gâte un peu son épître par la plus extraordinaire sortie, — contre qui? — contre M. de Chateaubriand!

> « Au siècle où nous vivons aisément tout s'oublie;
> Chez nous tout est caprice, ou mode, ou fantaisie;
> Monsieur Chateaubriand un moment a brillé :
> Mais tout Paris s'en moque, et duement étrillé,
> Pour avoir à Chénier refusé son suffrage,
> De sa Jérusalem il poursuit le voyage.
> Monsieur Chateaubriand a pourtant des vertus;
> Il fait des vers en prose aussi bien qu'Ennius;
> De la religion il est le digne apôtre,
> Mais un fou chasse un fou comme un clou chasse l'autre.

Nodier écrivait ceci : « En général, l'homme qui donne un proverbe au peuple a fait preuve de génie. Une pareille sympathie d'esprit avec une nation entière n'est jamais du fait d'un écrivain médiocre. Je ne parle pas ici du trait bien exprimé qui se grave dans la mémoire des gens d'esprit, et qui ne prouve quelquefois que de l'esprit. Gresset, qui n'avait pas autre chose, abonde en proverbes de ce genre; mais celui qui passe de famille en famille et de génération en génération, toujours clair et toujours présent, émane d'une sorte de puissance. »

Nodier écrivait ces lignes à propos de Cyrano de Bergerac et de son immortel proverbe : *Que diable allait-il faire dans cette galère?*

A ce compte, et s'il fallait prendre au pied de la lettre cette citation de l'auteur de l'*Histoire du roi de Bohême et de ses sept châteaux*, Dorvigny serait mieux qu'un faiseur de parades et de romans grivois, car personne plus que lui n'a doté son pays de proverbes et de dictons populaires. Nous en avons ramassé quelques-uns le long de cet article.

Rivarol ne lui consacre que cette seule ligne ironique dans son *Petit Almanach :* « Un de ceux qui ont le plus contribué à faire oublier Molière. » Cette raillerie est injuste. L'auteur de *Sganarelle* et de *Pourceaugnac* n'eût certainement pas dédaigné de tendre la main à l'auteur des *Battus paient l'amende.*

La collection de l'œuvre entière de Dorvigny est des plus rares. J'évalue le nombre de ses pièces de théâtre à plus de trois cents, mais sur ces trois cents il faut en retrancher un bon tiers qui n'a pas été imprimé. — Je ne connais pas de portrait de Dorvigny.

NOTES.

Je possède une grande et très-belle gravure du temps, intitulée : *le Triomphe de Janot.* C'est toute une composition avec de nombreux personnages. Janot y est représenté debout sur un char, traîné par des petits Amours en casque, en soutane, en perruque, etc. Il tient en l'air sa lanterne, qui répand une vive clarté. La Folie l'escorte, marotte en main. Un héraut marche à sa gauche, portant majestueusement un dindon au bout d'une broche, et menaçant avec un couteau de cuisine Melpomène, Thalie et Thespsychose, qui forment un groupe désolé. Derrière Janot se presse une populace enthousiaste; tandis qu'au dessus de sa tête, un homme du peuple fait flotter un drapeau, où est représenté un pot de chambre se renversant, avec l'inscription : *C'en est.* Il y a beaucoup de mouvement et de verve dans cette caricature. On lit au bas ces deux quatrains :

> Gloire à Janot ! il a tout pour nous plaire;
> C'est le pendant des plus jolis magot;
> Momus l'a fait de l'un de ses grelots ;
> Pour nos plaisirs il ne pouvait mieux faire.

> Si le bon goût n'existait plus en France,
> Janot n'eût pas été tant applaudi.
> En le voyant, on dit: *C'en est,* c'est lui!
> Voilà le goût, le goût par excellence.

Dans ces dernières années, on a fait pour l'acteur Lassagne un *Janot chez les sauvages*, représenté au théâtre des Variétés.

LA MORENCY

Dans une sphère moins brillante que madame Tallien, avec un minois coquet, et une vocation littéraire plus que douteuse, la Morency apparaît comme l'expression fidèle de la galanterie sous la Terreur et du mauvais style sous le Directoire. Une chevelure d'un blond cendré, peu d'orthographe, de grands yeux éclatants, une ignorance presque absolue de la grammaire, la bouche chinoise, et la phrase comme la bouche, voilà son portrait en quelques mots. Il n'y a donc rien d'étonnant à ce que ses romans aient obtenu un succès d'une heure : l'aventurière aura prêté de son prestige à la femme de lettres. Quel livre peut sembler mauvais, lorsqu'il est lu par-dessus une jolie épaule?

La dépravation littéraire qui était entrée chez les hommes ne pouvait manquer de se glisser chez les femmes. A ce point de vue, mon œuvre serait incomplète, si je ne montrais une femme de plume, — qui n'est ni madame de Genlis, ni madame de Staël, ni madame Rolland, — et une femme à la mode, qui n'est ni madame Hamelin, ni madame Récamier ; loin de là.

Ainsi que cela arrive pour beaucoup d'auteurs médiocres, la vie de la Morency est cent fois plus curieuse et plus intéressante que sa littérature ; c'est là son meilleur roman. Les feuillets en ont été éparpillés sur tous les grands chemins, partout où soufflait un vent amoureux, aujourd'hui à Paris, demain à Bruxelles, dans les bosquets, dans les camps, dans les boudoirs. La Révolution ne paraît avoir existé pour elle qu'à l'état de décoration, de *toile de fond,* comme on dit au théâtre ; elle a toujours vécu, sinon en dehors des hommes politiques, du moins des choses politiques.

Suzanne Giroux, — qui se fit appeler plus tard madame de Morency, — naquit dans la rue Saint-Denis, d'une famille de riches négociants. Dès l'âge de quatorze ans, elle annonçait ce qu'elle devait être un jour, et sa coquetterie pressée d'éclore se trahissait déjà dans les plis de sa robe de linon, dans son fourreau blanc, dans le ruban rose qui serrait ses cheveux, et jusque dans ses mules mignonnes à talons bordés. C'était une espiègle et romanesque petite personne, toute fraîche sortie du couvent des Ursulines, et dont le cœur murmurait de confus monologues, en attendant l'heure des dialogues.

Un jour qu'elle se promenait à la campagne, elle aperçut un avocat de Soissons, couché négligemment sur l'herbe fleurie, auprès d'une source ombragée par un tilleul. Quoique cet avocat eût plus de trente ans, il les paraissait à peine, car il était grand et mince ; il avait l'œil superbe, la bouche à l'autrichienne. Dans un élégant costume, il tenait à la main une flûte dont il tirait les sons les plus mélodieux. Suzanne s'arrêta charmée, écoutant et regardant, semblable à une de ces nymphes que l'on représente écartant les branches des bois pour prêter l'oreille aux accords d'un Palémon ou d'un Lysandre.

Cette idylle, où je ne peux m'empêcher de voir quelque préméditation, eut un dénoûment plus moral que poétique : après bien des traverses et bien des obstacles de la part de sa famille, Suzanne Giroux épousa son joueur de flûte ; l'églogue s'acheva par-devant notaire. La noce terminée, elle embrassa son père et sa mère, ses deux frères et ses dix sœurs, — car la famille Giroux était nombreuse, — puis elle suivit son mari à Soissons, où il avait un cabinet assez renommé. Ce fut là que la Révolution vint les surprendre.

Il y avait alors à Soissons deux avocats en rivalité de réputation et d'affaires ; tous les deux avaient la même taille, la même tournure et presque le même nom. L'un s'appelait Quillet, c'était le mari de Suzanne, l'autre s'appelait Quinette. Ce dernier louchait un peu, mais cela ne lui messéyait pas ; il avait de l'esprit, beaucoup d'amabilité, un air sentimental à l'occasion. Il rencontra madame Quillet à un dîner d'apparat, et eut l'honneur de se trouver de moitié avec elle dans un reversis, où il perdit trois *paniers*, toutes les fois que le *quinola* gorgea dans ses mains. Cette maladresse était due au trouble que lui avait inspiré la vue de notre héroïne. Celle-ci de son côté, qui ne se sentait pas le cœur bien défendu, joua également tout de travers. Bref, ce fut l'amour qui gagna la partie ce soir-là, ce fut l'hymen qui la perdit. (Très-joli !)

Lorsqu'arriva l'époque des assemblées électorales, les deux avocats se trouvèrent inévitablement en présence : tous les deux briguaient la députation ; — au premier tour de scrutin ils se partagèrent les voix, mais au second tour l'amant l'emporta sur l'époux et fut nommé. Ce n'était pas assez pour Nicolas Quinette, en qui s'alliaient des bouffées de plaisir aux bouffées d'ambition ; son triomphe ne lui parut complet que lorsque, par ses lettres brûlantes, il eut décidé la femme de son malheureux concurrent à le suivre à Paris. Ce fut le premier faux-pas de Suzanne, qui n'avait point encore vingt ans, et qui était jolie, mais jolie à croquer.

Notre intention n'est pas de suivre Nicolas Quinette à la tribune, où l'on sait qu'il obtint quelques succès, grâce à sa faconde et à un certain air de Caton longtemps étudié. J'aime mieux le suivre dans ce petit appartement de la rue Saint-Honoré, sur le derrière, où elle et lui, Suzanne et Nicolas, s'enivraient des rayons de leur clandestine lune de miel. Les six premières semaines s'écoulèrent pour eux dans une retraite presque absolue : Quinette ne sortait que pour se rendre au corps législatif ; le reste du temps, ils le passaient ensemble à lire, au coin de leur feu, les lettres admirables de Mirabeau à Sophie. Comme ils n'avaient qu'une seule chambre, Suzanne se blottissait derrière les rideaux du lit quand survenait quelque visite.

On ne connaît pas assez l'histoire secrète de la Révolution; on ne nous a pas assez fait voir les démocrates dans leur déshabillé. Rendons grâce à la Morency pour les confidences qui nous sont arrivées par elle.

Un matin, le tribun soissonnais amena à déjeuner un de ses collègues, Hérault de Séchelles, le plus beau et le plus séduisant des députés. De la part d'un mari le trait eût été excusable, mais d'un amant c'était plus que maladroit. Suzanne avait fait une toilette assez gentille : une robe à la Coblentz grise et rose, une ceinture blanche, les cheveux coiffés. Hérault de Séchelles, qui avait un cœur inflammable, s'éprit d'elle aussitôt. Pendant le déjeuner, il ne tarit pas en propos galants et fut aux petits soins. Quinette, reconnaissant son imprudence un peu trop tard, essaya de porter la conversation sur madame de Sainte-Amaranthe, qui passait alors pour la maîtresse en titre de Séchelles; mais ce fut vainement; un lien sympathique s'était déjà établi entre Suzanne et l'aimable roué. A un moment où Quinette se baissait pour arranger le feu, Hérault de Séchelles aperçut un portrait sur la cheminée; il le prit, le porta à ses lèvres et le glissa dans sa poitrine. « Mon ami, on te vole... » murmura Suzanne; mais Hérault lui ferma la bouche avec la main, et elle n'eut pas la force de la rouvrir.

Ce nouvel engagement n'eut pas cependant de conclusion trop affligeante pour Quinette : de part et d'autre, on en resta aux termes de l'amour pur. Il est vrai aussi que les événements marchaient avec une rapidité qui absorbait tous les loisirs des représentants du peuple; peut-être faut-il chercher là-dedans la véritable cause du salut de Nicolas Quinette. Huit jours ne s'étaient point passés, que Suzanne reçut la lettre suivante, précieuse par quelques renseignements sur madame de Sainte-Amaranthe, si diversement jugée par les historiens. Il ne faut pas oublier que Hérault de Séchelles était un lettré, jadis connu à la cour de Marie-Antoinette par de petits vers. Voici sa lettre :

« C'est du comité de salut public, les chevaux mis aux voitures, que je vous écris, chère et belle ; je pars à l'instant pour le Mont-Blanc, avec une mission secrète et importante. Ce voyage durera trois mois au moins. Ainsi, charmante Suzanne, nous voilà séparés pour longtemps ; j'emporte avec moi votre portrait, que j'ai dans mon portefeuille.

» Vous me dites que vous avez de la propension à la jalousie. Il n'y a pas un être plus affecté de cette maladie que moi, voilà pourquoi je ne puis conserver une maîtresse. Sainte-Amaranthe, que vous trouvez si belle et qui l'est en effet, est la plus perfide des femmes ; et elle est si bien connue pour telle, qu'on ne la nomme que *perfide Amaranthe*. C'est elle qui a su cependant me conserver le plus longtemps, malgré mes défauts.

» Mais où m'égarai-je? Adieu, Suzanne. Allez quelquefois à l'Assemblée en mémoire de moi. Adieu. Les chevaux enragent, et l'on me croit nationalement occupé, tandis que je ne le suis qu'amoureusement de ma très-chère Suzanne.

» SÉCHELLES. »

Ce départ rendit pour quelque temps à Quinette le cœur de sa maîtresse, mais ne lui rendit pas la sécurité des jours enfuis. La petite chambre de la rue Saint-Honoré devint sombre comme la plus sombre des chambres maritales, et, tristesse pour tristesse, Suzanne se surprit peut-être à regretter l'intérieur de son ménage de Soissons. Sur ces entrefaites, son amant fut, lui aussi, chargé d'une mission ; il partit, la laissant seule à Paris, sans autres ressources que sa figure agaçante et son esprit lutin, dans un temps où la galanterie française était toute réfugiée aux frontières.

Quinette parti, elle se retourna vers Quillet ; mais Quillet avait perdu toute sa belle humeur d'autrefois : il n'allait plus jouer de la flûte au bord des fontaines. Le pauvre homme, navré de sa déconfiture électorale et de l'abandon de sa femme, noyait dans le vin sa politique et son amour. Il répondit laconiquement à Suzanne qui lui avait écrit une lettre pathétique : « Puisque vous êtes à Paris, restez-y. » Et il retourna boire.

Dans son premier dépit, Suzanne composa de verve une espèce de pétition tendant à faire décréter le divorce, et elle l'adressa à l'Assemblée, où le président en fit lecture, aux applaudissements unanimes. Cette pétition, signée seulement : *Une amie zélée de la liberté*, se terminait par ce post-scriptum : « Mille femmes ont la même sollicitation à vous faire, la timidité les arrête ; moi, je la brave par l'incognito que je garde dans ce moment. Mais lorsque par vous je serai heureuse, j'irai vous faire mes remerciments ; la reconnaissance est toujours l'apanage d'un jeune cœur sensible ! »

Il lui restait à peine dix-huit louis ; avec cela on ne va pas au bout du monde ; Suzanne se contenta d'aller en Belgique. Eut-elle aussi une mission ? C'est ce que j'ignore. Trois chevaux de poste attelés à un phaéton léger la transportèrent au camp de Menin, où elle commença par s'enquérir du général Biron, pour qui elle avait plusieurs lettres.

— Il y a à Versailles un portrait du général duc de Biron ; la tête est bien posée, un peu froide au premier aspect, mais élégante et de grand air ; l'œil et la bouche s'accordent pour exprimer la finesse et la circonspection ; les cheveux sont poudrés. Lorsque Suzanne se présenta devant lui, elle était vêtue d'une amazone de drap bleu à ceinture tricolore ; un chapeau de castor s'inclinait sur son oreille ; elle avait une petite badine à la main. Le duc de Biron n'était pas devenu tellement citoyen qu'il ne sentit encore battre son cœur à la vue d'une jolie femme ; les traditions de l'OEil-de-Bœuf perçaient de temps en temps sous son uniforme de général des armées de la République. Il accueillit Suzanne avec une grâce parfaite, et il poussa même la complaisance jusqu'à se rappeler l'avoir vue demoiselle. Le général était bien fait, spirituel, aimable comme un grand seigneur ; en un mot, il avait tout ce qu'il faut pour plaire, — il plut.

Pauvre Quillet !

Pauvre Quinette !

Pauvre Hérault de Séchelles !

Mais pourquoi faut-il que la guerre soit l'ennemie la plus cruelle de l'amour ? Des rencontres sanglantes venaient souvent distraire le général Biron de sa nouvelle conquête.

Un matin, Suzanne, qui s'était endormie la veille chez les Français, se réveilla chez les Autrichiens ; dans la nuit, le camp avait changé de maîtres. Suzanne eut une peine infinie à se tirer saine et sauve des mains des houlans. Le général Bender, au pouvoir duquel elle était tombée, cherchait tous les moyens de l'attendrir : il lui avait fait faire un charmant uniforme de chasseur tyrolien en drap bleu de ciel, les revers queue de serin, de jolies petites bottes à l'écuyère, et le chapeau avec le panache bleu et jaune. Ce fut sous ce costume, après mille traverses, après avoir été arrêtée et emprisonnée comme espionne, qu'elle parvint enfin à rejoindre l'armée française.

Cet épisode eut pour résultat de la rendre un peu plus prudente ; désormais elle se tint à l'écart du théâtre de la guerre et choisit pour résidence, tantôt Valenciennes, tantôt Lille. Dans cette dernière ville, *le Colisée* et *la Nouvelle Aventure* la virent enchaîner à son char une foule d'adorateurs. Mais son triomphe le plus important fut sans contredit la capture de Dumourier, qu'elle rencontra aux eaux de Saint-Amand par une circonstance tout à fait singulière, — dont j'emprunte le récit à une correspondance adressée par elle à madame de la W...., femme d'un ancien fermier-général, à Paris.

« Je venais de prendre un bain ; couverte d'une grande *gaule* de linon, mes cheveux relevés avec un peigne, j'étais couchée sur un lit de repos, lorsque j'entendis tout à coup frapper à ma porte. A peine avais-je eu le temps de dire : *Entrez*, que je fus fort étonnée de voir un petit homme brun, l'œil petillant de feu, le front martial, l'air noble. — Qu'y a-t-il pour votre service, monsieur? — C'est à madame Quillet que j'ai l'honneur de parler? Je restai stupéfaite à cette entrée en matière ; mais mon interlocuteur avait de l'esprit, et les gens d'esprit savent toujours ne vous embarrasser jamais longtemps. Au bout d'un grand quart d'heure, nous étions déjà en conversation assez familière. Il me complimenta sur ma lettre à propos du divorce, qui venait de paraître dans le journal de Carra. Ensuite nous parlâmes de l'armée : il me dit que Biron avait été bien heureux de m'avoir possédée dans son camp ; cela nous amena tout naturellement à parler de Dumourier. J'en fis le plus pompeux éloge, ajoutant que sur sa seule réputation je serais femme à me prendre de belle passion pour lui, fût-il un magot. Ce monsieur me répondit : — Dumourier, madame, a eu votre portrait dans ses mains; de plus, il a beaucoup entendu vanter les charmes de votre esprit, et, en vérité, il vous aime! Disant cela, l'inconnu m'appliqua un baiser. — Monsieur, de quel droit venez-vous m'insulter? Sortez, je vous prie; sortez! — Madame, je ne sortirai pas que vous ne m'ayez promis de venir dîner au camp chez Dumourier. — Êtes-vous fou, monsieur! La belle recommandation que d'être présentée par vous!

» Quelques moments plus tard, j'allai me promener dans le jardin des bains : j'aperçus mon écervelé avec deux ou trois généraux; comme je passais près de lui, je lui fis un petit salut de protection. A quelques pas de là, je rencontrai un officier dont l'âge et l'air d'honnêteté invitaient à la confiance. — Monsieur, lui dis-je en l'abordant, oserai-je vous demander quel est ce militaire aux cheveux plats, en lévite blanche, qui cause avec ces généraux? — Madame, c'est le conquérant Dumourier. — Que dites-vous? Mais Dumourier doit avoir cinquante ans, et celui-ci a l'air d'un jeune homme! — Madame, c'est le général Dumourier lui-même que vous voyez là : il a plus de quarante ans en effet ; mais en *chenille* et avec son air de vivacité, il est loin de les paraître. »

Il n'y avait plus à douter. Le soir, la voiture de Dumourier vint la chercher pour la conduire au quartier général. Suzanne fut étincelante, avec une pointe de Sillery dans la tête : le héros la supplia vivement de rester avec lui pendant la campagne ; il lui dit qu'il avait besoin d'une femme d'esprit et de caractère. Elle ne répondit qu'en tendant son verre à une nouvelle rasade, et en riant aux éclats, du grand rire des Célimène. Ce n'était pas que son cœur et sa vanité n'eussent pu la retenir auprès de Dumourier, mais son sérail lui paraissait déjà trop nombreux ; d'ailleurs, Félicité Fernig était sa sultane favorite, et Suzanne n'était pas femme à s'accommoder d'un rang subalterne. Elle se sépara de lui le lendemain.

Bientôt ce cœur sans boussole revint à Paris ; — le bonheur ne l'y attendait pas. Repoussée de son mari, elle fut obligée de broder au tambour pour subvenir aux besoins de son existence ; mais ce travail était à peine suffisant ; elle se défit de quelques-unes de ses robes, puis elle contracta des dettes. Un hasard miraculeux pouvait seul l'arracher à cette fausse position ; ce hasard se produisit sous la forme d'un nègre, qui lui remit une très-belle boîte d'écaille renfermant cinq cents livres en or. Dans une lettre, accompagnant cette boîte, on lui en promettait autant tous les premiers du mois ; d'ailleurs, pas de signature, pas d'adresse, rien. « Ne cherchez pas à me connaître, disait cette lettre étrange, je ne serai pas assez maladroit pour essuyer un refus, pas même un remerciment. Je suis trop vieux pour être votre amant, vous êtes trop jeune pour être ma femme. Jouissez de tout ce que vous méritez. Je vous vois tous les jours d'Opéra, je vous rencontre aux Champs-Élysées et aux Tuileries ; quand ce n'est pas assez pour moi, je fais le tour de votre maison et je m'en retourne satisfait. Si vous voulez me rendre le plus content possible, faites de temps en temps une révérence en entrant dans votre loge, comme si vous aperceviez quelqu'un de connaissance : j'aurai du moins la certitude que vous vous occupez de moi cinq à six minutes par semaine ; cela n'est pas exigeant. »

Qu'on songe que cette lettre, où se retrouvent toute la générosité de sentiments et toute l'élégance du xviiie siècle, était écrite en plein 92 !

Ce bonheur délicat dura trop peu : une nuit, ce mystérieux protecteur dont, à force de manœuvres secrètes, elle était parvenue à connaître le nom, fut arrêté et conduit provisoirement à la Mairie, où la quantité immense de victimes entassées le suffoqua à un tel point qu'il expira sur l'heure. Le lendemain matin, Suzanne apprenait la mort du comte de Zimmermann (1).

A cette époque, elle avait déjà commencé à prendre le nom de madame de Morency, — dont elle signa plus tard ses romans. Elle était alors dans tout l'éclat de sa beauté, et lorsqu'elle passait en caracco de satin bordé d'hermine, avec un de ces jolis chapeaux-casques à la mode, il était impossible de ne pas se retourner pour la voir et pour la suivre, — ne fût-ce que des yeux.

La façon dont elle fit la connaissance de Fabre d'Eglantine est entièrement due au hasard. Elle traversait le Palais-Royal pour se rendre dans la rue Saint-Thomas-du-Louvre, lorsqu'elle se vit arrêtée par le convoi de Saint-Fargeau. Désireuse de connaître les députés de la Montagne, elle pria quelqu'un de les lui désigner. Un petit homme, qui faisait justement partie du cortége, et dont l'œil brillait d'expression, vint à l'entendre, et, se tournant vers elle d'un air aimable : « Les voici, madame, lui répondit-il en montrant ses collègues. »

On a pu s'apercevoir que la timidité n'était pas le défaut de Suzanne ; aussi la conversation s'engagea-t-elle sur-le-champ entre elle et le petit homme, lequel eût voulu pro-

(1) Suisse, incarcéré après le 10 août.

longer l'embarras des voitures qui retardait la marche du cortége. « Hélas! madame, vous le voyez, nous sommes pressés; de grâce, dites-moi s'il me sera possible de vous revoir? — Monsieur! fit-elle en se récriant. — Je sais, madame, toutes les objections que vous pouvez et même que vous devez me faire; mais le destin, qui m'a fait vous distinguer de cette foule, ne m'aurait-il servi qu'à demi? — Monsieur, répondit-elle avec un sourire malicieux, si le destin s'en mêle, il achèvera son ouvrage. »

Le député s'inclina en lui baisant respectueusement la main, la bagarre se dissipa et le convoi reprit la direction.

Le destin fit son métier en conscience. Chez la personne où Suzanne se rendit, on parla beaucoup de Fabre d'Eglantine, les uns en bien, les autres en mal. Comme elle ne le connaissait pas, elle était médiocrement préoccupée de la conversation, quand on annonça tout à coup le député, objet de tant de blâmes et de louanges. Sa surprise fut extrême en reconnaissant le petit homme qui lui avait fait un doigt de cour, à l'enterremement de Saint-Fargeau; la double réputation dont il jouissait comme poëte et comme homme politique tourna la tête de Suzanne, alouette qui se prenait à tous les miroirs!

Cette nouvelle liaison dura deux mois; tous les jours de beau temps, elle allait chercher Fabre d'Eglantine à la Convention, de midi à deux heures, pour se promener avec lui aux Tuileries. Le soir, entre deux pièces, à l'Opéra ou aux Italiens, elle sortait de sa loge, montait en voiture et se rendait au comité de la guerre, d'où elle le ramenait.

Voici ce qui trancha ces amours, que rien ne semblait pouvoir dénouer. Un soir qu'elle prenait l'air sous les ombrages du Palais-Royal, en compagnie de l'auteur de *Philinte*, un individu passa tout auprès d'elle et lui jeta une rose dans le sein. Suzanne poussa un cri de joie : c'était Hérault de Séchelles! Voler vers lui et l'accabler des plus tendres questions, ce fut pour elle le temps d'un éclair;

Hérault fut dès lors immédiatement convaincu que l'absence ne lui avait fait perdre aucun de ses droits sur ce cœur à demi consumé. — *Ramenez-moi chez nous,* lui dit-elle, à la façon de la Lucile du *Dépit amoureux,* et sans s'inquiéter autrement de son poëte.

Pauvre Biron!

Pauvre Dumourier!

Pauvre Fabre d'Eglantine!

Je suis obligé de sauter bien des feuillets de cette histoire cavalière; — je tâche cependant de conserver les traits qui caractérisent le mieux un homme ou une époque. Hérault de Séchelles, qui avait de l'influence, fit de la Morency une buraliste de loterie; il lui donna en outre un délicieux petit pavillon couvert en ardoises (1) et situé à Chaillot, près de Sainte-Périne, dans lequel il s'attacha à ressusciter les mœurs et les plaisirs des petites maisons, aidé de son ami d'Espagnac. Mais au milieu de toutes ces folies, Hérault était souvent triste, agité; dans ses moments d'abandon, il répétait : « De sinistres pressentiments me menacent; je veux me hâter de vivre... et, lorsqu'*ils* m'arracheront la vie, ils croiront tuer un homme de trente-deux ans... j'en aurai quatre-vingts! car je veux vivre en un jour pour dix années... »

C'est en parlant de ces moments d'ivresse que la Morency écrivait six ans plus tard : « Le bonheur était filtré à travers les craintes. » Du reste, les alarmes de Séchelles n'étaient pas sans motif; un soir, à souper, un de ses amis lui demanda : « Hérault, êtes-vous bien avec Robespierre? » Il pâlit à cette question et ne répondit rien. Peut-être était-ce un avertissement, car déjà, la veille, d'Espagnac avait été conduit à l'Abbaye. Le reste du souper ne fut pas gai,

---

(1) Ce pavillon, nommé *l'Amitié,* avait été bâti pour une amie de l'abbesse de Sainte-Périne. Il y avait deux entrées : une par la communauté, et l'autre par le jardin d'un vieux marquis, dont le mur était mitoyen.

et Hérault de Séchelles se retira de bonne heure, en prétextant un rapport à faire pour le lendemain.

Le lendemain, il était incarcéré, et Suzanne était conduite aux Anglaises.

Son écrou portait que l'on avait saisi chez elle une liste de conspirateurs de tous les ordres. Méprise singulière! cette liste n'était autre que celle de tous ses amants; un simple badinage allait coûter la vie de l'être qu'elle aimait le mieux au monde. En effet, quelques jours après sa détention, mettant le visage à une petite lucarne qui donnait sur la rue, elle entendit le crieur du journal du soir annoncer la mort de Fabre d'Eglantine, de d'Espagnac et d'Hérault de Séchelles. Suzanne était seule et montée sur une mauvaise table; elle tomba à la renverse et se fracassa la tête. Trois mois s'écoulèrent avant qu'elle pût recouvrer la raison...

Que vous raconterai-je encore de cette existence? Délivrée de ses fers et ne sachant où aller, elle alla à l'hôpital et y demeura un an. J'ai oublié de dire qu'elle avait divorcé: du côté de son mari, elle n'avait donc aucun espoir de refuge; d'un autre côté, Quinette était prisonnier en Autriche; et puis, c'est triste à avouer, les souffrances et la maladie avaient altéré les traits de Suzanne; il ne lui restait plus qu'un parti à prendre, détestable et désespéré, c'était de se jeter... dans la littérature. Le genre facile des romans d'alors la séduisit; avec ses souvenirs, elle composa plusieurs ouvrages d'une physionomie baroque, écrits dans un style sans nom, pétulant, obscur, sentimental, effronté. Celui qui fit le plus de bruit, c'est-à-dire de scandale, est intitulé : *Illyrine ou l'Écueil de l'inexpérience*; elle y a rassemblé les principaux événements de sa vie, et s'y est peinte elle-même sous différents pseudonymes. Ce livre curieux et rempli de délires, fut publié dans l'an VII; il se vendait « à Paris, chez l'auteur, rue Neuve-Saint-Roch, n° 111. » En tête était son portrait gravé, avec ce quatrain au-dessous :

> Docile enfant de la nature,
> L'Amour dirigea ses désirs;
> De ce dieu la douce imposture
> Fit ses malheurs et ses plaisirs.

Illyrine fut lue par tous ceux qui connaissaient *l'auteur* et par tous ceux qui désiraient le connaître, si bien que le surnom *d'Illyrine* resta à la Morency. Charles Nodier, dans ses notes du *Banquet des Girondins*, parle d'elle comme d'une femme qu'il fallait avoir à souper.

Sur ces entrefaites, Quinette revint à Paris et fut un peu ministre, comme tout le monde. La Morency ne demeura pas la dernière à aller le voir; mais il paraîtrait que le ministre n'était plus qu'un tiède amant, à en juger par les nouvelles confidences que cette dangereuse maîtresse crut devoir consigner dans un autre ouvrage : *Rosalina ou les Méprises de l'amour et de la nature*. Elle s'adresse à une amie : « Quant à mon premier amant, Q.....te, qui devint ministre, l'ambition avait captivé toutes ses facultés. Son élévation lui avait tourné la tête ; c'était un grand enfant, que le hochet du costume amusait au point que, m'ayant donné une audience particulière, il était surchargé de tout le harnais ministériel, dont il affecta de me montrer tous les détails. Il me parut, je te l'avoue, superbe sous ce riche accoutrement; et mon pauvre cœur fut encore sa victime. Il voulut prendre avec moi un air de protection ; mais, un peu remise du trouble que j'avais éprouvé en voyant mon nom obligé de passer successivement par les oreilles et par la bouche des sentinelles, d'un secrétaire et d'un valet de chambre, pour parvenir dans le salon d'audience de sa nouvelle majesté, je repris à mon tour toute ma dignité et je lui fis sentir que j'étais toujours son égale. Il m'entraîna dans son arrière-cabinet, et dès que nous fûmes seuls, oubliant un moment sa grandeur, il me prit la main, daigna la porter à ses lèvres et me balbutia quelques compliments. « Arrêtez, lui dis-je, la scène est bien changée;

vous êtes aujourd'hui un petit souverain, je ne suis qu'une citoyenne obscure; ce ne sont point des doux propos que maintenant j'attends de vous, mais je rappelle à votre honneur, à votre délicatesse, que c'est à l'amitié à payer les dettes de l'amour.

» Eh bien, le croiras-tu? Q.....te accueillit toutes mes propositions; il s'informa avec l'intérêt le plus tendre de ma santé; il m'inonda d'eau bénite de cour, et je sortis de son palais ivre de satisfaction. Cependant, plusieurs jours s'écoulèrent, je n'entendis plus parler de lui. Je me rappelai à son souvenir. De nouveaux rendez-vous me furent donnés; souvent je m'y présentais avec humeur, même des petites nuances de dépit; mais sitôt que je l'apercevais, sa main n'avait pas plutôt touché la mienne, que je ne pouvais plus lui en vouloir. O ma bonne! je fus complétement sa dupe; il me leurra de promesses pendant quelques mois, et il finit par être éconduit du ministère sans avoir rien fait pour moi, ni même pour personne.. Je ne puis passer sous silence que, dans l'intervalle que nous fûmes bien ensemble, je lui fis cadeau d'un exemplaire en vélin d'*Illyrine ou l'Écueil de l'inexpérience*, et qu'il n'a pas eu la délicatesse de me payer d'une manière quelconque. Comme cet ouvrage, dans plusieurs endroits, peut flatter sa vanité, il l'a reçu avec plaisir. — J'oubliais de te dire qu'il est époux et père; il a épousé une adolescente qui lui a donné deux rejetons; ils habitent ensemble dans un département de la ci-devant Picardie, où le gouvernement a encore eu la générosité de donner à ce grand inutile de France une préfecture, etc., etc. »

Voilà pour son amant.

Son mari a aussi son compte, quelques pages plus loin.

« Je sais qu'il habite une petite campagne; qu'il s'occupe des plaisirs champêtres et qu'il finit par pratiquer les vertus rurales. Irai-je fermer les yeux à cet époux aussi extraordinaire par ses rares qualités que ses nombreux défauts? Je l'ignore encore. Mon orgueil ne fera pas le premier pas;

il est aussi indestructible que mes sentiments pour lui, qui reprirent toujours une espèce de consistance dans les lacunes que j'ai eues d'une passion à une autre. Sans doute le gage de notre hymen a beaucoup contribué à ces petites réminiscences, et ma Clarisse (cette charmante enfant promet et donne les plus douces espérances) est l'objet des adorations de son père, qui a reporté sur elle la tendresse qu'il avait eue pour sa Suzanne. »

Quel langage! quelles idées! Est-il possible de montrer plus de naïveté dans la corruption? Ce mauvais sujet est le digne pendant de Desforges.

Avant de fermer *Rosalina*, je veux citer une phrase qui touche aux derniers confins du grotesque : « La lune était dans son plein et mon cœur dans son vide. »

Les autres romans de la Morency sont d'une valeur moindre comme originalité ; les titres en font connaître le genre. Ce sont : *Orphana ou la Fille du hameau*, *Lise ou les Ermites du Mont-Blanc*, *Euphémie ou les Suites du siége de Lyon*, d'autres encore, composés à la même époque et presque coup sur coup.

Euphémie (an X), est moitié roman et moitié histoire, ou plutôt est tout ce qu'on voudra, si l'on s'en rapporte à l'auteur, qui s'exprime de la sorte dans la plus étrange des préfaces : « Cet ouvrage est historique, moral, philosophique, badin, profond et austère ; il contient la description de Turin, un abrégé des lois du Piémont, des renseignements sur son commerce, son industrie et *la manière dont la police y est exercée.* » — On aurait tort de se fier à l'authenticité de certains faits racontés par elle et relatifs aux massacres lyonnais.

Au bout de quelques années, la Morency, dont la plume commençait à sécher dans l'écritoire, parut vouloir revenir à sa première manière, à la manière d'*Illyrine*. Son dernier roman, mêlé d'une quantité prodigieuse de vers, *Zéphyra et Fidgella, ou les Débutantes dans le Monde* (1806), est d'une effervescence que rien n'égale et semble même indiquer un certain dérangement d'esprit.

D'ailleurs, à partir de ce moment et de ce livre, la Morency disparut complétement du monde littéraire. Quelle fut sa fin? On nous a dit que la mort de ses parents l'avait rendue à l'aisance. C'est une fin comme une autre, et nous n'avons pas cherché davantage. Là où cessait l'écrivain, la courtisane ne pouvait plus nous intéresser.

PLANCHER - VALCOUR

Un matin d'été, — par un beau soleil normand, — un petit bonhomme, d'une quinzaine d'années environ, cheminait sur la route de Caen à Rouen. Il s'était évadé la veille de chez les Grands-Chapeaux, ou frères de la Doctrine Chrétienne, et il allait, sans savoir où, avec dix-huit francs dans sa poche. En passant dans un gros bourg, ses yeux rencontrèrent ce placard tracé à la main : » PAR PERMISSION DES MAGISTRATS : la troupe des grands comédiens ambulants donnera, ce soir, une représentation de la *Vie et la mort de N.-S. Jésus-Christ,* tragédie en cinq actes, ornée de tout son spectacle. »

Comme Pierre Plancher, c'était le nom du jeune homme, n'avait jamais vu jouer aucune pièce de théâtre, il s'informa de l'hôtel des comédiens. On lui indiqua l'auberge de la *Croix-Blanche.*

Sur le seuil, il rencontra saint Joseph lui-même, qui était le directeur de la troupe et avec lequel il eut l'honneur de s'entretenir en attendant la représentation. Il fit plusieurs questions sur la pièce et sur les acteurs : « C'est sans doute monsieur votre fils qui joue l'enfant Jésus ? lui demanda-t-il. — Non, c'est un de mes camarades qui est allé se faire faire la barbe à quatre pas d'ici. — Et la Vierge ?

— Elle est là-haut à se rafraîchir avec deux militaires dont elle a fait la connaissance en route. »

Pierre Plancher ne crut pas pouvoir se dispenser d'offrir à dîner au directeur, qui accepta avec empressement. Bientôt le fumet d'une soupe aux choux et au lard attira deux nouveaux personnages, Ponce-Pilate et la Madeleine, qui s'invitèrent sans façon. La Madeleine était une jolie fille aux lèvres souriantes; elle s'assit à côté de Pierre Plancher, à qui le cidre et l'amour tournèrent bien vite la tête. En peu d'instants, il devint l'ami de tout le tripot comique, — et ce fut en trébuchant qu'il alla prendre place sur un des bancs de la salle, pour assister à la représentation.

L'hôtelier avait loué à ces nouveaux Confrères de la Passion une grange assez vaste. Des rideaux de serge verte, détachés d'un lit à quenouilles et bordés en rubans de soie jaune, figuraient le rideau d'avant-scène. Quelques pièces de tapisserie de Bergame servaient de toile de fond; d'autres étaient ajustées en coulisses. Six chandelles fichées dans autant de pâtés de terre glaise imitaient la rampe. — L'orchestre, composé de l'unique ménétrier du bourg, jouait l'air de *la Bourbonnaise* sur un mauvais violon de Mirecourt. Je ne rendrai pas compte de la manière dont fut exécuté le mystère annoncé : ouvrez le roman de Scarron à la première page venue.

Pierre Plancher n'avait d'yeux et d'oreilles que pour la Madeleine; aussi ne se pressa-t-il pas d'abandonner l'auberge de la *Croix-Blanche*. Plusieurs jours s'écoulèrent, pendant lesquels il ne quitta pas d'une seconde les saints et les saintes, ses nouveaux camarades. Au bout d'une semaine, l'aubergiste, justement inquiet, monta chez lui avec un mémoire s'élevant à plus de cinquante livres. Plancher, dont les dix-huit francs n'avaient pas multiplié depuis sa fuite des ignorantins, se vit tout penaud, — et déjà l'aubergiste menaçait de lui faire un méchant parti, lorsque les comédiens ambulants accoururent à son secours. Ils s'offrirent à payer la dépense du petit normand, à la condition que celui-ci entrerait immédiatement dans leur troupe, où il ferait les Anges dans les mystères et l'Amour dans les pastorales.

Ce fut ainsi que se décida la vocation de Philippe-Alexandre-Louis-Pierre Plancher, né à Caen, — d'autres disent à Mortagne, — d'autres à Saint-Pierre-sur-Dives, — vers 1751. A peine eut-il monté sur les planches, qu'il troqua son nom de famille contre le pseudonyme plus coquet de *Valcour*. Les théâtres étaient alors inondés de Belval, de Saint-Phar, de Florbelle, de Rosanville, de Dorfeuille; tous ces noms plus doux à prononcer que ceux des bergers d'églogues, faisaient ressembler les affiches de spectacle à des rayons de miel, — on se délectait rien qu'en les lisant. Plancher-Valcour s'accommoda assez bien, dans les commencements, de cette vie hasardeuse et plaisante, qui avait pour lui les allures d'un perpétuel mardi-gras. Il était jeune, bien tourné; il avait la gaieté dans le cœur et dans les yeux; il ne rencontra partout que des Madeleines.

Après avoir joué des mystères, il voulut jouer des comédies. Il changea de troupe et débuta dans l'emploi des *grandes casaques*, qui comprend les principaux valets de l'illustre répertoire. Il n'y eut pas moins de succès que dans les Anges. Le nom de Plancher-Valcour est lié avec celui des fameux cabotins, tels que Dumaniant, Collot-d'Herbois, Patrat. Nul plus que lui n'a couru la France; nul ne s'est agité davantage sous le lustre et sous les frises. Il a été un des plus charmants héros de ce monde équivoque de coulisses, qui est la fête des tables d'hôtes, la joie des officiers de garnisons, le scandale des bourgeois de petite ville. Il a été un des rois de ce royaume de Cocagne où chacun représente et incarne une création de quelque grand rêveur, et où les femmes ont fait un pacte avec la jeunesse, la poésie et la beauté, depuis six heures du soir jusqu'à minuit. — Plancher-Valcour a promené la *nonpareille* de Gros-René et la cape changeante de Sbrigani jusque dans les derniers recoins de la province, allumant en tous lieux l'esprit de Molière comme un phare, et passant volontiers de l'amour de la comédie à la comédie de l'amour. Quand ce n'était pas Dotrine ou Nicole, la servante aux beaux bras et à la fine jambe enfermée dans un bas de soie rouge, c'était quelque discrète Elmire de faubourg qui le recevait, sur le soir, dans une petite chambre où il y avait une table servie.

Ainsi faisant, il devint poëte, ce qui est tout naturel; non pas poëte de comédie, cependant, mais faiseur de vers tendres, galants, érotiques; conteur de boudoir et d'alcôve; chroniqueur indiscret de Paphos, de Cythère et d'autres lieux. Il accorda ses pipeaux et se mit à raconter, en rimes quelquefois normandes, les espiègleries de Vénus *et de sa cour*. Lorsqu'il en eut amassé de quoi faire un volume, Plancher-Valcour marcha à grandes emjambées sur Paris.

Rien ne réussit comme la jeunesse, comme le bon air, comme la confiance, un peu hardie, un peu insolente même! Du premier coup, il trouva un éditeur qui lui imprima tout de suite ses vers, avec joli frontispice gravé, et qui lui donna même un peu d'argent. C'était miraculeux! — Plancher-Valcour, se trouvant bien à Paris, y resta, laissant de côté l'art dramatique, qui, après tout, pouvait bien attendre. Il loua une chambre au sixième ou au septième étage, et là-dedans il rima du matin au soir, comme un enragé. Son premier recueil, un peu déshabillé, avait fait quelque bruit; il l'avait intitulé : *Le Petit-Neveu de Boccace ou Contes et Nouvelles en vers*. Ce sont des badinages couleur de rose, qui ne peuvent être lus que dans une société légère, après un dîner aux bougies, et lorsque les valets sont congédiés. Voici le ton du prologue :

> J'ose évoquer ton ombre dans ce jour,
> O La Fontaine ! ô mon maître ! ô mon guide !
> Ma Muse encore et novice et timide
> Va crayonner les ruses de l'Amour.
> Prête à mes chants cette grâce ingénue,
> Ce voile transparent qui ne fait qu'agacer,
> Et qu'avec art tu sus placer
> Sur la volupté demi-nue.

Plancher-Valcour demeurait dans la même maison que le traducteur de la Place, lequel avait alors plus de soixante-dix ans et ne semblait pas s'en douter. La première fois qu'il alla le voir, Plancher-Valcour trouva ce vieillard occupé d'un travail assez étrange, digne d'une imagination ravagée par les romans anglais : c'était un recueil d'épitaphes sérieuses et badines en trois volumes, — recueil dans lequel il avait compris tous ses amis, morts ou vivants. La Place accueillit le jeune poëte avec affabilité, sourit aux petits vers qu'il lui débita et ne lui donna pas plus de conseils qu'il ne fallait. Aussi Plancher-Valcour revint-il le voir souvent. Il passa une année dans cette maison, une année de bonheur et de rêves, à la fin de laquelle son libraire refusant de lui imprimer un second volume, il redescendit de son sixième étage et retourna en province, Crispin comme devant.

Mais il avait mordu au fruit de l'arbre du beau et du laid : désormais il était acquis à la littérature. Tout en jouant les grandes casaques, il composa plusieurs pièces de théâtre, qu'il fit représenter en chemin, telles que *le Siége de Poitiers*, drame lyrique en trois actes, *les Petites-Affiches*, et des proverbes dont s'empara le répertoire des Variétés-Amusantes. Celui qui est intitulé : *A bon vin point d'enseigne*, donne une idée de sa manière satirique et enluminée. Les noms des personnages y sont analogues à leur qualité ou à leur emploi : un négociant s'appelle *Calcul de la Tonne d'or*, un maître écrivain *Coulé*, un orateur improviste (sic) des boulevards, *Plein-vent*. Ce procédé naïf, que les maîtres n'ont pas dédaigné (Regnard donne le nom de *Scrupule* à un notaire, et Le Sage celui de *Sépulcre* à un médecin), est poussé à l'excès par Plancher-Valcour, qui n'a guère, du reste, que ce seul comique.

Après ce nouveau tour de France, qui dura sept ou huit ans, Plancher-Valcour, de retour à Paris, obtint l'autorisation de bâtir, sur le boulevard du Temple, à côté de l'hôtel Foulon, un petit théâtre auquel il donna le nom de Délassements-

Comiques. Il y était à la fois auteur, acteur et directeur; il y jouait tous les genres, depuis l'opéra-comique jusqu'à la pantomime et au ballet. Cette entreprise prospéra tellement, que les grands théâtres en devinrent jaloux, et cabalèrent si bien auprès du lieutenant de police, que celui-ci défendit aux acteurs des Délassements de jouer autrement que derrière une gaze. Mais le lieutenant de police comptait sans la Révolution : un soir, le lendemain ou le surlendemain de la prise de la Bastille, Plancher-Valcour déchira la gaze en criant : — Vive la liberté !

Avec ce mot, l'auteur du *Petit-Neveu de Boccace* a fait son chemin sous la République. Faire son chemin, en style révolutionnaire, cela veut dire : sauver sa tête. Plancher-Valcour donna dans le côté excessif des auteurs de circonstance : il composa des *sans-culottides* et chercha des applaudissements dans la boue. Le théâtre Molière, dont il fut pendant quelque temps le directeur, et le théâtre de la Cité reçurent tour à tour ses élucubrations cyniques. Dans le *Vous et le Toi*, opéra-vaudeville, représenté le *duodi, deux pluviôse de l'an second* Plancher-Valcour s'exprime en ces termes sur les modérés :

Air de *l'Amour quêteur*.

Ce mot seul me met en courroux :
Un modéré ! quel monstre infâme !
Oui, dans l'ombre, ces gens sans âme
Nous portent le plus grand des coups.....

Fallait-il aller chercher l'air de l'*Amour quêteur* pour y accoler ces stupidités affreuses?

Cela est pour les vers, — voici pour la prose maintenant:
« Te souviens-tu, père Marcel (c'est un jardinier qui parle), de c'te dame de Rome, qu'était la femme d'un consul? C'est comme qui dirait, j'crais, la mairesse de not' village... alle fit morgué, d'ses deux enfants, *un Pelletier et un Marat*; car y périrent tous deux, comme ces braves représentants que j'pleurons encore tous les jours, pour avoir pris l'z'intérêts du peuple trop à cœur! »

Non content d'être devenu un pareil sauvage, Plancher-Valcour s'était rebaptisé une seconde fois : il se faisait appeler ARISTIDE Valcour, et il ne jouait qu'avec la cocarde à l'oreille. C'était presque un homme important. Citons encore parmi ses pièces : *le Gâteau des Rois, la Discipline républicaine, le Campagnard révolutionnaire* et *le Tombeau des Imposteurs ou l'Inauguration du Temple de la Vérité.* Cette dernière pièce, qui n'a pas été représentée, était destinée à la Comédie française.

Un jour, il se trouva face à face avec le vieux de La Place, qui était devenu centenaire. Le doyen des hommes de lettres ne faisait plus d'épitaphes ; il avait abandonné ce soin au Comité de Salut public. La Place ne reconnut pas tout d'abord son ancien voisin dans le citoyen Aristide Valcour. Il se rappelait bien, en effet, un jeune poëte anacréontique qui chantait Eglé et les jeux sur la fougère ; mais l'acteur énergumène du théâtre de la Cité lui était entièrement inconnu. Du reste, le pauvre La Place était bien près de sa fin ; telle est la force des habitudes qu'il mourut pour avoir été forcé de quitter un logement qu'il occupait depuis vingt ans. Le propriétaire lui annonça un jour que la maison était vendue ; frappé de cette nouvelle, le Nestor de la littérature s'écria : « Ah ! vous me faites un grand chagrin, je ne m'y attendais pas, et je m'étais arrangé pour mourir ici. — L'acquéreur ne vous pressera pas, répondit le propriétaire ; prenez un mois, six semaines... — Quinze jours, c'est assez, » murmura tristement La Place. Effectivement, saisi par ce coup imprévu, il mourut avant l'expiration de la quinzaine, le 10 mai 1793.

Plancher-Valcour traversa la Terreur et aborda paisiblement au Directoire. A cette époque, le gouvernement voulant récompenser en lui la passion politique et l'impiété, — il venait de publier un poëme héroï-comique sur *le Consistoire ou l'Esprit de l'Eglise* (1), — le nomma... Devinez

(1) « Voici le coup de pied de l'âne, dit le libraire Colnet dans ses

quoi ? Juge de paix au faubourg Saint-Martin. Juge de paix lui, le citoyen Aristide, qui s'était dit autrefois de si dures et de si plates vérités, sur l'air : *Aussitôt que la lumière.*

> Chacun d'nous, à sa manière,
> Se rend utile à l'État :
> Les uns défrichent la terre,
> Les aut' volent au combat.
> Sous son honorabl' costume,
> Un jardinier, m'est avis,
> Vaut mieux qu'tous ces homm' de plume
> Qui n'font rien pour leur pays !

Oui, juge de paix. Il rendit la justice dans la division du Nord. Mais ce fut un juge de paix de fantaisie, un fonctionnaire sans dignité et sous lequel le comédien se faisait jour à chaque occasion. Le 1ᵉʳ vendémiaire an VIII, dans l'église Saint-Laurent, devenu le Temple décadaire de la Vieillesse, il récita à haute voix un poëme sur la République. On remplaça le juge de paix Plancher-Valcour, qui, n'ayant plus à attendre de nouveaux bienfaits de la part du pouvoir, rentra au théâtre, où il se consola de sa destitution en jouant les magistrats *pour rire.*

En 1807 et en 1808, il était au Théâtre de l'Impératrice ou second Théâtre-Français. « Comme comédien, écrit M. H. Audiffret, il avait le jeu sec et froid, mais la diction correcte et facile ; et, dans les premiers rôles, puis dans les pères nobles qu'il joua, il portait mieux l'épée que certains grands comédiens. »

Depuis lors, la vie de Plancher-Valcour s'écoula doucement au milieu des loisirs littéraires. Il fut un des maîtres du mélodrame et obtint de très-grands succès avec des

---

Etrennes de l'Institut ; ce poëme donne un bien mauvaise idée du cœur et de l'esprit de son auteur ; on le croirait écrit par un cocher ivre sortant du cabaret. Voici la plus noble comparaison qu'il ait employée :

> Pour faire niche à Dieu, près de ses favoris,
> Le diable est comme un chat qui guette une souris.

choses intitulées : *la Forêt Bleue*, *l'Homme invisible*, *Octavie et Zoraïde*, *le Secret des Vengeances*. Une spéculation de librairie fructifia également entre ses mains : je veux parler de la publication des *Annales du Crime et de l'Innocence*, ou choix des Causes célèbres, en vingt volumes. Dans cette compilation où, par parenthèse, le clergé n'est pas épargné, — vieille habitude républicaine! — Plancher-Valcour se donne le titre d'ancien avocat, titre que je retrouve dans plusieurs biographies. Je me demande où il prit le temps d'étudier le droit (1).

Ses contemporains me l'ont dépeint comme un homme plein d'esprit et de gaieté, bon camarade, joyeux convive surtout. « Personne, mieux que la femme qui le pleure, n'a su combien il fut tendre époux, et ceux qui l'ont connu avouent qu'il serait difficile d'être plus aimable. » Ainsi s'exprimait, quelques jours après sa mort, un de ses parents, le libraire Plancher, éditeur du *Manuel des Braves*.

Les Gaudrioles modernes ont imprimé plusieurs fois une chanson de Plancher-Valcour, qui paraît être une des dernières qu'il ait composées ; c'est *la Mère Picard* ; on y trouve quelques couplets attrayants :

> Mère Picard, dit-on, dans son jeune âge,
> Fut la Vénus, la perle du quartier ;
> Joli minois, appétissant corsage,
> Dieu! quel trésor pour un cabaretier!
>   Les ris, les jeux volaient sur ses traces,
> Et constamment suivaient son étendard ;
>   Mais plus de jeux, de ris ni de grâces :
> Ils sont couchés chez la mère Picard.
>
> Mère Picard avait chez son grand père,
> Étant enfant, vu souper Crébillon,
> Bernard, Gresset et Delille, et Saint-Pierre,
> Et Saint-Lambert, et Voltaire, et Piron.

---

(1) Dans *les Pantins du Boulevard*, Mayeur dit, en outre, que Valcour a été commis aux poudres et salpêtres de l'Arsenal, et qu'il s'est marié dans ce poste.

> Leurs successeurs réclament leurs titres,
> Maint connaisseur en sourit à l'écart;
> Un autre dit, en cassant les vitres :
> Ils sont couchés chez la mère Picard.

Ce fut au mois de février 1815 que l'ex-citoyen Aristide Valcour sortit de son lit pour endosser *la robe d'hyver et d'esté,* selon l'expression de La Fontaine. Il s'était retiré depuis quelque temps à Belleville, comme font les petites fortunes, et il y vivait avec ses souvenirs, — ce qui, si *joyeux convive* et si homme aimable que l'on soit, doit être une triste vie lorsque, comme Plancher-Valcour, on a composé et chanté en public des férocités aussi mal rimées que celles-ci, dans *le Vous et le Toi :*

> Air : *Non, non, Doris ne pense pas.*
>
> Pour voiler leurs projets affreux,
> Leur despotisme sanguinaire,
> Les rois, ces tyrans désastreux,
> Prenaient le masque populaire.
> Ce masque est le mieux imité,
> C'est l'art le plus fin qui l'apprête;
> Il est tellement incrusté
> Qu'il ne tombe qu'avec la tête ! (*Bis.*)

Certainement je n'en veux pas à Plancher-Valcour de la tranquillité et de la douceur de ses dernières années; peut-être a-t-il expié les emportements de son âge mûr et regretté les écarts de son inspiration; mais je ne crois pas à cette grande gaieté dont on m'a parlé; je n'ajoute pas foi à cette insouciance épicurienne dont on a fait parade pour lui. Il est de ces remords que ne pourraient noyer tout le vin de Caveau et tout l'esprit de Voltaire.

Après sa mort, on trouva dans ses papiers manuscrits deux ou trois romans que l'on publia. Un seul mérite d'être distingué, c'est celui qui a pour titre : *Colin-Maillard ou mes Caravanes,* mémoires historiques de la fin du XVIIIe siècle, quatre volumes in-12.

Colin-Maillard, à dire d'experts, offre le récit à peu près exact des principaux épisodes de la jeunesse de Plancher-Valcour, — jeunesse vagabonde et hardie comme on a pu le voir. Cet ouvrage ressemble à tous les ouvrages antireligieux de la même époque : ce sont les mêmes tableaux le même système de plaisanteries imbéciles sur les curés, presque les mêmes aventures. Toujours des amoureux déguisés qui s'introduisent dans des couvents de nonnes! Toujours le comédien Sainte-Colombe, le militaire d'Esparville et le brigand Tranche-Montagne! On dirait qu'il y a un moule pour ces romans de bas étage. Ce qui me les fait reconnaître et fuir aussitôt, c'est l'éternelle *nuit d'auberge,* immanquable chapitre où tous les héros se heurtent dans les ténèbres, se trompent de porte, se chamaillent, se battent, se renversent. Plancher-Valcour s'est bien gardé d'oublier cette tradition, et voici le texte de *Colin-Maillard* qui ne diffère en rien de celui des autres romans :

« ... Grand Colas, effrayé des suites que pouvait avoir son expédition nocturne, s'enfuit plus vite que le vent pour regagner son écurie. Le chien le suit en aboyant et renverse dans l'escalier la garde malade qui allait chercher de l'eau et du sucre. La garde jette des cris à rendre les gens sourds. Tous les voyageurs épouvantés sont sur pied, et sortent en chemise de leurs chambres; l'un est armé d'un fouet et l'autre d'un gourdin; un troisième qui n'a point éteint sa lumière paraît avec un chandelier à la main pour éclairer ce tableau. Mademoiselle Chonchon Desallures, qui entend tout ce tintamarre, tremble au fond de son lit et se demande si le feu est à la maison; tandis que le très-révérend père Pacôme Touffe-de-Foin psalmodie des versets de psaumes et ordonne aux démons invisibles de quitter cette auberge. On se croirait en plein sabbat : les chats effarés jurent, l'hôtelier accourt une broche à la main, les servantes éperdues vont quérir la maréchaussée; de tous côtés on crie, on hurle, on se lamente. »

Eh bien, ce chapitre, vous le retrouverez mot pour mot

dans Pigault-Lebrun, dans Victor Ducange, dans Raban ; il est stéréotypé chez Paul de Kock. Un roman joyeux ne peut pas plus se passer de nuit d'auberge qu'un roman de M. Alexandre Dumas ne peut se passer de flanconnades.

Quelqu'un — un ami de Plancher-Valcour, sans doute, — a placé en tête de *Colin-Maillard* les lignes les plus phénoménales qu'on puisse imaginer. J'en détache le morceau suivant, écrit avec un sérieux extrême : « Sans manquer aux égards que mérite le genre élevé, nous demandons à MM. de Chateaubriand, Benjamin Constant et Régnault de Warin (quel assemblage!), si *Atala* suppose plus de talents que *Faublas*, si *Adolphe* vaut mieux que *M. Botte?* Ces auteurs, *qui ne badinent point*, répondront sans doute que chaque genre a son prix, mais qu'à mérite égal celui qui réunit ce qui attriste à ce qui fait rire est *digne de la préférence.* » En d'autres termes, Chateaubriand vaut Plancher-Valcour, mais Plancher-Valcour est préférable à Chateaubriand.

De tous les ouvrages de cet auteur-acteur, *le Petit-Neveu de Boccace* est le seul qui ait eu plusieurs éditions. Quant à ses pièces de théâtre, sur trente-huit environ qui ont été représentées, il n'y en a que dix-sept d'imprimées. Plancher-Valcour a eu successivement pour collaborateurs le comédien Destival, Roussel, Moline, Léonard Bourdon, Leblanc, Propiac et l'excentrique directeur de la Gaîté, Ribié.

BACULARD D'ARNAUD

Sous des tilleuls, auprès d'un certain homme
Qui fixait tout avec des yeux sereins,
Quoiqu'il forgeât pour autrui des chagrins,
Étaient des gens, des gens doux et bénins,
Et qui pleuraient, qui pleuraient, Dieu sait comme !
Pour quel sujet, s'il vous plaît? — Pour des riens,
Pour des grand mots, pour des points, pour des notes,
Pour des récits de tristes anecdotes.
. . . .
Cet écrivain, digne et parfait modèle
Des grands conteurs, des auteurs larmoyants,
C'étaient d'Arnaud, dont la plume éternelle
A bien manqué de se rendre immortelle.
Encore un peu, cet auteur entêté
Allait atteindre à la célébrité.

Le personnage dont il est question dans ces vers des *Petites Maisons du Parnasse*, eut l'insigne honneur d'être proclamé pendant une minute le rival de Voltaire. En outre il créa un genre, la *sensiblerie*, qui eut une vogue incroyable, à une époque où l'esprit et la philosophie défrayaient seuls la littérature.

Disciple des jésuites, Baculard d'Arnaud était un jeune homme long comme une perche, sec et propre. Il tournait les vers agréablement. Il avait attendri Voltaire par le tableau de sa pauvreté, et Voltaire écrivait, le 20 mars 1736, à l'abbé Moussinot : « Je vous prie d'envoyer chercher par votre frotteur un jeune homme nommé Baculard d'Arnaud;

c'est un étudiant en philosophie au collége d'Harcourt; il demeure rue Mouffetard ; vous lui donnerez douze francs. » Cela commence à peu près comme avec le chevalier de Mouhy.

On connaît trop la correspondance de Voltaire pour que nous nous y arrêtions. Fatigué des demandes d'argent continuelles du collégien, il le recommanda à Helvétius, qui se mit en campagne et procura à d'Arnaud un emploi provisoire, nous ne savons lequel, mais Voltaire fut content, car il remercia Helvétius avec effusion, tout en insistant de nouveau sur les mérites de son protégé : « J'ose vous recommander ce jeune homme comme mon fils ; » tels sont les termes dont il se sert, et cette partie de sa correspondance lui fait réellement beaucoup d'honneur : on n'est pas accoutumé à rencontrer tant de tendresse sous la plume qui scalpe La Beaumelle et dénonce Desfontaines; cet attachement pour un pauvre hère, attachement qui est mieux que de la pitié, excuse bien des courtisaneries et bien des fureurs.

Alors, les petits écus cessent de couler. Baculard d'Arnaud, dégagé des principaux soucis matériels, donne l'essor à ses talents et s'occupe d'une comédie, *le Mauvais Riche ;* en même temps il adresse une lettre à Voltaire, qui s'en étonne longuement et ironiquement, de manière à nous faire entendre que d'Arnaud n'était pas coutumier du fait.

« Mon cher enfant en Apollon, vous vous avisez donc enfin d'écrire d'une écriture lisible, sur du papier honnête, de cacheter avec de la cire, et même d'entrer dans quelque détail en écrivant. Il faut qu'il se soit fait en vous une bien belle métamorphose ; mais apparemment votre conversion ne durera pas, et vous allez retomber dans votre péché de paresse. N'y retombez pas au moins quand il s'agira de travailler à votre *Mauvais Riche,* car j'aime encore mieux votre gloire que vos attentions. J'espère beaucoup de votre plan, et surtout du temps que vous mettez à composer, car depuis trois mois vous ne m'avez pas fait voir un vers. *Sat cito si sat benè;* etc., etc.

» Faites-moi le plaisir de me donner souvent de vos nouvelles, si vous pouvez. Je vous embrasse de tout mon cœur. »

Tout cela est d'un homme sincère, après tout. Voltaire a le beau rôle. Il se trompe, par exemple, ou plutôt il se fait illusion sur les aspects plaintifs et vertueux de son protégé. Un matin, le jeune d'Arnaud, l'honnête d'Arnaud se réveille, agité d'une humeur égrillarde; il jette le masque, et avec la plume de Gentil-Bernard le voilà qui rime effrontément une *Epître à Manon*. Cette épître, qu'on ne peut citer tout entière, est un des jolis scandales du temps; après avoir couru les boudoirs, elle est descendue dans les rues; Manon a occupé la France pendant quinze jours.

> Je sais bien, ma chère Manon,
> Que tu n'es point une duchesse,
> Que dans sa compilation
> Moéri nous tait ta noblesse.
> Mais le charme de cent beautés,
> Sur ton teint mille fleurs écloses,
> Quatorze ans à peine comptés,
> Quatorze ans! ce sont bien des choses!
>
> . . . .
>
> Oui, pour l'œil d'un peuple hébété,
> Tu n'es qu'une fille vulgaire,
> En un mot qu'une couturière,
> Manon, avec quelque beauté.
> Moi, je vois, j'admire, j'adore
> Minerve, l'aiguille à la main,
> Qui, sous tes traits, revient encore
> D'Arachné venger le dédain.
> A leurs regards, pour tout partage,
> Tu n'as qu'un simple casaquin.
> Un casaquin! Dieux! quelle image!

Il s'arrête devant le lit de Manon qu'il décrit avec complaisance, quoiqu'on n'y voie pas

> Le goût, au vernis de Martin
> Associant son art divin,
> Nouer en cent façons galantes
> Un rideau que suspend sa main,
> Et, de la moire et du satin,
> Déployer les ondes brillantes
> Et les agréments du Pékin.

Manon ne s'arrêta pas en si beau chemin : elle courut jusqu'à la cour de Prusse où elle fit rire le roi. On sait que Frédéric n'était pas difficile; mais ce qu'il y a de mieux, c'est qu'il fit de Baculard son correspondant littéraire, position enviée et très-bien rétribuée. Tout arriva donc à la fois à l'étudiant du collége d'Harcourt; il se trouva soudainement en évidence ; il fut félicité à son tour, et Voltaire lui-même, ne se montra pas un des derniers : « Je vous fais mon compliment, mon cher ami, sur votre emploi et sur l'*Épître à Manon ;* je souhaite que l'un fasse votre fortune, comme je suis sûr que l'autre doit vous faire de la réputation. Les Manons sont bien heureuses d'avoir des amants et des poëtes comme vous. » Et en finissant : « Adieu, mon cher d'Arnaud; entre les princes et Manon, n'oubliez pas Voltaire. »

D'Arnaud n'oublia pas Voltaire, ce fut Voltaire qui se souvint trop de d'Arnaud : on sait les tristes et honteux sentiments de jalousie qui le pénétrèrent en apprenant que le roi de Prusse avait fait venir Baculard à sa cour ; on sait les intrigues qu'il employa afin de mettre Frédéric en demeure de choisir entre l'auteur d'*Œdipe* et le chantre de *Manon ;* et comment ce dernier, dégoûté à jamais de la *faveur des grands,* dût retourner à Paris pour y vivre et y mourir.

J'ai dit en quelques lignes toute l'histoire de d'Arnaud.

Ses ouvrages,—ou du moins les titres de ses ouvrages, sont encore connus aujourd'hui. *Les Délassements de l'homme sensible* ont eu quinze cents souscripteurs. Tous ses drames se sont très-bien vendus, car ils n'ont pas été joués, à l'exception de deux : *le Comte de Comminges,* qui lui valut de Marie-Antoinette une gratification de cent louis, et *la Mort de Coligny,* que la Révolution permit de représenter sur le théâtre Molière.

Drames et romans sont écrits dans ce style attendri, désolé, qui se nourrit de points d'exclamation, d'*hélas,* de soupirs, et dont l'humidité larmoyante traverse les plus solides reliures. Je n'ai jamais rencontré, même dans les bibliothèques les mieux exposées, un exemplaire complètement sec des *Délassements de l'homme sensible*.

Baculard a cherché plusieurs fois à s'excuser de cette sensibilité profonde : « Les anciens, dit-il, qui connaissaient si bien la nature, n'ont pas manqué de nous présenter leurs héros faciles à s'attendrir ; Achille verse des pleurs lorsqu'on lui apprend la mort de son ami Patrocle; Énée a presque toujours les yeux mouillés de larmes, ce qu'ont reproché à Virgile plusieurs de nos beaux-esprits (1). »

Malgré d'incontestables succès, malgré les protections de cour et les secours de tous les gouvernements sous lesquels il s'est perpétué, Baculard d'Arnaud a toujours vécu dans une presque indigence. On s'est longtemps amusé de ses amours intéressés avec une rôtisseuse de la rue de la Huchette :

> Là soupirait à côté d'un gigot
> Le doux Arnaud, le lamentable Arnaud...

dit le jésuite Du Laurens, dans *la Chandelle d'Arras*. Baculard ne bougeait pas de la boutique. C'était également le plus rude emprunteur qui se pût voir, et l'on a prétendu qu'il n'y avait guère de citoyen en France qui ne fût son créancier pour la somme d'un petit écu. Chamfort, allant plus loin, affirme qu'il devait trois cent mille francs en pièces de six sous. Le café de la *Régence* était d'ordinaire le lieu où l'auteur des *Épreuves du sentiment* levait ses contributions.

La Révolution le surprit en pleine vieillesse, mais toujours actif, toujours écrivant et toujours larmoyant. On ne savait plus son âge, il tournait au patriarche; on l'avait surnommé *l'Ancêtre de la littérature*. Pourtant il prenait encore des airs de jeune homme. Il fut incarcéré pour une belle action, qu'on est heureux de rencontrer dans son existence un peu dégradée : il avait donné asile à un émigré,

(1) *Épreuves du sentiment*, tome I ; avertissement.

et il comparut devant le tribunal révolutionnaire, qui l'acquitta dans un jour d'inexplicable indulgence.

En 1800, je retrouve Baculard d'Arnaud dans le café-restaurant de madame Simard, à l'entrée de la rue Mouffetard. Il a quatre-vingt-cinq ans environ, il marche un peu courbé, mais son intelligence n'a pas subi d'altération visible. Il parle beaucoup et se tient ordinairement assis dans le comptoir, à côté de la limonadière; il cause de ses voyages, de sa gloire, de l'ingratitude du siècle; il se vante un peu, mais on le laisse dire. Les musiciens et les officiers de la 96ᵉ lui offrent quelquefois un petit verre de liqueur qu'il accepte.

Quelquefois aussi madame Simard l'invite à dîner, lui et sa femme. Sa femme est la pétulance même; mais comme elle a beaucoup voyagé, beaucoup vu, beaucoup entendu, on l'écoute sans trop d'ennui, bien qu'elle ait le verbe haut et désagréable.

Madame d'Arnaud, à ce que raconte un homme de lettres qui l'a vue plusieurs fois, n'aimait pas Voltaire, parce qu'il était, disait-elle, fort laid, fort avare, au point d'enlever, en Prusse, après le souper, des bouts de bougie. « Ce récit ajoute l'écrivain, sur les lèvres d'une femme chez qui le mensonge ne paraissait point habituel, malgré son ton excessivement criard, me causa quelque peine pour la gloire des lettres, et je ne pus jamais me décider à l'accepter comme une vérité (1). »

Madame d'Arnaud assurait encore que le critique Fréron était très-gourmand. Lorsqu'il dînait en ville et qu'on le chargeait de dépecer le gigot, qu'il aimait beaucoup, il ne manquait jamais d'en réserver pour lui un morceau succulent et énorme. Un jour, madame d'Arnaud eut la cruauté de lui dire : « Monsieur Fréron, donnez-moi donc, je vous prie, du morceau que vous affectionnez tant et que j'aperçois sous le manche. »

---

(1) *Confessions de J.-S. Quesné*; 2 vol. in-8°.

Baculard d'Arnaud n'était guère aimé et encore moins estimé, si j'en juge par le portrait que trace de lui un pamphlet de l'an VIII, *le Tribunal d'Apollon* : « Taille fantasmagorique, figure lacrymale, habit noir, visage blême, œil bleu terne, perruque qui atteste l'existence de l'ancien régime, nez au vent, soupirs continuels. C'est le doyen des romanciers noirs. Hommage à ses talents! et mépris à celui qui a pour créanciers tous ceux qui ont eu la sottise de lui prêter de l'argent! Et à qui n'en a-t-il pas emprunté? L'auteur du *Comte de Comminges* devrait être immensément riche, et les raisons de sa pénurie habituelle sont un problème que nous n'entreprendrons pas de résoudre. »

C'est là, en effet, ce qui a toujours et vivement intrigué le XVIIIe siècle et une partie du XIXe : où a passé tout cet argent? qu'a fait Baculard de tant de petits écus? à quelles œuvres mystérieuses les a-t-il employés? Les buvait-il ou les mangeait-il?

Ses autographes sont aussi nombreux que les grains de sable du rivage de la mer, mais ils se ressemblent tous : ce sont invariablement des demandes d'argent. Nous choisissons, entre cent, une lettre qu'il adressait à M. Necker, parce que c'est le modèle sur lequel sont copiées les autres. Elle est tirée de la collection Lucas-Montigny :

« Paris, 17 juin 1790.

» Monsieur,

» C'est au bienfaiteur de la France, c'est à mon bienfaiteur que j'écris. Oui, monsieur, vous m'avez donné des marques de sensibilité (1) qui resteront gravées dans mon cœur jusqu'au dernier soupir. J'ai prié madame l'ambassadrice, votre fille, de vous présenter mes larmes (2) ; ce sont mes pleurs mêmes qui réclament de votre part de nouveaux témoignages de bienfaisance.

(1) Toujours la *sensibilité!*
(2) Toujours les *larmes!*

» Vous n'ignorez pas, monsieur, que mon engagement pour la petite somme que vous voulûtes bien me prêter est dans les mains de M. Dufresne. Je l'aurais déjà acquitté, cet engagement, sans les malheureuses circonstances où nous sommes; et bien loin d'y faire honneur, ce sont de nouveaux secours que j'implore et que j'attends de votre humanité ; c'est de votre humanité même que j'intercède.

» Souffrez que je vous offre quelques détails nécessaires à vous être présentés.

» Quand je contractai l'engagement en question, j'avais droit, monsieur, de compter sur la possibilité de rendre, parce qu'un honnête homme n'emprunte pas sans cette conviction. Un changement inopiné dans les choses est survenu. La librairie s'en est ressentie, au point qu'on ne vend rien aujourd'hui que ces libelles à deux sous qui infectent les esprits et les âmes. Le croiriez-vous, monsieur? un libraire a osé m'offrir de me payer toutes les semaines une somme assez tentante, si je voulais seulement donner mon nom pour un journal, et d'autres se chargeraient de la composition (1). Je n'ai pas eu de peine à rejeter ces offres, quoique je sois dans une détresse au-dessus de toute expression. Voilà donc, monsieur, les seuls livres qu'on lise actuellement! Madame l'ambassadrice vous dira qu'en ce moment la saine littérature est anéantie. J'avais un ouvrage qui pouvait me rapporter huit ou dix mille francs, et il faut, pour le continuer, que j'attende un temps plus heureux. Cependant, monsieur, au moment où je réclame vos nouveaux bienfaits, je me trouve avec la certitude d'acquitter et ce que je vous dois déjà, et ce je vous devrai.

» Voici ma planche de salut dans mon naufrage, et elle me conduira au port si vous daignez exaucer ma prière : on vient de jouer au Théâtre-Français une pièce de ma composition, *le Comte de Comminges*. Il y a huit jours qu'ils en ont reçu une autre, et la semaine prochaine ils doivent

---

(1) Hum ! n'y a-t-il pas là une timide intention de menace?

en recevoir une troisième ; la seconde a déjà paru imprimée, et elle jouit de quelque estime.

» Voilà donc, monsieur, ma base établie pour rendre dans le cours d'un an le prêt que je sollicite, ainsi que celui pour lequel M. Dufresne a reçu mon engagement. Je vous supplierai de m'accorder la somme de douze cents livres, que je vous rendrais, ainsi que l'ancienne somme, sur les produits de mes pièces, et cela, je le répète, dans le cours d'un an. Je vous en conjure, monsieur, ne me refusez point cette nouvelle marque de bienfaisance. Il n'est que vous seul à qui je puisse porter, je dirai les cris de ma douleur et de mon désespoir. Madame l'ambassadrice vous peindra mes situations. Si je ne puis vous toucher, je ne connais qu'un seul terme à mes maux ; vous m'entendez ; et ce moyen est affreux pour un mari et un père ; car je suis peu intéressé à la conservation de ma propre existence ; le fardeau est trop lourd, et si j'ose vivre, c'est pour soutenir les jours de deux victimes de mon espèce de fatalité. Daignez donc, monsieur, ne pas rejeter mes *larmes* ; ce sont celles de la reconnaissance que je verserai si vous agréez ma prière, et que j'ajouterai au sentiment du profond respect avec lequel je serai toujours,

» Monsieur,
» Votre très-humble et très-obéissant serviteur,
» D'ARNAUD.

» Cul-de-sac Saint-Dominique, près la rue d'Enfer, quartier du Luxembourg.

» P.-S. Si en ce moment, monsieur, vous ne pouvez me faire toucher les douze cents francs, j'attendrai quelques jours, en vous suppliant seulement de m'accorder sept ou huit cents francs, parce que le mal presse, et il est à son comble. Je vous le répète, je m'engagerai à payer sur les rétributions de mes pièces dans le courant d'une année. »

On lit en marge de cette lettre : *Répondu le 4 juillet, envoyé quatre louis.*

M. Villenave, le bibliophile, racontait des choses extraordinaires sur Baculard d'Arnaud, qu'il avait connu. Il m'en revient une à la mémoire. L'auteur des *Epreuves du sentiment*, qui garda jusqu'au tombeau de risibles prétentions et d'étranges coquetteries de visage, était chauve et très-ridé; chauve, cela ne lui importait qu'à demi, et nous avons vu qu'il avait adopté l'usage de la perruque; mais les rides faisaient son désespoir. Or, voici la singulière opération à laquelle il se livrait chaque matin, et dont M. Villenave affirmait avoir été plusieurs fois spectateur : Baculard, de ses deux mains, attirait, amenait, chassait courageusement ses rides vers le sommet de la tête, et, comme une femme fait de son chignon, il les nouait avec un ruban. C'est hideux !

Baculard d'Arnaud a rompu deux ou trois fois avec ses habitudes mélancoliques pour écrire des gaillardises singulières. On a même prétendu qu'il avait tâté de la Bastille, pour un poëme d'un accent assez vif, et qui n'avait aucune espèce de rapport avec sa traduction en vers des *Lamentatations de Jérémie*.

A côté de cela, on s'est beaucoup entretenu de sa vie capucinale. Dans le recueil de ses œuvres diverses, on trouve plusieurs divertissements composés pour les Demoiselles de l'Enfant-Jésus et exécutés par elles. Au fond, c'est un drôle d'homme, qui reste peu compris. On ne sait où le prendre : aujourd'hui dans le ruisseau, décochant des œillades aux viande rôties; demain, à la cour de Berlin, balançant la réputation de M. de Voltaire; il sort des cafés borgnes pour se rendre dans les couvents. C'est le Protée de la littérature de deuxième ordre.

Il vécut de la sorte jusqu'en 1805 (1). Le général d'Arnaud, son frère, a déclaré qu'il avait quatre-vingt-dix ans. — Deux ans avant sa mort on avait publié ses œuvres en vingt-trois volumes in-12.

(1) M. Colin de Plancy dit qu'il est mort dans un grenier.

Ses drames ont été imprimés en 1769 et 1774, avec beaucoup de luxe, sur papier grand et fort, les figures d'après Eisen et Restout. Plusieurs d'entre eux ont eu jusqu'à trois éditions. — Marie Chénier a fait des emprunts, pour son *Charles IX*, au *Coligny* de Baculard. — La collection des *Epreuves du sentiment* et des *Délassements de l'homme sensible* n'a pas été non plus inutilement feuilletée par les auteurs dramatiques en quête de sujets.

Enfin, Jean-Jacques Rousseau a consacré quelques lignes élogieuses à Baculard d'Arnaud.

GRIMOD DE LA REYNIÈRE

I

LES TROIS LA REYNIÈRE.

Grimod de la Reynière fut le plus gourmand des lettrés et le plus lettré des gourmands. Tout le xviiie siècle s'est assis à sa table, mieux fournie que celle de Scarron. Durant plus de soixante années, Grimod de la Reynière n'a pas cessé d'offrir l'heureux accord d'un talent aimable et d'un vaste estomac. Par la franchise de sa littérature, par l'originalité de ses habitudes, par ses relations dégagées de tout préjugé, par le bruit qui s'est fait autour de son nom, il appartient à cette série d'auteurs dont nous avons entrepris d'épousseter la mémoire.

Il est incontestablement le premier de nos écrivains de cuisine. A ce propos, remarquons avec inquiétude que, si la race des gastronomes est loin de s'éteindre, que si la dynastie des cuisiniers célèbres se perpétue heureusement parmi nous, en dépit ou peut-être à cause des casse-tête politiques, remarquons, dis-je, qu'il n'en est pas de même des auteurs spéciaux, des auteurs ès-sensualisme, dont les enseignements nous font défaut depuis un certain nombre d'années. De toutes les plumes sérieuses qui font jouer un rôle important au papier, aucune n'a consenti à se vouer au développement de cette science que nous appellerons la science universelle. A quoi cela tient-il? Des articles isolés se produisent bien çà et là, mais l'homme important et écouté tel que Grimod de la Reynière, tel que Brillat-Savarin, si insuffisant que soit ce dernier, on n'en voit plus. Je veux bien croire que la plupart des gourmands modernes, jaloux d'éterniser les plaisirs qu'ils ont goûtés, laisseront après eux des mémoires où ne manqueront pas d'être consacrées les recettes admirables auxquels ils doivent la plus réelle et la plus prolongée des jouissances humaines; mais en attendant, n'y a-t-il pas, de leur part, un criminel égoïsme à priver la plus grande partie de leurs contemporains des fruits délicieux de leur imagination? Des esprits plus mercantiles que sincèrement dévoués réimpriment à satiété *la Cuisinière bourgeoise*, qui est certainement un fort bon livre, mais un livre élémentaire et qui tend à rendre stationnaire un art susceptible de toutes sortes de perfectionnements. Nous ne pensons pas que ce soit un amour-propre mal entendu qui éloigne de ces matières nos hommes de lettres actuels; rougit-on de célébrer le blé nourricier, de composer des discours sur l'impôt du sel ou sur la taxe des viandes de boucherie? Tous les jours, les poëtes ne chantent-ils pas le vin, cet élément indispensable et radieux de nos dîners? Si l'on croit, par hasard, qu'il n'y a ni gloire ni profit à ce métier de professeur de chère-lie, qu'on lise l'histoire de Grimod de la Reynière, et l'on sera grandement détrompé.

Trois hommes de ce nom ont apparu dans les fastes de la bombance : le grand-père, le père et le fils; c'est ce qui s'appelle glorieusement chasser de race. Leur triple action, à laquelle ce dernier ajouta des enseignements écrits, a exercé une influence active en un temps d'émulation et de progrès qui ne doit point être oublié, surtout si l'on considère l'état où végétait la gastronomie, il y a seulement trois ou quatre siècles.

L'ère de la cuisine, en effet, n'a guère été inaugurée en France que sous le règne de Louis XIV, où les fourneaux eurent leurs grands hommes aussi bien que les lettres. Vatel a laissé un nom aussi illustre que celui de Boileau, et le marquis de Béchamel s'est immortalisé par sa recette de la morue à la crème. Quelques années plus tard, les filets de lapereau à la Berry devaient leur naissance à la fille bien-aimée du régent qui, lui-même, inventait le pain à la d'Orléans. *C'était la régence alors, et, sans hyperbole*, la fumée des cheminées du Palais-Royal parfumait toutes les nuits l'atmosphère de la capitale. Louis XV continua l'œuvre de Philippe, avec non moins de recherche, dans les petits soupers de Choisy, où les tables dressées s'élevaient du plancher comme par enchantement. Les courtisans ne restèrent pas en arrière du maître : à leur tête, le maréchal de Richelieu eut l'honneur de baptiser les mahonnaises ou *mayonnaises*, et d'attacher son nom à mille recettes dont les gourmands se souviennent avec reconnaissance, pendant que l'imagination riante et féconde de madame de Pompadour créait les filets de volaille à la Bellevue, les palais de bœuf à la Pompadour et les tendons d'agneau au soleil. Ces inventions ne sont pas les seules dont nous soyons redevables au beau sexe : les cailles à la Mirepoix, les chartreuses à la Mauconseil, les poulets à la Villeroy, trahissent le goût exercé de trois grandes dames qui ne sacrifiaient pas exclusivement, celles-là, les soins de l'office à ceux du boudoir. Le blason des Montmorency évoque le souvenir des excellentes poulardes aux cerises, qui survivront à tous les régimes.

On sait que le successeur de Louis XV ne se piquait point de délicatesse dans le choix de ses aliments ; jeune et vigoureusement constitué, il s'accommodait volontiers des grosses pièces de boucherie. Devant un tel appétit, la science n'avait que faire, le raffinement devenait inutile. Heureusement que les grands seigneurs, qui avaient reçu la tradition des mains du feu roi, ne la laissèrent point dépérir. Les ducs de la Vallière et de Duras, le prince de Guéméné, aussi célèbre par les carrés de veau qu'il imagina que par sa banqueroute de vingt-huit millions, le marquis de Brancas, le comte de Tessé conservèrent le mieux qu'ils purent le feu sacré de la bonne chère. Autour du trône même, les princes de la famille royale protestèrent noblement contre l'indifférence de Louis XVI : Monsieur, par le potage à la Xavier ; le comte d'Artois par une façon nouvelle d'accommoder les ris de veau, et le prince de Condé par ce potage savoureux qui demande à être traité avec tant de soin.

Ces noms sont grands, sans doute; ils sont la consécration du plus utile et du plus agréable des arts, de l'art alimentaire; toutefois il serait injuste d'attribuer uniquement à la noblesse la gloire de l'avoir porté à son apogée et de l'avoir soutenu à son déclin. La finance peut revendiquer une large part de ces soins, et principalement l'opulente classe des fermiers généraux, vaillants amphitryons, chez qui la nappe était mise toutes les semaines. Les poëtes ingrats ont pu se moquer de leur bêtise, tourner en ridicule leur ignorance, les exposer en scène sous les noms de Mondor et de Turcaret; mais jamais écrivain satirique, jamais libelliste à jeun ou repu n'a dédaigné un seul de leurs repas, n'a osé écrire une seule ligne de critique contre leurs cuisiniers. C'est là le côté inattaquable des fermiers généraux, celui-là surtout qui les fera vivre dans l'histoire. Rien n'affame comme les chiffres, et les fermiers généraux ont laissé la mémoire du plus incommensurable appétit. J'aime ces grosses et joyeuses figures enluminées de vin de Jurançon et de Rota, couvertes d'une perruque volumineuse; j'aime à les voir, ces grivois, tapissés d'un gilet en pluie d'or et d'un habit de velours cramoisi, circuler pesamment en s'appuyant sur une haute canne de bois des Iles, ou bien tourner entre leurs doigts chargés de bagues une épaisse tabatière à double fond et à sujet galant. Avec quelle importance ils savent tousser, avec quels lourds éclats on les entend rire! Comme ils sont experts à pincer le menton des soubrettes et à marchander les fleurs des bouquetières! Caricatures si vous voulez, mais caricatures égayantes et bien françaises. Voyez Bourret, Beaujon, Bergeret! que ces noms-là éveillent d'idées folles et luxueuses! comme on pense tout de suite à des jardins de fée remplis de musique et de robes fuyantes, à des petites maisons dorées et peintes du haut en bas, à des théâtres particuliers éblouissants de lumière et mis en joie par les couplets égrillards de Gueulette ou de Carrelet, les poëtes barbouillés de lie, honneur des spectacles de la Foire!

Le grand-père de Grimod de la Reynière était fermier-général, et le plus déterminé gourmand de son siècle ; il mourut, la serviette autour du cou, suffoqué par un pâté de foie gras, en 1754. Sa charge et son appétit passèrent à son fils, qui s'enrichit puissamment avec l'une et se rendit célèbre par l'autre, en tenant table ouverte tous les jours de la semaine. Ce n'était pas tout à fait ce qu'on appelle un homme d'esprit, s'il faut en croire ce trait, décoché sans doute par un parasite de mauvaise humeur : « On mange, mais on ne le digère pas. » Néanmoins il eut l'honneur d'occuper plusieurs fois Grimm dans sa correspondance, Chamfort dans ses anecdotes, et la société de madame Doublet dans ses Mémoires clandestins. De tous les fermiers-généraux dont les noms viennent d'être évoqués, ce n'était ni le moins brillant, ni le moins ambitieux : il avait épousé mademoiselle de Jarente, sœur du célèbre Malesherbes et nièce de l'évêque d'Orléans, qui tenait la feuille des bénéfices ; ce qui lui mettait un pied dans la magistrature et un autre dans le clergé. Ainsi pourvu, La Reynière touchait à tout, et était en réalité un des personnage les plus considérables de l'époque (1).

(1) Amateur de tableaux et de livres, en dépit des railleries, il a laissé une magnifique collection, vendue à Paris, en 1797. Son portrait et celui de sa femme, faits par Latour, ont figuré à l'exposition de peinture de 1751. — Le portrait de M. de la Reynière est aujourd'hui au musée de Saint-Quentin ; il est représenté en habit de velours cramoisi, brodé d'or, assis dans un fauteuil, ayant une main dans sa veste et l'autre sur sa cuisse.

Rien ne manqua à son bonheur. Le 20 novembre 1758, c'est-à-dire le jour où sa femme lui donna un héritier, sa joie fut immense, et dans l'explosion de ses premiers transports, il voulut que son enfant portât le nom de BALTHAZAR!

Il y a des noms prédestinés, et des races d'hommes en qui se succèdent les mêmes instincts, se développent les mêmes facultés. La Reynière III, ou Alexandre-BALTHAZAR-Laurent Grimod de La Reynière, devait se montrer digne de son glorieux patron, digne aussi de son grand-père et de son père. Il devait sauver la cuisine française du naufrage de la Révolution, et relever l'autel de Comus sur les débris des agapes jacobines.

II

PREMIÈRES ANNÉES.

Il y a des prédestinations, venons-nous de dire. Il y a aussi des analogies, qui sont des jeux cruels de la nature. Pour avoir exagéré les jouissances animales, le père de Grimod de la Reynière devait être châtié de la plus étonnante et de la plus sanglante façon. Quand son délire fut passé, il s'aperçut que son fils n'avait, à la place de mains, que des membranes en forme de patte d'oie...

Balthasar était un palmipède!

Cette conformité avec les volatiles, dans le rejeton d'un financier, pouvait passer pour une épigramme du destin; mais elle frappait encore davantage sur le gourmand. Le fermier général en reçut un coup jusqu'au cœur; peu s'en fallut même qu'un second exemple de trépas par suffocation ne se produisît dans la famille La Reynière. Nous osons à peine arrêter notre esprit sur les pensées de toute espèce qui durent traverser son cerveau, pendant les deux ou trois heures qui suivirent la découverte de cette abjecte difformité. Mademoiselle de Jarente surtout, si infatuée de noblesse; mademoiselle de Jarente, qui regardait, dit-on, comme une mésalliance son union avec Grimod de la Reynière, quels mouvements d'irritation ne ressentit-elle pas à la vue de ce petit être disgracié, et combien ne dut-elle pas maudire le jour où l'amour des richesses l'avait jetée dans les bras d'un financier et d'un glouton ! N'était-il pas clair, en effet, que le ciel punissait en lui cette préoccupation constante du manger et du boire, en trahissant les rêves de basse-cour dont son âme grossière était exclusivement remplie ?

Après toutes les réflexions suscitées par un tel phénomène, M. et madame de la Reynière comprirent que le seul parti à prendre était de faire faire des mains postiches au nouveau-né. Des savants, des mécaniciens furent convoqués; on ne dit pas si le célèbre Vaucanson se trouva du nombre, on sait seulement que ce fut un Suisse qui se chargea de corriger et de compléter l'œuvre de la nature; le père ne crut pas payer trop cher ce service en lui accordant une pension. On a prétendu que ces mains artificielles étaient en cire; on s'est trompé : elles étaient en fer et à ressorts, couvertes de gants de peau blanche. Une des mauvaises farces de Grimod, plus tard, consistait à appuyer insouciamment ses doigts contre un tuyau de poêle brûlant et à engager à l'imiter les personnes qui n'étaient pas dans le secret de son infirmité. Du reste, il se servait de ses mains avec beaucoup d'adresse : il écrivait, non pas très-bien comme on l'a dit, mais facilement, et il dessinait d'une façon agréable.

Nous devons à lui de savoir que ses premières années, c'est-à-dire celles de son enfance, se passèrent sur les genoux de mademoiselle Quinault, ancienne actrice de la Comédie française, fille de beaucoup d'esprit, et qui joignait un cœur excellent à un très-grand usage du monde.

Son cercle habituel, composé de gens de lettres et de gens de cour, était un des plus renommés de Paris. On l'avait surnommée (un peu précieusement) mademoiselle Quinault *du bout du banc*, autant pour la distinguer de sa sœur aînée, qui avait épousé le duc de Nevers, — sans en avoir jamais voulu porter le nom, — que pour caractériser l'empressement avec lequel on sollicitait la faveur d'être admis chez elle, dût-on n'être placé qu'*au bout du banc*. Le jeune Balthazar fut-il conduit là par son père, ou bien plutôt par son grand-oncle l'évêque d'Orléans, qui prenait si peu la peine de cacher ses habitudes de galanterie? Nous inclinons pour l'évêque, et nous n'avons point besoin de chercher ailleurs la source du goût déterminé qui poussa toujours Grimod vers les choses et les personnes de théâtre. Nourri de bonne heure du lait dramatique, il devait sauvegarder à la fois les traditions de la rampe et de la table, et nous le verrons plus tard honorer à sa manière la mémoire de mademoiselle Quinault.

Sa jeunesse ne fut pas aussi douce que l'avait été son enfance; elle fut d'abord comprimée par les mauvais traitements d'un précepteur, homme emporté, joueur, bête et brutal; l'âme de Grimod, qui avait senti de bonne heure le prix de la liberté, se révolta plusieurs fois contre la tyrannie de ce coquin. Il aimait l'étude et s'y livrait avec ardeur; à quinze ans, il passa du collége du Plessis au collége Louis-le-Grand, pour y achever sa rhétorique et sa philosophie. A quinze ans aussi, un tendre sentiment commença à s'emparer de son être (on s'exprimait de la sorte dans ce siècle de voluptueuses périphrases) et à ouvrir de nouvelles routes à son imagination précoce. Il avait les passions très-vives; sa famille s'en aperçut assez à temps pour l'éloigner de Paris et le faire voyager, car sa santé était sensiblement altérée. Du mois d'août 1775 au mois d'octobre 1776, il parcourut le Bourbonnais, le Lyonnais, le Dauphiné, et la Savoie. A la Grande-Chartreuse, il voulut s'enrôler parmi les religieux, et l'on eut toutes les peines du monde à le détourner de cette idée. Grimod de la Reynière chartreux, lui, le gourmand phénoménal, l'homme aux quatre-vingts ans d'appétit !

Il séjourna huit mois à Lausanne, et il s'y plut beaucoup. Ce fut là qu'il publia ses premiers vers et un éloge de Fréron, qu'oublie de mentionner, *la France littéraire* de Quérard. « J'y étais libre, a-t-il écrit, fêté, recherché, *amoureux autant qu'il le fallait pour n'être pas malheureux*, livré à des études agréables et purement de mon choix, jouissant d'une existence, d'une considération rares à mon âge, et qui flattaient aussi mon amour-propre. Aussi je conserve de cette ville le plus tendre souvenir, et j'y retournerai sûrement. »

Grimod de la Reynière rentra à Paris comme ses dix-huit ans allaient sonner. Sauf la petite infirmité que nous avons signalée, il n'était pas plus mal tourné qu'un autre, et sa figure était avenante ; tout ce qu'il faut pour plaire et réussir dans le monde, il l'avait : politesse exquise avec les hommes, galanterie empressée avec les femmes. Nous ne parlons pas de son opulence. Cependant nul moins que lui profita de pareils avantages : ses goûts littéraires, se développant de jour en jour, le rapprochèrent presque exclusivement des auteurs et des comédiens. Je dis des comédiens, je devrais dire des comédiennes, car Grimod de la Reynière était plus souvent fourré dans les coulisses que dans la salle, et l'on imagine que les séductions des femmes de théâtre eurent facilement raison de son cœur si inflammable et de son esprit alors si pétulant. C'est de cette époque que date sa collaboration au *Journal des Théâtres*, dirigé par M. de Charnois. Il assista au couronnement de Voltaire et en traça une relation fort animée.

Jusqu'alors l'amoureux et l'amateur de spectacles s'étaient seuls révélés, le gourmand n'était point encore advenu ; l'original lui-même n'avait point été amené à se produire ; enfin Grimod était absolument comme tout le monde. Par malheur il passait pour ne pas aimer sa famille ; cette opinion, que nous avons tout lieu de croire mal fondée et que les événements détruiront peu à peu dans l'esprit de nos lecteurs, s'accrédita lors de ses débuts au barreau, car, voué par l'autorité paternelle à la magistrature où la haute position de son oncle Malesherbes lui assurait un avenir rapide, il avait trouvé le temps, au milieu de ses préoccupation artistiques, de se faire recevoir avocat au parlement. C'était fort bien, mais une fois avocat, n'alla-t-il pas s'aviser de prendre la défense d'un pauvre diable contre les fermiers généraux et protester vertement contre les gens de finance? L'intention parut manifeste : loin de faire honneur à sa bienfaisance de cet acte de hardiesse, on n'hésita pas à l'attribuer à ses ressentiments contre son père et surtout contre sa mère. On savait qu'agacé par les grands airs de celle-ci il ne se faisait point faute d'en plaisanter, et que vis-à-vis des cordons rouges ou bleus reçus à l'autel de la Reynière, il affectait les démonstrations de respect les plus dérisoires, s'inclinant jusqu'à terre, reculant, donnant enfin tous les signes d'une humilité extrême. Ce n'étaient là que des malices dans lesquelles entrait bien un grain de philosophie; mais qui n'était pas un peu philosophe sur la seconde moitié du XVIIIe siècle? La philosophie de Grimod, bénigne au possible, était celle de Desmahis, du marquis de Bièvre et d'Imbert, l'auteur du *Jugement de Paris*; philosophie peu redoutable.

On envenima sans doute ces premières et puériles dissensions; on voulut peser sur Grimod, on ne fit que l'irriter. Lorsque, par les influences des siens, un emploi dans la magistrature lui fut offert, il le refusa très-nettement, dédéclarant qu'il n'entendait être qu'avocat, rien qu'avocat, et rester toujours avocat. « Que ma famille ait de l'ambition, dit-il, rien de mieux; mais qu'elle veuille que j'en aie à mon tour, c'est où son pouvoir s'arrête. On a désiré que je fusse quelque chose, que j'embrassasse une profession; c'est trop juste; moi-même, avec mes principes *philosophiques*, il m'eût répugné de n'être rien que le fils de mon père;

mais à présent, je suis le *maître* de la Reynière, avocat au parlement de Paris; j'ai un cabinet, des clients, des mémoires à publier; qu'exige-t-on davantage? Est-ce ma faute si je ne suis pas ambitieux et si je redoute, pour mes épaules trop faibles, le fardeau des dignités? Les charges de robe n'on rien qui me tente; parvenu au premier échelon, je m'y arrête et j'y demeure, persuadé qu'il se présentera assez d'occasions pour y remplir mes devoirs d'homme et de citoyen. »

Avait-il raison? avait-il tort? Je ne prends pas sur moi de décider la question. Il resta avocat, et fut maintes fois un objet de scandale pour les auteurs de ses jours. On veut que, très-impatienté par ceux qui le pressaient d'acheter une charge de conseiller, il ait répondu : « En devenant juge, je me placerais dans le cas de faire pendre mon père; en restant avocat, je conserve le droit de le défendre. » Ainsi qu'il l'avait prévu, les clients abondèrent chez lui, et le motif en est facile à concevoir : il ne se chargeait que de la cause des malheureux. Pendant huit années qu'il exerça sa profession, il l'exerça toujours gratuitement. Si c'est là de l'originalité, au moins est-ce de la bonne.

Un amour contrarié vint s'ajouter aux amertumes qui commençaient déjà à remplir son cœur. Il s'éprit d'une de ses cousines, charmante personne qui le voyait sans répugnance, et qui n'eût pas hésité à l'accepter pour époux. Une correspondance s'établit entre eux, et ils purent croire un instant que leurs deux familles consentiraient à leur union; mais soit inégalité de fortune ou de condition, soit que M. et madame de la Reynière trouvassent leur fils trop jeune encore pour avoir charge de femme, cette union ne fut pas effectuée. Pour couper court aux regrets et aux conséquences de diverses sortes qu'ils amènent, on s'empressa de marier la demoiselle à un M. Mitoire, et l'on crut avoir fait merveille. On se trompait; on avait heurté un véritable amour. Grimod souffrit tout ce qu'on souffre en pareil cas; son caractère, déjà disposé à la résistance, s'aigrit et commença dès lors à offrir ces angles qui annoncent un original. Il chercha, pour se distraire, à distraire les autres, et jeta l'argent de son père par les croisées. C'est aussi à la suite de ce chagrin qu'il demanda à la bonne chère des consolations qu'elle refuse rarement, et dont il se montra insatiable toute sa vie.

Cependant, n'essayons pas d'attribuer uniquement à l'amour blessé cet admirable appétit qu'il a si longtemps déployé. Croyons plutôt que cette faculté, ou, pour mieux la qualifier, cette vocation, sommeillait en lui en attendant l'heure de la révélation soudaine et éclatante. On naît gourmand comme on naît joueur ou poëte. Cette fois c'était le cœur qui tenait l'estomac en esclavage; le cœur devenu libre, l'estomac put accomplir les fonctions quasi miraculeuses auxquelles il était appelé. Grimod s'ignorait : à l'avenir, il ne s'ignora plus. Swedenberg raconte qu'un esprit descendu du ciel lui apparut dans une nuit d'étude et lui dit : Tu manges trop! Sans doute un autre esprit était venu se pencher sur l'oreiller auquel Grimod confiait ses lamentations amoureuses et lui avait dit : Tu ne manges pas assez!

III

LE VER SOLITAIRE.

Il mangea donc désormais; il mangea tant qu'il en surprit tout le monde — et son père. On découvrit alors qu'il avait le *ver solitaire*; c'était magnifiquement débuter, car n'a pas qui veut cet hôte apéritif. Néanmoins il consentit à se laisser traiter par les médecins, qui le débarrassèrent de cette maladie d'heureux présage; mais Grimod de la Reynière se comporta toujours de manière à laisser croire qu'il était incurable. Après, comme pendant, le *ténia*; il s'abandonna à tout ce que son caprice affamé lui suggéra d'exorbitant et d'inusité. La table de son père ne lui suffit plus; non qu'il trouvât rien à reprendre sur l'excellence des mets et la supériorité du service, mais il avait ses idées en cuisine comme en littérature, et il voulait à son tour recevoir. Il habitait à son tour une aile de cette belle maison carrée qui fait le coin de la place de la Concorde et de la rue des Champs-Elysées, laquelle porte encore le nom d'hôtel de la Reynière, et a été tour à tour occupée par la légation ottomane, et par l'ambassade russe. Dans cette habitation princière, où les palettes les plus célèbres avaient laissé leurs rayons et leur magie, Grimod eut, lui aussi, sa table, à laquelle il traita, selon ses goûts, ses amis les avocats, et ses amis les gens de lettres : selon ses goûts, notez bien cela; on se tromperait si l'on allait supposer que ses réceptions ressemblaient à toutes les réceptions, ses festins à tous les festins. Toute voie battue lui parut haïssable. En raison de ce principe, il fonda des déjeuners auxquels il donna lui-même le nom de *déjeuners philosophiques*. A ces déjeuners assistaient ordinairement Andrieux, qui n'avait pas encore fait ses *Etourdis*; Palissot, la bête noire des encyclopédistes; Beaumarchais et quelques comédiens de mérite.

Les déjeuners philosophiques de Grimod de la Reynière avaient lieu deux fois par semaine, le mercredi et le samedi : pour peu que l'on connût l'amphitryon, on avait le droit de s'y présenter, et même, dès qu'on y avait été admis une fois, on pouvait amener un compagnon. A votre arrivée, un introducteur s'emparait de votre épée, de votre canne, de votre chapeau, de votre croix de Saint-Louis; puis il levait une énorme barre de fer qui scellait la porte de la salle à manger. Cette barre de fer était ensuite soigneusement remise, ce qui annonçait qu'on ne serait pas libre de sortir à son gré. Au milieu de la salle du festin, une table d'acajou était entourée de siéges tous égaux, sauf un seul plus élevé pour le président, à la manière des clubs anglais. On renouvelait ce président à chaque déjeuner. Du reste, les règlements tracés sur le mur en lettres d'or, se présentaient aux yeux des convives, qui avaient tout le loisir de s'en pénétrer en attendant l'arrivée du maître.

Grimod de la Reynière ne sortait de son cabinet qu'à midi un quart, accompagné d'un petit bonhomme qui lui servait de jockey et de clerc. Aidé de ce clerc, il apportait une pyramide de tartines de beurre, qu'il posait sur la table. D'autres valets suivaient, avec deux brocs, l'un de café, l'autre de lait. Il fallait boire vingt-deux tasses de café au maximum, ou dix-huit, au minimum. Celui qui le premier avait avalé les vingt-deux tasses, était élu président, et prenait place sur le fauteuil élevé. Les deux brocs taris et les tartines épuisées, il arrivait un aloyau de l'espèce la plus forte, auquel on faisait faire solennellement trois fois le tour de la table, et le repas s'achevait à fond avec ce mets substantiel, mais unique.

On causait ensuite littérature, on dissertait sur les livres nouveaux et l'on ne se séparait qu'après avoir épuisé la matière, Grimod ne trouvait point mauvais que l'on critiquât ses propres productions ; il recevait sans humeur les conseils qu'on lui donnait, mais il ne les suivait pas. Ce fut là toujours le trait le plus distinctif de son caractère. Très-expansif et très-cordial dans ses rapports d'amitié, il avait la fatuité de vouloir se conduire seul, et nulle influence, pas même celle des femmes, ne pouvait détourner une de ses résolutions. Entêté de bonne compagnie d'ailleurs, officieux, discret, enjoué, ayant mérité le surnom de *l'homme le plus poli du royaume,* nous pouvons dire de lui, en retournant une comparaison célèbre, que c'était une tige de fer peinte en roseau. On voit que son despotisme éclatait surtout à table ; il fallait manger comme lui, boire comme lui, et ne s'en aller qu'aux heures où il voulait bien vous laisser partir. La Harpe qui, d'après ce qu'en raconte Chateaubriand dans ses *Mémoires*, ne trouvait aucun plat à son goût, et se faisait faire une omelette dans les grandes maisons où on le priait à dîner, la Harpe aurait été mal venu aux *déjeuners philosophiques*, pour peu qu'il n'aimât pas l'aloyau.

Jamais Grimod ne se départit de cette rigueur étrange. C'était lui être fort agréable que de lui amener un nouveau convive, mais dans ce cas il fallait répondre du convive que l'on amenait. « Peut-il boire autant que vous savez? demandait-il à l'introducteur; s'il s'arrête en chemin, vous, mon ami, vous boirez double; s'il ne mange pas comme je l'entends, vous, monsieur, vous mangerez pour deux (1).

(1) Parmi ces gourmands despotes dont les noms peuvent s'ajouter à ceux de La Harpe et de Grimod de la Reynière, mentionnons le poëte comique Barthe, l'auteur des *Fausses infidélités*. Barthe n'était pas pour rien de Marseille. Il avait un caractère épouvantablement irascible, en même temps que très-personnel; néanmoins on le recherchait pour ses saillies. Son habitude était de manger de tous les plats d'une table; mais comme il avait la vue basse et qu'il craignait toujours d'en laisser échapper quelques-uns, il se retournait à chaque instant vers son domestique et lui demandait avec un grand sérieux : « Ai-je mangé de ceci? ai-je mangé de cela? »

Grimod de la Reynière, chez qui il allait quelquefois, nous a conservé quelques-unes de ses boutades. La plus extraordinaire est sans contredit celle que nous allons raconter.

Barthe était alors au régime, ce qui ne l'empêchait pas de dîner en ville. Invité dans une grande maison, il y arrive sur les trois heures; mais, avant de monter au salon, il entre dans la cuisine, et, s'adressant au chef : « Monsieur, lui dit-il, comme je suis au régime, je vous prie de ne point trop saler la soupe. » Le cuisinier se retourne, regarde avec beaucoup d'étonnement l'homme qui lui fait une pareille demande, et n'y répond que par une inclinaison assez embarrassée, que Barthe prend pour une adhésion. Dès la première cuillerée, il s'aperçoit que, loin d'avoir fait droit à sa requête, le cuisinier y a prodigué les assaisonnements. Furieux, il se lève, prend son chapeau et sort; il entre dans la cuisine, s'approche du chef, et, sans lui dire un seul mot, lui applique la plus vigoureuse paire de soufflets qui ait jamais retenti; puis il sort tranquillement de la maison pour aller chercher ailleurs un dîner moins épicé.

« Son intérieur était terrible, dit Grimod de la Reynière, et nous n'avons jamais connu d'homme qui méritât mieux le nom de *tyran*

Hors de table, il était tout au service et à la discrétion des gens ; il mettait à obliger ses amis cette verve dont l'héritage s'est dispersé avec les hommes du XVIII**e** siècle. Venait-on lui demander son intervention dans quelque affaire délicate : « Ah ! mon cher, que je vous sais gré de vous adresser à moi ! Vite, ma canne, mon chapeau ! ne remettons rien au lendemain, et dites-moi où il faut que nous nous rendions présentement. » Peu s'en fallait qu'il ne plaçât la reconnaissance de son côté, tant était prodigieux le mouvement qu'il se donnait. Il employa de la sorte sa médiation et son crédit à faire rouvrir la porte du Théâtre-Français à Collin d'Harleville, qui se l'était fermée par un excès de susceptibilité, et ce fut à lui que *l'Inconstant* dut sa représentation et son succès. Mais après tout, puisque cette anecdote est amusante et qu'elle ajoute un trait de plus aux mœurs d'un temps dont nous avons désiré écrire un chapitre, nous n'avons aucun motif pour ne point la raconter ; elle servira peut-être d'enseignement à quelques jeunes auteurs en leur apprenant par quelles épreuves ont passé les plus distingués d'entre eux.

Dans un de ses accès d'humeur, Collin d'Harleville avait retiré sa pièce de *l'Inconstant*, jouée seulement à la cour, et s'était brouillé avec tous les acteurs de la Comédie française. Dégoûté de ses premiers déboires, il avait résolu de renoncer à la carrière dramatique, et, depuis deux ans, il vivait retiré à la campagne. Ce fut là que Grimod de la Reynière alla le voir et parvint, non sans peine, à ébranler sa résolution ; il obtint de lui que sa pièce, corrigée et revue avec soin, serait lue à Molé, et qu'à la suite de cette démarche un rapprochement avec le théâtre serait tenté par le célèbre comédien. Rendez-vous fut pris chez celui-ci, qui indiqua lui-même le jour et l'heure. Grimod de la Reynière et Collin d'Harleville furent on ne peut plus exacts ;

---

domestique ; sa veuve et ses valets fourniraient là-dessus de très-bons mémoires. Il a fini par mourir, en 1786, des suites d'un accès de colère enté sur une indigestion. »

mais il n'en fut pas ainsi de Molé qui, depuis longtemps, ayant mis dans sa vie privée l'impertinence de ses rôles, n'arriva qu'à l'heure du dîner, et ne s'excusa qu'à demi.

« Bah! dit-il, notre lecture sera pour une autre fois; en attendant, allons manger des huîtres, *cela vaudra bien la pièce du poëte Collin.* »

Nous aimons à supposer que ce mot, assez hasardé, fut prononcé par l'inimitable petit-maître sur ce ton de légèreté et de badinage qui excuse tout. Néanmoins, Collin d'Harleville devint violet de colère, et Grimod fut obligé de lui comprimer fortement le bras pour l'empêcher d'éclater.

Un second rendez-vous fut arrêté pour la semaine suivante; comme la première fois, il fut fixé à une heure, et, comme la première fois, Molé n'arriva qu'à trois heures. Villiers, qui a rapporté l'aventure dans ses *Souvenirs d'un déporté,* ajoute que l'acteur essaya de nouveau de persiffler le poëte en passant dans la salle à manger; mais alors, Collin d'Harleville, profondément blessé, voulut quitter la partie. Grimod de la Reynière vint encore au secours de son amour-propre : il prit en particulier Molé, lui fit sentir l'inconvenance de son procédé, et lui demanda un dernier rendez-vous sur lequel on pût compter. « Que voulez-vous? s'écria le comédien à pirouettes; je vous en donnerais dix à la même heure que j'y serais aussi fidèle. — Expliquez-vous. — Vous connaissez *l'objet divin* qui m'occupe, vous savez combien j'en suis épris; jugez s'il est une pièce qui vaille deux heures passées à la toilette de mademoiselle ***! Si vous ne me prenez pas au saut du lit, jamais je n'entendrai *l'Inconstant.* — Qu'à cela ne tienne! répliqua Grimod de la Reynière. »

Effectivement, il revint deux jours après au lever de Molé, qui écouta la pièce pendant qu'on lui mettait des papillotes; mais cette fois les choses se passèrent différemment, et Molé se montra tellement enchanté de *l'Inconstant,* qu'il répara tous ses torts en mettant autant de chaleur à le faire recevoir qu'il avait mis d'indifférence à l'entendre.

C'était par de pareils offices que Grimod de la Reynière se rapprochait les cœurs que ses bizarreries auraient pu lui éloigner; il avait ainsi deux caractères et par conséquent deux réputations.

Sa mauvaise étoile, dont on ne peut nier l'influence en matière de galanterie, le porta sur ces entrefaites à afficher un attachement scandaleux, qui irrita de nouveau sa famille contre lui. Il faut déplorer ces aberrations dans un homme de si bonne compagnie et regretter que le ciel lui eût donné un cœur si étourdiment sensible; c'est une chose dont nous n'avons jamais bien pu nous rendre compte : tant d'appétit et tant d'amour! Faire un dieu de son ventre et se soumettre en esclave aux genoux d'une femme! D'ordinaire l'une de ces facultés exclut entièrement l'autre ou finit par l'absorber; mais, chez Grimod de la Reynière, elles ne cessèrent jamais d'avoir ensemble leur cours régulier, et, comme deux lignes parallèles elles se continuèrent jusqu'à la fin de ses jours, sans s'être rencontrées un seul instant.

Une malheureuse aventure, dont les détails se trouvent consignés dans le tome II de *la Chronique scandaleuse*, vint ajouter encore à sa renommée. Un soir qu'il se trouvait aux représentations d'*Armide*, il se sentit extrêmement pressé par la foule. « Qui est-ce qui pousse de cette manière? s'écria-t-il; c'est sans doute quelque garçon perruquier? — C'est moi qui pousse, lui répondit aussitôt un militaire; dis-moi ton adresse, j'irai demain te donner un coup de peigne. »

Ce militaire était lui-même fils d'un fermier général, M. de Caze. Le lendemain, les deux adversaires se joignirent, et, s'étant rendus aux Champs-Élysées, ils se battirent au pistolet, en plein jour, devant trois mille personnes. Cet acte incroyable d'originalité et d'audace, un des plus extraordinaires de cette extraordinaire époque, eut un triste résultat : le pistolet de Grimod creva l'œil et laboura la tête de l'infortuné militaire qui expira quelques heures après.

On aura remarqué la singularité d'un duel au pistolet au

xviiiᵉ siècle. Il est vrai que MM. de Caze et de la Reynière étaient les rejetons de deux financiers. Cette affaire fit un bruit énorme, et acheva de répandre le nom du jeune avocat. L'été suivant, il fut chansonné, en compagnie de Mesmer, de Franklin et de Delille, dans quelques couplets qui coururent les rues :

>Diogène moderne,
>Un fou, que chacun berne,
>Croit tenir la lanterne
>Et tranche du Caton ;
>Contre la raillerie
>Sa cervelle aguerrie
>Affiche la folie
>Et prêche la raison.
>Changez-moi cette tête,
>Cette *grimaude* tête,
>Changez-moi cette tête,
>Tête de hérisson.

Ce dernier vers faisait allusion à la coiffure élevée qu'affectionnait Grimod de la Reynière.

Malgré l'honneur que voulaient bien lui faire les chansonniers littéraires, ses titres étaient encore des plus modestes, car, en dehors de ses articles de journaux, il n'avait publié qu'un mince volume ayant pour titre : *Réflexions philosophiques sur le plaisir*, et signé UN CÉLIBATAIRE, en ressouvenir de ses malheurs d'amour. Il est vrai que cet ouvrage avait obtenu quelque vogue, grâce au bruit que l'auteur faisait dans le monde ; que trois éditions en avaient été imprimées en dix mois ; que les gazettes en avaient parlé, etc. ; il n'en fallait pas davantage pour lui donner rang *au Parnasse*, à lui surtout, l'homme de richesse et de noblesse. Les *Réflexions sur le plaisir*, que nous avons tâché de lire, ont pu être très-goûtées à leur date ; la mode était alors de ces espèces de dissertations morales ; mais quoiqu'en faisant la part d'ingénieux paradoxes à des peintures plus vraies qu'amusantes, à un style de bonne compagnie et aussi *coulant* que peuvent le désirer les lecteurs débonnaires, nous avouons n'y avoir goûté qu'un intérêt médiocre et nous avons tout lieu de croire que le succès en serait de nos jours complétement négatif. — La seconde période littéraire de Grimod, c'est-à-dire celle qui commence à l'Empire, nous paraît plus satisfaisante à tous les points de vue, et aussi plus utile. On ne nous reprochera donc pas trop, jusque-là, de nous attacher à l'homme, préférablement à l'écrivain.

IV

BALTHAZAR.

Il est temps d'en venir à ce fameux festin du 1er février 1783, qui causa tant de rumeur dans Paris et qui fut le grand motif de toutes les petites persécutions que devait essuyer plus tard Grimod de la Reynière. Ce festin fut donné en l'honneur de mademoiselle Quinault, récemment décédée, ce qui explique le mélange de quelques cérémonies funéraires introduites dans ce souper. Les lettres d'invitation imitaient la forme et le style des lettres de mort : « Vous êtes prié d'assister au convoi et enterrement d'un gueuleton qui sera donné par Messire Alexandre-Balthasar-Laurent Grimod de la Reynière, écuyer, avocat au parlement, correspondant, pour la partie dramatique, du *Journal de Neufchâtel*, en sa maison des Champs-Elysées. On se rassemblera à neuf heures du soir, et le souper aura lieu à dix. »

Afin d'éloigner son père de cette fête, il se rendit la veille chez lui et le prévint qu'il comptait faire tirer un feu d'artifice à l'occasion de la paix. C'était une fausse confidence, mais il avait spéculé sur l'aversion bien connue que l'auteur de ses jours avait pour les détonations de toute espèce. Le bonhomme craignait la poudre autant que la foudre, et il s'était fait établir un appartement au fond de sa cave, pour s'y réfugier quand le tonnerre grondait. Aussi accueillit-il par un soubresaut la nouvelle que lui annonçait son fils.

« Un feu d'artifice dans ma maison ! s'écria-t-il. — J'ai jugé convenable de vous en avertir, afin que le bruit ne vous effrayât pas, ajouta Grimod. — Au diable vos pétards et vos fusées, monsieur ! Ne pouvez-vous aller les tirer ailleurs ? — J'ai fait rassembler dans mon appartement toute la poudre nécessaire ; soyez sans inquiétude, continua-t-il avec le plus imperturbable sang-froid. — De la poudre ! — Une cinquantaine de livres seulement. — Sous mon toit, à trois pas de mon cabinet ! Mais vous voulez donc me faire sauter ? — Oh ! fit Grimod en souriant. »

Le financier agita violemment une sonnette, et, d'une voix coupée par la frayeur, il dit au laquais qui se présenta : « Faites atteler ; je ne veux pas rester un quart d'heure de plus dans cette maison. »

Les moindres détails de ce souper sont relatés dans les *Mémoires de Bachaumont*, qui le traite de « farce de carnaval. » Le fait est que le ridicule et le somptueux s'y mêlèrent à égale somme. Il y eut neuf services ; les marmitons étaient revêtus d'aubes blanches, et deux joueurs de flûte marchaient en avant des plats ; on s'essuyait les mains aux cheveux dénoués de plusieurs belles filles costumées à la mode romaine. Les convives, au nombre de vingt-deux, étaient tous hommes de lettres ou avocats ; il n'y avait pas de femmes. Au dessert, le public fut admis à jouir du coup d'œil dans une galerie.

« En vérité, cela devient trop bouffon ! ne put s'empêcher de murmurer un des convives ; on va nous mettre aux Petites-Maisons en sortant d'ici. »

On ne les mit pas aux Petites-Maisons, mais le souper fit

un bruit étonnant; plusieurs jeunes gens de robe, qui n'y avaient point assisté, entre autres le frère d'un président à mortier, en demandèrent la répétition. Grimod était trop poli pour s'y refuser. C'est ce deuxième souper dont la physionomie nous a été transmise dans une gravure très-fidèle qui décore le tome VII (treizième partie) des *Nuits de Paris*, de Rétif de la Bretonne, en sa qualité d'invité et d'ami de la maison. Rétif de la Bretonne s'y est fait représenter en M. Mercier et les frères Trudaines; on le reconnaît à son chapeau sur la tête, particularité au moins incongrue. M. de Fontanes (bizarre voisinage!) est assis non loin de Marie-Joseph Chénier et d'un vieillard assez extraordinaire, M. Aze, lequel était une autorité en matière de gourmandise, un philosophe praticien, père de vingt enfants et auteur d'un manuscrit en quatre volumes in-folio, connu sous le titre des *Règlements de M. Aze*. La gravure des *Nuits* nous montre Grimod de la Reynière au moment où il guide la procession du premier service autour de la table : sa démarche est gracieuse, il est vêtu tout de noir, et ses mains sont cachées, l'une dans son jabot, l'autre dans sa culotte; il a deux montres, par conséquent deux breloques; il a la mine d'un fort joli jeune homme. Trois grands lustres ornés de cristaux taillés en fleurs de lys, et une double rangée de lampions répandent une clarté considérable.

On servit les mêmes plats qu'au premier souper, et dans un appareil entièrement semblable; seulement la galerie fut interdite au public. Pour y suppléer, l'on y admit les officiers servants lorsqu'ils eurent fait leur devoir; ensuite Grimod de la Reynière embrassa cordialement tous ses invités. La chaleur devint bientôt si forte, qu'on fut obligé d'ouvrir les fenêtres, quoiqu'il gelât en dehors; c'était le 12 février. « Après le repas, raconte Rétif, la conversation s'anima, on parla littérature; le maître de la maison lut quelque chose de sa *Lorgnette philosophique* qu'on achevait d'imprimer, ouvrage excellent s'il avait été fait avec moins de précipitation, et si l'auteur eût eu plus présent à l'esprit l'épigraphe de son cabinet d'étude : *Quieti et musis*. Mais il était presque toujours en mouvement, et il écrivait au milieu d'un tracas si continuel, qu'il lui fallait toute sa facilité pour produire quelque chose de passable. Et il est si vrai que la *Lorgnette philosophique* est au moins passable, que certains savants en pamphlets ont assurée qu'elle était copiée de la *Berlue*. Rien de moins vrai ; l'auteur écrivait toujours devant deux ou trois personnes, et ne copiait jamais (1). »

A Paris, où l'on se passionne aussi vite que l'on se dégoûte, on se passionna pour les soupers de Grimod de la Reynière, auxquels le comte d'Artois lui-même voulut assister incognito. Grimod en donna plusieurs par saison, au nombre desquels on doit en citer un, que M. V. Hugo semble avoir voulu reproduire sur la scène dans le dernier acte de *Lucèrce Borgia*. Ce n'était plus seulement, comme pour le souper commémoratif de mademoiselle Quinault, quelques attributs funéraires, quelques larmes d'argent répandues sur des draperies noires ; la mascarade avait été poussée plus loin cette fois. Chacun des convives avait derrière soi son cercueil, exact de dimension ; des cierges, au lieu de bougies, projetaient leur clarté jaune sur la nappe ; un chant sépulcral accompagnait l'entrée des services. C'était un jeu, soit, mais disons-le, ce jeu était indigne d'un vrai gastronome. Au reste, cela confirme tout à fait l'idée que nous avons exprimée d'une perturbation profonde causée par la ruine de ses espérances amoureuses, et, s'il nous en faut une preuve irréfragable, nous la trouvons dans un autre ouvrage de ce Rétif de la Bretonne, ouvrage presque disparu, intitulé *le Drame de la vie*. Dans cette production, non moins singulière que les autres, l'auteur du *Paysan perverti* a mis en dialogue les principaux événements intimes ou publics auxquels il s'est trouvé mêlé.

(1) *Les nuits de Paris ou le Spectateur nocturne* (1789), tome VII, 13e partie, p. 2931.

C'est lui qui nous a appris le nom de madame Mitoire. Il nous raconte, dans l'acte IV, une conversation qu'il eut avec elle, conversation dans laquelle le caractère de Grimod est parfaitement défini et où la plupart de ses actes sont expliqués par la violence de ses désillusions.

Voici, dans son entier, cet étrange morceau.

SCÈNE XVIII.

Chez La Reynière fils, dans la bibliothèque, à onze heures du matin.

LA REYNIÈRE. — Mesdames et messieurs, nous allons commencer par la scène de nos déjeuners philosophiques, ce qui pourra nous faire attendre le dîner-souper. Vous savez que la dose est de vingt-deux tasses de café, versé par ces deux figures d'Apollon et de Marsyas ; cependant, ceux et celles que la délicatesse de leur complexion empêchera de prendre les vingt-deux tasses, pourront s'en tenir à la petite dose, qui est de dix-huit.

(On sert le déjeuner, qui est, en outre, composé de confitures de toutes les espèces. On fait des expériences d'électricité de tous les genres. Rétif est entre madame Mitoire et madame Chardon.)

Mme MITOIRE, *à Rétif*. — Je désirais depuis longtemps vous connaître ; je veux vous parler de mon cousin. Il a un excellent cœur ; il a de l'esprit, mais il mécontente ses parents. Vous êtes son ami, l'homme dans lequel il marque le plus de confiance : ne serait-il pas possible de l'amener à les satisfaire, en prenant un état ? Cette affectation de vouloir être avocat au parlement, de ne parler que d'acheter une charge de commissaire au Châtelet, a quelque chose de badin qui ne convient plus à son âge.

RÉTIF. — Madame, je sais quels ont été, quels sont encore ses sentiments pour vous. On a traité trop lestement cette passion profonde ; on vous a mariée au moment où l'on venait de lui laisser concevoir des espérances. Vous, et vous seule, auriez pu le gouverner par votre beauté touchante et si douce, dont on aime à sentir le pouvoir; vous commandez comme on prie, et vous n'en êtes obéie que plus sûrement. Si on lui avait donné une femme de grande naissance et de beauté impérieuse comme celle de sa mère, il aurait pris à tâche, pendant toute sa vie, de la contrarier et de l'humilier; et tel est, de ce côté-là, l'excès où il se fût porté, que, pour la rabaisser davantage, il aurait été capable de se faire décrotteur au Pont-Neuf. Vous seule étiez l'épouse faite pour lui. Votre père s'est cru très-prudent en vous mariant à un autre, et il a fait une école impardonnable : voilà le fond de mes sentiments. A présent, désirez-vous de moi autre chose que de vaines paroles?

Mme MITOIRE. — Oui; je voudrais savoir quels sont les moyens que vous croyez propres à le corriger.

RÉTIF. — Il est un peu tard; il connaît une femme de mœurs galantes et de méchant caractère; il faut tâcher de lui en donner de l'horreur, mais non en attaquant cette femme de front; ce serait assez pour qu'il l'adorât. Il faudrait; je n'ose presque le dire... que vous lui redonnassiez de l'amour.

Mme MITOIRE. — Songez-vous...

RÉTIF. — Je sais que vous êtes mariée; mais vous me demandez les moyens de le gouverner, et je vous donne les véritables, les seuls. La Reynière fils est insensible aux honneurs et aux intérêts. Il vous adorera encore, si vous le voulez, car vous avez des armes irrésistibles, et ce sourire, à sa place, me rendrait fou!

Mme MITOIRE. — Brisons là. Vous êtes un philosophe relâché. Ah! mon pauvre cousin, vous êtes perdu!...

Mme CHARDON. — On ne s'est pas ennuyé dans cette longue attente du souper; La Reynière a su assortir son monde pour l'esprit : voilà votre héros Mercier qui *politiquise;* Fontanes récite des vers, M. Mitoire les écoute. Pas un instant de vide! Depuis neuf heures que dure la séance, je ne me suis pas aperçue d'un seul moment oisif.

LA REYNIÈRE, *survenant*. — Mesdames, vous voilà dans un a parté bien tranquille; vous devez traiter de matières importantes?

UN DOMESTIQUE. — Monsieur, va-t-on allumer les 366 lampions de la salle à manger?

LA REYNIÈRE, *vivement*. — Oui! oui!... Pardon, il faut que j'aille donner mes ordres..

Mme CHARDON. — Le voilà parti!

BAYARD, *d'une voix forte*. — Messieurs et mesdames, vous êtes servis.

SCÈNE XIX. (Huit jours après.)

Rétif chez madame de la Reynière.

Mme DE LA REYNIÈRE. — Monsieur, j'ai su votre conversation avec madame Mitoire. Mais elle est bien singulière... s'il en est ainsi, point d'espérance, et...

RÉTIF. — Madame, peut-être existe-t-il d'autres moyens, mais j'avoue que je ne les connais pas.

(Scènes d'ombres chinoises. On voit un exempt arrêter la Reynière fils, sur un ordre signé Breteuil, le faire monter en chaise et le conduire à Domèvre, abbaye au pied des Vosges.)

Une lettre de cachet, tel allait être le dénoûment provisoire de toutes ces folies tracassières, nées d'un amour brisé. La scène qu'on vient de lire excuse Grimod de bien des choses et aide à en faire comprendre bien d'autres; d'abord elle lui enlève beaucoup de cette ardeur immodérée d'occuper le monde, dont on a fait la base de tant de fausses anecdotes, de tant de contes offensants où puérils. Ensuite elle montre le côté douloureux d'un homme que l'on était bien près de prendre pour un égoïste ou tout au moins pour un railleur philosophique, la pire espèce des railleurs; elle accorde du cœur à celui qui ne passait que pour avoir de l'esprit; elle prouve enfin une fois encore que les masques les plus joyeux sont ceux souvent qui s'adaptent le mieux aux figures les plus souffrantes.

V

LA LETTRE DE CACHET.

Avant d'entrer dans le drame, — racontons encore quelques frasques de Grimod de la Reynière.

Il arriva qu'un jour le fermier général s'exaspéra tellement des prodigalités de son fils, qu'il prit une résolution énergique : il lui supprima la pension de quinze mille livres qu'il lui faisait par année. Ce n'était pas précisément bien ingénieux, car, avec son nom et ses relations Grimod, n'avait qu'à parler pour voir aussitôt s'ouvrir toutes les bourses devant lui ; cependant, ce ne fut pas ce moyen qu'il employa. Son père le punissait ; il accepta la punition de son père. Il demeura sans argent.

Seulement, un matin, il sortit avec la voiture du fermier général, car on ne l'obligeait pas à aller à pied, et il se rendit chez un de ses amis. Après une demi-heure de conversation : « Sortez-vous ? lui dit-il ; avez-vous quelque course à faire ? ma voiture est en bas ; je me ferai un plaisir de vous conduire. — Comment ! s'écria l'ami, tout le plaisir sera pour moi. »

Ils montèrent en voiture. Jamais Grimod de la Reynière n'avait été plus prévenant. Arrivé à sa destination, l'ami voulut prendre congé de lui. « Non, fit Grimod, je vous attendrai. — Oh ! — Je n'ai rien à faire ; ne vous gênez pas. — D'ailleurs objecta l'ami, je ne reste là-haut qu'une minute. »

En effet, il revint en toute diligence.

« Et maintenant, où allez-vous encore ? demanda Grimod. — Mais... ce serait abuser. — Voyons, cherchez : n'avez-vous pas quelque autre visite à faire? Je suis à vos ordres. — Vous me rendez confus... Eh bien, au Palais, où je suis attendu entre midi et une heure. — Très-bien ! »

Pendant la route, l'ami ne cessa de se répandre en excuses et en remercîments.

La voiture s'arrêta devant la grille de la rue de la Barillerie. « Serez-vous longtemps occupé? dit Grimod. — Deux bonnes heures, au moins. — Diable ! — Pourquoi me faites vous cette question ! — Eh mais! ne faut-il pas que je vous ramène? »

L'ami était déjà sur le marche-pied.

« Oh! pour le coup, dit-il en riant, je ne le souffrirai pas ; adieu, et croyez-moi votre serviteur. »

Il allait s'esquiver. Grimod le retint.

— Comme vous voudrez, lui dit-il ; alors c'est un écu.

L'ami resta stupéfait.

— Un écu, pourquoi?

— Pour le prix de la course.

— Quelle plaisanterie est-ce là?

— Ce n'est pas une plaisanterie ; je fais le service d'un fiacre ; c'est un écu que vous me devez.

Il répéta ce manége assez de fois pour que le bruit en parvînt aux oreilles de son père. Celui-ci comprit la leçon et le rétablit dans ses quinze mille livres.

On a beaucoup prêté d'extravagances à Grimod, on lui en a trop prêté (1). Nous refusons de croire aux 100,000 fr.

---

(1) M. Paul Delacroix, dans une *Histoire des mystificateurs*, s'est fait, croyons-nous, l'écho trop complaisant de ces extravagances. Voici quelques-uns des faits qu'il avance ou qu'il répète :

« Quelquefois, s'il savait que madame de la Reynière se disposât à sortir en voiture avec une amie, il allait s'asseoir sur les marches du perron d'honneur, avec un panier de salades ou de légumes, qu'il épluchait avec une dextérité réjouissante. A cette vue, l'orgueilleuse femme du fermier général rougissait et se cachait dans ses coiffes. — Madame ma mère, lui disait l'inflexible railleur, ce

qu'il arracha, dit-on, à son père, au moyen des plus irrévérencieuses menaces; nous ne savons sur quelle autorité s'appuie cette fable, et nous la repoussons comme tant d'autres qui nous semblent inventées dans un méchant but. On a tant d'ennemis lorsqu'on donne à dîner ! Sous l'enveloppe d'un paradoxe, cette vérité n'en est pas moins élémentaire : j'en appelle à tous les amphitryons.

Ce que nous pouvons moins contester, ce sont les torts qu'il eut envers le poëte Saint-Ange, le traducteur des *Métamorphoses* d'Ovide. Cette affaire, que nous allons rappeler, valut à Grimod de la Reynière un blâme presque unanime. Des vers à la louange de M. Fariau de Saint-Ange parurent un matin dans l'*Amanach littéraire*; ils étaient signés Duchosal et se terminaient ainsi :

> Ovide chantait comme un ange,
> Saint-Ange chante comme un dieu.

Cette hyperbole, qui égaya tout Paris, sentait d'une lieue la mystification. En effet, M. Duchosal désavoua publique-

qui distingue la salade d'une quantité de gens que nous connaissons, c'est qu'elle a du cœur.

« ... Il convoquait dans la cour de l'hôtel une bande de mendiants couverts de haillons; il les faisait ranger en haie sur le passage du financier qui n'osait les faire chasser par les laquais, et s'avançant vers son père le chapeau à la main : — Monsieur, lui disait-il, la charité, s'il vous plaît, pour ces pauvres diables qui ont été ruinés ou qui peuvent l'être par les fermiers généraux !

« Deux amies de sa mère l'avaient prié avec tant d'instance de vouloir bien ôter ses gants qu'il finit par se rendre à leur désir, mais il le leur fit payer cher, car en leur montrant ses mains contrefaites, il leur déchira les bras avec ses ongles crochus.

« Les toits de l'hôtel de la Reynière étaient hérissés de paratonnerres; une nuit, il les fit peindre en rouge et il voulut persuader à son père que c'était là un effet de la foudre. Une autre fois, il les fit peindre en bleu et en vert, pour égayer le passage, disait-il. »
Histoire des mystificateurs et des mystifiés. Le Pays des 11, 12 et 13 mai 1855.

ment ce morceau poétique. Grimod de la Reynière vit dans cet épisode matière à plaisanterie ; il transforma la réclamation de M. Duchosal en une plainte au Châtelet, et composa un Mémoire à l'appui, où il estime gravement que son client est en droit d'exiger des dommages et intérêts, *applicables d'ailleurs à œuvres pies*. Grimod de la Reynière avait beau jeu avec M. Fariau de Saint-Ange, taillé sur le patron du Poisinet, mais plus turbulent et plus altier. Son mémoire fit grand bruit : il eut deux éditions en quatre ou cinq jours ; après l'avoir vainement fait rechercher à la bibliothèque des avocats, d'où il aura sans doute été exclu comme une parodie indigne de la gravité de cet ordre, nous avons fini par le rencontrer dans un cabinet de province. C'est un pamphlet amusant, mais d'une impertinence sans égale ; l'auteur commence par plaisanter le traducteur des *Métamorphoses* sur son pseudonyme de Saint-Ange. Avant lui déjà, Gilbert s'était écrié :

Saint-Ange, sous ce nom, a-t-il plus de génie ?

Ensuite Grimod prend à partie son visage, sa taille, ses infirmités (il était un peu boiteux), ses vantardises et ses querelles au café du *Caveau* et au Musée de Paris ; il va jusqu'à raconter son mariage, dans une note ainsi conçue : « Un honnête tapissier, homme d'esprit cependant, vient de faire épouser sa fille à notre adversaire, et ce, pour l'amour de la poésie. Cette union singulière a été célébrée au mois de novembre 1785, et sous les auspices les plus heureux. La jeune dame est douée de la plus gracieuse figure, et, ce qui vaut mieux encore, d'un excellent esprit. Il faut espérer de ses conseils et de ses soins la conversion de M. Fariau. Il en est épris au point de former toujours avec elle (dans les promenades) un angle de 45°, aimant mieux la considérer de loin que de la côtoyer de près. Nous l'invitons à réformer encore cette manie, qui, si elle n'ajoute pas aux ridicules de l'époux, peut nuire aux grâces de l'épousée et finir par donner à l'un et à l'autre un incommode torticolis (1). »

Tout le Mémoire est sur ce ton de dérision, et, de plus, Grimod éclabousse en passant les entrepreneurs du *Mercure*, ainsi que plusieurs auteurs. Vigée et le marquis de la Salle. La péroraison est écrasante de dédain : « Ainsi donc, monsieur Fariau, remerciez-nous et profitez des leçons que renferme cet écrit, pour n'en pas mériter un jour de plus sérieuses ; quittez ce ton dogmatique et tranchant, qu'on ne pardonne qu'au talent supérieur et qu'on siffle chez l'homme médiocre ; laissez là cette prétention d'homme à bonnes fortunes, qui ne s'accorde pas plus avec votre triste figure qu'avec votre frêle constitution ; sachez respecter ceux même qui se moquent de vous, parce qu'ils le font pour votre propre intérêt ; ne prenez plus les épigrammes qu'on vous adresse pour des madrigaux en votre honneur ; troquez votre indécrottable vanité pour les manières d'un galant homme ; enfin, soyez comme tout le monde, puisque c'est la ressource de ceux qui ne peuvent être eux-mêmes ; et j'ose vous répondre qu'alors vous serez admis au café du *Caveau* ; que les comédiens, s'ils ne reçoivent point vos pièces, n'en borneront plus l'auteur ; qu'enfin vous coulerez paisiblement des jours dont le silence et l'obscurité doivent être désormais le partage. »

Certes, les avocats ne se sont jamais piqués de politesse ; cependant il en est peu qui aient poussé l'arrogance aussi loin. Le parlement s'émut. Les gazetiers éclaboussés se déchaînèrent contre Grimod de la Reynière. Le journal de Bachaumont suivit l'affaire et donna les détails suivants :

« 31 mars 1786. — Les amis de M. de la Reynière, et surtout M. Mercier, l'ont fort chapitré sur son Mémoire, dont il aurait pu faire une brochure polémique seulement. Il a

(1) *Mémoire à consulter*, etc.; 40 pages in-4°; à Paris, chez P. G. Simon et N. H. Nyon, imprimeurs du parlement, rue Mignon, 1786.

senti son tort et a fait aujourd'hui des avances pour sortir du mauvais pas où il s'est jeté. On a déjà offert douze mille livres à M. de Saint-Ange, qui les a refusées. Le cas de M. de la Reynière est d'autant plus grave que le sieur Duchosal n'a point signé de Mémoire, ne lui a donné aucun pouvoir et qu'il le désavoue même aujourd'hui. Tout ce que M. de la Reynière allègue pour son excuse, c'est que M. de Saint-Ange l'avait provoqué par quelques vers satiriques et par des critiques sanglantes. Le *mezzo termine* proposé par les avocats amis de la paix et respectant M. de Malesherbes, oncle de M. de la Reynière, c'est que celui-ci se désiste de son titre d'avocat : mais la justice n'en sévira pas moins contre le Mémoire et son auteur.

« 19 avril, — Le bruit court que M. de la Reynière a été enlevé lundi dernier par une lettre de cachet et conduit dans une maison de moines. Double injustice, en ce que d'abord cette punition n'est pas légale, ensuite en ce qu'elle le soustrait aux réparations qu'a droit d'exiger M. de Saint-Ange.

« 27 avril. — M. de la Reynière fils est décidément enfermé dans une maison de moines, près de Nancy. C'est le lundi saint qu'il est parti. On est fâché de ce coup d'autorité, qui n'a pu se frapper sans la participation de M. de Malesherbes, oncle du jeune homme, et qui, dans les principes de justice et de liberté, aurait dû s'y opposer. »

Ce fut dans une abbaye de chanoines réguliers, à Domèvre, que l'imprudent adversaire de M. Fariau de Saint-Ange fut si délibérément transporté. L'ordre de sa détention avait été délivré par M. de Breteuil, lequel passait pour être le cavalier servant de madame de la Reynière, et qui, dans cette occasion, écouta un peu trop le ressentiment que lui inspiraient quelques traits lancés contre lui par le jeune Grimod. Sept ans après, ce dernier, rappelant en peu de mots les causes de son exil, s'exprimait de la sorte sur le baron de Breteuil :

« Un ministre dont le nom sera longtemps célèbre dans les annales du despotisme et de la brutalité, m'exila dans une abbaye au fond de la Lorraine. Il n'était nullement question du Gouvernement dans mon Mémoire, et cet exil fut une *vengeance personnelle* du ministre, auquel, il est vrai, je n'avais jamais pris la peine de dissimuler mon profond mépris. »

VI

L'ABBAYE DE DOMÈVRE.

Grimod de la Reynière demeura deux ans dans cette retraite. Il avait voulu être chartreux, il se trouva presque chanoine. Les soins et les égards ne lui manquèrent pas : il pouvait correspondre avec ses amis et recevoir des visites. Le directeur de l'abbaye était d'ailleurs un personnage très-distingué, qui parvint à prendre un empire sur son pensionnaire. « Je dois à son amitié et à ses conseils, écrivait Grimod, l'abjuration de quelques erreurs, l'oubli de quelques injustices et le repentir de beaucoup d'écarts. Il s'y est pris en homme d'esprit et qui connaît les hommes. Il n'a rien brusqué, sachant bien qu'avec moi c'était le moyen de tout perdre. Et avec le temps, la patience et la douceur, il a opéré dans mes idées une révolution dont je m'étonne moi-même et qui pourra tourner au profit de mon existence et de mon bonheur futurs. Ainsi, loin de désirer de quitter cette demeure, je souhaite au contraire que mon séjour s'y prolonge encore de plusieurs mois. Cela donnera le temps à mes résolutions nouvelles de s'affermir; les prétextes de haines contre moi s'affaibliront, et je reparaîtrai à Paris *comme un homme nou-*

veau qu'il faudra juger tout différemment que par le passé (1). »

Ces sages déterminations ne se démentirent point; pendant tout le temps de son exil il se montra patient et fort résigné. Comme il n'avait pas été rayé du tableau des avocats et qu'il n'avait pas abandonné les affaires de ses clients, il fit venir de Paris un secrétaire avec qui il travailla beaucoup. Mercier, qui était toujours par monts et par vaux, aujourd'hui à Francfort, demain à Hambourg ou à Leipsick, vint le voir, et passa une semaine avec lui; le sensible dramaturge prit beaucoup d'intérêt à son sort, et promit de s'entremettre auprès de sa famille, Grimod de la Reynière se montrait de bonne composition : il consentait à prendre une charge au parlement de Metz, où on le désirait; mais, sur l'article des déjeuners et des soupers, il ne promettait rien et n'entendait rien accorder de ce qu'on paraîtrait exiger de lui comme un sacrifice. On conçoit dès lors que les négociations de l'auteur du *Tableau de Paris* eurent peu de succès, — si peu de succès, qu'on refusa même à Grimod la permission de faire un petit voyage à Strasbourg, où le directeur de Domèvre voulait l'emmener.

Pendant son absence et dans un but qui ne peut être imputé qu'à la malveillance, on publiait sous son nom, dans Paris, une sorte de diatribe dirigée contre madame de Genlis. Il en fut beaucoup affecté, car jamais il ne s'était permis, non pas d'imprimer, mais même d'exprimer une opinion à propos de cette dame (2). M. Durozoir, dans une

---

(1) Cette lettre et les suivantes sont extraites du *Drame de la Vie*, tome V.

(2) Nous possédons cette pièce. C'est une brochure de 20 pages in-8° avec une épître dédicatoire à M. le marquis Ducrest, signée Grimaud (sic) de la Reynière. Le sel n'y est pas répandu à pleines mains. Entre autres choses, on fait dire ceci à la Reynière : « On sait que dans *Adèle et Théodore*, une comtesse de Genlis a fait, parmi tous les portraits des gens de sa connaissance, celui de madame de la Reynière, sa bienfaitrice, sous le nom de *madame*

notice sur Grimod, publiée au supplément de la *Biographie Universelle* (t. LXVI, année 1839), écrit ceci : « Le songe d'Athalie, parodie-satire contre madame de Genlis, que Rivarol et Champcenetz avaient donnée sous son nom, n'est pas de lui, *mais il ne réclama pas contre cette supposition.* » C'est une erreur. Grimod de la Reynière envoya un désaveu complet de ce morceau à la *Correspondance littéraire et secrète de Neuvied;* on peut le voir dans le n° 52 bis.

Plus tard, à ce sujet il exhala de nouveau son mécontentement dans *l'Alambic,* publié en l'an XI : « Cette petite noirceur, dit-il, qui était un faux caractérisé, et sous ce rapport, justiciable des tribunaux criminels, n'en imposa à personne. Rivarol avait depuis longtemps perdu le privilége d'être cru sur parole. Pour Champcenetz, plus bête que méchant, c'était, au fond, un assez bon diable. »

Une seconde contrariété vint s'ajouter à celle-ci. Son imprudent ami Rétif de la Bretonne, qui, comme on le sait, écrivait d'après-nature et n'a jamais inventé, s'avisa de reproduire tout au long l'histoire des amours de Grimod, dans le premier volume des *Françaises*. Grimod, quoique très-avide de publicité, ne put s'empêcher de lui en marquer son mécontentement dans une lettre qui nous éclaire sur la véritable nature de ses sentiments filiaux, et qui anéantit en même temps bien des calomnies : « Ce n'est pas sans la plus grande surprise, mon illustre ami, que, dès les premières lignes, je me suis reconnu sous le nom de *Reinette,* et que j'y ai vu mon histoire, ou peu s'en faut, avec madame Mitoire. Vous me permettrez cependant de vous dire que la peinture que vous faites de mon caractère et de ma conduite avec mes parents est un peu chargée, et pourra fournir à mes ennemis des armes contre moi. Le plus acharné n'aurait pas dit pis, et cette phrase surtout : *Il*

d'Osly; de sorte que cette parodie est moins une vengeance qu'un acte de piété filiale. » Condorcet et Buffon sont très-attaqués dans *Le Songe d'Athalie.*

cessa d'honorer sa mère, s'approche de mes dissensions domestiques, et pourrait me faire le plus grand tort. Si j'ai des opinions, des principes et des façons d'agir différentes de celles des personnes à qui je dois le jour, je n'ai jamais cessé d'avoir pour elles le respect qui leur est dû à tant de titres et si j'avais eu le malheur de m'en écarter, je désavouerais ces nuages comme des illusions à jamais détestables. Pourquoi donc consigner, dans un ouvrage, où je suis désigné aussi particulièrement que si j'y étais nommé, une façon de penser qui n'a jamais été et ne sera jamais la mienne ? Je vous avoue que je ne puis m'empêcher de vous en vouloir un peu de m'avoir traduit devant le public sous ces odieuses couleurs. Je vous ai abandonné volontiers les divers événements de ma vie qui pourront trouver place dans vos ouvrages, mais je suis fâché que vous me déniiez des sentiments qui seront toujours chers à mon cœur et que vous m'en prêtiez d'autres auxquels ma conduite extérieure peut malheureusement donner créance dans le public. Si vous voulez faire votre paix avec moi, répondez-moi bien vite ; ce n'est qu'à ce prix que j'oublierai ce dont je me plains. »

La réponse de Rétif m'est inconnue, mais on peut supposer qu'elle ne satisfit pas entièrement Grimod de la Reynière, car celui-ci revint peu de temps après sur le même grief, et développa de nouveau le chagrin qu'il en avait : « Ma sensibilité sur le rôle que je joue dans *les Françaises* n'a rien que de très-naturel ; on m'a prêté à l'égard de mes parents des sentiments trop étrangers à mon cœur pour que je ne sois pas vivement affecté à tout ce qui pourrait donner lieu à de nouvelles imputations. Je voudrais de bon cœur effacer de mes larmes tout ce qui a été écrit contre moi à cette occasion. » Devant une déclaration aussi franche, les reproches des biographes doivent tomber ; mais il fallait connaître cette lettre. Un peu plus loin, Grimod, ramené au souvenir de son amour pour madame Mitoire, s'attendrit sur cette page de sa jeunesse, il dit : « Vous avez rouvert une blessure dont mon cœur saignera longtemps, et qu'un intervalle de neuf années remplies d'orages n'a pu encore guérir. Ah! si vous m'aviez parlé de votre projet, je vous aurais donné des lettres de la céleste cousine; vous auriez pu en imprimer quelques fragments qui n'auraient pas déparé votre nouvelle. » *La céleste cousine!* combien ce mot tout ridicule qu'on l'ait fait depuis arrive sincèrement dans ces lignes! comme il fait croire à l'amour de Grimod!

Restons encore sur cette lettre, où on le voit s'abandonner avec confiance, surtout avec simplicité; écoutons-le parler d'un ton amer de *l'indigne* attachement qu'il fit succéder à sa passion pour sa cousine : « Ma réserve dans les affaires de cœur, écrit-il, a toujours été très-grande avec mes plus intimes amis, surtout lorsque l'objet n'était pas de nature à me faire beaucoup d'honneur. Vous ne sauriez croire combien cette malheureuse intrigue qui m'entraînait malgré moi (j'aurais donné tout au monde pour en être délivré!) me coûtait de toute manière; j'aurais voulu briser mille fois cette indigne chaîne, et j'étais retenu par un ascendant que je ne puis expliquer. Un cœur comme le vôtre, qui a éprouvé l'amour dans toute sa fureur, m'entendra à demi-mot. Enfin l'absence, la retraite, les bonnes réflexions m'ont ramené à moi-même. Je sens plus que jamais la vérité de ce principe, qu'on néglige trop pour être heureux : — c'est que le bonheur n'est que dans l'ordre. »

Est-ce bien Grimod de la Reynière qui parle ainsi? Douze mois de séjour chez les chanoines de Domèvre lui ont-ils donc suffi à se dépouiller aussi complétement? On le croirait presque à l'entendre. « J'ai perdu en énergie ce que j'ai gagné en méditation; mon âme n'a plus de ressort, on ne m'accusera plus d'avoir un *caractère*. En un mot, je suis devenu comme tout le monde, moi qui me piquais de ne ressembler à personne. » Il n'aspire qu'à acheter une terre dans un coin de province, et, libre de toutes passions actives, à être renfermé dans la classe des êtres oubliés. Déjà même, devançant l'œuvre du temps, il chante son abjuration dans des stances dont voici le début :

> De l'amour j'ai brisé les armes,
> Ainsi que je l'avais promis ;
> Mais loin d'en répandre des larmes,
> J'en plaisante avec mes amis.

Plaisanter, se rire de l'amour, à vingt-neuf ans, est-ce bien possible, ou plutôt est-ce longtemps possible ? Non, les cœurs les plus éprouvés, ceux-là même qui se disent blessés à mort, ont quelquefois les retours les plus déconcertants du monde. Et dans ce cas, ce sont les philosophes qui souffrent plus que les ignorants : ils souffrent par toutes les plaies ouvertes de leur clairvoyance ; ils mesurent en frissonnant l'étendue et la profondeur du gouffre où ils se sont laissés choir. Il faut être Buffon ou Gœthe pour posséder la grande philosophie insensible. Mais un amateur du théâtre comme Grimod de la Reynière, un courtisan des jolies-lettres (je ne dis pas des belles-lettres), un homme qui a toujours vécu la rose à la main ou la serviette à la boutonnière, peut-il raisonnablement venir s'écrier, avant la trentaine : *De l'amour j'ai brisé les armes !*

L'amour n'allait pas tarder à le punir de cette fanfaronnade. Nous avons dit qu'il avait la permission de recevoir des visites à l'abbaye ; un jour, il arriva, nous ignorons d'où, des dames, nous ignorons lesquelles, qui soumirent à de nouvelles épreuves sa philosophie encore mal aguerrie. Du moins c'est ce que laisse supposer ce passage mystérieux de sa correspondance : « Le 3 juin, j'ai vu ici des dames que j'attendais depuis longtemps et auxquelles il a fallu faire assidûment compagnie ; elles sont reparties le 11, et pendant ces huit jours, il ne m'a pas été possible d'écrire une lettre. Je viens de passer de bienheureux moments... On achèterait une telle semaine par dix années de souffrance, qu'on ne la payerait pas encore trop cher. Mais, *motus !*... Que ne puis-je entrer ici dans d'autres détails !

Mon cœur est plein, et la prudence me défend de le soulager... Votre pénétration suppléera à ce que ma plume ne peut écrire. Ah! si les secrets de l'amitié étaient respectés à la poste, je n'en aurais aucun pour vous! »

Voilà donc le roman de Grimod de la Reynière qui recommence de plus belle, en dépit de ses résolutions et des serments prononcés tout à l'heure sur l'autel de l'indifférence. A quoi faut-il rattacher cette inclination, qui se révèle d'une façon brusquement enthousiaste? Il paraît qu'en recevant cette missive, si différente de celle qui l'avait précédée, son confident Rétif hocha la tête, s'inquiéta, prit des informations, et lui fit entendre que, depuis la rupture de ses relations avec la céleste cousine, il n'était pas très-heureux dans le choix de ses maîtresses. Grimod, incrédule et épris, ne lui répondit qu'en souriant, et avec ce ton d'assurance qui donna toujours tant de poids à ses fautes : « B*** qui va recueillant tant de sots propos et toutes les calomnies semées contre moi pour en régaler mes amis, B***, à ce qu'il me semble, vous a fait naître des soupçons sur la nature des sentiments que j'éprouve et sur le mérite de la personne qui en est l'objet. Je veux le laisser lui-même les détruire ou les fortifier. Il est depuis huit jours dans le lieu qu'elle habite et bien à même de l'étudier. Or, comme il voit tout en noir, vous croirez sans peine que le bien qu'il pourra vous en dire n'est pas exagéré. » Qui ne reconnaît là le langage d'un amoureux cuirassé contre le doute et s'aveuglant à plaisir?

A la fin, c'est-à-dire au bout de dix-huit ou dix-neuf mois, il s'ennuya résolument de sa vie sédentaire. Il écrivit à sa famille les lettres les plus soumises et les plus tendres; mais sa famille affecta de ne pas le croire sincère, et, animée contre lui par un grand nombre de clabaudeurs, elle conçut même un instant le projet de resserrer les chaînes de sa captivité. Grimod fut anéanti par cette nouvelle. Les lignes suivantes, écrites à la date du 23 novembre, témoignent de son accablement : « Croiriez-vous que, loin d'accélérer mon retour, on ne s'occupe qu'à prolonger mon exil? Que dis-je? On change ma prison en un cachot. Vous frémirez lorsque vous apprendrez qu'il est question de me transférer à Maréville, maison de force voisine de Nancy, destinée aux insensés et à ceux qui troublent l'ordre de la société par des délits graves? Tel va peut-être bientôt être l'asile de votre infortuné ami! C'est ainsi qu'on récompense dix-neuf mois d'une conduite sans reproches. Alors le désespoir achèvera de m'ôter le peu de santé qui me reste ; je tomberai du désespoir dans l'insensibilité, et l'insensibilité me conduira au tombeau. C'est le vœu de mes ennemis les plus chers; il ne tardera pas être rempli. Puisse au moins mon souvenir vivre dans la mémoire des lettres et de l'amitié! Puisse-t-on honorer ma cendre de quelques regrets, et couvrir mon marbre insensible de quelques fleurs!... »

C'eût été, en effet, punir bien rigoureusement des peccadilles de jeunesse et un pamphlet. Sa famille s'épargna cette honte; elle lui fit offrir de changer son exil en un bannissement, ce que, de guerre lasse, il accepta. Mais sa lettre de cachet ne fut pas levée pour cela, et ce fut sous la conduite d'un compagnon de voyage, — un espion gagé, qu'il quitta l'abbaye de Domèvre, et le mit en route un peu au hasard.

VII

RECHUTE AMOUREUSE.

Sans être un égoïste, Grimod de la Reynière ne fut jamais heureux que par lui-même. Trop enclin à la raillerie pour provoquer la confiance, l'amour ne vint jamais au-devant de lui, ce fut lui qui alla perpétuellement au-devant de l'amour. S'il obtint quelquefois un peu d'affection, il ne le dut guère qu'à la curiosité ou au désœuvrement ; ce qu'il prenait pour de la tendresse n'était le plus souvent que de la charité. Heureux qui donne l'aumône, malheureux qui la reçoit! Grimod de la Reynière la reçut toujours. Quelque chose qu'il imaginât, il ne put jamais faire qu'on se passionnât pour lui. Il accusa sans doute de rigueur le destin et de fatalité son étoile ; il ne devait accuser que lui-même et les femmes. Qu'avait-il en effet pour passionner ce sexe dont le cœur et la tête ne font qu'un, aussi entier dans son attachement que dans son indifférence? Rien, absolument rien. Il avait au contraire tout ce qui repousse et éloigne, — nous ne cessons pas de parler au point de vue des femmes : — d'abord une difformité physique, particularité toujours choquante et de laquelle détournent difficilement leur pensée celles qui n'ont jamais pu pardonner son pied-bot à lord Byron; ensuite l'amour de la gastronomie, rivalité irritante et honteuse, ou du moins qui leur semble telle. Avez-vous jamais connu un gourmand aimé? Enfin, premier ou dernier grief, c'était un homme d'esprit! L'esprit, vice souverain, que les femmes n'absolvent à peine que dans les romans, monstre par qui elles redoutent toujours d'être vaincues. Soyez tout ce que vous voudrez pour réussir auprès d'elles, même honnête homme, mais ne soyez pas homme d'esprit. Elles ne sont faites, vous le savez bien, que pour les luttes où elles triomphent, c'est-à-dire pour les luttes de cœur ; le reste n'est qu'accessoire et chose importune. La première qualité qu'elles demandent à un amant, c'est le renoncement à tous ses goûts favori, c'est le sacrifice, partant c'est l'esclavage. Grimod de la Reynière n'avait aucune de ces faiblesses chéries, qui sont des flatteries indirectes, de ces lâchetés qui gagnent si bien un cœur féminin. Pour loger l'amour, il ne lui convenait point de chasser les autres hôtes de sa maison ; il prétendait à la fois aimer et bien dîner, aimer et écrire des livres, aimer et rester un original.

Aussi toutes ses ressources contre la misanthropie et l'a-

bandon, il ne les tirait que de lui-même, de son invention
féconde. Il animait la vie autour de lui et éperonnait les
événements, autant pour s'étourdir que pour étourdir les
autres. C'était faire le bruit pour ne pas sentir le vide. Et
encore ce bruit, il le faisait à froid comme un comédien :
ses farces, il ne les improvisait pas, il les préparait de longue
main, il les raisonnait. Grimod de la Reynière ressemble
à un Français greffé sur un gentleman : il a du premier la
moquerie légère et les dehors exquis; il a du second l'excentricité et l'appétit à toute outrance.

Rétif de la Bretonne n'est pas le seul avec qui Grimod
ait correspondu pendant son séjour à Domèvre. Un amateur
des plus raffinés et des plus méfiants, nature de sybarite et
de diplomate, M. Joubert, avait conçu le projet d'aller le
surprendre au milieu de ses moines; sa santé et ses occupations l'en empêchèrent; il lui en témoigna son regret dans
les termes les plus suaves que pût lui suggérer sa science du
monde. Un autre homme de lettres, bien différent, et qu'un
trop ardent caractère jeta dans tous les excès antireligieux
et démagogiques, Sylvain Maréchal, un des habitués des
déjeuners phlilosophique, s'empressa également de lui faire
parvenir l'expression de sa sympathie. On voit, par la rencontre de ces deux noms et de quelques autres que nous
n'avons pas relevés à leur lieu, qu'aucun esprit de parti ne
guidait Grimod de la Reynière dans le choix de ses liaisons. N'ayant besoin de personne, il était affable avec
tous, et, n'obéissant qu'à sa bienveillante curiosité, il laissait de côté les systèmes pour ne s'inquiéter que des individus.

Il retourna en Suisse, ainsi qu'il se l'était promis autrefois, à Lausanne et à Zurich. Dans cette dernière ville, il
fut retenu près de quinze jours par Lavater, qui voulait
sans doute prendre le temps de l'étudier. « On ne saurait
croire, dit Grimod, combien la conversation de cet homme
célèbre est animée, belle et intéressante. Il s'exprime en
français avec un peu de difficulté, et crée souvent des mots

pour rendre ses idées ; mais ce fréquent néologisme, loin de gâter son style, y jette singulièrement d'énergie. Son langage est aussi animé que celui de Diderot, et son âme est bien plus belle. J'ai eu le bonheur de lui inspirer un vif attachement, et je m'en félicite. »

Après une légère excursion en Allemagne, Grimod arriva à Lyon, où il séjourna plus de dix-huit mois, retenu, nous avons tout motif de le supposer, par cet amour mystérieux que l'on a vu se développer au sein même de l'abbaye de Domèvre. Ce fut à Lyon, en novembre 1789, qu'il apprit la révocation de sa lettre de cachet, révocation qui avait suivi de près le renvoi du baron de Breteuil. Cependant il ne se pressa pas de retourner à Paris, sachant que ses parents l'aimaient mieux de loin que de près, et redoutant, d'ailleurs, une fermentation politique à laquelle son inoffensive philosophie ne s'était pas attendue. Voici comment il s'exprime à la date du 27 août 1790 au sujet des événements révolutionnaires : « J'ai vu avec une vive douleur que vous étiez devenu (c'est toujours à Rétif qu'il s'adresse) un chaud partisan de notre exécrable Révolution qui anéantit la religion et les propriétés, la gloire des lettres, des sciences, des arts, qui nous porte au XIVe siècle. Vous connaissez mon opinion sur les grands et les riches; ainsi vous ne me soupçonnez pas, en pensant ainsi, de chercher à défendre leur cause ; mais je plaide celle de l'honneur, de la probité du savoir et de la vertu, également outragés dans le nouvel ordre de choses. Est-ce que cet enragé de Mercier vous aurait fait partager ses fureurs?... Quoi de plus atroce, de plus redoutable que cet odieux comité des recherches, qui suppose des crimes pour se rendre nécessaire! La Bastille et les lettres de cachet n'étaient rien auprès de ces nouveaux inquisiteurs. » De la part d'un homme encore tout meurtri par le despotisme monarchique, l'aveu est bon à recueillir.

Grimod avait à Béziers une tante, sœur de sa mère, madame la comtesse de Beausset, qui était une dame d'infiniment d'esprit et de raison ; il se rendit auprès d'elle et passa dans sa compagnie des journées on ne peut plus agréables. Les premières maisons de la ville lui furent ouvertes, et, comme on connaissait son goût pour la bonne chère (car pendant l'exil, le ver solitaire était revenu), on n'oublia rien de ce qui pouvait le flatter : « Perdrix rouges, veaux du roi, melons des dieux, huîtres larges comme des bénitiers, cailles grosses comme des poulets, lapins nourris d'herbes odoriférantes, fromage de Roquefort qu'on ne devrait manger qu'à genoux... » Après cette énumération pleine d'enthousiasme, il ajoute : « Il faut ici marcher d'indigestions en indigestions. » Ses éloges ne tarissent point sur le compte de M. l'évêque de Nicolaï, frère du premier président de la chambre des comptes, un homme de premier mérite et qui a la meilleure table de Béziers : « La Révolution, qui lui a enlevé quatre-vingt mille livres de rente, l'a forcé de supprimer de grands repas, mais il nous donne de petits dîners de huit à dix personnes, qui ne le cèdent en rien aux festins les plus somptueux (1). » Bref,

---

(1) A cette époque se rattache une série de lettres dont la *Revue du Lyonnais* a entrepris la publication en 1855, sous le titre de *Lettres inédites de Grimod de la Reynière à un Lyonnais de ses amis*. Ces lettres sont fort longues, et traitent de toutes les matières. La politique n'y est qu'effleurée :

« ... J'avais cru que c'était M. Chalier qui était maire de Lyon ; il se trouve que c'est M. Bertrand, son associé. Vous ne me dites mot de ce tribunal érigé par le peuple, et dont je n'ai appris l'existence que par l'exposition que la constitution vient d'en faire. Vous ne me parlez point de la guillotine en permanence et de plus de quinze cents personnes arrêtées. J'ai su tout cela par les gazettes qui n'entrent pas dans d'autres détails. »

Grimod de la Reynière, dans cette même lettre, s'inquiète beaucoup de ce qu'est devenu Linguet : « Il est bien étonnant, dit-il, qu'un homme qui a joui d'une aussi grande réputation que M. Linguet, soit tombé dans une telle obscurité qu'on ne puisse savoir s'il existe ou non. Pour moi j'avoue que j'en suis encore à connaître l'opinion de cet homme célèbre. Il me semble même que cette opinion n'a jamais été prononcée d'une manière bien marquée dans

Grimod de la Reynière, soumis à toutes sortes de séductions, vivant dans un enchantement continuel, au milieu du plus beau et du plus fertile pays du monde, finit par se comparer à Télémaque dans l'île de Calypso, et à appeler de tous ses vœux un Mentor qui le précipite à la mer.

Hélas! ce ne fut point Mentor qui lui fit abandonner ce

les numéros de son journal qui ont paru en 1788 et 1790; il me semble qu'il se moquait alternativement des deux partis. Depuis ce temps, je ne l'ai pas lu et je ne sais auquel il s'est attaché; mais je le connais personnellement assez pour être sûr qu'il a été révolté de toutes les horreurs de notre révolution, et qu'il aura pris le parti de se tenir de côté. Il est sûr au moins que s'il avait voulu y jouer un rôle actif, dans le sens des patriotes, rien ne lui eût été plus facile. On n'aurait rien négligé pour s'assurer d'un homme du mérite, des talents et de la célébrité de M. Linguet, qui pouvait être d'un grand poids dans la balance. Ce qui m'étonne le plus dans tout ceci, c'est son silence : il me paraît difficile que M. Linguet existe et qu'il ne fasse point parler de lui. »

Continuons nos citations : « Je suis vraiment ravi d'apprendre que M. de Fontanes voit madame la comtesse de Beauharnais, et je serais charmé d'apprendre que j'ai contribué en quelque chose à ce rapprochement. Tous les deux étaient faits pour aller ensemble; ils ont les mêmes goûts, les mêmes habitudes, les mêmes penchants. J'aurais pardonné à M. de Fontanes le mariage, s'il eût épousé cette aimable veuve. C'eût été là une union bien assortie et avantageuse aux lettres. Ils aiment tous deux à veiller ; ce goût appartient presque exclusivement aux gens d'esprit; vos bons Lyonnais se couchent avec les poules, tandis qu'à minuit on ne songe qu'à veiller à Paris. Vivent les bougies ! Les femmes même ne sont vraiment jolies, vraiment aimables qu'aux lumières, et les gens de lettres ont cela de commun avec elles. Tous les plaisirs de la vie (je parle des plaisirs les plus vifs) se passent aux bougies: Spectacles, soupers, bals, divertissements de toute espèce, sont brouillés avec le soleil. Laissons cet astre faire croître la salade et mûrir les choux. »

Mais ce qui préoccupe par-dessus tout Grimod de la Reynière, c'est le théâtre, ce sont les gens de théâtre; il revient sans cesse à ce thème. Que joue-t-on à Lyon? qui est-ce qui joue à Lyon? « Et cette fameuse demoiselle Jolly est-elle toujours au théâtre des Terreaux? Sa vertu a-t-elle enfin fait naufrage? Nomme-t-on l'heureux possesseur de ses charmes? Acquiert-elle vraiment du talent? » Grimod veut tout savoir. (*Revue du Lyonnais*, nos des 1er février et 1er avril 1855.)

délicieux séjour, ce fut Eucharis, la nymphe dangereuse et trop écoutée. Eucharis était une comédienne du Grand-Théâtre de Lyon (quelques-uns ont dit que c'était une danseuse) de laquelle Grimod-Télémaque était épris depuis assez longtemps, depuis certaine visite à Domèvre, dont le lecteur n'a peut-être pas entièrement perdu le souvenir. Le théâtre, les comédiennes, voilà ce qui devait être le perpétuel et charmant écueil de ses résolutions! Il en arrive ainsi de presque tous les hommes dont l'imagination a été doublée de bonne heure par les mollesses de l'art ; il leur faut plus tard les surexcitations des quinquets, de la musique, de la foule, l'attrait irritant de la rivalité ; il leur faut des femmes en vue, des actrices, des courtisanes renommées. Pour ces hommes si rompus aux roueries de l'existence, il semblerait que ce dût être le contraire, et que leur expérience effroyable leur est une garantie suffisante contre les enivrements de la rampe et du papier doré. Pas du tout. On les voit se prendre, plus aisément que des garçons merciers, aux filets éclatants tendus par ces sirènes, et se déshonorer en mille folies imprévues. Grimod de la Reynière devait subir le sort commun ; son amour, augmenté par des difficultés de toute espèce, atteignit un paroxysme où s'effacèrent les premières et les plus simples considérations de la famille et du monde. Il oublia, non pas ce qu'il se devait à lui-même, — car dans la voie d'excentricité où il était entré, il ne faisait qu'ajouter un fleuron de plus à sa couronne d'avoine et de perles mélangées, — mais aux convenances sociales, à leur juste susceptibilité. Faut-il le dire enfin? On s'y prend à deux fois pour avouer ces ridicules, et l'on en rougit comme s'ils nous étaient propres : Grimod de la Reynière, l'amoureux éploré de madame Mitoire, l'apôtre du célibat, l'ami de Lavater et de M. Joubert, l'épicurien de Béziers et l'indépendant de tous pays, Grimod de la Reynière épousa, — entendez-vous, — épousa, légitimement et publiquement, l'actrice, l'Eucharis du théâtre de Lyon.

Voilà cependant celui qui s'écriait quelques années auparavant :

> De l'amour j'ai brisé les armes,
> Ainsi que je l'avais promis ;
> Mais loin d'en répandre des larmes,
> J'en plaisante avec mes amis.

VIII

GRIMOD DE LA REYNIÈRE NÉGOCIANT.

Grimod avait cassé les vitres. Ses parents ne voulurent plus entendre parler de lui. S'il avait eu l'intention de se venger de l'incarcération qu'ils lui avaient fait subir pendant vingt-cinq mois, il était certes bien vengé. Il venait de donner pour nièce à Malesherbes et pour belle-fille à sa mère, non pas même une bourgeoise, ce qui eût été pardonnable, mais une obscure actrice de province. De tels faits n'avaient pu s'accomplir que sous une révolution favorable aux mésalliances et intéressée à la confusion des diverses classes de la société française.

Mais si, aidé par le mouvement politique, Grimod de la Reynière s'était largement et audacieusement vengé d'un acte de despotisme, il faut ajouter aussi que cela avait été beaucoup à ses dépens. Bravée dans son orgueil, c'est-à-dire dans ce qu'elle avait de plus cher, sa famille le laissa abandonné à ses seules ressources. Il s'y était sans doute attendu, et il avait pris ses mesures en conséquence ; dans la voie philosophique où il était entré et où son mariage venait de le pousser si avant, il n'hésita pas à suivre un exemple recommandé déjà par Sedaine dans son personnage du *Philosophe sans le savoir*, ce négociant gentilhomme qui enfouit ses titres dans un tiroir jusqu'au jour où, par son travail, il pourra leur rendre leur premier lustre. Grimod de la Reynière se voua au commerce, et montra que, tout en restant un original, il savait être un homme habile et actif. Cette partie de son existence n'en est pas une des moins honorables; elle atteste une force réelle de caractère, d'heureuses aptitudes qu'il est rare de réunir, et si elle ne lui donne pas raison dans ses travers, du moins elle excuse beaucoup de ses caprices.

Grimod de la Reynière fut un des premiers fondateurs en France de ces entrepôts ambulants auxquels on a conservé le nom de *bazars*, réunion de toutes sortes d'objets et de marchandises. Il commença par aller tenir la foire de Beaucaire, qu'il ne connaissait point, et où il ne débuta vraiment pas mal; de là il se rendit à Nîmes, et successivement à Lunel, à Montpellier, à Marseille. C'était un spectacle intéressant que de le voir s'empresser autour des chalands et faire l'essai sur eux de sa parole engageante. Mirabeau n'était qu'un marchand de draps pour rire; Grimod, lui, y allait pour tout de bon, comme on fait lorsqu'on est marié et déshérité. Il fut aidé, pendant les premiers temps, par son nom et sa réputation, mais pas autant toutefois qu'on pourrait le croire; car, à cette époque, la discussion des intérêts généraux avait cédé la place aux fureurs des passions particulières, et les pas de géant par lesquels la Révolution marquait sa course ébranlaient surtout le sol du Midi. Plus d'une fois il se vit embarrassé au point de manquer des objets les plus nécessaires à son commerce; mais il était rare alors que son imagination ne lui vînt point en aide.

Tout en sacrifiant sur les autels de Mercure, il n'avait pas abandonné le culte d'Apollon; dans les loisirs que lui laissait son négoce, utilisant sa grande facilité de composition, il semait sur sa route des brochures mêlées de vers et de prose, telles que *Peu de chose* et *Moins que rien, suite de Peu de chose*, ainsi que des éloges historiques des villes qu'il parcourait. Dans une de ces publications, on trouve petit roman satirique et ténébreux, *Mousseline la Sé-*

rieuse, où la plupart des noms sont anagrammatisés. Nous ne citons que pour mémoire ces opuscules. Il avait également ouvert à Lyon une souscription pour un ouvrage qui devait comporter quatre volumes in-octavo : *les Considérations sur l'art dramatique,* et il annonçait en outre un *Essai sur le commerce en général et sur quelques commerçants en particulier.* « C'est après avoir bien considéré mon sujet sous toutes ses faces, disait-il à propos de cet ouvrage, que je me suis décidé à le traiter. Cet essai sera très-utile aux jeunes négociants, dans un moment surtout où l'on croit que, pour exercer cette profession, il suffit d'ouvrir un magasin et de payer une patente ; par lui, les consommateurs apprendront à se défier de plus d'une espèce de fraude, et sauront peut-être gré à l'auteur de les avoir fait jouir à peu de frais du résultat de ses pénibles recherches et des fruits de sa propre expérience. » Je ne sache pas que ces deux ouvrages aient paru.

La Terreur ne le gêna ni dans son commerce ni dans ses distractions littéraires. Ne devons-nous pas, à ce propos, remarquer l'adresse de cet homme, en qui tout annonçait un fou ou tout au moins un imprudent, et admirer le tact parfait avec lequel lui, ennemi de la Révolution et fils de fermier général, porteur de la haïssable particule, allié à des maisons riches et nobles, il sut traverser une telle époque, non en se cachant ou en empruntant un masque démocratique, mais en conservant son humeur riante, son amusante faconde, en continuant à marcher le front levé et à pratiquer ses trois amours de la table, du théâtre et des vers? Qui ne se fût attendu, de sa part, à des saillies dangereuses, à des exemples ou à des écrits compromettants, lorsque la surexcitation était dans tous les partis, lorsque les hommes les plus froids étaient amenés à sortir des gonds? Reconnaissons donc en Grimod de la Reynière une prudence aisée, une sagesse habile, et cette souplesse sans effronterie qui est le lot des natures épicuriennes; après avoir apprécié tout ce qu'il lui fallut de courage pour se créer une position indépendante, sachons apprécier tout ce qu'il lui fallut d'esprit pour dompter momentanément ce penchant à la critique et à l'égoisme, qui lui faisait remonter le courant des usages.

Reconnaissons mieux encore : reconnaissons-lui le cœur d'un fils et ces qualités de dévouement qu'on lui a trop contestées. Victimes désignées à l'avance aux rigueurs du nouveau régime, son père et sa mère avaient été à leur tour enfermés comme suspects ou comme coupables. Au risque de sa propre sûreté, il accourut à Paris, pour la première fois depuis sept ans. Bien lui en prit alors de s'être assuré jadis des amis à tous les étages de la société; bien lui en prit alors de sa petite *opposition* aux courtisans et de ses plaidoyers en faveur des pauvres. La fortune a des tours de roue qui ne manquent jamais de donner raison aux hommes prévoyants; ce qui lui avait tant nui sous Louis XVI fut justement ce qui le servit sous la Terreur; on exalta ce qu'on ne tolérait autrefois qu'à peine. Il put encore employer son crédit, faire des démarches, voir ceux de ses anciens convives que l'élection avait portés au pouvoir. La partie était belle pour lui; il sollicitait la liberté de ceux qui lui avaient ravi la sienne!

Jusqu'au commencement de l'Empire, la vie de Grimod n'offre rien de particulier, ou du moins elle se perd dans les tintamarres et dans la fumée guerrière qui signalent l'avénement prodigieux du XIXe siècle. La critique théâtrale paraît avoir été ce qui l'occupa le plus, à en juger par la collection du *Censeur dramatique*, publiée en 1797 et en 1798, et réunie par le libraire Desenne en quatre volumes in-8°, de 600 pages chacun. Ce journal était et est encore très-prisé des amateurs; il avait beaucoup d'autorité et rendait des arrêts écoutés du parterre. Fleury, qui était un homme charmant, mais quelquefois irritable, fut tellement piqué d'un article du *Censeur*, qu'il s'oublia jusqu'à écrire à Grimod de la Reynière un billet dans lequel se trouvait cette phrase insolite : *Vous en avez menti*.

Le billet avait toute la cavalière impertinence des petits-maîtres : il était sur papier à fromage comme les poulets amoureux du maréchal de Richelieu, et il était orthographié comme les poulets du maréchal. Grimod de la Reynière ne se fâcha pas ; au contraire : il voulut rendre public son affront et il imprima le billet de Fleury, tel qu'il l'avait reçu, c'est-à-dire dans toute son innocence grammaticale. Le malencontreux : *Vous en avez menti* produisait particulièrement un effet homérique ; c'était un assemblage colère de voyelles et de consonnes qui, de temps immémorial, n'avaient jamais eu la moindre relation avec ces quatre mots. Le pauvre comédien, bafoué par tout le monde, manqua d'en faire une grosse maladie ; et, sur la fin de ses jours, il ne prononçait qu'avec amertume le nom de Grimod de la Reynière.

Le Censeur dramatique servait aussi à son auteur (il faut bien le dire !) de passe-port pour s'annoncer chez les actrices, et quelquefois de passe-partout. C'était particulièrement autour de la Comédie française qu'il rôdait ; il affectionnait tellement ce théâtre qu'il en avait fait représenter les principaux pensionnaires sur une série de gilets brodés. Un des objets de ses soupirs fut longtemps mademoiselle Mézerai ; il lui écrivit, car on sait que les lettres ne lui coûtaient guère ; mais mademoiselle Mézerai ne l'écouta que d'une oreille, et finalement elle lui répondit en ces termes très-simples et sans moquerie : « Quand je vous ai prié, monsieur, de ne plus me parler d'un amour que je ne partagerai jamais, et de renfermer vos sentiments pour moi dans les bornes de l'amitié, j'étais bien loin de penser que vous chercheriez dans ce mot l'espérance ou le prétexte d'une liaison intime et d'une affection mutuelle. Quelque pure que puisse être votre amitié, il serait trop aisé de s'y méprendre... Ainsi, donnez à ce mot non pas le sens académique et grammatical que vous avez choisi, mais celui qu'il a reçu de l'usage et de la société !... Vous me demandez de me parler au théâtre et de me voir quelquefois chez moi. D'abord, je vous observe que je n'aime ni le jeu muet, ni les conversations dans les coulisses; c'est affaiblir l'attention qu'on doit à ses rôles, et sans doute *le Censeur dramatique* ne veut pas m'y exposer. Quant aux visites, je ne reçois chez moi comme ami que celles d'un homme que j'aime et qui m'a consacré sa vie. Si je ne me devais cette conduite à moi-même, je la devrais à son extrême attachement. Je suis fâchée que, n'ayant pas l'honneur de vous connaître, il ne puisse pas me procurer le plaisir de vous recevoir (1). »

Deux volumes très-compacts, intitulés : *l'Alambic littéraire* vinrent s'ajouter, quelque temps après, au *Censeur dramatique*. C'est une analyse raisonnée de quelques productions en vogue. A travers beaucoup de romans que sa politesse l'entraîne à recommander, — *les Horreurs du destin ou les Quatre Infortunés*, — il rend compte quelquefois des livres honorables, tels que l'ouvrage de madame de Staël sur *la Littérature considérée dans ses rapports avec les institutions sociales*, *Atala ou les Amours de deux sauvages dans le désert*, par M. Fr.-Aug. de Châteaubriand, *le Nouveau Paris* de Mercier. Grimod de la Reynière accorde à chacun de ces ouvrages la justice qui lui est due, mais il faut reconnaître que si son jugement en matière littéraire ne manque pas de rectitude, en revanche il est un peu étroit et dépourvu d'élévation. Aussi *l'Alambic*, *le Censeur*, furent-ils impuissants à remettre son nom en lumière; on ne s'occupa pas plus de l'écrivain que du gourmand, bien que ce dernier continuât toujours à être voué au *ténia*. La Révolution ne fut guère autre chose pour lui qu'une halte dans l'ombre. Sa haine pour ce temps d'alarmes s'en fortifia; il n'en parle jamais qu'avec amertume, ou bien, comme dans les lignes suivantes, il le juge d'un mot, mais ce mot est écrasant : « Il est de fait que, pendant

---

(1) *Histoire de la Société française pendant le Directoire*, par MM. Ed. et J. de Goncourt.

les années désastreuses de la Révolution, il n'est pas arrivé un seul beau turbot à la halle. »

La résurrection complète de Grimod ne date que du jour de l'apparition de l'*Almanach des Gourmands,* — son monument! — Alors commença pour lui une nouvelle ère, fondée sur d'imposants travaux. On était sous le Consulat, et la renaissance gastronomique appelait tous les appétits intelligents.

IX

LES PÈRES DE LA TABLE.

Suspendez au plafond les jambons de Bayonne et de Westphalie, couronnés de lauriers! Que les terrines de Nérac s'unissent aux pâtés d'esturgeons et d'alouettes! Que l'orgueilleuse carpe du Rhin s'étale à côté de la délicate truite genevoise! Mariez au rouge éclatant des écrevisses le vert joyeux des asperges; et, sur la nappe coquettement nouée à ses quatre coins, entassez, sans crainte de profusion, les bouteilles en forêt : celles-ci, nettes et solides, laissant briller à travers leurs flancs le vin rose de la Bourgogne; celles-là, les fluettes bordelaises, arrachées violemment au travail des sœurs d'Arachné et toutes couvertes encore de leurs festons poudreux!

Allumez les bougies, tenez les portes closes; que le silence, fils de l'attente, soit à peine troublé par ce léger bruit que donne le sourire en échappant à des lèvres impatientes, ou par ces derniers soupirs qu'exhalent les viandes gémissantes subitement ravies à la cuisson. Petits nuages odorants formés par la vapeur des mets, amoncelez-vous au-dessus de nos têtes et faites une atmosphère à nous enivrer! — Les délices de la table veulent leur harmonie graduée, douce et réfléchie d'abord, comme le potage qui l'inspire; puis légère, sautillante même, à l'unisson des *relevés* et des *entrées*, excitante comme un filet de lièvre glacé à l'essence d'anchois, distinguée comme une purée de gibier à la turque, ou simplement idyllique comme une balotine d'agneau en musette; ensuite elle devient sévère avec les *bouts de table*, solennelle avec les grosses pièces et les plats de rôt; moment important! milieu décisif!

Le Consulat et l'Empire ramenèrent l'appétit en France. Ce fut une belle époque, à l'abri de tout sarcasme. Nul mieux que le somptueux Cambacérès ne pouvait renouer la chaîne des traditions gastronomiques; il se montra à la hauteur de sa mission, et fit de son hôtel, situé sur la place du Carrousel, un temple à Comus, où les adorateurs ne manquèrent pas. A leur tête était le célèbre d'Aigrefeuille, ancien procureur général de la cour des aides de Montpellier, un oracle en matière de dégustation, visage vermeil et rebondi, esprit éclairé et artiste. Cambacérès et d'Aigrefeuille! A moins d'ingratitude, voilà deux noms que nous ne pourrons jamais oublier ni désunir; ils ont ouvert les battants du XIXe siècle et crié les premiers : *Le dîner est servi!* Autour d'eux se pressait un bataillon d'élite, un bataillon sacré : Joseph Roques, appréciateur savant de toutes les combinaisons alimentaires; le marquis de Villevieille, aussi maigre que d'Aigrefeuille était rebondi; Brillat-Savarin, magistrat aimable, qui, les jours d'audience, incommodait tous ses collègues par l'odeur du gibier qu'il apportait dans ses poches pour le faire faisander; Camerani, l'homme du potage étourdissant qui porte son nom, le phénix des potages, un potage qui, pour être bien fait, ne revient pas à moins de soixante francs pour deux personnes.

Fut-ce un effet de la diète subie trop longtemps sous la Révolution? Le nombre des gourmands augmenta. A ces temps désastreux, où deux onces d'un pain noir et malsain formaient toute la nourriture d'un habitant de Paris; où, avec une rame d'assignats, on ne pouvait, dans les campagnes, obtenir un sac de farine, succédèrent des temps de cocagne, où la table ne fut pas mise seulement pour quelques privilégiés, mais pour tout le monde. Le cabaret devint restaurant. La Révolution avait ruiné tous les maîtres de maison et mis les bons cuisiniers sur le pavé; il ne leur restait plus qu'à s'employer au service du public : c'est ce qu'ils firent; et ce qui n'était qu'une ressource extrême, un parti conseillé par la nécessité, devint pour eux l'origine d'une fortune extraordinaire (1). Outre qu'ils popularisaient un art longtemps circonscrit dans les régions supérieures, ils travaillaient à leur gloire, et se forgeaient des noms qui durent encore. Ils furent d'abord aidés dans cette transformation par cette inondation subite de législateurs sans domicile, et par cette crue de nouveaux riches qui, ne voulant point tout d'un coup ouvrir maison et afficher un luxe qui aurait pu les trahir, entraînèrent par leur exemple tous les Parisiens au restaurant. Encouragés par le retour du numéraire, les halles commencèrent à se repeupler; au son des écus, les bœufs de l'Auvergne et de la Normandie pressèrent leur pas grave pour arriver plus tôt sous la hache des bouchers; les moutons du Cotentin

(1) Méot et Beauvilliers étaient les plus renommés. Méot s'était installé dans les magnifiques appartements de la Chancellerie d'Orléans, rue de Valois, où sont aujourd'hui les bureaux du *Constitutionnel*. Plus tard, sous la Restauration, Méot surveilla la table du prince de Condé, qui lui demandait souvent *comment faisait Monsieur Bonaparte*.

Beauvilliers demeurait rue de Richelieu, vis-à-vis l'emplacement où est maintenant le monument de Molière. Il se promenait dans ses salons, vêtu d'un habit à la française, à boutons d'acier; quand il apercevait un plat qui ne lui paraissait point confectionné selon les règles de l'art, il l'enlevait, malgré les réclamations du dîneur, et en faisait préparer un autre.

Les élégants allaient manger la poule au riz, en sortant du spectacle, à la Grande-Taverne, chez Naudet, au Palais-Royal, galerie de Valois. — Archambaud, rue de Louvois, avait la foule dans les nuits des bals masqués de l'Opéra.

et des Ardennes accoururent à toutes jambes pour se métamorphoser en éclanches et en côtelettes.

Heureusement inspirées et s'associant au mouvement général, plusieurs sociétés particulières s'étaient établies : la société du Gigot de Caen, la société des Gobe-Mouches, fondée et présidée par Jourgniac de Saint-Méard, connu par sa relation si dramatique des massacres de l'abbaye, auxquels il échappa à force de présence d'esprit et de verve. A plus de soixante ans, Saint-Méard avait encore le bonheur de faire six repas par jour, ou, pour mieux dire, il n'en faisait qu'un seul, lequel commençait le matin et finissait le soir, pour recommencer quelquefois dans la nuit. Ce fut pour l'état major de la société des Gobe-Mouches qu'un pâtissier exécuta une ruche entourée d'une multitude d'abeilles, tant en pâte d'office qu'en pastillage. — Dans cette même catégorie, bien qu'avec une étiquette spéciale, rangeons aussi les réunions du Caveau, ces soupers de Momus, ces Diners du Vaudeville, où la chanson, considérée comme élément principal, n'empêchait ni de manger ni de boire, au contraire. Un proverbe qui a obtenu les honneurs de l'alexandrin, ou un alexandrin qui est devenu proverbe, affirme que rien n'est facile à digérer comme les morceaux caquetés : qu'est-ce que c'est donc alors que les morceaux chantés ? Du reste, aucun doute n'est permis sur la solidité des repas des sociétés chantantes, lorsqu'on songe que parmi les convives habituels il y avait des gourmands réputés, ayant fait et faisant tous les jours leurs preuves, tels que le gros et rubicond Ducray-Duminil, Dieulafoi, et celui qui s'écriait si gaiement :

> A quatre heures, lorsque j'entre
> Chez le traiteur du quartier,
> Je veux que toujours mon ventre
> Se présente le premier !

Un poëte pratique, celui-là, buvant le vin qu'il chantait, aimant pour tout de bon l'Iris ou la Fanchette dont il célébrait les appas, Désaugiers, enfin !

On pense bien qu'une telle réaction ne trouva pas Grimod insensible; moins que jamais il ne voulut consentir à se laisser distancer. Malheureusement la Révolution avait pratiqué des brèches immenses aux biens des fermiers généraux; tout au plus s'il pouvait encore, de mois en mois, renouveler quelques-uns de ces festins qui avaient fait sa réputation au siècle précédent. Or, pour peu que nous soyons parvenu à donner une idée de son caractère, il est évident que Grimod n'était pas homme à se contenter d'une place secondaire. S'il lui était impossible d'être le premier, au moins avait-il l'orgueil d'être classé à part, d'être le seul. Après de longues méditations, il crut avoir trouvé le biais qu'il cherchait : sans renoncer au beau rôle d'amphitryon, il s'empara du rôle, non moins beau et alors unique, de professeur. Professeur de l'art manducatoire! Sur ce terrain, il était assuré de ne rencontrer aucune rivalité; son autorité bien connue allait prévaloir d'un bout de la France à l'autre; son jugement allait planer sur les tables les plus orgueilleuses, et l'ensemble de ces décisions doterait le monde d'un code chaque jour consulté, le code la Reynière!

Ce fut alors qu'il fonda l'*Almanach des Gourmands*, recueil inestimable, commencé en 1803 et continué jusqu'en 1811, avec un succès attesté par de nombreuses réimpressions. Il avait découvert sa vraie voie, celle où son talent d'écrivain, enflammé par une passion éternellement vivace et soutenu par des connaissances particulières et profondes, était le plus susceptible de relief.

X

L'ALMANACH DES GOURMANDS.

L'*Almanach des Gourmands*, « par un vieil amateur » (Maradan, libraire) contient tout ce qu'il importe de savoir, depuis les recettes les plus rares et les découvertes les plus importantes, jusqu'aux innombrables manières de *friser* et de *bâtonner* les serviettes : — comment il faut s'y prendre pour les plier en coquille simple ou double, en forme de melon, de coq, de rat, de perdrix, de faisan, de poule avec ses poussins ou de pigeon qui couve dans un panier; comment on leur fait figurer deux chapons dans un pâté, un lièvre, deux lapins, un cochon de lait, un chien avec son collier, un brochet, une carpe, un turbot, une mitre, un poulet d'inde, une tortue, une croix de Lorraine ou une croix du Saint-Esprit. Le premier volume, qui a eu trois éditions en fort peu de temps, est divisé en douze chapitres indiquant les productions qui correspondent aux douze mois de l'année; les autres volumes, moins resserrés dans leur plan, et par conséquent moins succints, renferment des articles précieux sur les braisés, les coulis, les progrès de l'art du four, les ambigus, etc., ainsi que des considérations pleines de sollicitude sur la santé des cuisiniers. Un *Itinéraire nutritif*, ou promenade dans les principaux magasins, complète utilement ces travaux en donnant l'adresse des fournisseurs les mieux accrédités. Chacune des années de l'*Almanach des Gourmands* est dédiée à un mangeur illustre, à commencer par d'Aigrefeuille et à finir par le docteur Gastaldy, mort des suites d'une indigestion à la table de Mgr de Belloy, archevêque de Paris, et gourmet émérite lui-même.

Le succès de l'*Almanach des Gourmands* rapporta à son auteur un si grand nombre de cadeaux de toute espèce, tels que bourriches de gibier, marées princières, pâtés de guignards de Chartres, rouges-gorges de Metz, qu'il lui devint indispensable d'appeler autour de lui un *jury dégustateur*, composé d'hommes experts, pour l'aider à se prononcer sur le mérite de ces envois. Ce jury se réunissait une fois par semaine, et était organisé de la manière la plus imposante : il y avait un président, un vice-président, un chancelier et un garde des sceaux. Les échantillons étaient consommés sans que l'on connût les noms des auteurs; et les jugements, recueillis par un secrétaire, n'acquéraient force de loi qu'à la séance suivante, par l'adoption du procès-verbal. — Malgré la conscience de ces formalités, il s'est rencontré des personnes pour désapprouver en cette circonstance la conduite de Grimod de la Reynière. Nous ne pouvons nous placer au point de vue de leur délicatesse exagérée. « L'*Almanach des Gourmands*, dit-il en s'expliquant lui-même sur ce sujet, me rapporte beaucoup plus de bonne humeur et de joyeuses invitations que d'argent. Quant aux *légitimations* qu'il m'attire, elles me sont plus onéreuses que profitables, et je n'ai aucun intérêt à les voir accroître au delà du nombre nécessaire au bien de l'art; on en devine la raison : ces *légitimations* seules ne peuvent composer un dîner, et il est aisé de voir que l'auteur emploie une partie de ses minces revenus pour soutenir la gloire de la gastronomie et garantir les plaisirs du public (1). »

Chacun des volumes de l'*Almanach des Gourmands* est orné d'une gravure nouvelle, qui porte au bas : *A.-B.-L. Grimod de la Reynière, inv.* Ces gravures ingénieuses et fort compliquées sont invariablement accompagnées d'une explication qui n'est pas une des choses les moins amusantes du recueil ; nous copions l'une d'elles : « SUJET DU FRONTISPICE. Au milieu d'une belle et vaste cuisine, pourvue de tous les ustensiles nécessaires à son exploitation, on remarque un amphitryon en robe de chambre, recevant des mains de son chef de cuisine le menu du dîner du jour. Des casseroles sur les fourneaux, des pâtés dans le four, des entrées toutes marquées sur la table à dresser, un jeune marmiton qui trousse un poulet, tout annonce qu'un grand festin se prépare et qu'il règne dans ces préparatifs une activité, qui contraste d'une manière heureuse avec le visage calme du cuisinier et l'air satisfait de l'amphitryon. Le peu d'espace que laisse le format de nos volumes n'a

(1) Sixième année, pages 165 et 225.

permis que d'indiquer cette scène touchante, dont on a été forcé de supprimer les accessoires les plus intéressants. L'intelligence des gourmands y suppléera ; et ils se rappelleront que le plus grand tableau qui existe en peinture, celui des *Noces de Cana*, du grand Véronèse, a suffi à peine à cet immortel artiste pour peindre des gourmands à table. »

Il y a beaucoup d'esprit dans l'*Almanach des Gourmands*, de cet esprit juste et point trop alambiqué : « L'étymologie du mot *faisander* annonce assez que le faisan doit être attendu *aussi longtemps que la pension d'un homme de lettres qui n'a jamais su flatter personne*. On le suspend par la queue et on le mange lorsqu'il s'en détache ; c'est ainsi qu'un faisan pendu le mardi gras est susceptible d'être embroché le jour de Pâques. » Grimod de la Reynière aimait la plaisanterie, mais il ne lui sacrifiait jamais la vérité ; chez lui un bon mot était un bon mot, et point du tout un paradoxe.

Il faut l'entendre, dans son zèle, gourmander les charcutières ou les pâtissières qui s'occupent trop de leur toilette au détriment de leur étalage, et qui partagent leur temps entre le salon et la boutique. L'assiduité à son comptoir, telle est la première qualité qu'il veut chez une marchande. Il n'a pas non plus assez d'énergie pour flétrir les vendeuses déloyales, celles qui se moquent de vous et vous disent des injures, « comme font madame Ducrot, rue Trainée, et madame Pouard, grainetière, au *Cheval blanc*, à la halle à la Viande. » Celles-là, il les signale courageusement et les expose au pilori de la publicité ; il dit carrément leur fait à tous ceux qui *écorchent* les gens ; il prend en main la cause des opprimés ; témoin le trait suivant : « Nous devons au maintien de la police gourmande de signaler M. Grec, marchand de comestibles, passage des Panoramas, comme un homme de très-mauvaise foi. Il y a peu de jours qu'après avoir vendu à M. Francis, auteur dramatique, un pâté *gâté*, il a non-seulement refusé de le reprendre, mais même de le reconnaître ; et son insolente épouse a injurié en termes grossiers M. Francis, qui menaçait de déférer sa friponnerie à la société Épicurienne séante au Rocher de Cancale. » Mais autant Grimod de la Reynière se montre impitoyable envers ceux qui n'exercent pas leur métier avec aménité, autant il est complaisant envers les fournisseurs et les fournisseuses d'accortes manières, autant il a pour eux et pour elles des flatteries de choix. Il s'entremet dans leur vie privée, parle de leur intérieur et de leurs habitudes, badine sur leurs noms ou à propos de leur profession, enfin tient le public au courant de mille petits détails familiers. « Madame Simon, la bouchère, dit-il, bien convaincue que *c'est un mari vivant qui console d'un mort*, a fait ce que font toutes les bouchères : elle a épousé son étalier; en sorte qu'au lieu d'un époux sec, long, noir et sur le retour, elle en a un gras, large, frais, couleur de rose et dans la fleur de l'âge. »

Sa dissertation à propos des *dîners bruns* et des *dîners blonds* est tout à fait ingénieuse. « Qui croirait, dit-il, qu'entre le teint d'une jolie femme et la couleur d'un dîner, il existe des points de comparaison et de contact, qui font naître une foule de rapprochements. Rien cependant n'est plus réel. Les dîners sont bruns ou blonds, selon que l'une de ces deux couleurs domine parmi les entrées qui les composent; car ce sont ici les entrées seules qui comptent, comme c'est le visage seul qui détermine la couleur de la peau. Un homme versé dans les sciences gastronomiques reconnaît au premier aperçu à quelle couleur appartient le dîner auquel il assiste. Soit donc, par exemple, un premier service dont toutes les entrées, ou du moins le plus grand nombre, présentent des ragoûts dont la nuance est nécessairement foncée, tels que les civets, les compotes au roux, les hachis, les hochepots et cent autres mets qui appartiennent plutôt à la cuisine vulgaire qu'à la haute cuisine, notre observateur décidera que c'est un *dîner brun*, et par conséquent d'une catégorie inférieure; car il est à remarquer que toutes les entrées brunes sont d'un travail beaucoup plus facile que les autres, parce que rien de plus aisé dans ces sortes de nuances que de masquer les fautes.

« Si, au contraire, il voit que ce premier service présente une réunion de ces entrées délicates et fines dont la couleur se raproche plus du blanc que de toute autre, telles que les béchamels, les quenelles, les fricassées de poulets, les émincés aux concombres, les grenadins aux crêtes et une foule d'autres plats difficiles, dont les poissons les plus recherchés, les viandes les plus tendres et les volailles les plus délicates font partie, — il décidera que c'est un *dîner blond*, fruit du travail et des méditations d'un artiste de première classe : car un dîner blond est très-supérieur en tous points à un dîner brun, que tous les cuisiniers peuvent, sans beaucoup de peine, faire passable, tandis qu'il faut tout l'art des Morillon, des Véry, des Robert, pour s'élever à la hauteur de l'autre. »

Souvent l'enthousiasme de Grimod ne connaît aucune limite. « On mangerait son propre père à cette sauce ! » s'écrie-t-il après avoir complaisamment décrit la manière de mettre les grives au genièvre. Comme Buffon, il a l'expression pompeuse et la phrase cadencée ; comme lui également, il ennoblit tout ce qu'il touche ; rien n'est bas sous sa plume ; il se promène longuement à travers les régions souterraines où glapissent les casseroles, sans en rapporter un grain de charbon sur son jabot, une tache de graisse à ses manchettes. Pourtant, il ne dédaigne rien, et le modeste fricandeau à l'oseille a droit aussi bien à son attention que l'orgueilleux filet de bœuf en talon de botte à la glace. Ses métaphores sont brillantes, ses comparaisons toujours justes et heureusement choisies ; il appelle le brochet l'*Attila des rivières*, l'alose *une noisette aquatique*, et le cochon l'*animal encyclopédique par excellence*. Mais c'est surtout dans le dictionnaire de la galanterie qu'il s'attache à puiser ses plus séduisantes périodes, ses plus ingénieux rapports. Une pêche lui rappelle à la fois le teint de madame Belmont, la peau veloutée de mademoiselle Arsène, l'éclat de madame

Giacomelli, la bouche de rose de mademoiselle Mars ; — il n'est pas jusqu'au noyau dans lequel il ne trouve l'image du cœur de plusieurs femmes insensibles. On voit que sur ce terrain Grimod de la Reynière pouvait en remontrer à M. Emmanuel Dupaty.

Cependant, quelque galant qu'il se montre toujours, ce n'est pas à table que la place du beau sexe lui semble marquée. Il établit une ligne de séparation entre l'amour et la bonne chère ; sa politesse en murmure intérieurement, mais il s'est institué le gardien incorruptible du principe. Dans le sixième volume de son *Almanach*, deux poëtes, Despaze et Coupigny, agitèrent ce très-délicat sujet des dîners avec les femmes et des dîners sans les femmes. Despaze le satirique disait :

> Voulez-vous tuer nos saillies,
> Nos bons mots, nos transports si doux,
> Faites que dix femmes jolies
> Prennent place au milieu de nous.

Le sentimental Coupigny prétendait au contraire que :

> Du soin de nous vaincre occupée,
> Cypris est sûre de ses traits,
> Lorsque la pointe en est trempée
> Dans un vin pétillant et frais.

Grimod de la Reynière, après avoir écouté l'une et l'autre partie, prononça résolûment cet arrêt : « La thèse que deux poëtes aimables défendent avec autant d'esprit que de grâce et de gaieté, n'a jamais formé un problème parmi les vrais gourmands. Tous sont d'accord, en effet, que les femmes, petites mangeuses, et qui trouvent toujours le temps long à table, parce que c'est le lieu où l'on s'occupe le moins d'elles, doivent être bannies de tout repas savant et solide. » La concession arrive néanmoins, et il ajoute : « Mais, dans le cours ordinaire de la vie, particulièrement dans les soupers, où l'on prise plus ce qui entoure la table que ce qui la couvre, elles seront toujours les bienvenues. » Cette conclusion est sèche; il tolère les femmes, il ne les admet pas : encore n'y a-t-il qu'une seule catégorie de femmes, — les actrices, bien entendu, — dont la société lui paraisse quelque peu agréable et ne paralyse pas l'action effrénée de ses mâchoires.

XI

UNE ÉPREUVE.

Voici la lettre que reçurent un matin les membres du jury dégustateur et une centaine d'autres individus :

« Madame Grimod de la Reynière a l'honneur de vous faire part de la perte douloureuse qu'elle vient de faire dans la personne de son mari. Les obsèques auront lieu aujourd'hui mardi 7 juillet. Le convoi partira de la maison mortuaire. rue des Champs-Elysées, n° 8, à quatre heures précises. »

Mort! Grimod de la Reynière était mort! Cette nouvelle se répandit dans Paris avec la rapidité de la foudre. Comment était-il mort? Depuis quand était-il mort? Personne ne pouvait répondre à ces questions.

D'autre part, on s'étonna de l'heure inaccoutumée de l'enterrement, qui était précisément celle du dîner; quelques estomacs en murmurèrent. Néanmoins, la plupart de ceux qui avaient reçu des lettres de convocation furent exacts au funèbre rendez-vous. Il y avait là Cailhava, qui portait suspendue à son cou une dent de Molière enchâssée dans un médaillon; Mercier, coiffé de son immuable chapeau à cornes; Geoffroy (avec qui l'on veut que Grimod de la Reynière ait collaboré pendant quelque temps), et tous les grands cuisiniers de Paris. Reçus dans une salle d'attente, ils apportèrent leur visage chagrin, se demandant l'un à l'autre à voix basse comment la mort n'avait pu faire qu'une bouchée d'un tel homme. Pendant ce temps-là, des personnages à figure sinistre circulaient en se transmettant des ordres, et en portant par intervalles un mouchoir à leurs yeux.

Tout à coup un signal se fait entendre; les amis et connaissances croient que c'est celui du départ et s'échelonnent déjà par couple, en se dirigeant vers l'escalier, lorsque, ô surprise! ô coup de théâtre inattendu! une porte s'ouvre avec fracas, et, laissant échapper un flot de lumière, montre à tous les regards une table gigantesque, servie magnifiquement, au milieu de laquelle Grimod lui-même, Grimod vivant, appelle ses amis!

Nous laissons à penser ce que fut ce festin, et de quelle gaieté fut suivie la sensation pénible occasionnée par la fausse nouvelle du trépas de l'amphitryon. Grimod de la Reynière, en renouvelant la fantaisie de Charles-Quint au monastère de Saint-Just, avait d'ailleurs un motif : il voulait savoir quels étaient ses meilleurs et ses plus sincères amis, et pour cela, jugeant tout le monde à son aune, il n'avait rien trouvé de mieux que de les déranger à l'heure de leur dîner, — estimant, disait-il, qu'un tel sacrifice est la plus grande preuve d'affection qui se puisse donner.

Cette aventure est une de celles qui eurent le plus d'écho ; elle servit à augmenter la popularité de ses œuvres, car l'*Almanach* n'est pas son seul titre à la reconnaissance publique. Il voulut y joindre le *Manuel des Amphitryons* et le *Journal des Gourmands et des Belles*, qui rentre dans la concession galante.—Ce journal, qui paraissait tous les mois en cahiers in-18, contient dans son premier numéro un portrait gravé de Grimod, la tête haute, le nez aquilin, la bouche vive, railleuse, l'œil assuré.

Ce fut à partir de la publication du *Journal des Gourmands et des Belles,* que (dérogation sensible!) quelques femmes, je veux dire quelques actrices, commencèrent à être admises aux séances du jury dégustateur. Outre mademoiselle Émilie Contat, dont une intimité de plus de vingt ans avec Grimod de la Reynière autorisait la présence, on y vit tour à tour mademoiselle Mézerai, qui s'était enfin décidée à accepter une amitié persévérante; mademoiselle Desbrosses, etc.; mais ces dames n'avaient que *voix consultative.*

Le *Journal des Gourmands et des Belles,* après avoir subi divers changements de rédaction, devint quelques années plus tard *l'Épicurien français;* mais alors Grimod de la Reynière s'en éloigna complétement, laissant les *faridondaine* et les *faridondon* remplacer ses dissertations savantes (1).

Le *Manuel des Amphitryons* parut en 1808, chez les libraires Capelle et Renand. Il est orné d'un grand nombre de gravures en taille-douce destinées à faciliter la connaissance de la dissection des viandes, depuis l'aloyau jusqu'au carré de mouton, surnommé le rôti du philosophe, et depuis l'alouette, petit faisceau de cure-dents, jusqu'à l'énorme outarde, qui renferme sept chairs de couleurs différentes. C'est un catéchisme de poil et de plume, complété par une vaste série de menus pour toutes les saisons, et par un traité de politesse gourmande, où nous avons peut-être à reprendre une trop grande rigueur, — comme dans ce chapitre où l'auteur prétend que rien ne peut dispenser un maître de maison de donner un repas pour lequel les invitations ont été lancées, ni la maladie, ni l'incarcération, ni la mort même! Il doit dans ces cas, selon Grimod, se faire remplacer et charger un ami, soit de vive voix, soit par testament, de remplir pour lui les fonctions d'amphitryon. Évidemment

---

(1) Des amateurs estiment très-haut le *Journal des Gourmands et des Belles;* l'histoire de la cuisine depuis les temps les plus reculés y est particulièrement traitée sous une forme très-piquante de dialogues.

les indifférents, les gens sobres et généralement tous ceux qui ne sont point pénétrés de l'importance d'un festin, ne pourront s'empêcher de murmurer : Voilà un mangeur bien farouche !

Néanmoins, il s'est toujours défendu, avec raison, du reproche de gloutonnerie; il avait une hygiène à lui propre, une sobriété particulière et relative, — qui sait? un secret peut-être! Ce secret, il l'a emporté avec lui, comme un autre Nicolas Flamel, en ne nous laissant que l'admiration et le regret. « Le gourmand n'est point un homme vorace, dit-il en quelque endroit : il mâche plus qu'un autre, parce que cette fonction est pour lui un véritable plaisir, et qu'un long séjour des aliments dans le palais est le premier principe du bonheur. »

C'est cette ferveur constante, qui donne à ses paroles tant d'autorité. Toujours il est plein de son sujet, et ce n'est pas là un de ces amateurs superficiels et gouailleurs dont on doive considérer les écrits comme des badinages de cabinet. Grimod, lui, paie de sa personne; l'homme est caution de l'écrivain, et sa vie tout entière est là pour répondre de la sincérité de ses ouvrages. « Pleure, si tu me veux faire pleurer, » dit un grand précepte de critique. Mange, si tu veux me faire manger ! Grimod de la Reynière s'est fait une loi de cet enseignement. — Faites ce que je dis, car je dis ce que je fais!

En conséquence de ces principes, il allait lui-même faire ses emplettes à la halle; pour cela, il revêtait son habit le plus splendide, ses dentelles les plus fines. Derrière lui marchaient trois domestiques, porteurs de grands paniers.

Quelques-uns des aphorismes disséminés dans le *Manuel de l'Amphitryon* et dans l'*Almanach des Gourmands* ont fait leur chemin; beaucoup même, parmi ceux que nous allons choisir, sont passés à l'état de proverbes, sans que les gens qui les emploient journellement puissent en indiquer l'origine. Faisons cesser cette ignorance, et rendons à Grimod ce qui appartient à la Reynière :

« Le vin du crû, un dîner sans cérémonie et de la musique d'amateurs, sont trois choses également à craindre.

» En général, la cuisine a cela de commun avec les lois, qu'il ne faut pas la voir faire pour la trouver bonne.

» Quelques personnes redoutent à table une salière renversée et le nombre treize. Ce nombre n'est à craindre qu'autant qu'il n'y aurait à manger que pour douze. Quant à la salière, l'essentiel est qu'elle ne verse point dans un bon plat.

» Le fromage est le biscuit des ivrognes.

» Il est commode de dîner tard, parce qu'on peut alors concentrer toutes ses pensées sur son assiette, ne songer qu'à ce qu'on mange, puis s'en aller coucher après.

» Un vrai gourmand aime autant faire diète que d'être obligé de manger précipitamment un bon dîner. »

Ces maximes, ainsi que beaucoup d'autres, se retrouvent dans un volume anonyme intitulé *Gastronomiana* et publié sous l'inspiration évidente de Grimod de la Reynière. La vignette est signée de lui ; elle représente un homme qui déjeune avec des huitres et des pâtés ; au-dessous on lit : « Le plus mortel ennemi du dîner. » Grimod, en effet, avait fini par ne plus déjeuner à fond ; il réservait ses forces pour la soirée, et il faisait bien, selon nous.

Ce n'est pas que, de loin en loin, quelques protestations satiriques ne vinssent à s'élever contre ce fougueux gastrolâtre ; l'une des plus piquantes fut l'*Almanach perpétuel des pauvres diables* « pour servir de correctif à l'*Almanach des Gourmands*, » par un amateur peintre, musicien et poëte. La dédicace à Baculard d'Arnaud, est un chef-d'œuvre d'esprit triste et charmant ; aussi la citerons-nous presque entière.

« A Monsieur Baculard d'Arnaud, doyen des pauvres diables.

» Monsieur,

» Que le digne rejeton d'illustres gourmands dédie un cours élémentaire et classique de gourmandise au gros et gras M. d'Aigrefeuille, moi, c'est sous vos maigres auspices que j'ose publier aujourd'hui l'almanach de ceux qui, comme vous, ont beaucoup de mérite, beaucoup d'appétit et peu d'argent. A Dieu ne plaise que j'emploie jamais pour protecteurs de mes écrits ceux que l'on jugerait plus dignes d'une fourchette d'honneur que d'un fauteuil académique! Je préfère l'estime des bons écrivains qui savent mieux faire l'analyse d'un ouvrage que le partage d'une poularde, et qui, toujours fidèles à la pureté de notre langue, ne peuvent s'accoutumer au mot néologiste de *restaurateur*, et ne reconnaissent que ceux de *traiteur*, *aubergiste*, parce qu'ils sont consacrés par notre ancien langage.

» Ne soyez point humilié, monsieur, si votre nom paraît à la tête d'un ouvrage composé principalement pour ceux qui n'ont jamais eu ou ont perdu le moyen d'être gourmands. Votre ancienne gloire vous dédommage assez des bons repas que vous ne faites plus, et l'estime de la postérité vaut mieux que tous ceux que vous pourriez faire encore. Que vous importent de bons morceaux et de bons vins, dont vous partageriez la jouissance avec des hommes dont le *sentiment* n'a jamais été mis *à l'épreuve* et dont la *sensibilité* n'a jamais fait les *délassements*! Si vous en êtes réduit à des mets communs et à des petits repas, n'avez-vous pas aussi vos jouissances? Quand, possesseur *d'un petit écu dont votre parole est un gage assuré*, et assis à la table d'un traiteur, vous parcourez d'un œil attentif sa carte qui ne vous présente que des mets solides, sains et peu chers, pensez-vous à tous ces monstres de la mer et des forêts qui, de leur dépouille, couvrent la table des gourmands? Plus habile que tous les Apicius anciens et modernes, votre appétit met à tout un assaisonnement inconnu à l'estomac dégoûté des habitués de Beauvilliers et de Véry; etc., etc.

» J'ai l'honneur de vous saluer.

» L'ANTIGRIMOD. »

Entièrement écrit sur ce ton dolent, l'*Almanach des pauvres diables* ne recommande que les haricots, les mirotons, les pommes de terre, les châtaignes et les goujons « ces pauvres diables des rivières; » il ne prône que le cidre, la bière, le vin de Suresne ou celui d'Orléans : « Le vin de Suresne est déchu, il est vrai, de son ancienne réputation; mais pour lui rendre justice, nous devons assurer qu'il est apéritif, aimable, d'un piquant agréable, et qu'on peut le boire dans de grands verres; et même que, dans un repas, il peut égayer les convives et faire naître quelques plaisanteries, comme deux cavaliers montés sur un âne dans une cavalcade peuvent faire rire et rire eux-mêmes de leur monture. »

Par opposition aux *itinéraires nutritifs* de Grimod de la Reynière, l'*Almanach des pauvres diables* imagine un *voyage de deux auteurs*, qui mettent autant de soin à éviter les étalages de comestibles que l'*Almanach des Gourmands* en met à les rencontrer. Les deux auteurs descendent le faubourg Saint-Marceau, la rue Copeau et s'arrêtent un instant au jardin des Plantes; ils passent devant l'Hôtel-Dieu, d'où quelques-uns de leurs amis les saluent par les fenêtres, ils arrivent ensuite à la place de Grève, sans trouver rien qui puisse offenser la modestie de leurs regards et donner des regrets à leurs estomacs; ils assistent aux cours publics, vont se chauffer dans les bibliothèques, et finissent par dîner dans une gargotte à un franc vingt centimes, à côté de Rétif de la Bretonne.

Ce spirituel opuscule est complété par un « dictionnaire portatif de quelques pauvres diables, » où l'on distingue les noms de Saint-Ange, de Palissot, de Martainville, de Bernardin de Saint-Pierre, « ruiné par les contrefacteurs et préparant un supplément à ses *Études de la nature*, supplément qui aura pour titre : *Les légumes en harmonie avec l'estomac des gens de lettres*. « Quant au poëte Lebrun, « il n'a jamais le cauchemar; et ce n'est pas pour lui que l'école de Salerne a dit : Assieds-toi quand tu as dîné (1). »

Nous demandons pardon à nos lecteurs de cette pause dans la maigre chère et dans la pauvreté; mais il fallait une ombre à notre tableau. A présent, nous n'y reviendrons plus.

XII

DERNIÈRES ANNÉES.

Après la chute de l'Empire, Grimod de la Reynière se retira au château de Villers-sur-Orge, près de Longjumeau. Il avait été faire sa cour aux Bourbons, dans son ancien costume d'avocat au parlement; mais soit que les Bourbons ne vissent pas avec plaisir ce représentant des folies d'un autre siècle (Grimod n'avait rien cependant des aspects d'un fantôme), soit tout autre motif que nous ignorons, il fût reçu assez froidement. Peut-être Louis XVIII, qui jalousait tout le monde, jalousait-il en lui le cuisinier. C'était mal; car enfin l'auteur de l'*Almanach des Gourmands* avait toujours été fidèle à ses rois; il ne s'était jamais rallié à Napoléon, bien qu'il rendît justice à son génie. Et encore, un regret se mêlait-il continuellement à l'admiration que lui arrachait le grand homme : « — Ah! disait-il, si l'empereur s'était adonné à la cuisine plutôt qu'à la guerre, qui sait où il se serait arrêté! »

On doit supposer qu'il fut profondément blessé de l'accueil des Bourbons, car il ne reparut plus aux Tuileries. La mort de son père et de sa mère l'avait rendu possesseur d'une fortune suffisante; il crut avoir assez fait pour les

---

(1) *Almanach perpétuel des pauvres diables*; Paris, 1803, chez madame Caillot, libraire, galerie du Théâtre de la République.

lettres, et il borna définitivement le cours de ses productions.

Le château de Villers-sur-Orge est environné d'un paysage infiniment agréable; des fenêtres on voit la tour de Montlhéry, et les lointains sont fermés par les masses vaporeuses de la forêt Sainte-Catherine. Une lettre inédite de Grimod au marquis de Cussy complétera cette description : « ... J'accepte avec reconnaissance pour la vallée de l'Orge les éloges poétiques que le docteur Rocques a bien voulu en faire. Si le voisinage ne m'aveugle pas, et en dépit des propos contemptifs de la Bourgeoise (*sa femme, sans doute*), je crois qu'en effet ce pays offre à l'amant de la nature des jouissances de plus d'une espèce. Horizon étendu et varié, rivière jolie dans sa petitesse et pittoresque dans son cours, végétation admirable et qui s'y renouvelle sans cesse, forêts charmantes quoique jeunes, prairies fraîches et émaillées, variété de plantes vigoureuses et chères au botaniste comme au dessinateur, enfin assortiment complet de poisons qui ont fixé les regards du plus savant et du plus élégant des physiographes, bien accoutumé cependant à trouver sur son chemin des plantes délétères; voilà ce que, sans flatterie, l'on peut, je crois, dire de Villers-sur-Orge et de ses entours. Que sera-ce si, monsieur le docteur nous accordant deux jours, il nous permet de le conduire sur la montagne qui commence au Rocher de Sceaux et qui s'étend jusqu'à Marcoussis? C'est là qu'il verra un site vraiment pittoresque, des accidents de végétation vraiment faits pour l'intéresser, et des positions si agrestes et si romantiques que l'on peut se croire dans un désert, à cent lieues de tous pays habités. Joignez à cela la fricassée de champignons, que nous mangerons avec confiance quand ils auront été cueillis par ses mains savantes, etc. (1). »

---

(1) Cette lettre, de trois immenses pages remplies jusqu'aux bords, est datée du 7 juin 1822. Elle a un en-tête imprimé : « Au château de Villers-sur-Orge, poste restante, à Linas (Seine-et-Oise).

Au fait, je m'étonnais de ne point voir arriver la fricassée de champignons.

Les personnes qui ont été admises dans le château de Villers-sur-Orge en ont rapporté des choses phénoménales. C'était un château monté et machiné comme un théâtre; après la mort de Grimod, il fut acquis directement par M. Mesner, qui le trouva couvert d'inscriptions du haut en bas, en outre des curiosités de toute sorte, des planchers tournants, des corridors secrets, des observatoires dérobés et des tuyaux acoustiques, dont on sait que l'auteur de l'*Amanach des Gourmands*, curieux et mystificateur, aimait à s'entourer. Avant de procéder à des réparations indispensables à une appropriation nouvelle, M. Mesner voulut qu'on relevât ces inscriptions, témoignage de la puérilité et de l'épicuréisme méthodique de son prédécesseur. Une copie nous en a été obligeamment transmise.

En été, Grimod de la Reynière avait l'habitude de faire dresser la table dans la cour d'entrée du château, sous un magnifique catalpa. Un règlement ainsi conçu était apposé à l'extérieur :

« SALLE DU JURY DÉGUSTATEUR.

» Par ordonnance spéciale du jury dégustateur,
» L'entrée de la cour de la première succursale champêtre du jury dégustateur est formellement interdite :

1°

» Aux charrettes attelées de plus d'un cheval.

2°

» Aux voitures non suspendues, de quelque nature qu'elles soient.

A.-B.-L. GRIMOD DE LA REYNIÈRE, homme de lettres et propriétaire » La suscription est ainsi conçue : — A monsieur, monsieur le marquis L. de Cussy, chevalier de l'ordre royal de la Légion d'honneur et de l'ordre royal et militaire de Saint-Louis, etc., etc., rue de Grammont, n° 26, à Paris.

3°

» A tous valets étrangers accompagnant leurs maîtres.

» Par mandement du jury dégustateur.
» Le secrétaire greffier préposé aux légitimations,
» ALPHONSE PINARD. »

On lisait ensuite au-dessus de la porte d'entrée : *Scholæ juventutis*. Cette porte avait deux battants; sur le battant de droite :

> Dans ce château, qui n'est point ordinaire,
> De rien au monde il ne faut s'étonner;
> De rien aussi l'on ne doit se fâcher,
> C'est le plus sûr moyen de plaire et de s'y plaire.

La tirade de Collin-d'Harleville : *Chacun fait des châteaux en Espagne*, était reproduite sur le battant de gauche.

Toutes ces inscriptions, disons-le avant de continuer, étaient belles et bien imprimées, et non point écrites à la main.

La porte de la cave montrait cette devise laconique : « Vive le vin! vive l'amour! »

La porte d'office, en revanche, était encombrée de prose et de vers : « Malheur à ceux qui n'entendent pas la plaisanterie; ils sont indignes de se griser à la table du jury dégustateur, et même à celle de la succursale champêtre. » Venaient ensuite d'innocentes maximes : « Indulgence pour les autres, justice pour soi-même, gaieté, santé et appétit incommensurable sont trois grands moyens d'être heureux et de faire le bonheur de tout ce qui nous approche. » A Dieu ne plaise que nous fassions le procès à ces sages recommandations! Elles étaient complétées par les couplets du vaudeville des *Deux Edmond*; *Vins de Suresne, vins de Brie*; *Déguisez-vous*, etc.

A l'entrée de l'escalier : « On ne peut parler à M. Grimod de la Reynière avant midi, ou bien de dix à onze heures du soir. Les lettres sont reçues à toutes heures. »

Montons l'escalier. La salle à manger d'apparat, ou salle principale des séances du jury dégustateur, était située au premier étage ; inutile de dire que c'était la pièce d'honneur du château, et que tout avait été sacrifié à sa décoration.

Un corridor menait à la bibliothèque ; dans ce corridor, la fantaisie du propriétaire s'était donné carrière libre : l'œil était arrêté à chaque pas par les manifestations de sa joyeuse doctrine. Nous copions ici au hasard : « Il vaut mieux se griser avec du vin qu'avec de l'encre, cela n'est pas si noir. *Signé :* Badion, ancien bâtonnier de Saint-Dizier. » En voici une autre du même goût : « Il y a trop de vin sur la terre pour dire la messe, il n'y en a pas assez pour faire tourner les moulins ; donc il faut le boire. (Conversation de M. Gabriel, ci-devant chanoine régulier de la congrégation de N.-S. et procureur de l'abbaye de Domèvre. Il était digne d'être général de l'ordre des Bernardins). »

Toujours dans le même corridor :

>Le dos au feu, le ventre à table,
>Dans un joli petit réduit,
>Avec femme aimée, aimable,
>Et bien disposée au déduit ;
>Voilà ce que mon cœur désire,
>Charmante Adèle, en vous voyant ;
>Ayez pitié de mon martyre,
>Et faites grâce au suppliant.

A côté de ce couplet, qui est bien dans *le goût du temps,* on avait encore la chanson connue de *Lantara : A jeun, je suis trop philosophe,* car, à la préoccupation de la bonne chère se joignaient toujours, chez Grimod, les souvenirs de théâtre.

Qu'est-ce que l'on trouvait au bout du corridor ? Deux portes vis-à-vis l'une de l'autre, offrant, chacune cette inscription : « Chambre *d'amie.* » La première était ornée d'une phrase latine : « *Si vis amari, ama.* » La seconde, destinée sans doute à des *amies* de moindre condition, empruntait vulgairement le langage français : « Heureux le juste qui ne pêche que sept fois par jour !· »

Des vers de Destouches sur les charmes de la lecture, extraits de son *Philosophe marié,* et des stances anonymes intitulées : *Mes souhaits,* annonçaient la bibliothèque.

Un dernier trait complétera la description de ce logis singulier. Il y avait sur la porte de l'escalier conduisant au grenier : « Montez sans crainte, mesdames. »

M. Mesner, qui appartenait à une autre génération que l'auteur de l'*Almanach des Gourmands,* et qui d'ailleurs n'était pas d'avis qu'on affichât si publiquement ses goûts, fit enlever tous ces placards. Il ne conserva que les mains historiques de Grimod de la Reynière, et un soulier, une charmante petite mule blanche, mule d'actrice au moins.

Le chapitre sur lequel on ne tarirait point, c'est celui des mystifications que Grimod faisait subir à ses visiteurs et pour lesquels son château était si bien disposé. Toutes les farces nocturnes de l'opéra de *Monsieur Deschalumeaux* étaient répétées par lui : les lits qui s'élèvent et qui s'abaissent, les trappes qui s'entr'ouvrent. « Dès que les hôtes du logis avaient pris possession de leurs chambres, dit M. P. Lacroix, Grimod de la Reynière, aussi sérieux, aussi actif qu'un machiniste en chef de l'Opéra, commençait à manœuvrer ses ficelles. Ici, les plus effrayantes apparitions de la fantasmagorie, des spectres, des squelettes, des monstres de toutes les formes se dessinaient en feu sur les lambris ; là, les plus étonnants phénomènes de l'électricité : l'éclair, le tonnerre, le vent, toute une tempête dans une chambre ; ailleurs, des portraits qui tirent la langue, qui étendent les bras ; quelquefois les chaises et les fauteuils qui marchent en s'entrochoquant, les tiroirs de la commode qui s'ouvrent avec fracas, etc., etc. »

En outre, l'estime de Grimod de la Reynière pour le cochon avait pris des proportions épiques : il en avait dressé un à le suivre, et, dans les jours de gala, il le faisait dîner à table, à la place d'honneur, solidement attaché dans un fauteuil. La nuit, cet animal affectionné couchait sur un matelas, et un garçon spécialement attaché à sa personne avait soin chaque matin de le peigner, de le brosser et de le frotter. Le fanatisme de Grimod pour les cochons était poussé à un tel point que, dès qu'il en rencontrait un troupeau, il s'arrêtait sur le chemin, leur tirait son chapeau et entrait immédiatement en conversation avec eux : « — Eh bien, comment allons-nous? d'où venons-nous? sommes-nous bien gras et bien portants? »

Ces innocents travers écartés, c'était toujours le même homme, prodigue, mettant sa joie à obliger ses amis et surtout à les bien traiter. Ses festins de Villers-sur-Orge valurent ceux de Paris; jusqu'à son dernier soupir, il tint table ouverte. On essaya bien encore de le mettre en interdiction, mais on sait quelles manières habiles il avait de dérouter l'opinion : cette fois il se fit nommer conseiller municipal, et, du haut de ce poste, il put braver à son aise ceux qui voulaient le faire passer pour fou.

De son hôtel des Champs-Élysées, qu'il avait vendu, il ne s'était réservé qu'un corps de logis, où il allait de temps en temps pour évoquer sa jeunesse, et peut-être pour la comparer à sa vieillesse, aussi riantes toutes deux, aussi vives et aussi logiques dans leur apparente frivolité!

M. Geslin, avocat, qui a recueilli sur le compte de Grimod beaucoup de renseignements, a raconté que dans ses dernières années il était particulièrement possédé de la *matrimoniomanie*. Voici un trait à cette occasion. Invité à dîner par un de ses voisins de campagne, Grimod de la Reynière fut tellement ravi par la belle ordonnance du menu et surtout par la succulence d'un plat, — c'était un plat de cochon, — qu'il voulut voir le cuisinier pour lui faire ses compliments.

« — Mon ami Pierre, lui dit-il, voilà un plat qui vous fait honneur; je suis content de vous, et, à mon tour, je désire vous voir content de moi. Que puis-je faire pour vous? »

Le cuisinier roulait entre ses doigts un coin de son tablier.

« — Voyons, si je vous mariais ? Vous êtes jeune, et un bon cuisinier ne peut pas être un mauvais mari. Allons, c'est convenu, je vous marierai ; laissez-moi faire. »

Pierre ne demandait pas mieux ; il avait même déjà jeté ses vues, depuis quelque temps, sur une jeune personne du village ; mais le père exigeait de lui l'impossible, c'est-à-dire une somme ronde de six mille francs. Ce fut Grimod qui se chargea de l'impossible ; il n'en resta pas là ; les frais de noce, les cadeaux, le repas, le repas principalement, et même les dépenses d'entrée en ménage, il prit tout sur son compte ; il se comporta comme une altesse, et en fut quitte pour dix mille francs. Un bon plat de cochon ne saurait trop se payer (1).

Ce fut dans ces douces occupations que la mort vint le surprendre, il n'y a pas bien longtemps de cela, — en 1838 ! Il était octogénaire ; et cet âge avancé, qui justifie son hygiène, donne glorieusement raison à sa vie et à ses livres.

Sa femme, la danseuse, lui survécut. On a dit que, sur les derniers temps de son mariage, elle avait hérité des grands airs de sa belle-mère, et que Grimod de la Reynière s'était vu plusieurs fois obligé de lui rappeler son origine, afin de rabattre son caquet en public. Nous n'affirmons pas, nous répétons (2).

---

(1) C'est sans doute à cet épisode que se rapporte l'autographe suivant (Catalogue Laverdet, avril 1855. — GRIMOD DE LA REYNIÈRE.) Lettre de faire part, imprimée, avec la suscription et trois mots aut., du mariage de François Tarnier, artiste culinaire, à M. Margueritte. Château de Villers-sur-Orge, 11 février 1829. « .... La séance commencera vers cinq heures de relevée et se prolongera, Dieu aidant, jusqu'à six heures du matin, dimanche 15 ; sauf les jeunes époux, que des motifs faciles à deviner obligeront sans doute à prendre congé plus tôt de l'honorable compagnie, qui est suppliée de ne point s'en offenser, d'autant qu'elle restera en séance mangeante, dansante et buvante, jusqu'au lever de l'aurore. » A cette époque, Grimod de la Reynière avait soixante-dix ans. Aimable vieillard !

(2) *Le Droit* des 11, 13 et 15 décembre 1849.

Arrivé au bout de la tâche que nous nous sommes imposée, nous nous trouvons heureux si nous avons pu restituer à Grimod de la Reynière la part d'estime et de gloire qu'il mérite. De nos jours, on s'est beaucoup entretenu de Brillat-Savarin, on s'en est même trop entretenu. Brillat-Savarin n'a rien de très-sérieux dans les idées ; c'est un buveur d'eau de seltz, un petit-maître qui se préoccupe autant de faire briller son esprit que son appétit. Cependant, Brillat-Savarin, semblable à un autre Améric Vespuce, a hérité de toute la gloire qui revenait à Grimod de la Reynière. Pourquoi cela? C'est que l'auteur ingénieux de la *Physiologie du Goût,* avec ses précautions, ses raffinements, ses délicatesses, ouvre la série moderne des tempéraments blasés ; tandis que l'auteur de l'*Almanach des Gourmands,* au contraire, ferme celle des tempéraments robustes.

On comprendra donc nos sympathies pour un homme aussi complet, en même temps que pour un art qui mérite de marcher de pair avec la littérature : la gastronomie. Toute passion raisonnée et dirigée devient un art; or, plus que toute autre passion, la gastronomie est susceptible de raisonnement et de direction.

Qu'on y réfléchisse bien : les heures charmantes de notre vie se relient toutes, par un trait d'union plus ou moins sensible, à quelque souvenir de table.

Est-ce un amour d'enfance? Il s'y mêle aussitôt, et naturellement, un déjeuner dans les bois. Le tendre aveu d'une cousine est inséparable de l'armoire aux confitures de mère-grand.

S'agit-il d'un fougueux caprice pour une Aspasie parisienne ou une cantatrice renommée? L'idée d'un souper s'éveille immédiatement dans notre esprit : nous voyons la lueur douce des bougies glisser sur une épaule mate, la nappe moirée luttant de blancheur avec un bras embarrassé de dentelles. C'est un sourire aussi rose que le vin, c'est un éclat de rire aussi pétillant.

Plus tard, si notre orgueil se ranime à la mémoire d'un

triomphe ou d'une dignité obtenue, c'est encore la table d'un banquet qui nous apparaît. Toutes les coupes sont levées et tendues vers nous; le toast protéique emprunte mille formes et se renouvelle par toutes les bouches; tandis que, modestement incliné, mais recueillant les moindres gouttes de l'apothéose, nous ne savons-que balbutier : — *Messieurs, c'est toujours avec un nouveau plaisir*...

Nous nous marions. C'est un repas de noces qui nous appelle : l'épouse est rougissante, et les regards ne sont distraits d'elle que par l'arrivée d'un dindon rôti, majestueuse bête, qu'un jus doré environne.

Nous avons un enfant. Les cloches du baptême appellent nos alliés autour d'une collation joyeuse. On embrasse la nourrice, les dragées roulent, et le parrain chante des couplets de circonstance qu'il a copiés la veille dans l'*Almanach des Muses*.

La gastronomie est la joie de toutes les situations et de tous les âges.

Elle donne la beauté et l'esprit.

Elle saupoudre d'étincelles d'or l'humide azur de nos prunelles, elle imprime à nos lèvres le ton ardent du corail; elle chasse nos cheveux en arrière, elle fait trembler d'intelligence nos narines.

Elle donne la mansuétude et la galanterie.

S'attaquant à tous les sens à la fois, elle résume toutes les poésies : poésie du son et de la couleur, poésie du goût et de l'odorat, poésie du toucher. Elle est suave avec les fraises des forêts, les grappes des coteaux, les cerises agaçantes, les pêches duvetées; elle est forte avec les chevreuils effarouchés et les faisans qui éblouissent. Elle va du matérialisme le plus effréné au spiritualisme le plus exquis; de Pontoise à Malaga, de Beaune au Johannisberg. Elle aime le sang qui coule des levrauts, et l'or de race, l'or pâle, qui tombe des flacons de sauterne.

Un Anglais, réfléchi en même temps qu'inventif, s'est livré dernièrement à un calcul fort singulier. Il a imaginé un épicurien, taillé sur le patron de Grimod de la Reynière ou de lord Sefton ; il se l'est représenté parvenu à sa soixante et dixième année et placé au sommet d'une importante colline. Autour de ce gourmand se groupent les masses considérables qui ont servi à sa nutrition, depuis l'âge d'appétit. Nos plus célèbres nomenclateurs, Homère et le Tasse, et après eux le peintre des accumulations, Martinn, reculeraient devant cette quantité énorme d'animaux et de végétaux. Là, dans une prairie, paissent et broutent librement tous les bœufs, les veaux et les moutons qu'il a mangés. Du milieu des blés qui ont servi à faire son pain, s'envolent des milliers d'alouettes, de cailles, de perdreaux qui ont figuré sur sa table. Les arbres ploient sous les fruits qui ont crié sous sa dent friande. Au bas de cette colline, l'aimable septuagénaire voit couler une rivière composée de tout le vin qu'il a bu : elle se subdivise en une infinité de bras de liqueurs et de thé. Dans cette rivière nagent les poissons dont il fit ses délices ; sur le bord se pavanent les canards, les coqs, les poulardes, sans compter les lapins, sur lesquels son cuisinier accomplit de sanglantes dragonnades. Une imposante fortification serpente autour de cette colline : elle est formée d'une triple rangée de puddings et de tartes, sur deux couches de melons ; de distance en distance pointent, comme des canons, des tonneaux de riz, de piment et de poivre.

Le gastronome de soixante et dix années domine tous les trésors de cette Chanaan nouvelle. Il sourit avec satisfaction au total prodigieux de ses repas ; et sa bouche, qui s'humecte au souvenir de tant de bonnes choses, son œil qui se dilate, ses bras qui s'étendent, tout chez lui semble dire :

— Voilà le prix de la vie !

FIN.

TABLE

Avant-propos...	1
Linguet...	5
Mercier...	39
Dorat-Cubières...	73
Olympe de Gouges...	99
Le cousin Jacques...	125
Le chevalier de la Morlière...	179
Le chevalier de Mouhy...	223
Gorjy...	229
Dorvigny...	257
La Morency...	275
Plancher-Valcour...	293
Baculard d'Arnaud...	305
Grimod de la Reynière...	317

FIN DE LA TABLE.

www.ingramcontent.com/pod-product-compliance
Lightning Source LLC
Chambersburg PA
CBHW052044230426
43671CB00011B/1782